中国REITs市场建设

蔡建春　刘俏　张峥　周芊 等◎著

中信出版集团 | 北京

图书在版编目（CIP）数据

中国REITs市场建设 / 蔡建春等著. -- 北京：中信出版社，2020.6（2022.7重印）
ISBN 978-7-5217-1757-0

Ⅰ. ①中… Ⅱ. ①蔡… Ⅲ. ①房地产投资－信托基金－研究－中国 Ⅳ. ①F832.49

中国版本图书馆CIP数据核字（2020）第062289号

中国REITs市场建设

著　　者：蔡建春　等
出版发行：中信出版集团股份有限公司
（北京市朝阳区惠新东街甲4号富盛大厦2座　邮编　100029）
承 印 者：北京诚信伟业印刷有限公司

开　　本：787mm × 1092mm　1/16　　印　　张：27.75　　字　　数：375千字
版　　次：2020年6月第1版　　印　　次：2022年7月第4次印刷
书　　号：ISBN 978-7-5217-1757-0
定　　价：98.00元

中国 REITs 市场建设

主要作者： 蔡建春　刘　俏　张　峥　周　芊

参与写作： 闫云松　李　艳　范熙武　彭　超

于嘉文　李尚宸　张思思　张　骞

李文峥　徐　爽

序

2017 年年初，光华管理学院创立了“光华思想力”智库平台，目的是立足于新时代的中国，遵循规范的学术标准，应用前沿的科学方法，做世界水平的中国学问。“光华思想力”的选题均扎根于中国大地，围绕中国经济社会发展和前沿商业实践展开研究。“中国 REITs 市场建设”是思想力平台第一期选题中新金融方向的重要课题。三年来，光华管理学院的学者、研究人员，以及国内外政策、实务界专家组成的课题组，相继推出了《中国 REITs 白皮书》系列研究报告，全面深入地论述了中国 REITs 市场建设问题，受到广泛关注和认可。

我一直非常关注中国金融改革，关心课题组的研究进展。我参加了 2018 年、2019 年在光华管理学院举办的两届中国 REITs 论坛。《中国 REITs 市场建设》这本书是课题组三年中所有研究成果的总结，是中国 REITs 市场领域的一本学术专著。这本书的四位主要作者在中国 REITs 领域研究多年，深度参与了中国 REITs 市场的规划与设计。蔡建春博士担任中国证监会债券部主任期间，负责中国公募 REITs 市场创新。光华管理学院的刘俏教授和张峥教授多年来一直从事中国资本市场和金融改革的研究。周芊先生是中国 REITs 实践领域的开拓者。他们在将书稿交付给中信出版社的时候请我为此书撰写序言，我欣然应允。

这本书系统全面地回答了两个重要问题：为什么要在中国建设 REITs 市场，尤其是公募 REITs 市场？怎样设计和建设中国 REITs 市场？书中既有逻辑严谨的学理分析，也有大量的实证与案例分析。从理论上来说，不断提升金融中介效率，是金融创新推动金融体系发展的底层逻辑；同时，不同经济体有关 REITs 市场的实践各有不同，体现出路径依赖，与各经济体的禀赋、历史、文化有着紧密的关系。因此，理解 REITs 制度与 REITs 市场的产生与发展，必须从两个方面着手，第一是金融体系功能自我完善的内在驱动，第二是宏观经济、社会发展的外部推动。这是该书为研究 REITs 市场建设搭建的理论框架。当前，42 个国家和地区推出了 REITs，回顾历史，虽然 REITs 制度在 1960 年由美国首先推出，但真正在全球范围内铺开，是 21 世纪初的事情。这本书为理解全球 REITs 市场演进，展望中国和国际 REITs 市场提供了思想工具，有助于读者真正认识中国 REITs 市场的价值，以及未来发展的机遇与挑战。

无论是监管层、学术界还是实务界，都在从现实出发，从中国的问题出发，对照问题，解决问题，一步一步推动中国 REITs 的发展。该书作者亲历这个过程，在大量调研的基础上，深入讨论了中国 REITs 制度设计、实现路径以及行动方案。对中国 REITs 市场的实践问题和技术难题，例如，怎么做，从哪儿开始做，接下来怎么做，为什么这么做，均做出了回答。这对于关心房地产与基础设施建设与运营的中央与地方政府、企业、投资者无疑具有重要的实践价值和指导意义。

这本书剖析了 REITs 对于现代金融体系的价值，结合全球市场实践以及中国不动产投融资现状，在中国金融改革的宏大背景下，阐述了中国 REITs 市场建设的必要性、紧迫性，探讨了中国 REITs 制度的发展路径，给出了中国 REITs 市场建设的方案。它是一个很好的例子，向我们展现了如何以严谨的科学态度，思考中国金融改革，讲中国故事。

近期的全球形势，对中国宏观经济增长、中小微企业经营，以及就业等的影响不容低估。这本书的研究告诉我们，在全球存在 REITs 制度的经济体中，大部分是在经济增长动力不足时推出 REITs，其目的是激发经济活力，为经济发展提供动力。长期来看，进行 REITs 市场建设是完善中国不动产投融资体系的重要举措，可以进一步推动经济高质量发展，助力中国经济转型升级。

厉以宁

北京大学文科资深教授

光华管理学院名誉院长

2020 年 4 月

前言

立体交通连接了每一个城市、乡村，输电网络点亮了千家万户，仓储物流实现了足不出户的购物，数据中心支撑了神通广大的互联网服务，通信铁塔成就了无所不及的信号传输。在工作日，与同事走进宽敞明亮的写字楼；闲暇时，与家人漫步在琳琅满目的购物中心。立体交通、输电网络、仓储物流、数据中心、通信铁塔、写字楼和购物中心，都是不动产，我们的生活离不开不动产的支持与服务。

就像深嵌于5亿年前化石中的三叶虫彰显了寒武纪的繁荣，用石材和钢铁构筑的巍峨且充满个性的不动产记录了前行中的人类文明。从罗马斗兽场到北京鸟巢，从中国的京杭大运河到美国的伊利运河，从中国的都江堰到荷兰的围海大堤，从横贯美洲大陆的铁路到现在神州大地四通八达的高铁，在社会发展的每一次跨越中，不动产都发挥了它的重要作用。

随着需求的兴盛，依赖罗马帝国雄厚财政实力构筑的耗资巨大的市民工程难以为继。据记载，不动产与金融的结合在文艺复兴时期就已开始。今天，不断丰富的金融体系和充裕的基础资产，推动了不动产金融模式的迭代。从实物到货币化，到信贷化，再到如今的证券化与 REITs（房地产投资信托基金），两者的结合已经使不动产逐步突破其生产和消费的原始功能以及空间局限，实现了价值普惠与增值功能。

REITs 于 20 世纪 60 年代发源于美国，半个世纪以来，在众多国家和地区快速发展，业务模式臻于完善，现已成为国际资本市场的重要金融投资产品。截至 2019 年，全球已有 40 余个国家和地区形成 REITs 市场，并建立相关制度，资产管理规模超过 2 万亿美元。

2000 年后，REITs 被引入亚太资本市场，起初仅为消除亚洲金融危机的余波，提振经济活力，应对银行经营危机，但随着市场的逐步扩大，REITs 对经济各领域发展的促进增强作用日渐显现。各国从 REITs 的发展中获益匪浅。尤其是近年来，随着观念的开放和革新，亚洲新兴市场以及部分拉丁美洲、非洲国家充分认识到 REITs 可以为经济体的持续发展注入动能，也逐步建立符合各自国情的 REITs 体系。REITs 的发展在全球呈加速趋势。

REITs 的影响是多方面的。对投资者而言，REITs 具有相对稳定的投资收益，可以成为长线投资产品。对资产持有者而言，REITs 实现了依托不动产的权益性融资，消除了不动产易导致资金错配的缺陷，从而可以有效防范债务风险，提高长周期、风险性资产的流动性，有效分散风险，增加安全边际。对运营方而言，REITs 在将募集的资金用于持有资产的同时，又可以并购新的项目，是运营管理和商业模式复制的高效助推手段。

REITs 对于优化社会资源配置具有突出意义。其产生的初衷是吸纳更多社会资本，投向房地产行业，提高周转效率。在发展中，REITs 体现出巨大的延展空间，基础资产从商业地产、公寓逐步扩展至交通、能源、仓储、工业、医疗、通信、旅游等行业，推动了众多传统业态模式的深刻变革。就重要性而言，有学者认为 REITs 甚至可以类比发轫于大航海时代的公司制度。公司制度为海洋探险与海外贸易提供了高效、公平筹集资本的渠道，而 REITs 也同样高效组织社会资源投资基础设施、商业地产等多种类型的不动产，推动经济增长。在清晰的宏观功能的定位下，通过有指向性的制度安排和交易结构设计，REITs引导资源流动的作用能够进一步聚焦，在实体产业发展和结构调整中发挥更有针对性、更积极的作用。

梳理境外REITs的发展历程，我们发现，每次金融危机或经济衰退，都是REITs成长壮大的契机。在金融体系的震荡中，其稳健特性以及多元融资通道，展现了更强的韧性与活力，让投资者更信赖。随着规模体系的增长，REITs也在改善金融体系的稳定性，最大化地消除不动产价格的周期波动。

从REITs诞生到现在已经过去近60年，但直到20多年前，这一有吸引力的金融产品才逐渐为世人所知。2016年8月，标准普尔指数与MSCI（明晟）指数最终将REITs作为独立资产类别，足以证明REITs已成为全球投资者不容忽略的资产类别。而中国境内在最近10年，尤其是近5年才开始系统性地研究分析REITs。初识REITs之时，其资产拓展空间、权益融资属性、稳健的运作要求、兼具金融属性与不动产属性的特点、严格的信息披露要求以及活跃的交易方式，给我们留下深刻印象。这些特点使我们逐步意识到，REITs可能会成为中国资本市场重要的发展方向，也可能会成为建设规范、透明、开放、有活力、有韧性的资本市场的重要环节。

近年来，REITs的重要性获得了更多人的认可，有关研究大量涌现。在编写此书的过程中，我们力图引入以下几个新维度，将REITs的全貌更为完整地呈现在大家面前：

一是回到历史场景，通过演进脉络理解REITs。

在过往的研究中，我们逐渐意识到，REITs设计的种种规则，根源于彼时人们所面对的核心命题与困境。我们不能从一个静态的框架中去机械地阐释境外REITs的制度设计，更不能从一个静止的时间截面去解读，应努力以“穿越时空的同理心”，从动态演化框架中分析REITs制度如何脱胎于过去的不动产金融体系，并不断迭代至今。

REITs作为资本市场的一类重要资产，未来其体系规则依然会与现实环境不断互动，螺旋式发展。理解 REITs 前世今生的进化脉络，也有助于我们预测中国金融体系、不动产体系的发展方向，从跨越 70 年艰苦奋斗的时空追问中，获得对未来中国经济更大的想象力。

二是构建系统性框架，从博弈中理解 REITs。

近 50 年来，在全球化和信息技术的推动下，金融技术、经营模式和运营方式的更新加快。其衍生结果是，现实需要的演变速度超出了普遍观念与规则的适应节奏，导致市场的形成往往需要反复博弈，过程中不乏变通与务实之举，以求在短时间内达成共识。

一般的如境外 REITs 的分红要求、内外部管理架构以及有关税收政策的调整，特殊的如美国、印度基础设施 REITs 的诞生，如果站在全局高度，纳入各种立场、观点的冲突与合作，从博弈情景分析，我们能更容易理解其出现的深层次原因。这里既有利益诉求的推动，也有现实因素的牵绊，以及不同观念之间的妥协。我们不能孤立地看待 REITs 制度的设计，而需要从经济发展阶段的各方诉求中寻找公约数，从内部环境与外部环境的叠加博弈中寻求最优解。

三是解析约束条件，探寻中国实践的着力点。

效率的演进是 REITs 制度变迁的内在动力。然而我们必须意识到，REITs 是综合社会经济各部门的系统性工程。当我们研究境外成熟的 REITs 模式，并期望推动中国实践时，追求理论完美的思境必须与当下中国社会经济发展的现实相结合。

区域发展战略、产业规划等政策要素，地缘战略、人口结构与分布、城镇化阶段以及广为流传的“胡焕庸线”等地理与人口现状，以及以间接融资为主的金融体系、法律体系、投资者习惯等制度条件，甚至还包括传统理解中对于不动产“Real Estate”这一概念的理解边界，在诸多约束下，REITs 的实践很难一蹴而就。既要处理好制度借鉴、制度设计与制度兼容等问题，也要敬畏市场、敬畏法治、敬畏专业、敬畏风险。我们需要积极作为，以寻找最合适的着力点来推动这一市场的建设。

综上所述，本书在理论分析框架之外，结合全球多个主要 REITs

市场的发展经验，充分论证建设中国 REITs 市场的意义，深入剖析中国公募 REITs 市场建设在税制、管理模式、定价等方面面临的具体问题及解题思路，为中国公募 REITs 的推出提供切实可行的意见和建议。特别难得的是，本书汇聚了学界和业界的多方观点、研究成果和实践经验，博采众长，全面反映了国内 REITs 最前沿的发展趋势。

最后，我们衷心希望本书能够有助于广大读者理解 REITs，为肩负推进不动产各领域发展重任的读者提供一点帮助，为推动 REITs 在中国应用落地以及健康发展做出一些贡献。我们也期待更多 REITs 领域的研究和实践不断涌现，在监管部门与市场各参与方不忘初心的共同努力下，为中国经济的高质量发展发挥积极作用。

本书是北京大学光华管理学院“光华思想力”REITs 研究课题组的重要研究成果，是集体智慧的结晶。本书的四位主要作者是来自中国证监会的蔡建春博士，北京大学光华管理学院的刘俏教授、张峥教授，中联基金的周芊，需要说明的是，主要作者按照姓名的拼音首字母排序，他们对本书的贡献相同。除了四位主要作者之外，课题组成员包括：中国证监会的闫云松博士，中联基金的李艳、范熙武、彭超，北京大学光华管理学院的于嘉文、李尚宸、张思思、张骞，广州城发基金的李文峥，北京城市副中心城建集团的徐爽，他们参与了本书部分内容的写作。本书在创作过程中，得到了课题组成员刘晓蕾教授、杨云红教授、李博、朱元德等专家的支持，他们为本书的创作提供了灵感和思路。

特别感谢北京大学光华管理学院的厉以宁教授、徐宪平教授。厉教授对中国金融改革与 REITs 制度发展非常关心，极大地肯定了课题组的研究方向，厉教授的鼓励是课题组不断攻坚克难的动力。徐教授学养深厚、经验丰富，就基础设施投融资体制改革以及新型基础设施投融资，与课题组深度交流，提出了许多中肯的建议，推动了本书相关观点的形成。徐教授组织并带领课题组在长三角地区调研，并在其他地域的调研方面给予了巨大的帮助。

特别感谢国家发展改革委与中国证监会基础设施 REITs 联合调研

小组的各位专家：国家发展改革委投资司的韩志峰、王翔、王国庆、李泽正，中国证监会债券部的陈飞、刘榕、卢大彪、汪兆军、黄成，上海证券交易所的刘绍统、佘力、王建国、段东兴、姚远、陈红远、胡双力，深圳证券交易所的李辉、谭永晖、卞超、沈冰洁、郑雪晴、尚凯东，以及中咨公司的李开孟、徐成彬、罗桂连等专家，他们分别以不同的方式给予大量的指导和建议。

感谢中国资本市场与不动产金融领域的众多专家、学者：全国政协委员肖钢，北京大学光华管理学院的李克平教授，中国证券投资基金业协会的洪磊，国务院发展研究中心资产证券化 REITs 课题组的孟晓苏，香港交易所的毛志荣，湖南财信金控的胡贺波，广州越秀集团的张招兴、李锋，苏州工业园区的钱晓红、叶晓敏，招商银行的陈萍，菜鸟网络的郑海宁，上海临港集团的朱伟强，浙江沪杭甬高速的王德华，砂之船集团的徐荣灿，金杜律师事务所的方榕，戴德梁行的胡峰，普华永道的陈静、刘磊、康杰，中诚信集团的岳志岗、邓大为等，他们在中国 REITs 论坛以及课题研讨会上的真知灼见使我们受到许多启发。感谢众多国际 REITs 市场的专家：新加坡交易所的 Simon Lim，东京证券交易所的 Ko Oshima，美国全美房地产投资信托协会（Nareit）的 William Stein，亚太房地产协会的 Sigrid Zialcita，纽约大学房地产学院的 Sam Chandan 等，他们为本书写作提供了国际市场资料和许多有益的建议。

感谢中联基金的何亮宇、柯春欣、陈真、周浩宇、李宗霖、杨扬、张唯也、董威、徐赫、胡海若、李金荣、尹帅、赵思、朱婉琦、倪帆、朱丹、张正阳等各位同事，他们在国内外 REITs 业务操作和实践案例等方面给了我们诸多帮助。感谢戴德梁行的杨枝、陈逸欣，他们在 REITs 定价估值以及指数开发等方面与课题组有深入合作，并为本书的研究工作提供了数据资料。

感谢北大光华中国 REITs 先锋项目的校友们。REITs 先锋项目是北大光华为中国 REITs 人才培养而设计推出的教育项目。在该项目的课堂上，各领域的专家与从业者，对中国 REITs 市场的重要问题、市场实践进行深入讨论，这种思想碰撞和建设性的互动，让我们对中国不动产金融有了更全面、深刻的理解。

特别感谢星光熠熠的光华教授和其他专家学者们，金李教授、陈玉宇教授、刘力教授、马化祥教授、张圣平教授、张影教授、马力教授、沈俏蔚教授、滕飞博士与课题组多次深入交流，提出了诸多宝贵建议，对本书写作给予了非常大的鼓励。感谢蔡洪滨教授、冒大卫博士在课题工作中给予的巨大支持和帮助。感谢北大光华的同事徐峰、莫舒珺、张琳、齐敬茹、程艳艳、王奂然、晏琴、龚小艳、赵沫燕、陈晚宜、曾丽、池燕、赵鹏、闫雪、杜婧雅、高茜芸、王佳慧、方琛。这本书的顺利出版得益于她们多年的支持。尤其要感谢北大光华的同事王冬霞、柏甜雪。源自冬霞的精心筹划，课题组的主要成员在她的引荐下相识，一见如故，并因为共同的研究兴趣而达成合作；甜雪在课题组的调研安排、与出版社沟通协调等方面做了大量工作，本书的出版离不开她的热心帮助。北大光华金融专业的博士生何东良、徐声荣参与了数据搜集和资料整理工作，在此表示感谢。

感谢中信出版集团的大力支持以及专业建议。

目录

导论　REITs 是好金融 …… 1
中国金融的演进 …… 1
什么是好金融 …… 3
中国金融体系的最大短板 …… 4
推出 REITs 的意义 …… 6
内容概要 …… 9

第一部分　为什么会推出 REITs 制度

第一章　不动产投资信托基金 …… 15
什么是 REITs …… 15
制度的共性与个性 …… 21

第二章　价值创造：企业与投资者的视角 …… 35
REITs 的融资功能 …… 36
企业的战略工具 …… 42
抗通胀与普惠资产配置 …… 44

第三章　宏观经济转型与政策工具功能 …… 49
REITs 制度出台的历史契机 …… 49

经济发展新动能 …… 56
货币政策工具 …… 60

第二部分 REITs 的全球实践

第四章 规模、市场表现与流动性 …… 67

第五章 美国 REITs：规模最大的 REITs 市场 …… 75
全球市场标杆 …… 75
发展历程与关键事件 …… 77
UPREITs 与 DOWNREITs …… 83

第六章 亚太 REITs：各具特色 …… 86
澳大利亚 A-REITs：合订证券 …… 86
日本 J-REITs：亚洲第一 …… 90
新加坡 S-REITs：国际化 …… 94
香港 H-REITs：一枝独秀 …… 100

第七章 其他 REITs 市场 …… 106
欧洲 REITs 市场 …… 106
印度 REITs 市场 …… 111

第三部分 REITs 市场的中国道路

第八章 为什么要建设和发展中国 REITs 市场 …… 117
不动产投融资模式的挑战 …… 117
资产管理市场的短板 …… 127
重要结构性问题的破题之作 …… 134

第九章　发展历程与市场规模 …… 139
政策与市场的双轮驱动 …… 139
5 万亿～14 万亿元 …… 146

第十章　类 REITs 市场 …… 152
快速发展的类 REITs 市场 …… 153
资产支持证券架构 …… 156
持续创新的市场 …… 159
类 REITs 和公募 REITs …… 162

第十一章　中国公募 REITs 的制度设计与实现路径 …… 180
制度设计的 5 个重要维度 …… 180
制度推进的三种可行性路径 …… 182

第四部分　中国公募 REITs 市场建设的重要课题

第十二章　税制 …… 191
税收政策的驱动作用 …… 191
中国境内 REITs 的税务问题 …… 194
REITs 可以开拓税源和增加税收 …… 205
中国 REITs 需要税收中性政策 …… 207

第十三章　管理模式 …… 211
内部管理模式和外部管理模式 …… 212
两种模式孰优孰劣 …… 214
类 REITs 市场面临的问题 …… 218
建立、健全中国公募 REITs 的治理机制 …… 221

第十四章　定价与资产估值 …… 228
REITs 的估值逻辑与定价机制 …… 228
成熟 REITs 市场具有价格发现功能 …… 233
类 REITs 市场的定价问题 …… 240
完善中国公募 REITs 市场的定价机制 …… 245

第十五章　投资者保护 …… 251
市场准入与投资者适当性管理 …… 251
存续期间管理的重点在于信息披露 …… 258
REITs 市场违法违规追责 …… 265

第五部分　基础资产类别 REITs 的分析与展望

第十六章　基础设施 REITs …… 271
美国、澳大利亚与印度基础设施 REITs 现状 …… 271
基础设施投融资体制的困境 …… 284
中国发展基础设施 REITs 的意义 …… 288
中国基础设施 REITs 市场展望 …… 289

第十七章　租赁住房 REITs …… 297
房地产长效机制建设需要 REITs 市场 …… 298
中国租赁住房 REITs 市场展望 …… 301
类 REITs 的探索与公募 REITs 的思考 …… 305

第十八章　商业物业 REITs …… 312
全球商业物业 REITs 市场的重要资产类型 …… 313
商业物业可持续发展与 REITs 市场 …… 315
中国商业物业 REITs 市场展望 …… 319

第十九章　物流 REITs …… 324
物流 REITs 的境内外实践 …… 326
物流行业的挑战与 REITs 市场 …… 328
中国物流 REITs 市场展望 …… 332

附录　案例

案例 1　中信启航 REIT——私募 REITs 市场破冰 …… 337
案例 2　勒泰 REIT——不依赖主体信用的商业类产品 …… 342
案例 3　保利租赁住房 REIT——首单储架发行的租赁住房类产品 …… 346
案例 4　菜鸟仓储 REIT——首单可扩募物流类产品 …… 352
案例 5　沪杭甬徽杭高速 REIT——首单传统基础设施类产品 …… 356
案例 6　鹏华前海万科 REIT——REITs 公募发行的探索 …… 362
案例 7　越秀 REIT——中国境内首只在境外上市的 REITs …… 367
案例 8　领展 REIT——香港首只公募 REITs …… 375
案例 9　砂之船 REIT——亚洲首家奥特莱斯 REITs …… 382
案例 10　凯德商用中国信托——新加坡最大的中国零售 REITs …… 390
案例 11　美国电塔公司——全球基础设施 REITs 的标杆 …… 398
案例 12　IndiGrid——印度基础设施 REITs …… 404
后记　“光华思想力”REITs 课题笔记 …… 409
参考文献 …… 413

导论

REITs 是好金融

金融的本质是“中介”（intermediation），以简单、直接、有效的方式将储蓄转为投资，实现资金跨时间和跨空间的交换。人类社会有记载的金融历史可以追溯到 7 000 多年前。金融中介的形式变化万千，无论是商品货币时代，还是信用货币时代，无论是采用传统商业银行的“发起并持有模式”（originate and hold），还是采用证券化时代投资银行的“发起并销售模式”（originate and distribute），金融把处于不同空间和时间维度上的资金多余方和资金需求方连接起来的这个本质从来没有改变过。在人类文明漫长的演进过程中，金融也在不断发展变化。

中国金融的演进

1949 年至今，中国金融体系走过了漫长的发展道路。70 多年间，具有诸多中国元素、反映特定经济发展阶段和发展模式的中国金融在不断演进。中国金融的演进是动态、非线性的。以 1953 年开始实施的“一五计划”为标志，志在完成工业化进程的中国实行计划经济。在资本极度匮乏且与国际金融体系完全隔绝的情况下，中国需要一个能够广泛动员社会资金，集中金融资源并聚焦于基础设施、重工业和大项目的金融体系。于是，高度集中的单一人民银行体系逐渐演进成型。在这个体系里，中国人民银行既是集中统一经营全国金融业务的经济组织，又是国家金融管理和货币发行机构。虽然中间经历过多轮起伏，但这种集中、垂直管理的架构一直延续到1978年的改革开放。“大一统”的人民银行体系，体现了国家对金融的绝对控制，有利于国家集中相对稀缺的资金全力支持国家发展战略确定的重大发展领域，利用信贷杠杆推进工业化进程。但是在这种体系下，国家意志主导经济发展和金融的演进，个人信用和商业信用基本被国家信用所取代，金融实质上是变相的财政。

1978年开始的改革开放开启了中国在现代经济体系下以中国人民银行为核心的现代金融体制的建立过程。在这个阶段，影响和形成中国金融中介模式最重要的因素是强调国家战略和市场经济相结合的中国发展模式。中国发展模式有几个突出的特点：一是通过政府对改革与开放的顶层设计，激发自下而上的个体或机构活力，中国庞大的人口和全球化市场使制造业快速崛起并扩张，涵盖诸多领域的制造业集群不断涌现——这一切使大规模生产和产业的崛起成为可能；二中国是积极参与全球产业链的分工布局，在这个过程中，顽强地从产业链的低端向中、高端挺进；三是从20世纪90年代中后期起，中国改革和经济发展的重心逐渐转向城市和国有企业，城镇化进程开始提速，基础设施建设和房地产投资逐渐成为经济增长的主要动能，以土地、房地产和基础设施为抵押的信用扩张带动了相关领域及其上下游投资的大幅上升，极大地推进了金融的发展，反映为金融资产规模和金融业GDP（国内生产总值）的迅速增长；四是持续的制度创新和相对稳定的宏观社会经济环境有助于经济发展。

中国发展模式本身的特点和中国经济的阶段性特征，再加上中国改革开放期间特有的制度环境，大体上决定了这个时期中国金融所采用的中介模式。1978年至今，中国金融体制改革和金融体系建设给中国金融带来翻天覆地的变化。中国的银行体系和非银行体系、金融市场、金融管理体制、宏观经济调控工具、与国际金融市场的交互关系等经历了巨大的变革，金融创新不断涌现，快速发展，逐渐成形。尤其是最近25年，在中国经济改革的重心从农村转向城市之后，以土地

（房地产）和基础设施为抵押品，成为信用扩张的主要方式，为中国经济发展提供了大量的资金。房地产和基础设施具备的强大的信用创造能力极大地促进了投资的形成和经济的增长。

经过40年的变迁，具有清晰特色和阶段性特点的中国金融体系1.0基本成型。在这一过程中，中国金融展现出强大的聚集社会资金并投向经济建设的能力，为中国经济发展做出巨大贡献；但与此同时，中国金融也出现了中介效率不高（如融资难、融资贵）、金融服务覆盖面不足（如大量中小微企业和个人、家庭的金融服务需求得不到满足）以及金融结构不合理（如直接融资不足、过分倚重银行体系提供的信贷）等问题。

什么是好金融

并不是所有的金融都有助于经济和社会的发展。经济学和金融学研究提供了大量的实证证据，表明金融发展是有助于经济增长的。新古典经济学的理论也用大量模型证明，只要金融中介能够实现资金的合理、有效配置，更大的金融规模有利于更快的经济增长。然而，现实世界并非完美。金融中介需要降低资金供需两端因信息不对称、道德风险或其他原因所造成的“信任成本”。人类历史上一次又一次的金融危机反复提醒我们，我们需要的并不是规模更大的金融，而是更好的金融，而判断金融是好是坏的标准在于它能否有效降低金融中介的成本。

中国在1978年开启改革开放之后，正式开启了现代意义上的金融体系的建设。金融逐渐摆脱了计划经济体制下仅用于财政服务的简单形象，不断发展起来。中国金融体系为推动中国的工业化进程，实现年均近40%的固定资产投资率提供了大量资金。这段时间，中国金融业增加值占GDP的比重——国际上常用的衡量金融规模和重要性的指标——从1978年的2.1%增加到2018年的7.7%。中国这个指标的取值水平在2016年一季度末达到峰值9.5%。目前中国金融业增加值占

GDP的比重已经超过美国1870—2010年这41年的平均水平6%，甚至高于2006年金融危机爆发前的7.6%。根据2017年省际层面的数据，上海和北京金融业增加值占GDP的比重均超过16.5%（上海为17.4%，北京为16.6%），高于世界公认的国际金融中心伦敦、纽约和香港，这三个国际金融中心的金融业增加值占GDP的比重都在14%左右。在中国A股市场3 500多家上市公司中，金融机构并不多，而且利润构成主要以上市的30来家商业银行为主。2018年A股所有上市公司的税后利润总额为36 774亿元，为数不多的上市金融企业贡献了其中的17 719亿元，占整个A股上市公司税后利润的48.2%。

必须指出的是，认为金融规模（金融资产规模或金融业增加值规模）越大越好，是我们对金融本质认知的最大误区之一。好金融的出发点在于降低将储蓄转换为投资这个过程中所产生的交易成本。在人类文明发展的过程中，金融以不同形式展现的底层逻辑似乎很复杂甚至晦涩，其最深层的动力始终是找到更好的中介以降低融资过程中产生的交易成本。金融创新，无论是新的金融产品、服务的推出，还是新的交易流程和运营方式的引入，抑或是新的组织形式的出现，如果最终能够降低金融中介成本，那么它们就能够更好地支持投资、创新和经济增长，就有可能历经岁月磨砺，成为被广泛接受的金融产品和服务、标准流程和标准操作、金融活动的组织形式及更广义的金融规范和标准的组成部分。如前所述，高质量的金融能够从金融中介的底层技术、金融活动的组织形式、业务流程和规范、金融活动所需的制度基础设施建设等方面大幅降低金融活动的参与方的信任成本。进化并不一定意味着升级，如果不能有效降低金融中介成本，那么任何形式的金融演进都将毫无意义。

中国金融体系的最大短板

要客观评价改革开放后中国金融40余年的变迁，我们必须透过更长的时间维度，回归到金融演进的基本逻辑。需要指出的是，我们这个时代的金融在经历了40多年的高速发展后，还没有形成给信贷、资本、房地产、基础设施投融资等市场定价的“锚”，这是中国金融1.0最大的问题。没有市场化的定价机制，金融体系无法顺利履行价格发现功能，并以此为基础引导资源的有效配置。在这种背景下，金融的快速发展并不能对实体经济形成有效的支持，反而会带来宏观杠杆率不断攀升、杠杆结构不合理、金融中介链条过长、融资成本高居不下以及系统性金融风险汇聚等危及社会经济健康、可持续发展的断裂点。在中国经济从高速增长向高质量增长的转型过程中，中国金融必须对上述金融中介过程已经出现、正在固化的断裂点做出积极回应。

事实上，金融资产或实物资产的价格变动会对金融中介的顺利进行带来重大影响。如果金融市场具备价格发现功能，能准确反映与企业或资产相关的信息，那么通过市场交易形成的价格就具备引导资源有效配置的能力。然而，在现实生活中，资产价格大起大落。资产泡沫的出现和随后的泡沫破灭往往对实体经济和金融体系带来巨大的冲击。在理论层面，经济学家清泷信宏（Nobuhiro Kiyotaki）和约翰·摩尔（John Moore）于1997年在《政治经济学杂志》（*Journal of Political Economy*）发表的一篇论文构建了一个模型，分析实物资产或金融资产的价格变化如何影响实体经济。在他们的模型中，实物资产或金融资产被用来作为银行信贷抵押品，当资产价格发生变动时，实物资产或金融资产会影响到企业在银行的抵押品的价值，从而影响到企业从银行进一步获取融资的能力，这不仅损害实体经济，也损害金融体系的健康与稳定。这篇文章从理论层面阐释了金融资产或实物资产价格变动通过什么样的机制影响实体经济和金融体系。

清泷信宏和约翰·摩尔的研究给我们理解中国金融体系带来很大的启示。既然资产价格的大幅波动给实体经济和金融体系带来实质性伤害，寻找到给资产定价的“锚”就应该是金融制度基础设施建设的重要组成部分。而中国金融体系目前最大的一个短板，正如前文论及，是缺乏给资产定价的“锚”。

以股票市场为例。我们的分析显示，中国股票市场严重缺乏给风险合理定价的能力。例如，2002—2018年这17年间，中国市场风险溢价的平均值为1.17%，即股票市场平均收益率只比无风险国债的收益率高不到1.2个百分点。中国A股市场的市场风险显然不止于此。在过去100多年，美国股票市场的市场风险溢价保持在6%左右。如果没有形成合理定价的能力，那么长此以往，那些优质、高成长的企业因为无法得到合理的估值而不能更好地成长，而大量经营状况恶劣、治理不佳的企业却利用扭曲的定价机制，通过制度寻租与财务造假，获取利益。市场上普遍存在的"逆淘汰"使中国资本市场很难发挥资源有效配置的作用。在这样的市场环境中，股票的价格往往不是由企业的基本面决定的，这势必造成股价的大起大落，给金融体系和实体经济带来严重伤害。

再以银行信贷为例。鉴于利率双轨制和刚性兑付的存在，再加上地方政府等的背书，国有企业在银行信贷可获得性和贷款成本方面都享有得天独厚的优势。金融体系在资金的配置方面不符合竞争中性的原则。根据我们对上市的民企和国企所做的分析，在同等情况下，金融机构给民营企业提供贷款时，平均贷款利率相较于国企会高出1.38个百分点。由于各种制度性障碍，中国的正规银行体系没有形成给信用风险定价的"锚"。这种信用定价上的"双轨制"的存在严重扭曲了信用风险定价，使正规银行体系难以实现合理配置信贷资源的功能。

推出REITs的意义

中国经济发展长期依靠房地产和基础设施投资。以房地产投资为例，1999—2018年，中国房地产投资增长超过30倍。2018年，中国房地产投资累计超过12万亿元，同比增幅达9.5%，较2017年的7%提高了2.5个百分点。以房地产和基础设施为抵押品，成为中国经济社会中信用扩张的主要方式。房地产和基础设施投资大多与地方政府密切相关，卖地收入更是地方财政收入的重要来源之一。然而，随着中国经济增长模式的转变，以土地、房地产和基础设施为抵押品的信用扩张难以成为中国经济未来进一步增长的发动机。从中长期看，急剧的人口老龄化使消费需求出现巨大变化，储蓄率下降，房地产价格和投资下降；随着城镇化率的提升、产业结构的变迁和劳动力的重新配置，现有的产业投资、公共服务体系建设、房地产投资和城市基础设施投资急需优化配置。对于提升房地产、基础设施、公共服务体系等的投资效率，准确的价格信号极其重要。中国需要给房地产、基础设施和地方政府信用定价的“锚”，建立房地产市场、基础设施投融资市场和信用市场价格发现功能，引导资源有效配置。

哈佛大学著名经济学家爱德华·格莱泽（Edward Glaeser）和安德鲁·施莱弗（Andrei Shleifer）带领的研究团队2017年在《经济展望杂志》（*The Journal of Economic Perspectives*）上发表了一篇关于中国房地产市场研究的文章。[①] 分析2000年人口普查数据和2000—2010年人均住房面积的增长数据，他们发现，在中国的地级市层面，人均GDP和人均住房面积增长之间存在非常显著的负相关关系。经济发展相对落后的城市（以人均GDP衡量）2000—2010年人均住房面积增长幅度更大，显示出更加激进的房地产投资；而经济相对发达的城市在房地产投资方面则不那么激进。显然，落后地区的地方政府把房地产投资作为经济增长的主要动能，同时也觊觎卖地带来的收入。经济欠发达地区没有足够的产业消化就业，吸引人口流入，造成高空置率。低效投资让中国的房价非常脆弱，而房价的起起落落给实体经济和金融体系带来巨大的风险。截至2017年，中国商品房的年销售面积已经接近17亿平方米，人均住房面积已经达到40.8平方米。房地产未来增量部分的增长空间比较有限，中国房地产市场正从增量时代转入存量时代。那么，怎样更好地盘活巨额的存量资产呢？

---

① Edward Glaeser & Wei Huang &Yueran Ma & Andrei Shleifer (2017): A Real Estate Boom with Chinese Characteristics.

同样的情况也出现在基础设施投资领域。随着城镇化率的提升、产业结构的变迁和劳动力的重新配置，现有的产业投资、公共服务体系建设、房地产投资和基础设施投资急需优化配置。但是，如果对城市的人口规模和消费需求及其未来的动态变化没有合理认识，那么很可能会导致大量不合理的房地产或基础设施投资，带来金融资源的不当配置，而金融中介的低效率会导致金融体系的风险汇聚。在现在以及可以预见的未来，房地产和基础设施投资仍将是中国经济增长的重要动能，那么，怎样才能提升房地产和基础设施投资的效率？

按照金融学的基本法则，一项资产（金融资产或实物资产）的价值取决于它所能带来的未来现金流的净现值，即未来收益的净现值。REITs 本质上是将成熟不动产物业在资本市场进行证券化；既具有金融属性，又具有不动产属性。通过发展 REITs，可以把基础设施投资形成的资产和房地产的存量部分，以及未来大量的增量部分作为底层资产，纳入市场化的资源配置体系中。通过对它们进行合理的估值、定价、发行、二级市场交易，实现价格发现功能。如果有一个比较活跃的二级交易市场，资本市场的价格发现功能就会被发掘出来，市场会对基础设施资产或房地产进行相对准确的定价，这就给中国的房地产市场、基础设施投融资市场提供了一个重要的定价的“锚”。提供定价基准之后，可以根据资产的内在价值，通过市场交易形成相对合理的定价，从而引导资源的有效配置。从这个角度讲，我们认为 REITs 是未来中国金融供给侧改革最重要的抓手之一。

要重塑我们这个时代的金融，我们需要新的金融发展范式。这不仅要求我们果断革新金融机构的商业模式和它们所提供的产品和服务，改变金融市场的形态以及金融监管体系，还要求我们升级金融思维，重新回归到千百年来已经形成的正确认知，坚守常识，在金融演进过程中涌现出的一般规律面前保持敬畏。要建设好金融，我们需要透过理性分析的视角去还原金融的本意，并以此为基础，重新定义并构建新一代的中国金融体系，找到破解“金融发展之谜”（即金融中介成本没有随金融大发展而降下来）的方案。REITs 是创新金融产品，大力发展中国 REITs 市场正当其时！

内容概要

本书以市场功能的视角剖析了 REITs 对于现代金融体系的价值，结合全球市场的实践以及中国不动产投融资的现状，在中国金融改革的宏大背景下，系统、全面地阐述了中国 REITs 市场建设的必要性、紧迫性，探讨了中国 REITs 制度的发展路径，给出了中国 REITs 市场的建设方案。

本书第一部分介绍了 REITs 领域的基本概念，REIT 市场在全球金融体系中的定位，REITs 制度的发展进程和特征，论述了 REITs 在企业投资、融资、经营以及投资者资产配置等方面的功能与价值，探讨了 REITs 对国家宏观经济增长、货币政策实施的积极作用。第二部分用翔实的数据展示了全球 REITs 市场的行业规模、收益风险与流动性状况，并分别介绍了美国、澳大利亚、日本、新加坡、中国香港、欧洲以及印度 7 个国家和地区的 REITs 市场规模、发展历程和产品结构。

本书第三部分在中国经济发展的宏观背景下，就中国不动产投融资体制的问题与挑战进行了深入分析，基于不动产融资市场在资金需求端和供给端面临的结构性错位，提出应用 REITs，尤其是公募 REITs 来破题。该部分详细介绍了中国 REITs 制度的探索进程以及类 REITs 市场的发展情况，给出了中国公募 REITs 市场的发展路径以及制度设计要点。第四部分探讨了中国 REITs 市场建设的几个重要课题，提出了相应的解决方案，这些课题分别是税制、管理模式、估值定价以及投资者保护。

本书第五部分围绕基础设施、租赁住房、商业物业以及物流仓储等 4 种基础资产①，研究中国 REITs 市场的规模、意义、面临的挑战以

① 在多层结构化产品中，基础资产不同于底层资产；在单层结构化产品中，基础资产同底层资产。

及相应的对策。最后，在附录部分，本书选取了 12 个境内外经典案例，详细解读其发行背景、基础资产、产品结构以及创新意义，为中国境内 REITs 的发展总结经验。

以下是分章节的内容简介。

第一章介绍了 REITs 的定义、分类与特征，分析了全球 REITs 的发展进程，详解了 REITs 制度创新的理论逻辑。

第二章从企业和投资者角度出发，分析了 REITs 的功能与价值。通过各类不动产融资方式的对比、中外案例举证、文献梳理以及理论分析等，详细阐释了 REITs 对增强企业投融资能力、改善财务和经营状况、实现企业战略落地以及提升家庭资产配置水平的机理与特征。

第三章观察了全球各经济体中 REITs 出台的历史契机，揭示了 REITs 市场对宏观经济增长的推动作用，并进一步剖析了这种助力作用的原理。由于 REITs 具有汇聚社会资本、盘活存量、促进投资、开辟合理税源的作用，绝大多数经济体在经济危机、经济衰退或经济高速发展动力不足时出台 REITs 相关的法律法规。

第四章从市场规模、发展状况、市场表现、收益风险特征，以及流动性水平等方面描绘了全球 REITs 市场的总体画像。

第五章至第七章介绍了美国、澳大利亚、日本、新加坡、中国香港、欧洲、印度等 REITs 市场的概况、发展历程、制度特征以及产品结构，探讨了各国及地区经验对于中国境内类 REITs 和公募 REITs 的借鉴意义。

第八章论述了发展中国 REITs 市场的重大意义。当前，中国不动产领域整体步入以存量为主的时代，化解债务风险、有效配置和经营存量资产、提高投资效率与质量等，显得日益重要。与此同时，中国家庭财富总值快速增长，资产管理需求迅速提升，市场迫切需要更多类型的金融产品，特别是与不动产资产相关的产品。REITs 市场建设是短期流动性问题和中长期结构性问题的破题之作，对中国经济发展具有重要的意义。

第九章梳理了中国境内 REITs 市场的萌芽、起步到发展的历程，从发展的角度论证了现阶段推出 REITs 制度的可行性。基于成熟 REITs 市场所属经济体的经济总量与资本市场规模的可比测算，本书预估中国境内公募 REITs 市场规模将达到 5 万亿 ~ 14 万亿元。

第十章对中国私募 REITs（类 REITs）市场进行了深度分析，阐释了类 REITs 市场的作用与意义，并对类 REITs 和公募 REITs 在产品结构、管理方式、退出方式、融资定价、收益分配等方面做了详细的对比分析。

第十一章详细论述了中国公募 REITs 的制度设计与实现路径，从收入结构、分配要求、税收待遇、杠杆率以及权益属性等五个维度提出了设计重点，同时给出了可选的三种路径。

第十二章对比了成熟 REIT 市场在税收上的制度设计，详尽分析了现行税收制度下，中国 REITs 设立、持有、退出环节的税赋情况，提出了关于中国 REITs 税收政策的具体建议。

第十三章从外部管理模式与内部管理模式的全球实践出发，结合中国境内类 REITs 的产品特点以及公募 REITs 的方案，为解决未来中国境内公募 REITs 面临的治理问题提供了可行方案。

第十四章介绍了 REITs 产品与基础资产的估值逻辑与具体方法。基于成熟 REITs 市场的实证研究结果，对其市场定价功能进行了总体评估。结合当前中国境内类 REITs 市场的估值实践与挑战，讨论了完善中国境内公募 REITs 市场定价机制的问题。

第十五章从市场监管的角度，针对 REITs 发行的事前、事中、事后三个阶段，分别讨论了与投资者保护相关的制度建设问题，包括产品的市场准入、参与主体的资质审核、投资者适当性管理，信息披露机制、存续期合规监管、投资者参与决策机制，以及违规追责与救济等。

第十六章通过对美国、澳大利亚和印度三国基础设施 REITs 及相关产品的分析，结合中国当前基础设施投融资体制的特点与问题，对中国基础设施 REITs 的规模进行了展望，并进一步提出了推进基础设施 REITs 工作的关注重点与建议。

第十七章在构建中国房地产长效机制背景下，探讨了中国发展租赁住房 REITs 的意义、市场展望、面临的问题与解决之道。

第十八章和第十九章分析了以零售、酒店、写字楼等为底层资产的商业物业 REITs，以及以物流仓储为底层资产的物流 REITs。基于境外与境内的发行情况，对市场规模、公募发行的意义、市场建设面临的挑战与对策等进行了详尽探讨。

在附录中，本书选取了境内外 REITs 市场中具有代表性的 12 单 REITs，包括中国境内发行的 6 单类 REITs 产品和在境外上市的 6 单标准化 REITs 产品。本书从发行背景、产品结构与特点、底层资产、管理模式、财务收益等方面对每一个案例进行了详细分析。

第一部分

为什么会推出REITs制度

第一章
不动产投资信托基金

不动产证券化是把流动性较低、非证券形态的不动产资产，直接转化为资本市场上的证券资产的金融化过程。不动产投资信托基金是实现不动产证券化的重要手段，是通过发行收益凭证汇集投资者的资金，交由专业投资机构进行不动产投资经营管理，并将投资收益及时分配给投资者的一种投资基金。

什么是 REITs

REITs 最早于 1960 年出现在美国，后于 1971 年出现在澳大利亚。在亚洲市场上，REITs 于 2001 年出现在日本，其后于 2002 年出现在新加坡，紧接着在中国台湾和香港等地相继被推出。截至 2019 年 6 月，全球共有 42 个国家和地区出台 REITs 制度，全球公募 REITs 市场的总市值已经超过 2 万亿美元①。

根据法律载体的不同，可以将 REITs 分为公司型 REITs 和契约型 REITs，公司型 REITs 在美国市场占主体地位，如西蒙地产 REIT、美国电塔 REIT 等。公司型 REITs 在法律意义上以公司形态存在，公司的

---

① 根据全美房地产投资信托协会（NAREIT）统计，截至 2019 年 6 月，全球共有 39 个国家推出 REITs 制度。由于强制分配宽松程度、属地原因等，全美房地产投资信托协会未纳入智利、立陶宛、波多黎各 3 个国家和地区，但欧洲公共房地产协会（EPRA）认可其 REITs 制度。本书综合了全美房地产投资信托协会和欧洲公共房地产协会的统计数字。

主业、红利发放等符合 REITs 条例的有关规定，因此获得了 REITs 的相关政策。公司型 REITs 的典型交易架构如图 1.1 所示。第一，公司型 REITs 符合 REITs 制度的要求，即公司为上市主体，通过发行股票、获取贷款等方式募资，其中 REITs 份额即为上市流通的公司股票。第二，在实际交易中，公司型 REITs 常采取伞形合伙式结构以获取税收及资本金补充优势，REITs 以募集的资金出资成为经营性合伙企业的普通合伙人（GP），不动产企业以持有的不动产出资成为有限合伙人（LP），经营性合伙企业通过项目公司持有底层物业资产，在锁定期过后，不动产企业可以将经营型合伙单位（OP）转换为 REITs 份额或套现。第三，上市 REITs 需要符合上市规则和监管机构要求，由托管机构执行保管业务，收取保管费用。第四，公司型 REITs 通常采取内部管理模式，由 REITs 聘用的内部管理团队进行资产管理。

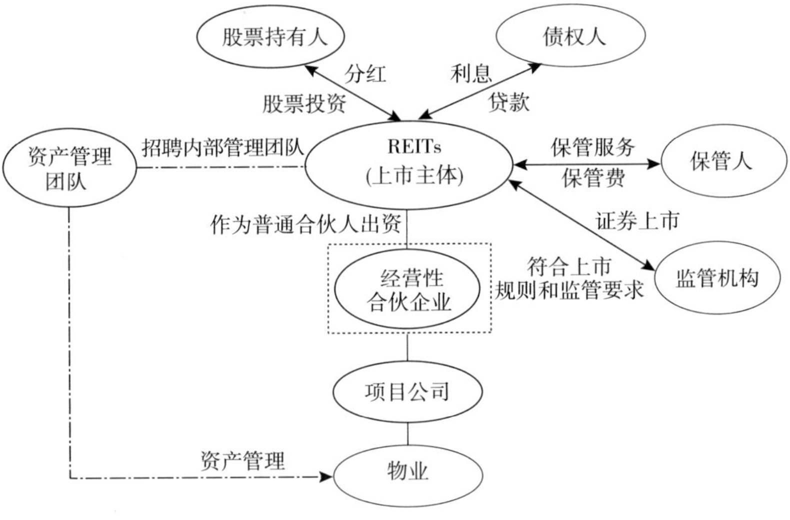

图 1.1　公司型 REITs 的典型交易架构

契约型 REITs 以信托或基金为法律载体，在亚洲市场更为普遍，如新加坡凯德 REIT、中国香港领展 REIT 等，其运作符合 REITs 条例的有关规定并通过发行信托凭证或基金份额来募集资金。契约型 REITs 的典型交易架构如图 1.2 所示。第一，契约型 REITs 符合监管要求，以

REITs 为上市主体，由投资者和发起人持有 REITs 份额，信托份额持有人、受托人、资产管理人直接签署契约，形成信托法律关系。第二，契约型 REITs 的发起人为持有基础资产的不动产企业，相关资产通过特殊目的载体（SPV）设立 REITs，发起人为保留相关资产的控制权、促进信托的发行，通常持有一定比例的 REITs 份额。第三，信托受托人以信托方式持有 REITs 资产，是 REITs 资产的名义持有人。第四，通常由外部第三方管理机构担任 REITs 的资产管理人，负责 REITs 资产的管理和运营，包括已有资产的管理、资产的收购与处置、现金管理与分红派息、资产相关的信贷等。第五，由物业管理人进行 REITs 底层资产的日常运营与管理，如租赁推广、收取租金、建筑及设备管理维护、卫生安全等。

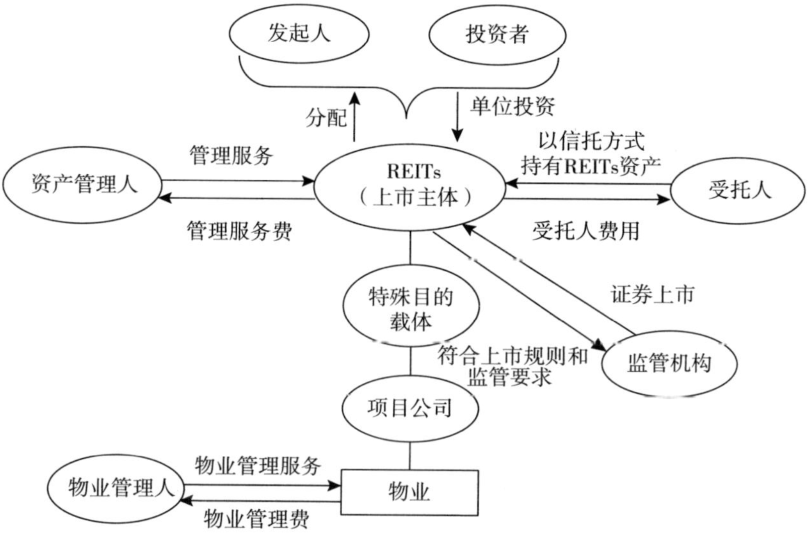

图 1.2　契约型 REITs 的典型交易架构

根据投资方式的不同，REITs 可以分为权益型 REITs、抵押型 REITs 和混合型 REITs。其中，权益型 REITs 投资底层不动产资产并拥有其所有权，通过资产经营取得收益，其收益来自租金和不动产的增值。权益型 REITs 是 REITs 的主要类型，占全球 REITs 总市值的 90%以上。抵押型 REITs 向不动产所有者或开发商直接提供信贷资金，或者通过购买抵押贷款支持证券间接提供融资，其主要收益来源为贷款利息，因此抵押型 REITs 资产组合的价值受利率影响比较大。混合型 REITs 既购入、持有并经营不动产，又向不动产所有者和开发商提供信贷资金，是上述两种类型的混合。

REITs 的投资领域十分广泛，包括商业写字楼、零售物业、酒店、公寓、仓储物流、医疗保健、主题公园、体育馆等传统 REITs 投资领域，以及种植园、监狱、学校建筑等创新型 REITs 投资领域。机场、港口、收费路桥、电力设施、通信铁塔、数据中心等稳定、具有较高收益率的基础设施也越来越多地被各个国家及地区的 REITs 所应用。我们通常将商业写字楼、零售物业、酒店、公寓、仓储物流等物业资产称为持有型物业。根据 REITs 的基础资产类别，可以将 REITs 分为商业物业 REITs、基础设施 REITs、租赁住房 REITs、物流 REITs 等。

REITs 是一种满足特定制度要求的金融产品。经过多年的发展，全球 REITs 产品形成了六个典型的特征，我们通常将具有这些特征的 REITs 产品称为标准化 REITs，这些特征具体包括：

- REITs 的主要投资标的是成熟的不动产资产，以不动产产生的长期、稳定的现金流作为主要收益来源。
- 对 REITs 投资经营产生的收益实施强制分红政策，即 REITs 的可分配利润应高比例地分配给投资者。
- REITs 制度是税收驱动的，具体表现为在 REITs 层面进行所得税免除，以及在 REITs 制度形成过程中实施一定的税收优惠政策。
- 以公开募集与上市交易的 REITs 产品为市场建设的标志，同时给予私募 REITs 足够的发展空间。
- REITs 通常实行主动管理模式，其产品价值依附于专业管理人对不动产资产的专业管理与合理投资决策。REITs 的管理既具有金融属性，又具有不动产属性。金融属性体现在 REITs 的增资扩股、债务融资、并购与处置、投资者关系等，不动产属性体现在不动产投资策略、资产管理、客户管理等。

- 为保障 REITs 持有人的分红权益并降低运作风险，REITs 在负债方面表现出一定程度的节制，一些国家及地区的 REITs 制度通过制定 REITs 杠杆率上限来约束其债务融资行为。

如图 1.3 所示，根据风险和回报的关系，不动产基金投资策略通常可分为核心型、增值型、机会型三种。核心型投资策略风险最低，通过稳定、长期的现金流来获益；增值型投资策略风险较高，通过对不动产进行翻新、重新定位寻求资产的增值；机会型投资策略对不动产进行大规模的投资和改造以寻求收益，风险最大。REITs 采取典型的核心型投资策略，为被动型投资工具，其主要收益来源是长期、稳定的租金。部分 REITs（特别是私募 REITs）参与资产的重新定位和开发，在不动产低估值时期收购物业并进行翻新，但各个国家及地区的 REITs 制度往往对高风险的 REITs 策略加以限制，如新加坡要求 REITs 处于开发阶段的资产比例小于 10%，英国和德国要求 REITs 75% 以上的资产与收入要和不动产租赁直接相关，确保 REITs 采取核心型投资策略，风险处于较低水平。

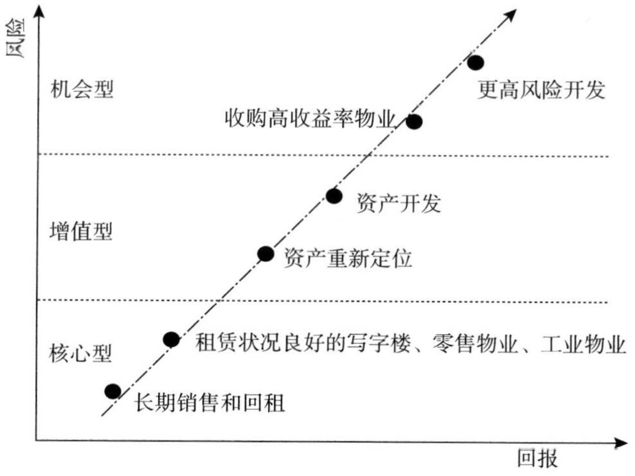

图 1.3　不动产基金的三种投资策略

在全球金融体系中，REITs是不动产金融的重要支柱。举例来说，截至2019年6月，美国REITs市场（包括私募REITs市场）总规模达到3万亿美元，超过美国商业不动产贷款的总规模2.3万亿美元，以及商业房地产抵押贷款支持证券（CMBS）的市场总规模2.8万亿美元。[①] 图法诺（Tufano，1995）指出，金融产品创新背后的主要驱动力有两个，其一是满足全社会的金融需求，完善金融体系的功能，其二是降低金融交易成本。这一理论可以解释REITs制度的产生和发展。一方面，不动产项目的建设和运营需要大规模的资金支持，具有巨大的融资需求；另一方面，社会闲置资金也需要有适当的投资机会。如何用低成本和高效率的方式将资金的供给方和需求方连接，是金融服务业需要解决的核心问题。交易标的现金流的不确定性与信息不对称是金融交易中产生交易成本（信任成本）的重要原因，金融中介（间接金融）和金融市场（直接金融）都对此问题提出了自己的解决方案。

在间接金融体系中，商业银行作为中介机构，承担降低信息不对称、识别风险和管理风险的职能，以债权的方式提供融资。不动产资产（特别是持有型物业和基础设施）投资体量巨大，风险特性多样，生命周期和投资回报周期长。如果不动产融资大部分由商业银行体系承担，业务内生存在期限错配、流动性错配和信用错配，将不动产资产的风险聚集在银行的资产负债表上，宏观上势必会增大整个金融体系的风险。因此，从长期来看，商业银行体系只能部分解决不动产的融资需求。

直接金融的思路在于，创造出理想的金融产品，通过市场交易来连接投融资双方。在金融市场，为识别和管理风险，降低信息不对称的影响，产品设计遵循的理念包括：使资金端与资产端能够实现风险匹配、流动性匹配；采取专业管理和主动管理。在不动产项目的生命周期中，投资者面临的投资风险和信息不对称风险在不同阶段显著不同，开发期的投资风险和信息不对称风险相对较高，成熟期的投资

① 资料来源：全美房地产投资信托协会、美联储。

风险和信息不对称风险相对较低。相对于仍处在开发阶段的不动产，成熟不动产资产以现金流为基础，透明度高，不容易产生估值分歧。REITs是直接金融体系的金融产品，处于不动产项目的成熟期，在资本市场将不动产资产产生的大规模、长期、相对稳定的现金流证券化。REITs的强制分红、避免二次征税保障了投资者到手现金流与不动产资产经营的强相关性。在此过程中，风险匹配体现在用权益型REITs来证券化有风险的永续现金流，对接长期资金；流动性匹配体现在公开募集和上市，满足投资者的流动性需求。

REITs可以理解为不动产资产的IPO（首次公开募股），它是不动产全生命周期融资中的重要一环，给前期投资以退出可能与流动性安排。REITs是不动产资产持有者的资本运作工具，可以通过盘活存量资产、优化资本结构、实现经营战略目标来创造价值。REITs大大降低了不动产资产的投资门槛，拓展了投资者的投资渠道，为投资者提供了高质量的资产配置工具。REITs为不动产行业提供金融支持，促进不动产行业高质量发展，为经济增长提供动能。REITs可以提升金融体系的风险分担能力。

制度的共性与个性

从制度的角度看，REITs的本质是符合特定制度要求的金融产品，是为满足特定金融需求而设计的制度安排。1960年美国国会修改《国内税收法典》（Internal Revenue Code），标志着REITs正式诞生。从REITs在世界范围的发展来看，其发展进程大致分为四个阶段：

第一阶段，1960—1990年。这一阶段只有美国、荷兰、澳大利亚等少数几个国家出台了与REITs相关的法律法规，但并不健全，REITs主要被用于不动产行业的被动型投资，没有发挥其真正的价值。截至1990年年末，世界范围内只有58只公开交易的权益型REITs，总市值约56亿美元。

第二阶段，1991—1998年。1986年，美国国会通过了《税收改革法案》(Tax Reform Act),一方面,放松了对房地产投资信托基金的诸多限制,允许 REITs 经营和管理房地产投资,另一方面,给予 REITs 税收方面的优惠,为 REITs 日后的蓬勃发展提供了坚实的制度保障。20 世纪 90 年代,REITs 在美国市场开始爆发式发展。杠杆率日益增大的房地产企业产生了利用 REITs 进行融资的需求,提升了风险控制标准的保险、追求不动产市场收益的共同基金等对 REITs 有着很强的配置意愿,投资者对 REITs 产生了浓厚的兴趣。在美国经验的带动下,比利时、巴西、加拿大、土耳其等国家相继引入 REITs 制度,实现 REITs 在全球范围内的初步发展。

第三阶段,1999—2007 年。REITs 先后在亚洲、欧洲实现爆发式发展。1999—2003 年,伴随着亚洲金融危机的爆发,以及各个国家和地区不动产市场的不景气,新加坡、日本、韩国、中国台湾、中国香港陆续引入 REITs 制度,REITs 在亚太市场蓬勃发展。21 世纪初,欧洲经济的低迷推动欧洲国家引入 REITs 制度,法国、英国、德国、意大利在 2003—2007 年陆续出台了 REITs 方面的法律法规,至此,REITs 成为世界主要发达国家及地区均采纳的制度,其 REITs 市场建设也越发成熟。

第四阶段,2008 年至今。金融危机爆发后,REITs 的价值在世界范围内得到认可,越来越多的国家,特别是发展中国家开始推出 REITs 制度,非洲的肯尼亚、南非,西亚的巴林、沙特阿拉伯,南亚的印度、越南等国家均出台了与 REITs 相关的政策和法规。截至目前,中国、柬埔寨、加纳、印度尼西亚、马耳他、尼日利亚、波兰、瑞典、坦桑尼亚等国家都在进行 REITs 政策研究,考虑早日引入 REITs 制度。

截至 2019 年 9 月,全球共有 42 个国家和地区出台了 REITs 制度,其推出 REITs 制度的标志性法规及对应时间见表 1.1。

根据安永发布的《全球展望 2018:REITs 报告》,目前有 12 个国家和地区建立了较为完善的 REITs 制度,包括美国、加拿大、澳大利亚、日本、新加坡、中国香港、新西兰、英国、法国、德国、比利时、荷兰。这 12 个 REITs 制度较为完善的国家和地区的具体制度安排见表 1.2。

表 1.1　42 个国家和地区推出 REITs 制度的标志性法规及对应时间

国家/地区	出台时间（年）	标志性条令	国家/地区	出台时间（年）	标志性条令
美国	1960	《国内税收法典》	德国	2007	《不动产投资信托基金法》（Real Estate Investment Trust law）
荷兰	1969	《财政税收机制》（Fiscale Beleggings Instelling）	泰国	2007	《资本市场交易信托法》（Trusts for Transactions in the Capital Market Act）
波多黎各	1972	《新波多黎各国内税收法典》（Internal Revenue Code for a New Puerto Rico）	立陶宛	2008	《集体投资企业法》（Law on Collective Investment Undertakings）
比利时	1990	《1990 年 12 月 4 日比利时法》（Belgian Law of 4 December 1990）	巴基斯坦	2008	《REIT 监管框架》（REIT Regulatory Framework）
巴西	1993	《联邦法》（Federal Law）	哥斯达黎加	2009	《基金管理公司和投资基金通则》（the General Regulations of Fund Management Companies and Investment Funds）
加拿大	1994	《所得税法》（Income Tax Act）	芬兰	2009	《第 24.4.2009/299 法案》（Act 24.4.2009/299）
土耳其	1995	《资本市场法》（Capital Markets Law）	菲律宾	2009	《国家法案第 9856 号》（Republic Act No. 9856）
新加坡	1999	《不动产基金指引》（Property Fund Guidelines）	西班牙	2009	《11/2009 法案》（Act 11/2009）

续表

国家/地区	出台时间（年）	标志性条令	国家/地区	出台时间（年）	标志性条令
希腊	1999	《希腊法律 2778/1999（不动产投资公司）》［Law 2778/1999（REIC Law）］	匈牙利	2011	《不动产投资公司法案》（Act on Real Estate Investment Companies）
日本	2000	《投资信托和投资公司法修正案》（The Admendment to the Investment Trust and Investment Corporation Law）	爱尔兰	2013	《财政法案》（Finance Act 2013）
韩国	2001	《不动产投资公司法案》（Real Estate Investment Company Act）	肯尼亚	2013	《2013 年 6 月 18 日第 116 号法律公告》（Legal Notice NO. 116 of June. 18. 2013）
马来西亚	2002	《不动产投资信托基金指引》（Guidelines on Property Trust Funds by the Securities Commission）	南非	2013	《税收法案的修正与约翰内斯堡证券交易所上市要求》（The Amendment of the Tax Legislation and the JSE Listing Requirements）
法国	2003	《财政法案第 11 条》（Article 11 of the Finance Act）	智利	2014	《基金管理和个人基金组合第 20712 号法》（Law No. 20712 on Administration of Funds and Individual Funds Portfolio ）
中国台湾	2003	《不动产证券化条例》（Code on Real Estate Securitization）	印度	2014	《房地产投资信托守则 REITs》［SEBI（Real Estate Investment Trusts）Regulations］
中国香港	2003	《不动产投资信托基金守则》	越南	2015	Techcom REIT IPO

续表

国家/地区	出台时间（年）	标志性条令	国家/地区	出台时间（年）	标志性条令
保加利亚	2004	《特殊目的投资公司法案》（Special Purpose Investment Companies Act）	巴林	2016	《不动产管理法》（The Real Estate Regulatory Law）
墨西哥	2004	《所得税法》（Mexican Income Tax Law）	沙特阿拉伯	2016	《不动产投资信托基金指引》（REITs Instructions by Board of the Capital Market Authority）
英国	2006	《财政法案及相关规章》（Finance Act and subsequently issued regulations）	阿曼	2018	《资本市场管理局第 2/2018 号决定》（Decision No. 2/2018 by Capital Market Authority）
意大利	2006	《第 296/2006 号法》（Law No. 296/2006）	葡萄牙	2019	《第 19/2019 号法令》（Decree – Law No. 19/2019）
阿联酋	2006	《第 5 号投资信托法》（The Investment Trust Law No. 5	澳大利亚	—	时间跨度大，无明确起始法令出台时间
以色列	2006	《税收条例第 64A2 – 64A11 条（Sections 64A2 – 64A11 of the Israeli Tax Ordinance）	新西兰	—	时间跨度大，无明确起始法令出台时间

资料来源：全美房地产投资信托协会，《2019 年欧洲公共房地产协会全球不动产投资信托调查》（EPRA Global REIT Survey 2019）。

表 1.2　全球 REITs 制度较为完善的国家和地区的具体制度安排

	美国	澳大利亚	新加坡	日本
主体性质	公司	单位信托、合股式信托	单位投资信托	信托或公司，实际均为公司
是否强制上市	非强制	非强制	强制	非强制
大股东持股比例	至少 100 个股东；前五大股权占比不得超过 50%	—	至少 25% 的份额由 500 个以上的股东持有	若上市，前十大股权占比少于 75%，前十大股权以外由超过 1 000 个股东持有
投资不动产的资产占比	75%	主要进行合格的不动产投资	75%	至少 70% 投资不动产资产；至少 95% 投资不动产或与之相关的资产
来自不动产的收入占比	至少 75% 来自不动产出租或抵押贷款利息；至少 95% 来自不动产相关资产	—	90%	—
分散化要求	—	—	—	—
投资行为禁止	拥有应税子公司（TRS）的股份不得超过总资产的 25%；禁止拥有发行方证券超过 10% 的份额或自身 5% 的总资产	—	不允许以任何形式参与房地产开发	不得拥有其他企业超过 50% 的股份
杠杆率	—	超过 60% 后，税盾效应减弱	45%	—

续表

	美国	澳大利亚	新加坡	日本
利息倍数	—	—	—	—
融资渠道限制	—	—	—	只能向合格的机构投资者贷款
租金收入分配比例	90%	通常100%，否则收税	90%	90%
资本利得分配比例	—	通常100%，否则收税	—	90%
REITs租金收入税负	分红部分免所得税	免印花税，免所得税，但不分红部分按最高税率征税	10%的房产税，免印花税，分红部分免所得税	1.4%的房产税，5.3%的营业税，分红部分免所得税
REITs物业出售税负	分红部分免所得税	免印花税，免所得税，但不分红部分按最高税率征税	免所得税	有印花税，分红部分免所得税
投资者租金收入分红税负	所得税（不同投资者比例不同）	企业30%，个人47%	机构投资者缴17%，个人投资者免税	所得税（不同投资者比例不同）
投资者物业出售分红税负	所得税（不同投资者比例不同）	企业30%，个人47%（本国个人投资者按50%折扣）	机构投资者缴所得税17%，个人投资者免税	所得税（不同投资者比例不同）
投资者售出REITs利得税负	资本利得税	企业30%，个人47%（本国个人投资者按50%折扣）	免税	与分红相同的税率
	中国香港	英国	法国	比利时
主体性质	单位信托，可通过特殊目的载体持有资产	符合要求的公司	股份公司、有限合伙	有限责任公司、有限合伙

续表

	中国香港	英国	法国	比利时
是否强制上市	强制	强制	强制	强制，IPO 至少 30%
大股东持股比例	—	单一股东持股比例不得超过10%	非分支机构的大股东持股比例不得超过 60%；表决时，持股比例在 2% 以下的小股东占比要在 15% 以上	—
投资不动产的资产占比	要求主要投资于不动产；若REITs 产品名称中涉及某类不动产，则总资产中该类不动产的占比不得低于 70%	不低于 75%	要求主要投资于不动产	主要进行不动产资产管理
来自不动产的收入占比	—	不低于 75%	—	—
分散化要求	—	至少 3 处不动产，每处不超过总资产的 40%	—	每处不超过总资产的 20%
投资行为禁止	投资不得超过总资产的10%；不得投资闲置土地	不得投资开发成本超过收购成本 30% 的不动产	投资不得超过总资产的20%	可以进行开发，但 5 年之内不得售出；不得向第三方贷款
杠杆率	45%	—	—	65%
利息倍数	—	来自不动产的利润至少是利息的 1.25 倍	—	1.25

续表

	中国香港	英国	法国	比利时
融资渠道限制	—	—	税法降低利息费的税盾作用	限制抵押贷款的比例
租金收入分配比例	90%	90%	95%	80%
资本利得分配比例	参照发行说明书	无要求	60%	无要求，但 4 年内必须再投资
REITs 租金收入税负	差饷（即土地税）、印花税，直接拥有不动产缴房产税，间接拥有特殊目的载体缴利润税，从特殊目的载体得到的股利免税	免不动产租金的所得税，住宅不免	不免公证费等，免所得税	合格的不动产收入免税，不免财产税
REITs 物业出售税负	印花税、利得税	3 年以上出售，免税，不免印花税、土地税	不免印花税，免所得税	合格的不动产利得免税，不免移转税
投资者租金收入分红税负	免税	所得税，住宅免税	所得税（企业、个人）	企业征所得税，个人征所得税
投资者物业出售分红税负	免税	所得税	所得税（企业、个人）	企业征所得税，个人征所得税
投资者售出 REITs 利得税负	免税	资本利得税	所得税（企业、个人）	企业征利润税，个人免税

续表

	加拿大	德国	荷兰	新西兰
主体性质	单位信托	股份公司	有限责任公司、开放式共同基金	单位信托、公司、组合投资实体（PIEs）
是否强制上市	强制（封闭式且加拿大不动产比例超过80%）	强制，IPO至少25%	非强制	非强制
大股东持股比例	至少150个份额持有人	单一股东不得直接拥有超过10%的股份	若上市，单一企业持股不超过45%，个人不超过25%；若不上市，个人投资者至少持有75%且单一不超过5%	PIEs有要求，至少20个持有人且单个持有份额不超过20%
投资不动产的资产占比	90%	75%	只能进行被动不动产组合投资	90%（PIEs）
来自不动产的收入占比	至少75%来自不动产租金、处置或利息；至少90%来自不动产租金、处置或利息及股息、转售等	75%	—	90%
分散化要求	—	—	—	—
投资行为禁止	—	不得进行不动产交易（5年内卖出）	不允许进行不动产开发	不得拥有其他公司或信托超过20%的份额

续表

	加拿大	德国	荷兰	新西兰
杠杆率	—	股权至少占不动产的 55%	不得超过不动产资产的 60%、其他资产的 20%	—
利息倍数	—	—	—	—
融资渠道限制	—	—	—	—
租金收入分配比例	通常为 100%	95%	100%	无，但高额征税
资本利得分配比例	通常为 100%	50%	—	—
REITs 租金收入税负	分红部分免税，否则按最高税率征税	免所得税	免所得税	分红部分免税
REITs 物业出售税负	只有 50% 的部分应税，且 50% 的损失可抵扣未来的利得	免所得税，不免交易税	免所得税，不免交易税	视情况决定是否征税
投资者租金收入分红税负	所得税	所得税	所得税（企业、个人）	所得税
投资者物业出售分红税负	所得税	所得税	所得税（企业、个人）	所得税
投资者售出 REITs 利得税负	所得税	所得税	企业征利润税，个人免税	所得税

资料来源：《欧洲公共不动产协会 2019 全球 REITs 调查》。

在这些国家和地区 REITs 市场建设的实践中，REITs 制度在某些方面具有明显的共性，又在某些方面具有差异性，这些共性构成 REITs 制度的核心层，而差异性表明各个国家和地区结合自身经济、不动产市场和金融市场状况，因地制宜地发展 REITs 制度。从共性层面看，各个国家和地区的 REITs 制度都具有的要求包括：

第一，对 REITs 的收入与资产结构的要求。尽管具体的规定方式不同，但各个国家和地区的 REITs 制度无一例外地对 REITs 的经营活动进行了限制，要求 REITs 投资于成熟的不动产资产，以不动产产生的长期、稳定的现金流作为主要的收益来源。美国、英国、加拿大、新加坡、德国等国家均设定了 REITs 的不动产占总资产的最低比例、来源于不动产的收入占总收入的最低比例；澳大利亚、法国、中国香港等国家和地区则以是否主要进行“合格不动产投资”作为税收优惠的前提条件；各个国家和地区还对 REITs 进行房地产开发、短期交易、持有其他公司股票等加以限制，以确保 REITs 持有的底层资产的成熟与优良属性。

第二，对 REITs 收入进行强制分配的要求。上述 12 个 REITs 制度较为完备的国家和地区均做出了有关收入强制分配的规定，美国、新加坡、英国等国明确规定，租金等一般性收入的分红比例不得低于 90%，澳大利亚、加拿大等国则对不分红的收入部分按最高税率征税，以确保 REITs 向投资者分红。利润的强制分配制度保障了不动产产生的长期、稳定的现金流能够流入投资者手中，降低了投资者的投资风险。

第三，在 REITs 层面实施税收优惠政策。各个国家和地区的 REITs 制度均是税收驱动的，对基于不动产长期、稳定的现金流所产生的一般性收入，在 REITs 层面进行所得税的免除。12 个建立了较为完善的 REITs 制度的市场，几乎均保持了税收中性原则，免除 REITs 的租金收入等一般性收入的所得税，避免投资者入手的现金流被双重征税。此外，各个国家和地区的相关税收政策并未对不动产买卖和租赁中的交易税、印花税、财产税等常规税种进行大量减免。

除了上述 REITs 制度的核心层，还存在一些被大多数国家和地区所采用的较为普遍的制度，它们也是 REITs 制度的重要组成部分。

第一，以权益型 REITs 为发展重点。在各个国家和地区的 REITs 制度实践中，REITs 往往具有浓厚的权益属性。一方面，对于投资者来说，其持有的通常是基金份额或公司股权，以 REITs 所获利润的分红作为主要收益来源，与债权有着明显的区别。另一方面，REITs 实体主要投资于成熟的不动产产权，只有少部分抵押型 REITs 投资于房地产抵押贷款等债权。根据全美房地产投资信托协会对美国 REITs 市场市值的统计，截至 2017 年年底，抵押型 REITs 的市值占比仅为 6%，权益型 REITs 的市值占比高达 94%。

第二，公开募集与上市交易。各个国家和地区的 REITs 制度均以要求 REITs 公开募集、强制 REITs 上市交易为主，但美国、澳大利亚、日本等国均给予私募 REITs 足够的发展空间，允许 REITs 进行非上市交易。根据全美房地产投资信托协会的统计，全球 REITs 总市值中，超过 70% 为上市交易的 REITs。非上市交易的 REITs 中，有一部分是因各种原因退市的 REITs，还有一部分拟孵化为公开上市的 REITs，参照上市 REITs 的制度要求进行运作和管理，与上市交易的 REITs 紧密相关。非上市 REITs 与公募 REITs 制度体系需要密切结合、相互推进，由公募 REITs 提供流动性与退出手段，由非上市 REITs 孵化或进行退市安排。

第三，杠杆率限制。不同国家和地区对 REITs 的杠杆率限制存在差异，如新加坡、中国香港均要求 REITs 的杠杆率不超过 45%，英国、比利时对利息覆盖率规定了 1.25 倍的下限，而美国、日本等国未对 REITs 的杠杆率做出限制。REITs 设定杠杆率的主要目的在于避免收入主要用于利息的偿付，降低股东或份额持有人与债权人之间的利益冲突，保障股东或份额持有人的权益。

第四，关于物业增值部分的分配和税收政策。不同国家和地区对于 REITs 物业出售的增值部分采取不同的分配政策和税收政策，如美国、新加坡未对物业出售的增值部分设定强制分配的要求，而日本、加拿大则规定了很高的强制分红比例。

第五，投资者层面的税收优惠政策。大多数国家和地区在 REITs 税收制度的实践中秉持着税收中性原则，REITs 主体无须缴纳所得税，但是否在 REITs 投资者层面实施税收优惠政策是一个重要的外延问题。为了促进 REITs 市场的发展，中国香港对 REITs 投资者的股利和利得免税，新加坡对个人投资者免税，澳大利亚则对本国的个人投资者给予部分税收折扣。

第二章

价值创造：企业与投资者的视角

企业价值创造的核心逻辑在于提高投资资本回报率，降低资本成本，同时实现业务持续增长。对从事不动产开发、投资和运营的企业来说，在企业经营过程中常常面临的重要问题包括：如何有效地募集不动产开发建设所需的资金？如何快速回笼资金，提高资产周转率，以支持后续的规模化开发？如何充分挖掘持有型物业或基础设施资产的运营价值？而对于持有存量不动产资产的非不动产企业而言，如何提高存量资产的使用效率，补充资本金，突出核心主业，则是它们面临的重要问题。

资产配置是投资者在构建投资组合以实现财富管理目标过程中的重要决策。不动产是十分重要的一类大类资产，相对于其他大类资产，不动产具有固定性、耐久性、独特性、长期稀缺性等特点，因而具有独特的投资价值。如何利用针对不动产资产的投资，提升资产配置的有效性，在收益性、风险性和流动性三方面达成更为恰当的平衡，是投资者常常面临的问题。

金融体系的核心功能是投融资功能，金融市场是企业投融资和资源整合的平台，在企业的价值创造过程中发挥着重要的支撑作用，同时也为投资者提供了资产管理工具。REITs 市场是不动产投融资体系的重要组成部分，对于企业增强投融资能力、改善财务和经营状况、实现企业战略落地以及进行投资者的资产配置具有重要价值。

REITs 的融资功能

在企业经营的诸多决策中，基于业务模式选择适合的融资方式并做出有效的融资决策，无疑是重要问题。企业与融资相关的财务行为有两种，一种是增量融资，另一种是盘活存量。① 增量融资是指通过银行贷款、发行债券或增资扩股等方式为企业的经营活动融入资金，表现为企业资产负债表的扩张。盘活存量则是指通过永久或暂时出售的方式，将存量资产转变为资金，以支持企业的经营活动。

由于土地、房地产以及基础设施的物理和商业属性，其是金融体系中创造信用的重要基础资产。我们可以看到，在相对成熟的金融体系中，已经形成一系列与不动产资产相关的金融产品与服务，其中包括不动产抵押贷款、不动产抵押债券、私募不动产基金、不动产商业信托、不动产抵押贷款支持证券（抵押贷款支持证券、商业房地产抵押贷款支持证券）、不动产收益权支持证券（收益权资产支持证券）、REITs 等，可以服务企业的多元化金融需求。

基于持有的存量不动产资产，企业可以选择的融资产品包括不动产抵押贷款、不动产抵押债券、抵押贷款支持证券、商业房地产抵押贷款支持证券、收益权资产支持证券、REITs 等。表 2.1 列出了几种常见的企业不动产融资产品。其中，不动产抵押贷款（或不动产抵押债券）以不动产资产为抵押品，通过借贷或发行债券的方式，直接为不动产项目的开发建设或企业的其他经营活动提供增量资金。通过抵押贷款（债券）融资属于增量融资，将提升企业的负债水平。抵押贷款的信用主体是贷款发行人（企业），而不动产资产是企业债务融资的增信工具。

① 在这里，盘活存量也可表述为存量融资。存量融资的表述比较直观，但不严谨，原因在于有观点认为，融资一词特指增量资金的融入。

表 2.1　企业不动产融资产品

融资产品	不动产抵押贷款	抵押贷款支持证券	收益权资产支持证券	REITs
产品性质	贷款	债权证券化产品	收益权证券化产品	公募权益类投资产品
底层资产	—	物业抵押贷款	物业运营收益权	持有型物业、基础设施
资产出表	×	×	×	√
破产隔离	×	×	×	√
本息偿付	期间付息还本	期间付息并部分还本，到期偿还剩余本金	期间付息还本	强制分红比例，无须还本
融资效率	按抵押率，约为不动产估值的60%～70%	超额抵押，约为不动产估值的40%～60%	由现金流折现决定，与估值无关	与估值相关，提供充足资金
融资期限	较短	较长	较长	永续载体
财务效果	融资，增加负债	融资，增加负债	未来收益提前变现，可能增加负债	融资，部分资产实现真实出售
资金用途	依约定，通常有项目限制	通常不能用于土地购置或住宅开发	不能用于土地购置或住宅开发	无限制

抵押贷款支持证券、商业房地产抵押贷款支持证券、收益权资产支持证券和 REITs 均源于资产证券化市场的创新与实践，其主要理念在于通过证券化将不动产相关资产转变为标准化的金融资产，吸引更广泛的投资者参与投资，通过提升产品流动性和透明度，以及结构化设计来降低融资成本。抵押贷款支持证券和商业房地产抵押贷款支持证券的基础资产是金融企业的不动产抵押贷款，金融企业通过抵押贷款支持证券和商业房地产抵押贷款支持证券出售其信贷资产，本质上属于实体企业抵押贷款的二级市场，从理论上并不直接向实体企业（不动产资产的原始权益人）提供增量资金。抵押贷款支持证券和商业房地产抵押贷款支持证券依赖于原始权益人的主体信用，用于增信的不动产资产抵押物仍然存在于原始权益人的资产负债表上，也就是

我们通常所说的，抵押贷款支持证券和商业房地产抵押贷款支持证券不具备出表功能。不动产收益权资产支持证券的基础资产是企业持有的不动产运营收益权，通过资产证券化，企业将未来一段时期收益权所产生的现金流提前变现，属于盘活存量资产，理论上不直接向企业提供增量资金。收益权资产支持证券运作过程中不涉及不动产资产所有权的变动，发行资产支持证券的主体通常也不是资产的原始权益人。

从上一章的分析和总结中我们可以看出，各个国家和地区的REITs制度均要求权益型REITs主要投资于成熟的不动产资产，以不动产产生的长期、稳定的现金流作为主要的收益来源。抵押型REITs的主要投资标的是抵押贷款支持证券。此外，各个国家和地区还对REITs进行房地产开发、短期交易等加以限制。因此，占市场主流的权益型REITs是将企业持有的低流动性不动产资产通过证券化转变为高流动性的金融资产，实现全部或部分出售。REITs的融资功能并不体现在直接为企业提供增量资金，而是体现在将存量资产变现来缓解企业的资金压力。相对于直接出售资产，在REITs市场出售资产权益，一方面可以降低由于资产缺乏流动性而带来的估值损失，另一方面可以保有决定整体资产控制权是否转移的选择权。REITs通过真实出售对应基础资产，起到资产出表的作用，不会为企业积累负债，增加企业杠杆率。REITs融资的资金所得无用途限制，可以更广泛地投入企业运营。

与工商企业类似，我们也可以从生命周期的视角将持有型不动产项目划分为土地开发、建设、运营培育、资产成熟等发展阶段。对于不动产的开发、建设与投资来说，每个阶段的风险、收益性和透明度均存在一定的差异。相对来说，投资者在项目早期面临的风险较大、透明度低、预期收益也较高，在项目后期，风险较低、透明度高、预期收益也较低。基于风险与收益相匹配的金融原理，在不动产项目的每个阶段，完备的金融体系将用特定的金融方式引导不同性质的资金来支持各阶段项目的发展。在开发、建设和培育阶段，由私募基金（开发基金、建设基金等）和银行贷款提供资金；当项目培育成熟后，形成稳定现金流，在 REITs 市场公开“上市”。REITs 市场为持有的成熟期的资产提供长期资本，前期投资可以选择在 REITs 市场退出，资产的原始权益人回笼资金，可用于后续开发。

REITs 市场为不动产企业形成“开发→培育→退出→开发”的投融资闭环提供了可能性。不动产项目在 REITs 市场的估值水平是评价项目开发质量与运营质量的重要标尺，估值较高的项目将会为未来的同类项目吸引更多的前期投资。因此，作为不动产资产定价的“锚”，REITs 市场对于提升不动产投资的投资效率，优化资源配置至关重要。

新加坡凯德集团是充分应用多层次资本市场进行价值创造的一个典型案例。截至 2018 年年底，凯德集团管理的总资产约为 5 000 亿元，共拥有 17 只私募基金和 5 只 REITs，其中约 54% 的总资产通过私募基金与 REITs 持有，形成了开发型与持有型物业并重的商业模式。其中，私募基金可具体分为开发型私募基金与持有型私募基金。开发型私募基金，如凯德置地中国住宅基金，主要投资于开发阶段的住宅类项目；而持有型私募基金，如凯德零售物业中国孵化基金，则主要投资于培育期的商业物业，在将项目培育成熟后，通过向 REITs 出售实现退出，打造完整的项目闭环。资本工具的使用吸引了大量包括主权基金、养老金、保险金等在内的长期社会资本的参与，使凯德集团的负债率大幅降低，净负债率由 2000 年年初的近 90% 下降至 2018 年年末的 28%，企业投融资环境大幅改善。在私募基金与 REITs 资本的运作下，凯德集团的运营和盈利能力大幅提升，总资产收益率由 2000 年年初的不足 2% 提升至 2018 年年末的 5% 以上。图 2.1 展示了凯德集团的运作模式。包括私募不动产基金和 REITs 在内的资本运作链条的运用，是新加坡凯德集团能够快速扩张，持续开发优质不动产，成为亚洲最大的房地产集团的重要原因。

对于非不动产企业而言，REITs 同样具有重要意义。不动产在企业资产结构中占有较高的份额，REITs 将企业所持有的成熟不动产证券化，为企业经营提供资金，同时起到补充资本金、降低财务杠杆的作用。对于金融机构而言，在《巴塞尔协议Ⅲ》和各个国家和地区监

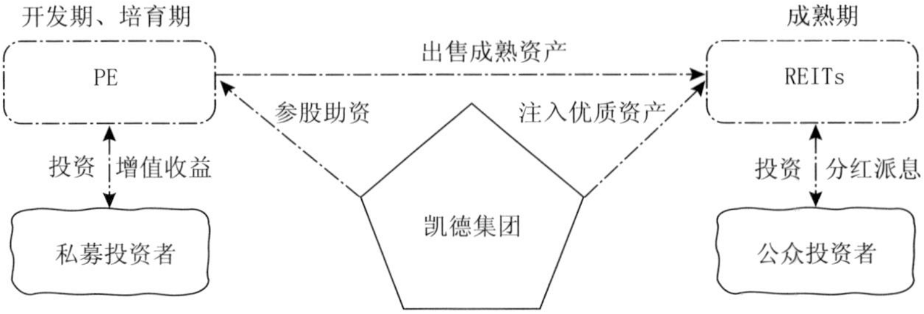

图 2.1 凯德集团"PE+REITs"运作模式

管政策的要求下，资本金是包括银行、券商、保险公司等在内的各类金融机构抵御风险、扩大业务及市场规模、获取竞争优势的根基和关键。REITs 能够扩充企业、金融机构的资本金补充渠道，对股权 IPO、股权再融资、公司债、可转债等传统融资方式形成有力补充，在特定市场环境中为企业形成有效的资本支持。中国台湾的多家金控集团均以旗下自持的写字楼为基础资产发行 REITs，如 2005 年 3 月台湾第一只上市 REITs 富邦一号，其基础资产包括富邦人寿大厦、富邦中山大厦，富邦人寿保险、富邦商业银行、富邦证券公司为其主要租户。2014 年 4 月，中信启航以位于北京和深圳的两座中信证券大厦作为基础资产发行中国境内首只类 REITs，总发行额为 52.1 亿元，实现净利润 20 多亿元，可以计入核心净资本，起到了为中信证券补充资本金的重要作用。从 2013 年开始，整个金融体系的资金面趋紧，融资成本上升，资本市场再融资趋严。在此环境下，REITs 为金融机构盘活存量不动产，扩充融资渠道，补充资本金提供了新的选择。

不动产资产常常是连锁零售、物流等行业企业的重要生产要素。在不动产通过 REITs 证券化后，企业可以通过回租等方式继续使用相关资产，在不影响企业经营的同时，改善企业融资环境，促进企业的战略转型和发展。如表 2.2 所示，REITs 已经成为苏宁集团的重要融资工具。苏宁集团 5 年来多次发行 REITs，总规模超过 150 亿元，涉及零售店面、生活广场、物流仓储等多种基础资产，实现从线下零售到"O2O"（线上到线下）的转型升级。其中，2014 年 12 月、2015 年 6

月、2018 年 6 月，苏宁集团分别将核心城市的 11 家、14 家、14 家线下零售店面作为基础资产发行 REITs，发行总额分别为 43.95 亿元、33.35 亿元、34.92 亿元。REITs 对苏宁集团降低融资成本，改善现金流，提升资产质量和融资能力具有重要作用。以 2014 年 12 月至 2015 年 6 月苏宁云商发行的云创一期与二期项目为例，两期项目的总发行额达到 75 亿元，接近苏宁云商长期贷款与长期债券总余额的 90%，而融资成本仅为 6.17% 与 5.6%，低于同期银行贷款 6.3% 的利率上限。同时，11 家零售门店的估值在 REITs 发行时大幅提升，使苏宁云商税后净利润提升近 20 亿元，扭转了主营业务亏损的不利局面，提升了股权收益率（ROE）水平，增强了后续在资本市场中的融资能力。凭借 REITs 形成的资本金通路，苏宁集团充分开发其线下优质零售店面的融资能力，帮助企业在保留物业使用权的前提下将既有物业变现，凭借其获得的大量资金缓解互联网电商业务融资能力不足的问题，为苏宁集团未来运营模式转型和 O2O 战略的实施提供了重要支持。

表 2.2　苏宁集团发起的 REITs 融资项目

发起时间	项目简称	发行人	基础资产	发行规模（亿元）
2014 年 12 月	中信华夏苏宁云创资产支持专项计划	苏宁易购	11 家零售店面	43.95
2015 年 6 月	中信华夏苏宁云创二期资产支持专项计划	苏宁易购	14 家零售店面	33.35
2016 年 12 月	平安苏宁广场资产支持专项计划	苏宁置业	成都苏宁生活广场	16.80
2017 年 6 月	中信华夏苏宁云享资产支持专项计划	苏宁易购	6 个物流仓储物业	18.47
2017 年 12 月	苏宁广场 2017 年资产支持专项计划	苏宁商通	连云港苏宁广场等	19.50
2018 年 6 月	华泰佳越 - 苏宁云新一期资产支持专项计划	苏宁电器	14 家苏宁门店物业	34.92
2018 年 11 月	深创投中金 - 苏宁云创资产支持专项计划	苏宁电器	11 家苏宁门店物业	49.20

资料来源：上海证券交易所、深圳证券交易所。

企业的战略工具

不动产企业的经营模式和投融资体制紧密相关。在房地产行业，追求资金快速周转的快速销售模式，特别是散售模式使物业资产的管理难度加大，经营水平难以提升，租金回报率较低，不利于资产升值；而持有型物业的经营模式，旨在通过合理的运营实现资产的保值与增值，获取持续性的稳定现金流收入。然而，在持有型物业的经营模式下，企业长期面临着资产负债表期限和风险错配的财务问题，从资产端看，商业地产投资额大，资金占用和回报周期长，从项目开发到实现较高的租用率及稳定、可持续的租金收入至少需要3~5年的时间，是典型的重资产运营；而从负债端看，不动产项目如果以债务融资，特别是银行贷款融资为主，那么将与信贷市场环境紧密关联，融资的不确定性大、成本较高，由于贷款期限往往较短，在资产培育成熟之前就须偿还，对企业的现金流造成巨大压力。基础设施项目存在同样的问题，基础设施项目一般具有投资周期较长、投资规模较大等特点，在缺乏有效退出机制的情况下，企业及其他社会资本的前期投资风险较大。

REITs的存在，使不动产企业在经营模式的选择方面更具灵活性，可以根据自身条件和商业环境来选择散售模式、持续性经营模式，或两者并重的经营模式。企业以存量资产发行REITs，能够在不增加债务的情况下收回前期投资，在整体上提升财务健康状况；企业可以以REITs管理人或服务商的身份参与资产管理和运营，充分挖掘物业资产的运营价值，实现轻资产经营；企业还可以选择以持有REITs的方式保有资产的控制权，将REITs作为轻重资产分离的工具。

全球不乏应用REITs市场打造完整业务模式，实现企业战略落地的案例。越秀集团是中国最早尝试应用REITs进行轻资产运营的企业之一，在商业地产领域，2005年越秀房地产投资信托基金（简称越秀REIT）在香港联交所上市，逐渐形成越秀地产与越秀REIT双平台运作的“开发+运营+金融”的全链条模式（见图2.2），上市企业越秀地产进行拿地、开发和前期运营，之后将已在地产平台上证券化的项目注入越秀 REIT，进行二次证券化，项目售出利润能够形成核心利润，在实现重资产剥离的同时，依然保留相关物业的控制权。2018 年，越秀地产持有越秀 REIT 约 53% 的份额，越秀 REIT 持有的 8 项出租性商业物业达 97 万平方米，实现收入 20. 3 亿元，而越秀地产直接持有的出租物业仅为 81 万平方米，实现收入 6. 9 亿元。

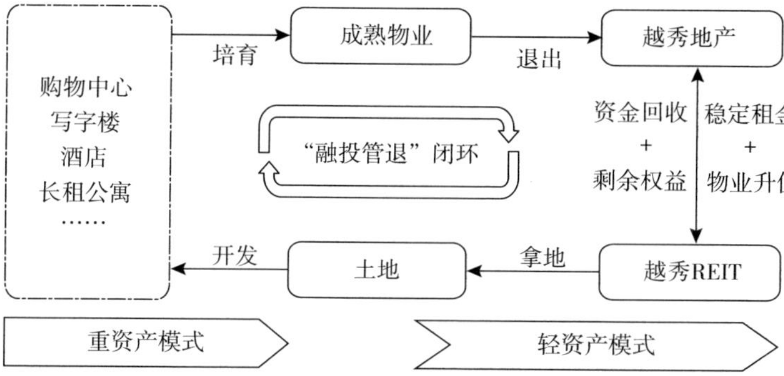

图 2. 2　"越秀地产 - 越秀 REIT"运作模式

成熟的 REITs 市场为企业战略转型升级提供新选项，改变传统企业自建、自持不动产的重资产运营模式，使企业向专业化的服务企业发展。20 世纪 80 年代，在石油危机的影响下，信贷市场环境恶劣，高杠杆、高负债的传统运营模式无法支持酒店业巨头的持续扩张和发展。1993 年 10 月，万豪集团将所有酒店资产剥离给万豪酒店 REIT，使企业资产负债表大大瘦身，新的万豪集团则专注于为其旗下连锁酒店提供经营和管理服务，最终发展成为全球最知名的酒店管理公司之一。日升老年人社区中心（Sunrise Senior Living）目前是美国规模最大的养老社区运营商之一，运营美国、加拿大、英国超过 300 家养老社区，为客户提供全方位的个性化养老生活服务。21 世纪初，在多年持续扩张后，自持养老社区资产，兼顾物业业务和管理业务的日升连年亏损，高额的财务费用和高杠杆率无法支撑其后续发展。2010 年，日升将 58 个养老社区资产出售给芬塔（Ventas）REIT；在 2012 年，日升将其全部股权和业务以 130 亿美元的价格一并出售给 Health Care REIT，以 60% 的交易溢价退市。此后，Health Care REIT 对日升进行资产重组，自持原有物业重资产，将管理业务80%的份额以6亿美元出售给KKR（科尔伯格·克拉维斯），以实现日升的轻资产运营，转型为专业化的养老社区服务商。仅16个月后，加拿大养老社区服务商Revera Inc.以24亿美元收购KKR的持有份额，KKR实现4倍的投资收益。在上述资本运作过程中，REITs的出现大幅增加了原有资产在并购市场中的流动性，合理的资产和利益切分为原有资产的价值再发现提供了可能，在轻资产运营模式下，原有企业的经营活力被进一步激发，为自身和社会创造更大的价值。

抗通胀与普惠资产配置

个人、家庭或组织的财富管理问题是整个生命周期中消费和投资的权衡问题。根据生命周期理论，个人、家庭或组织可以通过金融市场实施储蓄或反储蓄行为，使其在整个生命周期中的总消费能力比较平滑地分配到每个阶段，以提升整个生命周期内总的消费满意度。由于未来资产价值以及收入水平都是不确定的，财富的跨期配置就是在给定财富主体的投资目标、风险偏好与承受能力、流动性偏好的条件下，将资金在不同资产大类之间进行配置的过程。

资产配置是个人、家庭或组织做出财富管理决策的重要环节之一。对于投资组合而言，资产配置是影响长期投资业绩的最关键因素。布林森（Brinson）等（1991）的研究指出，资产配置对于投资组合收益率变动的影响超过90%，远超证券选择、时点选择等因素。[①] 伊伯森（Ibbotson）等（2000）的研究进一步表明，对于不同投资组合收益率的差异，资产配置的影响超过40%；对于投资组合收益率的绝对水平，资产配置的影响接近100%。[②] 常见的大类资产包括现金、股票、

① Brinson G. P., Singer B. D., Beebower G. L. Determinants of Portfolio Performance II: An Update [J]. Financial Analysts Journal, 1991, 47 (3): 40-48.

② Ibbotson R. G., Kaplan P. D., Does Asset Allocation Policy Explain 40, 90, or 100 Percent of Performance? [J]. Financial Analysts Journal, 2000, 56 (1): 26-33.

债券、外汇、金融衍生品、大宗商品、不动产及实物资产等。单类资产无法满足投资者的全部投资需求，优化投资者各类资产配置结构的基础在于市场能够提供优质的金融产品。不动产是十分重要的一类大类资产，基础资产包括土地、附着在土地上的建筑物和基础设施等。杜斯韦克（Doeswijk）等（2014）的研究表明，在全球市场的投资组合中，不动产这一大类资产的市值占比达到5%。① REITs是与不动产资产紧密相关的金融资产，抗通胀性和与其他资产的弱相关性，使其成为资产配置中不可或缺的优质资产类别。

REITs是优质的抗通胀资产

与股票、债券等传统大类资产相比，不动产具有强大的抗通胀能力。早在1977年，法玛（Fama）等的研究发现，在美国市场，不动产是最重要的抗通胀工具，能够对冲预期和非预期通货膨胀的影响。② 后续众多学者的研究均验证了这一观点，阿娜日（Anari）等（2010）计算发现，不动产价格与非不动产商品和服务价格之间的费雪效应为1.08，即不动产收益率的变化与预期通货膨胀率的波动之间几乎为1∶1的关系。③ 在其他市场，察萨隆尼斯（Tsatsaronis）等（2004）年根据17个国家和地区的市场数据，发现通货膨胀率对不动产收益率的影响是决定性的，从长期看对不动产收益率变动的影响超过60%。④ 不动产能够抵抗通胀的内在逻辑在于，在高通胀时期，货币的超额供给会增强以不动产为基础资产的信用扩张，居民名义收入的增长也会提升不动产的购置需求，从而提升不动产价格。

---

① Doeswijk R., Lam T., Swinkels L. The Global Multi-Asset Market Portfolio, 1959 - 2012: [J]. Financial Analysts Journal, 2014, 70 (4): 9 - 9.

② Fama E. F., Schwert G. W. Asset Returns and Inflation [J]. Journal of Financial Economics, 1977, 5 (2): 115 - 146.

③ Anari, J. Kolari. House Prices and Inflation [J]. Real Estate Economics, 2010, 30 (1): 67 - 84.

④ Tsatsaronis K., Zhu H. What Drives Housing Price Dynamics: Cross-Country Evidence [J]. BIS Quarterly Review, March, 2004.

REITs是与不动产资产密切相关的重要金融产品，REITs制度的各项要求保障其具备良好的风险收益特征，具有良好的资产配置价值。REITs直接投资于租金收入稳定的不动产项目，租金合同往往根据通胀情况进行调整，强制分红制度保障了投资者收益的稳定性，而底层资产的价格也具有抗通胀属性。REITs较低的波动性同时受短期固定租赁契约和房地产长周期影响，回报和风险介于债券与股票之间（见表2.3）。作为单一投资品种，REITs为希望投资于不动产的投资者提供了几乎完美的替代途径，相对于直接进行不动产投资，REITs有着更高的流动性、更低的交易成本和交易门槛。作为标准化、透明的金融产品，REITs的投资者保护机制完善，可以降低投资者的投资成本。上市交易的REITs具有良好的流动性，已经开发了一系列指数和ETFs（交易型开放式指数基金）产品，为投资者的交易提供了巨大便利。

表2.3 债券、REITs、股票风险收益特征的对比

	债券	REITs	股票
收益率	固定，较低	较高	可变
下行风险	下行保护	相对低波动	下行风险
增长性	无增长	稳定，中低增长	具有增长潜力
β值	无β系数	低β值	高β值

对于投资者而言，REITs有着十分可观的长期收益。过去10年，美国、欧洲、日本、新加坡、中国香港、澳大利亚REITs指数的复合年化收益率分别达到16.4%、11.3%、13.0%、9.5%、20.1%、14.4%，高于同期各股票市场的收益率。若考虑通货膨胀的影响，过去10年，美国、澳大利亚、日本、新加坡、中国香港REITs指数的季度平均收益率均超过2%，具有很强的抗通胀能力。

REITs具有较高的配置价值

通过把不同风险和相关资产组合在一起，在不改变平均投资收益

的情况下使风险相互抵消，从而使财富主体提高投资收益的确定性。风险相互抵消所带来的波动性降低是资本市场不多见的真正的“免费午餐”之一。

REITs 有着出色的风险分散属性，可以帮助投资者优化投资组合的有效边界，改善投资组合的整体表现，使之成为股票、债券和现金之外的第四个大类资产配置类别。不动产 REITs 的基础资产非常广泛，不仅包括写字楼、零售物业、酒店公寓、厂房货仓、医院、养老院等，还包括机场、港口、输电塔、管道、数据中心等基础设施。美国权益型 REITs 与标准普尔 500 指数、巴克莱资本美国综合债券指数之间的相关系数分别为 0.58、0.19，远低于 1，能够有效分散投资风险。由于 REITs 产品的基础资产具有显著的地域差异，相对于股票，REITs 是投资者分散地域性风险更有效的工具，有利于投资者进行跨地区的资产配置。美国 REITs 市场与英国、日本、澳大利亚 REITs 市场之间的相关系数分别为 0.67、0.29、0.59，低于美国股票市场与英国、日本、澳大利亚股票市场之间的相关系数。

在金融市场中，按投资主体的性质，可将投资者分为机构投资者和个人投资者。机构投资者是在金融市场进行投资活动的法人机构，包括保险公司、养老基金、共同基金、主权投资基金、捐赠基金等。个人投资者则以自然人的身份在金融市场进行投资活动。

对于个人投资者而言，直接购买不动产对收入和财富水平有着很高的要求，具有很高的购买门槛。REITs 降低了不动产投资的参与门槛，为居民的财产性收入提供大类资产，使中低收入家庭参与不动产资产配置成为可能，充分体现了金融的普惠性。普惠性是金融发展的重要目标，其内涵在于有金融投资需求的社会各阶层和群体都能以可负担的成本进行适当、有效的金融投资，使普通的个人投资者也能享受国家经济与不动产市场发展的红利。

对于机构投资者而言，全球家庭财富和可投资资产的增长为资管行业创造了巨大的需求缺口，也要求资管市场能提供更多类型的金融产品，形成差异化、全序列的投资产品线，更好地匹配不同投资者的风险偏好，满足其投资、收益需求以及流动性需求。REITs 的特征和风险收益属性与保险金、养老金等投资期限长、风险偏好稳健的机构投资者的需求十分吻合，对该类投资者具有重要的资产配置价值。对于作为第三支柱的个人养老金等投资期限长、风险偏好稳健的基金，以优质不动产为基础资产的公募 REITs 能够提供长期、稳定、可靠的现金流，并实现不错的回报，满足该类资产的投资需求，缓解养老金亏空的压力。安全性、流动性和一定的收益率要求是保险金投资的重要特征，在确保保险机构对投保人进行赔付的同时，克服利率风险及通货膨胀风险，使自身能在投资活动中收取一定比例的管理费用。REITs 的性质与保险金的投资需求十分匹配，保险金能够通过直接购买上市 REITs，作为有限合伙人参与 REITs 的设立，直接购买以 REITs 为投资标的的公募基金等多种方式实现 REITs 的资产配置。

第三章

宏观经济转型与政策工具功能

纵观全球 REITs 的发展历程，各个国家和地区推出 REITs 的契机往往与自身的经济周期有着密不可分的关联，绝大多数在经济危机、经济衰退或经济高速发展动力不足时出台 REITs 相关的法律法规。REITs 制度的出台契机与经济周期之间的关联绝非偶然，REITs 市场建设对于宏观经济发展有着重要作用，能够帮助经济体摆脱低迷，走出危机，为经济发展提供新动能。

REITs 制度出台的历史契机

为了充分认识各个国家和地区推出 REITs 的历史契机和当下的经济周期，需要将各个国家和地区 REITs 法规的出台时间和所处的经济形势、历史机遇有机结合在一起。我们以重要 REITs 制度出台的年份为节点，将各个国家和地区 REITs 制度出台前 6 年的经济发展数据和形势进行归纳，如表 3.1 所示。在所统计的国家和地区中，仅有比利时、希腊、保加利亚、阿联酋、以色列、越南 6 个经济体量较小的国家在经济走势强劲的时期出台 REITs 制度，其余国家和地区均在经济低迷或出现经济危机时推出 REITs。具体来看，在经济走势不佳时推出 REITs 可分为三种不同的情形。

第一，较为发达的国家和地区在经济长期低迷时推出 REITs。例如，1960 年，美国修改《国内税收法典》，推出 REITs 之前经历了

表 3.1　各个国家和地区 REITs 制度出台时的经济形势

国家/地区	出台时间 T（年）	T-6（%）	T-5（%）	T-4（%）	T-3（%）	T-2（%）	T-1（%）	T（%）	经济形势	经济形势描述
美国	1960	-0.6	7.1	2.1	2.1	-0.7	6.9	2.6	危机	自 1956 年起，经济不景气，1958 年 GDP 同比下降 10%
荷兰	1969	3.6	8.3	8.6	2.7	5.3	6.4	6.4	减速	经济高速增长，但增速开始下滑
比利时	1990	2.5	1.7	1.8	2.3	4.7	3.5	3.1	强劲	经济快速增长
巴西	1993	3.6	0.3	3.2	-4.2	1.0	-0.6	4.9	危机	1990 年开始出现经济危机，1990 年 GDP 同比下降 4.2%
加拿大	1994	4.4	2.3	0.2	-2.1	0.9	2.7	4.5	低迷	自 1990 年起，经济长期低迷
土耳其	1995	0.3	9.3	0.9	6.0	8.0	-5.5	7.2	危机	经济剧烈波动，1994 年 GDP 同比下降 5.5%
新加坡	1999	11.5	10.9	7.0	7.5	8.3	-2.2	6.1	危机	经济高速增长但增速下滑，1998 年，受危机影响，呈现负增长
希腊	1999	-1.6	2.0	2.1	2.9	4.5	3.9	3.1	强劲	经济快速增长
日本	2000	1.0	2.7	3.1	1.1	-1.1	-0.3	2.8	低迷	自 1997 年起，经济陷入低迷
韩国	2001	9.6	7.6	5.9	-5.5	11.3	8.9	4.5	危机	1998 年，受金融危机影响巨大，但强势反弹
马来西亚	2002	10.0	7.3	-7.4	6.1	8.7	0.5	5.4	危机	1998 年危机后反弹良好，但 2001 年经济增速仅为 0.5%
法国	2003	2.3	3.6	3.4	3.9	2.0	1.1	0.8	低迷	自 2000 年起，经济陷入低迷
中国台湾	2003	6.1	4.0	6.7	6.4	-1.3	5.6	4.1	危机	2001 年，中国台湾出现经济危机
中国香港	2003	5.1	-5.9	2.5	7.7	0.6	1.7	3.1	危机	1998 年，受经济危机影响，自 2000 年起，经济陷入低迷

续表

国家/地区	出台时间 T（年）	T－6（%）	T－5（%）	T－4（%）	T－3（%）	T－2（%）	T－1（%）	T（%）	经济形势	经济形势描述
保加利亚	2004	4.9	－0.5	5.0	3.8	5.9	5.2	6.4	强劲	自 2000 年起，经济快速增长
墨西哥	2004	5.2	2.8	4.9	－0.4	0	1.4	3.9	危机	2001 年，陷入经济危机
英国	2006	3.7	2.5	2.5	3.3	2.4	3.1	2.5	平稳	经济运行平稳
意大利	2006	3.7	1.8	0.2	0.2	1.6	1.0	2.0	低迷	2001 年以来，经济较为低迷
阿联酋	2006	12.3	1.3	2.5	8.8	9.6	4.9	9.8	强劲	自 2003 年起，经济快速增长
以色列	2006	8.8	0.1	－0.2	1.1	5.0	4.1	5.7	强劲	自 2003 年起，经济快速增长
泰国	2007	3.4	6.1	7.2	6.3	4.2	5.0	5.4	减速	经济高速增长，但增速开始下滑
德国	2007	1.8	0	－0.7	0.7	0.9	3.9	3.4	低迷	自 2002 年起，经济较为低迷
巴基斯坦	2008	3.1	4.7	7.5	9.0	5.8	5.5	5.0	减速	经济高速增长，但增速开始下滑
立陶宛	2008	6.8	10.5	6.6	7.7	7.4	11.1	2.6	减速	经济高速增长，2008 年受金融危机影响，开始下滑
哥斯达黎加	2009	4.3	4.3	3.9	7.2	8.2	4.7	－1.0	减速	经济高速增长，2008 年受金融危机影响，开始下滑
芬兰	2009	2.0	3.9	2.8	4.1	5.2	0.7	－8.3	减速	经济较快增长，2008 年受金融危机影响开始下滑
菲律宾	2009	5.0	6.7	4.8	5.3	6.6	4.2	1.1	减速	经济高速增长，2008 年受金融危机影响开始下滑
西班牙	2009	3.2	3.2	3.7	4.2	3.8	1.1	－3.6	减速	经济较快增长，2008 年受金融危机影响，开始下滑

续表

国家/地区	出台时间 T（年）	$T-6$（%）	$T-5$（%）	$T-4$（%）	$T-3$（%）	$T-2$（%）	$T-1$（%）	T（%）	经济形势	经济形势描述
匈牙利	2011	4.4	3.9	0.4	0.9	-6.6	0.7	1.7	低迷	自2007年起，经济持续低迷，2009年出现经济危机
爱尔兰	2013	5.2	-3.9	-4.7	1.8	3.0	0	1.7	低迷	自2008年起，经济持续低迷
肯尼亚	2013	6.9	0.2	3.3	8.4	6.1	4.6	5.9	减速	经济高速增长，但增速开始下滑
南非	2013	5.4	3.2	-1.5	3.0	3.3	2.2	2.5	减速	经济较快增长，但增速开始下滑
智利	2014	3.6	-1.6	5.6	6.1	5.3	4.0	1.8	减速	经济较快增长，但增速开始下滑
印度	2014	3.9	8.5	10.3	6.6	5.5	6.4	7.4	减速	经济高速增长，但增速开始下滑
越南	2015	5.4	6.4	6.2	5.2	5.4	6.0	6.7	强劲	经济高速增长
巴林	2016	4.3	2.0	3.7	5.4	4.4	2.9	3.2	减速	经济较快增长，但增速开始下滑
沙特阿拉伯	2016	4.8	10.3	5.4	2.7	3.7	4.1	1.7	减速	经济较快增长，但增速开始下滑
阿曼	2018	9.1	5.1	1.4	4.7	5.0	-0.9	2.1	减速	2017年经济出现衰退，呈负增长
葡萄牙	2019	-1.1	0.9	1.8	1.9	2.8	2.1	1.7	平稳	经济平稳运行

资料来源：彭博（Bloomberg）。

1956—1959 年的经济低迷；1994 年，加拿大 REITs 制度出台之前经历了自 1990 年起长达 4 年的经济低迷；20 世纪 90 年代末，日本在 REITs 制度出台之前，经济陷入低迷甚至呈负增长；法国、德国、意大利在 REITs 制度出台之前都经历了 21 世纪初欧洲经济不景气的时期；2008 年的金融危机之后，匈牙利和爱尔兰同样经历了经济的长期衰退，随后出台了 REITs 制度。

第二，增长较快的新兴经济体面对突然出现的经济危机出台 REITs 制度。经济危机的特点体现在，快速发展的经济体受到迅速而猛烈的冲击，GDP 增速在一年内大幅下跌，如 1990 年的巴西经济危机、1998 年的亚洲经济危机、2008 年的全球经济危机等。许多国家和地区在经济危机之后推出 REITs 制度，包括 1994 年的巴西，亚洲金融风暴后的新加坡、韩国、中国香港和马来西亚，以及 2008 年全球经济危机后的西班牙、芬兰、哥斯达黎加等。

第三，经济高速增长的发展中国家，在增速放缓后出台 REITs 制度。部分发展态势良好的发展中国家，在 REITs 制度出台前保持了 5% 以上的经济增速，但明显呈现逐渐放缓的趋势，REITs 的推出为这些国家经济的持续增长提供了新的动能，助力其经济进一步转型升级。典型的例子包括泰国、巴基斯坦、肯尼亚、印度等正在高速发展的发展中国家。

以上现象告诉我们，REITs 的推出与各个国家和地区的经济发展形势有着密切的关联。国家和地区的经济发展态势是政策制定者决定是否推出 REITs 的重要考量因素，在经济陷入低迷、遭遇经济危机或需要持续发展的新动能时，国家和地区往往有更强的动力推出 REITs。

不动产市场受 REITs 影响最大，REITs 市场的建设同样与各个国家和地区不动产市场的发展状况息息相关。以重要 REITs 制度出台的年份为节点，各个国家和地区在 REITs 制度出台前 6 年的不动产市场增长数据和趋势如表 3.2 所示。其中，只统计了能够获得不动产市场统计数据的 22 个国家和地区，统计的房屋价格增长数据为实际增长率。在统计的 22 个国家和地区中，只有比利时、希腊、法国、英国、

表 3.2　各个国家和地区 REITs 出台时的房价走势

国家/地区	出台时间 T（年）	$T-6$ 房价增速（%）	$T-5$ 房价增速（%）	$T-4$ 房价增速（%）	$T-3$ 房价增速（%）	$T-2$ 房价增速（%）	$T-1$ 房价增速（%）	T 房价增速（%）	房价走势	来源
美国	1960	1.5	-0.1	-2.2	-0.1	-1.3	-1.2	-0.7	持续低迷	标普凯斯－席勒（S&P Case Shiller）
比利时	1990	-4.1	-0.6	4.4	3.2	6.5	9.8	4.4	稳定上涨	达拉斯联邦储备银行（Dallas Fed）
加拿大	1994	8.3	8.4	-6.9	-2.9	-4.2	-0.4	1.2	持续低迷	达拉斯联邦储备银行
新加坡	1999	根据 2001 年公布的数据，1996—1999 年房价跌幅达 50%							快速下跌	新加坡城市重建局（URA Singapore）
希腊	1999	—	—	8.5	10.5	9.7	14.4	8.9	快速上涨	希腊银行（Bank of Greece）
日本	2000	-2.7	-1.0	-2.2	-2.5	-1.7	-2.2	-3.0	持续低迷	达拉斯联邦储备银行
韩国	2001	-6.3	-4.9	-4.1	-16.0	0.2	-4.2	5.2	快速下跌	达拉斯联邦储备银行
马来西亚	2002	12.9	1.9	-9.5	-2.4	5.9	1.1	2.5	持续低迷	房地产评估与服务局（JPPH）
法国	2003	-1.0	3.0	7.9	4.9	6.8	9.0	10.6	快速上涨	达拉斯联邦储备银行
中国台湾	2003	—	—	—	—	-3.6	3.8	7.3	持续低迷	信义房价指数
中国香港	2003	43.1	-33.0	-11.0	-10.8	-13.1	-10.1	-13.1	快速下跌	差饷物业估价署（RVD）
英国	2006	13.0	4.6	22.8	8.6	10.3	3.4	6.7	快速上涨	达拉斯联邦储备银行
意大利	2006	5.5	5.7	6.7	7.9	6.8	4.7	3.7	快速上涨	达拉斯联邦储备银行

续表

国家/地区	出台时间 T（年）	$T-6$ 房价增速（%）	$T-5$ 房价增速（%）	$T-4$ 房价增速（%）	$T-3$ 房价增速（%）	$T-2$ 房价增速（%）	$T-1$ 房价增速（%）	T 房价增速（%）	房价走势	来源
以色列	2006	-7.5	-3.0	-1.7	-3.5	-2.9	1.5	-4.5	持续低迷	达拉斯联邦储备银行
德国	2007	-2.9	-1.8	-1.3	-3.3	0.1	-1.6	-3.3	持续低迷	达拉斯联邦储备银行
芬兰	2009	9.7	8.2	1.9	4.3	1.9	-7.0	5.2	快速下跌	达拉斯联邦储备银行
菲律宾	2009	-3.2	2.7	1.0	5.3	9.3	-0.7	-6.6	快速下跌	环球房地产指南（Global Property Guide）
西班牙	2009	14.8	12.7	8.5	5.8	0.4	-5.6	-0.1	快速下跌	达拉斯联邦储备银行
匈牙利	2011	-3.7	-0.6	-1.2	-5.8	-15.7	-5.9	-11.7	快速下跌	环球房地产指南
爱尔兰	2013	-1.4	-11.8	-11.8	-12.2	-20.8	-5.1	3.4	快速下跌	达拉斯联邦储备银
南非	2013	5.2	-12.3	-4.5	-0.3	-3.0	-0.2	1.9	持续低迷	达拉斯联邦储备银行
越南	2015	-0.7	-1.8	-2.9	-6.4	-1.2	1.3	0.9	持续低迷	环球房地产指南

资料来源：彭博。

意大利5个欧洲国家在房价上涨的周期中推出REITs，其余各个国家和地区均在不动产行业低迷或下跌周期中出台REITs制度。不动产行业的状况是政府制定REITs制度时考量的重要因素，以期望REITs的推出能够对低迷的不动产行业起到提振作用。

经济发展新动能

绝大部分国家和地区在经济和不动产行业不景气的周期中推出REITs，其根本原因在于REITs市场的建设对于经济的发展有着至关重要的作用，能够引领经济走出危机、摆脱低迷，乃至为经济的持续发展提供新动能。

经济周期是世界各国经济发展中十分普遍的现象，很多基础性的内生或外生因素都可能导致经济增长的不稳定，尽管不同国家处在经济周期的不同阶段，但在一个完整的经济周期内，一个经济体会经历繁荣、衰退、萧条、复苏等阶段。国家的政策制定者对衰退和萧条往往十分敏感，因为长期的衰退和萧条会对社会的发展产生巨大的冲击，使企业利润下降，投资者投资意愿降低，居民资产减值，失业率升高，人民生活质量严重下降，甚至引发更严重的社会问题。因此，政策制定者往往倾向于制定宏观稳定的经济政策，以减轻经济衰退和萧条对社会的负面影响。REITs的推出，对于国家财政政策和货币政策的实施，有着重要作用。

积极的财政政策通常包括增加财政支出和减税两个方面。在增加财政支出方面，财政支出通常用于不动产和基础设施建设领域，直接起到刺激总需求，带动经济走出衰退的作用，特别是对于名义利率接近负值的国家，财政支出是应对经济不景气的最有力的政策武器。对于绝大部分经济体，特别是发展中的经济体来说，不动产行业和基础设施行业占经济总量的比重较大。对经济合作与发展组织（OECD，简称经合组织）数据库中的数据进行分析发现，推出REITs的部分国家建筑业和不动产增加值占经济总增加值的比重如表 3.3 所示，[①] 可以看出，绝大部分国家的不动产和建筑业占经济总量的比重为 10% ~ 20%，如果考虑基础设施建设和房地产行业的上下游产业，那么两者经济贡献的比重还会更大。这意味着，如果使不动产行业增长 10%，将带动 2% 左右的 GDP 的增长，不动产行业在经济衰退阶段成为国家的强心剂；一旦房价下跌，不动产市场不景气，国家的经济也会受到极大的影响。毫无疑问，引入 REITs 制度将成为国家财政政策的有力补充，一方面，让不动产行业拥有更强的活力、更大的流动性和更高的透明度，使同等的财政投入获得更大的回报，为保障经济增长做出更大的贡献；另一方面，REITs 的推出可以吸引社会资本一同参与基础设施建设，也为国有资本在未来经济景气时的退出提供新的渠道，促进政府财政的健康、可持续发展。值得一提的是，印度在出台的 REITs 制度中专门包括了基础设施 REITs，显示出其希望通过 REITs 推动国家基础设施建设的决心。

表 3.3　推出 REITs 的部分国家建筑业和不动产增加值占经济总增加值的比重

国家	年份（年）	比重（%）	国家	年份（年）	比重（%）
新西兰	1971	14.9	德国	2007	15.3
比利时	1990	13.9	芬兰	2009	18.0
土耳其	1998	11.8	哥斯达黎加	2009	15.6
希腊	1999	18.1	匈牙利	2011	12.9
日本	2000	17.1	爱尔兰	2013	10.3
法国	2003	16.9	加拿大	2014	19.6
墨西哥	2004	20.5	澳大利亚	2016	20.4
意大利	2006	18.1	荷兰	2016	10.8
英国	2006	19.8	美国	2016	17.1

资料来源：经合组织。

① 若该国家在推出 REITs 的年份无对应数据，则给出最新的数据作为估计。

在税收方面，对于房地产企业来说，采用 REITs 结构可以降低税率，增强其不动产的开发和经营动机；另外，现有的大量存量不动产通过 REITs 重新拥有了流动性，反而为政府的税收引入合理税源。国际经验表明，规模化的 REITs 市场能够拓宽税基，增加税收收入。而税收收入的增加为政府财政政策的实施提供了更灵活的空间，使政府可以在其他领域减免税，实现更优的资源配置。值得一提的是，增加财政收入是中国香港引入 REITs 制度的重要考量因素之一。自 1997 年以来，房价下跌使香港特区政府的土地出让收入大幅下降，为了缓解财政紧张，香港引入了 REITs 制度并将特区政府拥有的部分零售和停车场不动产纳入首只上市的领展 REIT 中。

此外，对于发展中经济体而言，REITs 制度的引入有助于吸引稳定的外国资本和外商投资，成为助推发展中经济体经济转型的关键力量。一方面，作为回报稳定的投资工具，REITs 有助于吸引稳定的外国资本，避免剧烈的资本流入和流出引起的汇率的剧烈波动；另一方面，更为重要的是，REITs 吸引外商投资，可以进一步推动不动产项目的建设，从而促进国家经济发展。越南计划投资部外国投资局公布的数据显示，越南 FDI（外商直接投资）占 GDP 的比重达 6%，不动产领域的 FDI 占越南全部 FDI 的近 20%。推动外商投资是越南引入 REITs 制度的重要考量因素之一。2014 年，印度在推出 REITs 的同时，放松了外商投资的相关政策，并出台了 REITs 可以投资建设中的不动产等相关政策。这显示出印度政府想借助 REITs 吸引更多外商投资的决心。

积极的货币政策是更频繁的调控手段，通过对政策利率的调节，降低市场的借贷成本，经济体的投资水平得以回升，从而帮助摆脱经济低迷期。对于整个金融市场，特别是不动产市场而言，REITs 的推出与货币政策在目的上有异曲同工之妙。受流动性、投资门槛等的限制，许多看好不动产行业且具有不动产行业配置需求的投资者缺乏有保障的不动产投资渠道。而 REITs 市场的建设使更多的民间资本能够流向不动产行业，提升不动产行业投资水平，促进不动产行业的发展。REITs因其高回报、中低风险、高流动性、与其他资产低关联度的特性，对保险资金、养老金等有着天然的吸引力，有利于增加不动产行业的资金供给；REITs的地域分散化特性也可以引导更多的海外资本投入国内的不动产行业。另外，不动产体系资金压力的缓解将使整个金融体系受益。不动产行业具有投资门槛高、回报周期长的特点，不动产开发商均为重资产运营，这对其资金链有很高的要求，开发商常大规模进行银行信贷和债券发行。REITs市场的建设将为不动产企业提供新的融资渠道，提高其持有资产的融资能力。房地产企业流动性的改善会体现在商业银行和其他投资机构的资产负债表上，最终使整个金融体系的资金面受益。值得一提的是，韩国引入REITs的重要动机就包括帮助经营困难的房地产企业进行资产重组，剥离银行的不良资产以改善其资产负债表，因此，韩国专门设立了重组REITs。

对于绝大多数发达国家和部分发展中国家而言，养老金体系是金融体系的重要组成部分，根据经合组织的统计，截至2018年，美国、荷兰、新加坡的养老金规模占GDP的比重分别达79%、168%、78%，REITs制度的引入将使各国养老金受益。一方面，REITs相对于债券投资有着更高的收益率，相对于股票投资，估值变动风险低，相对于直接不动产投资，有着更强的流动性，其低风险、高收益、强制分红的特性有利于实现养老金每年定额支付的要求。另一方面，养老金是不动产投资资金的重要来源，完善的养老金体系有利于促进不动产行业的发展，形成不动产行业投资的闭环。根据普瑞奇（Preqin）的统计，各类养老金对不动产行业的投资额占全部机构投资者对不动产行业投资额的90%，其中50%以上的养老金参与了REITs投资。规模化REITs和成功运作的市场化养老金体系有着正向相关关系。

综上所述，REITs市场建设对于国家的经济发展起着重要作用。一方面，REITs能够助力国家财政政策的实施，拓宽税基，改善财政；另一方面，REITs能够吸引民间资本、海外资本参与国内不动产市场，增加不动产市场活力，缓解不动产企业资金压力，使整个金融体系受益。

货币政策工具

货币政策工具是指中央银行为实现其特定的经济目标而采用的控制和调节货币供应量和信用量的各种方针、政策和措施，对国家宏观经济的平稳运行起着至关重要的作用。在传统的货币政策中，中央银行使用央行票据作为货币政策工具，与商业银行等对手方进行交易，通过央行票据的发行与回购控制基础货币供应量，通过货币传导机制对信贷、投资等活动产生影响。中央银行在公开市场就 REITs 进行交易，使 REITs 作为货币政策的后备工具，成为传统货币政策工具的有效补充，解决传统货币政策工具在实施中面临失效情形的问题。

将 REITs 作为货币政策调控工具，使货币政策到实体经济的传导机制更加畅通。随着金融市场化的发展，央行不再直接影响信贷利率，商业银行受到行政指令的影响减少，自主决策增加，信贷投放意愿与经济预期的关联度增大，与基础货币供应的关联度下降，导致传统的货币政策只能在银行体系内发挥作用，难以直接影响商业银行的对外信贷行为，使货币政策难以传递到实体经济。REITs 是由经济实体直接发行的证券化工具，对 REITs 进行操作，可以绕过商业银行体系，直接影响实体经济的货币供应，更直接和有效地发挥货币政策的作用。在理性预期的经济体中，REITs 的购买操作还可以刺激总需求，影响通货膨胀预期，提高商品价格。当经济体处于市场利率极低的流动性陷阱，传统的货币政策将失效，中央银行在银行间市场投入的更多货币将无法影响利率，不能带动消费和投资增长，从而影响总产出。即使在流动性陷阱中，REITs 仍可以直接向实体经济发出“订单”，从而直接影响投资，促进产出的增长。

以 REITs 作为货币政策工具有助于促进直接融资，降低实体经济的杠杆率。在传统货币政策中，中央银行在银行间市场的对手方主要为商业银行，由于商业银行以债权融资和间接融资为主，在一定程度上会导致企业依赖间接融资，负债率偏高。在分业经营的金融制度下，银行资金不能进入资本市场，政策效果无法从银行间市场直接传导到证券市场。传统货币政策工具是债务型融资工具，扩张性的货币政策操作，最终体现为实体经济资产负债表中债权债务的扩张，容易导致实体经济杠杆率偏高，金融风险加大。而 REITs 以权益型为主，通过中央银行介入 REITs 市场，体现为实体经济资产负债表中的股权和长期资本，增加了实体经济的耐心与韧劲，扩大了实体经济股权融资的深度和广度。与传统货币政策工具相比，REITs 操作在增加市场流动性的同时，不会提高企业杠杆率，保持甚至修复了企业的资产负债表，改善了企业的融资期限结构，增加了企业的直接融资比例。

有效的经济政策需要财政政策与货币政策的紧密配合，以 REITs 为工具的货币政策，具有重整财政和金融体系的能力，可以促进其健康运行。积极的财政政策通常使政府部门或国有企业的负债增长，使政府债务率增加，迫使中央政府在高增长和低杠杆与风险之间谨慎地维持平衡。由中央银行进行 REITs 操作，购买长期基础设施投资形成的大量资产，能够在不增加政府负债的同时发挥财政政策的功能，提高财政健康度。对于以商业银行为核心的金融体系，在稳增长政策下，大规模的固定资产投资在金融体系内积累了大量的长期资产，造成了严重的期限错配问题，降低了银行系统对外增量投放和健康运行的能力。中央银行参与 REITs 市场，有利于激发市场认购证券化资产的积极性，降低资产证券化的成本，促进市场资金向金融体系回流，改善商业银行的资产负债表，为金融体系和经济的持续创新增长增添活力。

REITs 有助于扩大货币政策对金融市场定价机制的影响，为外汇政策预留操作空间。金融市场的定价能力由利率和风险溢价两个维度组成，传统的货币政策工具如央行票据、国债等只对利率产生影响，不影响风险溢价。商业银行的资产端主要由基础设施投资以及其他有一定风险特征的投资构成，如果金融市场的风险偏好不变，仍不敢增加投资，那么货币政策的操作空间和效力将受到极大的限制。在开放的经济环境中，利率的变化将直接作用于资本的流入流出，对外汇政策产生影响。使用 REITs 工具，绕过利率这一渠道，直接对风险溢价进行调节，在一定程度上可以在不影响外汇市场的同时实现国内资产价格的提升。

日本是最早将 REITs 作为新型货币工具的国家。为了应对自 20 世纪末开始的长期通货紧缩、经济增长大幅放缓、房地产和股票等资产价格严重缩水的局面，日本央行于 21 世纪初采取了新的货币政策调控方法，使用 REITs、ETFs、公司债等多种工具对金融市场的基础货币、利率和风险溢价进行调控。应用 REITs 等工具后，日本央行的资产负债表不只体现为央票和国债等固定面值的金融资产，而是呈现出多样化、市场化的特点，其资产价值直接与物价水平关联，使日本央行对通胀的刺激具有更大的激励性。日本央行资产负债表见表 3.4。

表 3.4　日本央行资产负债表　（单位：万亿日元）

	截至 2015 年年底	截至 2016 年年底	截至 2017 年年底
日本国债（JGBs）	325	410	441
商业票据（CP）	2.2	2.3	2.2
企业债券	3.2	3.2	3.2
ETFs	6.9	11	17
日本 REITs	0.26	0.36	0.45
贷款	36	40	48
总资产	383	476	521
银行票据	98	102	107
活期存款	253	330	368
总资产和净负债	383	476	521

资料来源：日本银行。

在通货紧缩的环境下，市场形成资产价格持续下降的一致性预期，货币资产反而最受青睐，导致总需求疲软，金融机构资产负债表恶化，通货紧缩进一步加剧。日本央行的大量 REITs 购买计划旨在支撑资产价格，优化金融机构的资产负债表。通过购买 REITs，还能为资本市场直接注入资金，降低资本市场利率，提高市场活跃度，提振市场信心，扭转市场的悲观预期，从而改善总需求，打破通货紧缩的自我循环。日本央行采取的非常规货币政策取得了一定的成效，资产价格在大规模购买资产的情形下获得支撑，收益率曲线渐渐上行，银行信贷持续恢复性增长，实际 GDP 增长率向潜在增长率靠拢，通缩局面有所改善。

值得注意的是，即使在名义利率长期为负的日本，REITs 资产在央行资产负债表中仅占国债的 0.1%。作为一种新型货币政策工具，REITs 能在特定条件下发挥独特作用，但同样具有一定的局限性。中央银行对 REITs 资产的调控需要以不破坏市场经济的约束为前提，不当的货币政策操作可能会影响 REITs 市场的价格发现机制。把 REITs 作为常规机制大量使用可能会影响中央银行的货币政策独立性，放松政府对自身负债的约束。将 REITs 作为货币政策工具，应当是经济长期通货紧缩情形下的应急措施，而非中央银行的常规替代性操作，REITs 是传统货币政策工具的有力补充，必须与其他货币政策工具充分配合才能发挥更好的作用。

| 第二部分 |

REITs的全球实践

第四章

规模、市场表现与流动性

全球 42 个已推出 REITs 制度的国家和地区既有发达经济体，也有发展中经济体，覆盖北美洲、南美洲、欧洲、亚洲、非洲、大洋洲等六个大洲。除已经建立 REITs 制度的国家以外，中国、阿根廷、葡萄牙、尼日利亚等十几个国家正在积极推进 REITs 制度的出台。

截至 2019 年 6 月，全球 REITs 市场的市值超过 2 万亿美元。图 4.1 按照国家和地区列示了 1992—2018 年全球主要 REITs 市场的市值规模。美国是全球最大的 REITs 市场，截至 2018 年年底，在美国上市的 REITs 约有 240 只，涉及零售和购物中心、写字楼、公寓、酒店、物流和仓储、医疗保健中心等多种类型的不动产，总市值约为 11 235.6 亿美元，占 REITs 全球总市值的 61.4% 左右。欧洲 REITs 市场也非常活跃，REITs 总市值为 2 290.5 亿美元。法国和英国作为欧洲规模最大的两个市场，总市值分别为 890.98 亿美元、787.28 亿美元。亚洲 REITs 于 2001 年首先在日本诞生，之后新加坡、中国香港的 REITs 市场也迅速发展。截至 2018 年年底，亚太地区市场活跃着 216 只 REITs，总市值为 3 793 亿美元，其中近 85.6% 的总市值来自日本、澳大利亚、新加坡三大市场，其规模分别为 1 069.2 亿美元、1 615.4 亿美元、563.9 亿美元。中国香港 REITs 市值列居第四，为 335.3 亿美元。

从图 4.1 可以看出，自 1992 年起，全球 REITs 市场规模增长迅速，可以分为 1992—2007 年和 2010—2018 年两个增长周期。1992—2007 年，全球 REITs 市场规模增长 27.6 倍，年复合增长率达 24.8%。2008 年金融

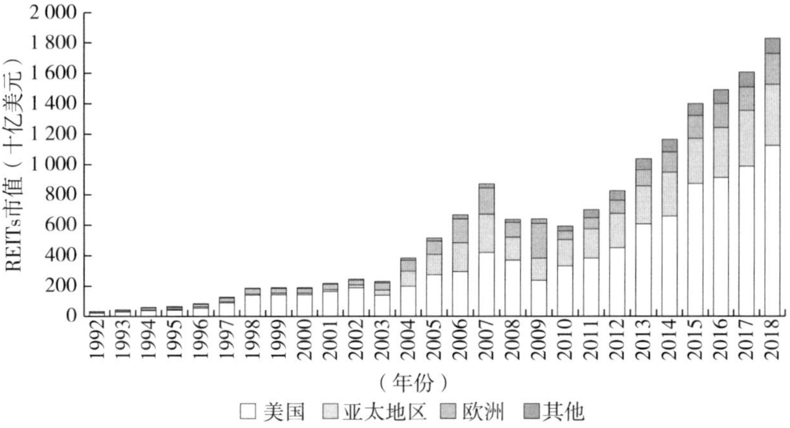

图 4.1 1992—2018 年全球主要 REITs 市场的市值规模

资料来源：彭博。

危机对全球，尤其是发达国家的不动产行业造成了致命打击，资金纷纷流出 REITs 市场，导致 2008 年和 2009 年 REITs 的市值有所下降，略低于 2006 年的规模。2010—2018 年，随着全球经济的复苏，以美国为主要代表的全球 REITs 市场迎来了井喷式发展。截至 2018 年，REITs 的市场规模在 9 年间已经翻了 3 倍，年复合增长率维持在 15.1% 的高位。

金融产品的收益、风险与流动性是投资者进行投资决策时所要考量的核心要素。截至 2018 年 12 月底，美国 REITs、股票、债券的收益率、波动率和风险调整收益率如表 4.1 所示。其中，收益率的计算采用平均年化收益率，包括分红收益率和资本利得收益率。

如果以 5 年为投资期限，则美国权益型 REITs 的 5 年年化收益率为 9.2%，抵押型 REITs 的年化收益率为 8.0%，均低于美国股票的收益率，但高于高收益债券的收益率；REITs 的波动率与道琼斯指数和标准普尔 500 指数的波动率相似，略低于纳斯达克指数；REITs 市场的风险调整收益率不及美国股票市场、债券市场。如果将投资周期拉长到 20 年，则权益型 REITs 市场的年化收益率高达 12.6%，远高于同期限美国股票市场和债券市场；REITs 市场的波动率同样高于美国股票市场和债券市场；权益型 REITs 市场的风险调整收益率为 0.62，高于同期限标准普尔500指数（0.48），但不及美国债券市场。

表4.1 美国REITs、股票、债券的收益率、波动率和风险调整收益率

（单位：%）

指数	指标	1年	3年	5年	10年	15年	20年	25年	30年
NAREIT综合指数（NAREIT Composite）	收益率	12.6	6.3	9.0	16.4	10.9	12.0	11.7	11.2
	波动率	14.4	12.7	13.4	15.3	21.2	19.5	18.4	17.3
	风险调整收益率	0.87	0.50	0.67	1.07	0.51	0.61	0.64	0.64
NAREIT权益型REITs指数（NAREIT All Equity REITs）	收益率	13.0	6.1	9.2	17.0	11.8	12.6	12.2	12.0
	波动率	14.0	13.1	13.7	15.9	22.2	20.3	19.1	18.1
	风险调整收益率	0.87	0.46	0.67	1.07	0.53	0.62	0.64	0.67
NAREIT抵押型REITs指数（NAREIT Mortgage REITs）	收益率	6.6	11.6	8.0	11.4	3.4	9.4	10.5	8.9
	波动率	10.8	11.6	12.0	13.1	18.0	19.6	20.0	18.9
	风险调整收益率	0.61	1.00	0.66	0.87	0.19	0.48	0.52	0.47
NAREIT不动产50指数（NAREIT Real Estate 50）	收益率	16.9	6.5	9.6	16.6	11.8			
	波动率	14.7	12.5	13.4	15.4	21.5			
	风险调整收益率	1.15	0.52	0.72	1.08	0.55			
道琼斯指数	收益率	12.5	16.9	12.5	15.3	10.1	7.9	11.8	11.9
	波动率	15.5	12.2	12.1	12.4	13.2	14.1	14.3	14.1
	风险调整收益率	0.80	1.38	1.03	1.24	0.76	0.56	0.83	0.84
标普500指数	收益率	10.5	14.2	10.8	15.0	9.7	7.0	11.2	11.1
	波动率	15.4	12.0	11.9	12.7	13.8	14.6	145	14.3
	风险调整收益率	0.68	1.18	0.91	1.18	0.70	0.48	0.77	0.78
纳斯达克指数	收益率	10.3	21.9	16.6	19.7				
	波动率	21.3	15.1	15.1	15.3				
	风险调整收益率	0.48	1.45	1.10	1.29				
彭博巴克莱债券指数	收益率	7.8	2.4	3.0	4.0	4.3	5.0	5.6	6.1
	波动率	2.7	3.1	2.9	2.9	3.2	3.4	3.5	3.6
	风险调整收益率	2.88	0.76	1.03	1.37	1.37	1.48	1.60	1.67
彭博巴克莱公司高息债券指数（Bloomberg Barcalys Corporate High Yield）	收益率	7.2	7.6	4.8	9.5	7.8	7.2	7.7	8.3
	波动率	3.2	4.3	5.5	6.3	9.1	9.1	8.4	8.5
	风险调整收益率	2.22	1.76	0.87	1.50	0.86	0.80	0.92	0.98

资料来源：彭博。

利用和表4.1相同的算法，根据彭博的数据，进一步计算美国以外其他主要国家和地区REITs与股票市场的收益率、波动率和风险调整收益率，其结果如表4.2所示。

如果投资周期为5年，则欧洲[①]、新加坡、中国香港、澳大利亚REITs的收益率均高于股票市场，英国、日本REITs的收益率不及股票市场；日本、中国香港REITs的波动率低于股票市场，欧洲、英国、新加坡、澳大利亚REITs的波动率则高于股票市场；欧洲、日本、新加坡、中国香港、澳大利亚REITs的风险调整收益率远超股票市场，而英国REITs的风险调整收益率不及股票市场。

如果投资周期为10年，则除日本REITs（英文简称J-REITs）的收益率略低于股票市场外，欧洲REITs的收益率与股票市场持平，英国、新加坡、澳大利亚REITs的收益率均比股票市场高1%～3%，而中国香港REITs的收益率则超过股票市场11%，达到惊人的20.1%；日本、中国香港REITs的波动率低于股票市场，而欧洲、英国、新加坡、澳大利亚REITs的波动率高于股票市场；考虑单位风险收益，新加坡、中国香港REITs的风险调整收益率远超股票市场，欧洲、英国、日本、澳大利亚REITs的风险调整收益率和股票市场接近。

表4.2 全球主要国家和地区REITs与股票市场的收益率、波动率和风险调整收益率

（单位：%）

国家/地区	指数	指标	1年	3年	5年	10年
欧洲	欧洲发达国家（除英国）REITs指数：富时－欧房协－NAREIT	收益率	1.7	7.8	7.4	9.8
		波动率	11.2	12.3	14.0	15.2
		风险调整收益率	0.15	0.64	0.53	0.64
	富时欧洲100指数	收益率	6.6	8.7	5.6	9.5
		波动率	11.7	10.6	12.5	12.4
		风险调整收益率	0.57	0.82	0.45	0.52

① 本部分内容所使用的欧洲REITs收益数据为除去英国的其余欧洲发达国家和地区的数据。

续表

国家/地区	指数	指标	1年	3年	5年	10年
英国	英国 REITs 指数：富时－欧房协－NAREIT	收益率	-4.7	4.5	5.0	12.3
		波动率	12.2	14.3	14.3	16.6
		风险调整收益率	-0.39	0.32	0.35	0.74
	富时 100 指数	收益率	2.4	9.1	6.2	10.1
		波动率	11.8	10.2	10.2	11.9
		风险调整收益率	0.21	0.89	0.61	0.85
日本	东证 REIT 指数	收益率	16.2	6.0	8.2	13.0
		波动率	8.8	7.5	8.6	16.4
		风险调整收益率	1.84	0.82	0.94	0.79
	日经 225 指数	收益率	-4.7	14.0	11.2	12.0
		波动率	17.9	15.3	16.0	17.8
		风险调整收益率	-0.26	0.91	0.70	0.67
新加坡	新加坡 REITs 指数：富时－欧房协－NAREIT	收益率	24.3	13.0	6.8	9.5
		波动率	9.2	15.3	15.7	19.0
		风险调整收益率	2.63	0.85	0.643	0.50
	海峡时报指数	收益率	6.2	9.5	4.5	7.6
		波动率	12.1	11.7	12.4	13.4
		风险调整收益率	0.51	0.81	0.36	0.56
中国香港	恒生 REIT 指数	收益率	20.8	15.8	15.7	20.1
		波动率	9.2	10.7	11.2	13.4
		风险调整收益率	2.26	1.47	1.39	1.50
	恒生指数	收益率	2.5	15.5	9.3	9.1
		波动率	17.7	15.1	17.4	17.7
		风险调整收益率	0.14	1.03	0.54	0.51
澳大利亚	标普/澳交所 A-REIT 指数	收益率	18.8	8.7	14.2	14.4
		波动率	13.2	12.3	12.3	13.0
		风险调整收益率	1.40	0.71	1.15	1.11
	标普/澳交所指数	收益率	11.9	12.9	9.0	10.3
		波动率	11.3	9.3	11.2	11.8
		风险调整收益率	1.05	1.39	0.80	0.87

资料来源：彭博。

REITs 的投资价值不仅体现在其作为单一资产的优良“风险－收益”性质，对于一个多元化的投资组合，将 REITs 作为股票、债券、现金之外的第四类资产加入，可以体现 REITs 的分散化价值，有助于投资组合有效前沿向外延伸。美国 REITs 与股票和债券市场之间的相关性、各个国家和地区 REITs 与股票市场的相关性、全球各 REITs 市场之间的相关性如表 4.3 所示。其中，除美国 REITs 与标准普尔 500 指数、彭博巴克莱债券指数之间的相关系数用 20 年月度收益率计算外，其余均用 10 年月度收益率计算。

美国 REITs 与股票、债券市场之间的相关性很低，REITs 对投资组合有很高的分散化价值。近 20 年来，美国权益型 REITs 与标准普尔 500 指数、纳斯达克指数、彭博巴克莱债券指数之间的相关系数仅为 0.59、0.37、0.20，抵押型 REITs 与标准普尔 500 指数、纳斯达克指数、彭博巴克莱债券指数之间的相关系数仅为 0.38、0.19、0.23。在其他主要国家和地区，J-REITs 与股票市场的相关系数仅为 0.49。此外，欧洲、英国、新加坡、中国香港、澳大利亚 REITs 与股票市场的相关系数高于美国，为 0.6～0.8，这对投资组合依旧是有益的，对于在某一个国家或地区同时进行股票和 REITs 投资的投资者，REITs 可以改善投资组合有效前沿。

对于能够进行全球资产配置的投资者来说，REITs 还可以通过地域差异来分散风险。根据各个国家和地区 REITs 的月度收益率，表 4.3 计算得出全球各 REITs 市场之间的相关性，除英国和欧洲 REITs 相关系数达 0.77 以外，其他市场之间的相关系数为 0.2～0.7，表明在全球市场进行 REITs 资产配置能够分散风险。特别是在亚洲市场进行 REITs 资产配置时，其与欧美 REITs 市场之间的相关系数很低，如 J-REITs 与美国 REITs、欧洲 REITs、英国 REITs 之间的相关系数分别为 0.29、0.20、0.18，凸显了跨区域 REITs 资产全球配置的价值。

交易成本是影响投资回报的另一个重要因素。学术界与行业界通过流动性指标来反映资产交易成本的大小，阿米胡德（Amihud）的非流动性指标是其中的一个常用指标。阿米胡德（2002）提出，可以用个券日内收益率的绝对值与成交额的比值刻画单位交易额对价格波动的

表 4.3 全球各 REITs 市场之间的相关性

美国 REITs 与股票、债券市场的相关性	相关系数	标准普尔 500 指数	纳斯达克指数	彭博巴克莱债券指数				
	权益型 REITs	0.59	0.37	0.20				
	抵押型 REITs	0.38	0.19	0.23				
各个国家和地区 REITs 与股票市场的相关性	相关系数	美国	欧洲	英国	日本	新加坡	中国香港	澳大利亚
	REITs 与股票市场	0.58	0.64	0.67	0.49	0.71	0.73	0.64
全球各 REITs 市场之间的相关性	相关系数	美国	欧洲	英国	日本	新加坡	中国香港	澳大利亚
	美国	1	0.67	0.67	0.29	0.60	0.56	0.59
	欧洲		1	0.77	0.20	0.48	0.54	0.54
	英国			1	0.18	0.40	0.41	0.53
	日本				1	0.31	0.30	0.20
	新加坡					1	0.66	0.48
	中国香港						1	0.37
	澳大利亚							1

资料来源：彭博。

影响，并在一个时期内取平均值，以衡量个券在该时期的流动性。基于该指标的设计思想，我们应用彭博的数据，以月度成交额与总市值的比值衡量 REITs 市场与股票市场的流动性，表 4.4 是主要国家和地区 REITs 市场与股票市场的流动性指标。可以看出，在日本和中国香港以外的其他主要市场，REITs 月度成交额与 REITs 总市值的比值均高于对应股票市场。相对于股票市场，REITs 市场的交易更为活跃，具有更好的流动性，适合投资者进行资产配置。坎农（Cannon）等（2010）的研究指出，随着美国 REITs 市场的发展，市场的流动性不断提升，到 2007 年，阿米胡德流动性指标已经减小至 0.001。路（Lou）等（2013）的研究计算发现，美国股票市场的阿米胡德流动性指标同样在 0.001 左右。这说明 REITs 市场的流动性充足，其单位交易额对价格波动的影响与股票市场十分相近。

表 4.4　主要国家和地区 REITs 市场与股票市场的流动性指标

国家/地区	月度交易额/总市值	1 年期（%）	3 年期（%）	5 年期（%）	10 年期（%）
美国	富时－NAREIT 所有权益型 REITs 指数	0.11	0.11	0.11	0.16
	标准普尔 500 指数	0.05	0.06	0.06	0.10
欧洲	欧洲发达国家（除英国）REITs 指数：富时－欧房协－NAREIT	0.79	0.91	1.08	
	富时欧洲 100 指数	0.37	0.40	0.43	0.62
英国	英国 REITs 指数：富时－欧房协－NAREIT	0.11	0.11	0.11	0.16
	富时 100 指数	0.78	0.88	0.89	1.03
日本	东证 REIT 指数	0.000	0.000	0.000	0.000
	日经 225 指数	0.004	0.006	0.007	0.011
新加坡	新加坡 REITs 指数：富时－欧房协－NAREIT	2.99	2.91	2.87	2.93
	海峡时报指数	0.84	0.92	0.99	1.19
中国香港	恒生 REIT 指数	0.17	0.20	0.22	0.23
	恒生指数	0.21	0.23	0.24	0.27
澳大利亚	标普/澳交所 A-REIT 指数	1.05	1.13	1.33	3.06
	标普/澳交所 200 指数	0.70	0.74	0.80	1.14

资料来源：彭博。

第五章

美国 REITs：规模最大的 REITs 市场

全球 REITs 最早起源于 1960 年的美国，美国 REITs 市场发展至今，经历了一系列的立法、税收政策调整和多轮经济周期。截至 2018 年年末，美国公开上市的 REITs 的总市值为 11 235.6 亿美元，其中权益型 REITs 的总市值为 10 653.1 亿美元，抵押型 REITs 的总市值为 582.5 亿美元。美国是全球规模最大的 REITs 市场。

全球市场标杆

1992 年，美国 REITs 市场的总规模仅为 203.4 亿美元，到 2018 年已经达到上万亿美元，年复合增长率高达 16.7%。图 5.1 显示了 1992—2018 年美国 REITs 市值与产品数目。美国 REITs 市场经历了 1992—2006 年及 2009—2018 年两个快速增长阶段，其年复合增长率分别为 22.4% 和 18.8%。相对于市值，美国 REITs 产品数量增长略缓，说明单只 REITs 产品的市值在逐步上涨。截至 2018 年年底，美国已经有 240 只 REITs 产品，平均市值达 46.82 亿美元。

图 5.2 显示了 1980—2018 年美国抵押型、权益型和混合型 REITs 的市值占比情况。20 世纪 80 年代初期，美国 REITs 市场中，抵押型、权益型和混合型 REITs 的市值各占 22.2%、41.0%、36.8%。但随着美联储加息和房地产商融资缺口的不断扩大，高分红、高杠杆的抵押型 REITs 开始“野蛮生长”，到 1985 年，该类产品的市值占比已经高

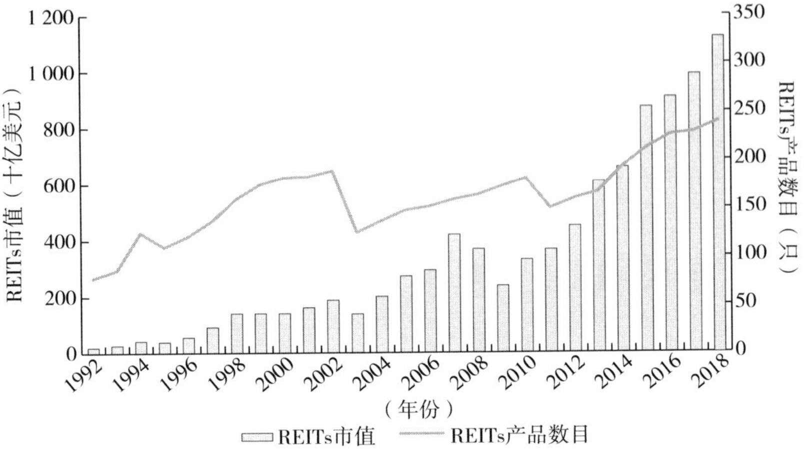

图5.1　1992—2018年美国REITs市值与产品数目

资料来源：彭博。

达40%。疯狂过后的抵押型REITs的资金链开始断裂，在迅速爆发后，又迅速衰落，截至2018年，市场占有率仍呈个位数，市值占比为6.4%。权益型REITs是目前美国市场的重要组成部分，2018年市值占比高达93.6%。20世纪90年代，美国房地产市场新一轮的牛市带动了权益型REITs的蜕变性增长，随后权益型REITs成为美国市场最受欢迎的REITs投资类型。1992年伞形REITs（UPREITs）的推出对市场产生了重要的影响。混合型REITs逐渐淡出了历史舞台，2008年金融危机后，美国REITs市场已经找不到混合型REITs产品。

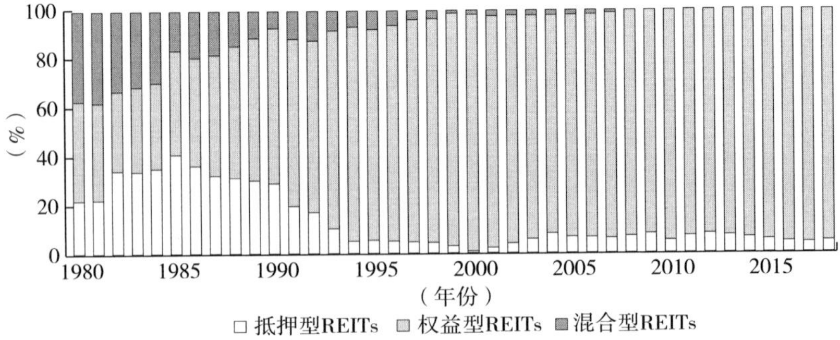

图5.2　1980—2018年美国抵押型、权益型和混合型REITs的市值占比情况

资料来源：彭博、全美房地产投资信托协会。

图5.3显示，2018年美国REITs的不动产标的类型十分分散。美国REITs标的类型中，综合不动产（又称多元化不动产）REITs标的占15%，这种类型的REITs同时持有和管理多种类型的不动产资产。基础设施、零售和购物中心、公寓和写字楼分别占市场总规模的15%、13%、12%和10%。

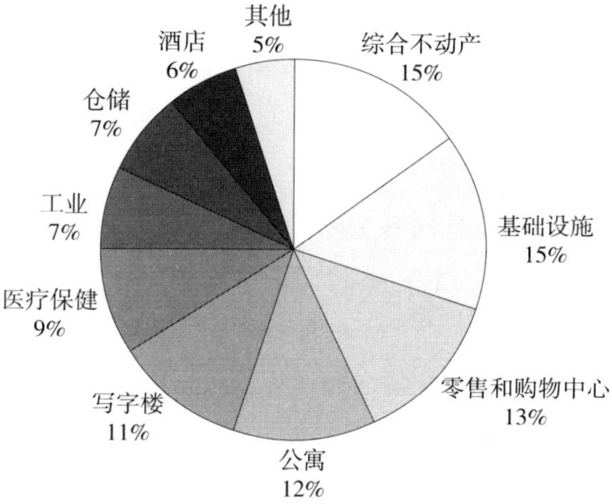

图5.3　2018年美国REITs的不动产标的类型分布

资料来源：彭博。

作为全球REITs市场的领头羊，美国REITs市场在过去半个世纪的快速发展得益于REITs产品专业化的管理、低负债的运营模式和日益优化的结构与金融属性，也得益于美国市场的成熟、法律法规的完善和投资者的理性参与，正是美国REITs市场的优质属性积极带动了全球REITs市场的发展。

发展历程与关键事件

美国REITs市场过去60年的发展历程大体可以分为以下7个阶段：起步阶段（1960—1968年）、第一个繁荣期（1969—1972年）、迅速萎缩阶段（1973—1979年）、逐步恢复阶段（1980—1985年）、第二个繁荣期（1986—1991年）、第三个繁荣期（1992—2007年）、金融危机后阶段（2008年后）。

起步阶段（1960—1968年）

美国REITs市场起步于1960年颁布的《房地产投资信托法案》（Real Estate Investment Trust Act of 1960），在该法案通过之前，商业地产主要被富豪、企业及机构投资者持有，而该法案一方面使物业资产原拥有者能够从个人投资者手中募集资金，另一方面使个人投资者有机会参与并享有由专业运营团队管理的高价值物业地产的收益。同年，美国艾森豪威尔总统签署了《国内税收法典》，在企业所得税层面给予符合要求的REITs与共同基金同等的税收中性待遇。

《房地产投资信托法案》出台初期，对美国市场的影响较为有限。直至该法案出台5年后，“大陆抵押投资者”（Continental Mortgage Investors）成为第一只在纽交所挂牌的REIT。受该法案的限制，此时的REITs仅能持有物业资产，在管理和运营方面受到限制，导致REITs行业发展较为缓慢，至1968年，行业总市值仅为10亿美元左右。尽管1960年生效的《房地产投资信托法案》减轻了REITs的税收负担，但当时更为盛行的是另一种投资产品，“房地产有限合伙制”（Real Estate Limited Partnership，简写为RELP）。此时的RELP可以使用加速折旧的计算方式使合伙企业产生账面亏损，从而为终端投资者提供税收抵扣。此阶段的权益型REITs无法与RELP匹敌。

第一个繁荣期（1969—1972年）

美国REITs市场的第一个繁荣期发生在1969—1972年，共有超过50只抵押型REITs在此期间创立，行业资产总市值从不足10亿美元增加到18.81亿美元，市面上有超过半数的REITs为抵押型。抵押型REITs通过低成本的公司债券、商业票据和银行信贷等进行融资，以获取利差收益；高杠杆带来每股盈利（EPS）的提高，使REITs可以通过提高新增股份的发行价格进行融资从而扩大发行规模。

20世纪60年代是美国房地产公司发展的瓶颈期，由于房地产公司信贷状况的变化，银行和信用社等抵押贷款提供者吸储能力受到限制等因素造成房地产商的资金短缺，美国房地产开发公司的资金需求和供给无法达到平衡。抵押型 REITs 的出现正好填补了这一融资缺口，由于贷款利率不受限制，REITs 有能力募集足够的资金向资金紧缺的房地产商提供高利率贷款，REITs 在这段时期的发展一度达到高峰。但受制于当时的税法，REITs 为被动管理型产品，由专业第三方进行管理。

迅速萎缩阶段（1973—1979 年）

美国 REITs 在 20 世纪 70 年代后期逐渐没落，其中 REITs 行业总市值从 1973 年年末的 13.94 亿美元大幅下降至 1974 年年末的 7.12 亿美元。20 世纪 70 年代，金融市场融资成本增加是导致 REITs 行业迅速萎缩的重要原因之一。1973 年，石油危机导致美国经济出现了严重的通货膨胀，1973 年，美国消费者物价指数（CPI）高达 6.22%，而后消费者物价指数一直居高不下，并于 1979 年达到惊人的 11.27%。美国高涨的通货膨胀率大幅增加了 REITs 的融资成本，发放固定利率贷款的 REITs 资产组合的价值也大幅下降。

REITs 产品结构本身的短板在这个利率过高和供给过剩的通胀周期中被放大。首先，美国房地产企业利率飙升、房地产市场供给过剩和 REITs 的过度放贷共同导致大量抵押贷款违约和房地产商破产，抵押型 REITs 的不良资产率上升，资产价值急剧下降，负债率普遍较高且大多是短期贷款的抵押型 REITs 开始陷入困境。其次，随着 1981 年美国颁布的《经济振兴法》（The Economic Recovery Act of 1981）允许业主利用房地产折旧进行合理避税，REITs 的避税功能弱化，同时其他房地产投资竞争品种出现，使 REITs 对投资者的吸引力下降。最后，REITs 仅作为被动管理型产品中的一种资产组合而存在，产品缺少外延式的成长性。

陷入困境的抵押型 REITs 开始通过各种方式来度过低靡期，包括重新安排银行贷款、出售抵押物业和改善投资组合等，还有一些抵押型 REITs 选择通过受让抵押物的方式转换为权益型 REITs，或者通过降价被权益型 REITs 收购的方式进行产品外延。

逐步恢复阶段（1980—1985 年）

REITs 行业在 20 世纪 80 年代前半段逐步恢复，原因是，一方面，美国房地产行业在此阶段逐渐复苏，另一方面，限期房地产投资信托（Finite Life Real Estate Investment Trust，简写为 FREITs）的兴起带动了 REITs 行业的整体恢复。与此前的抵押型 REITs 不同，FREITs 的存续期是有限的，其产品具有明确的终止日期，此时美国市场中公开上市、存续期有限且到期自行解散的有限合伙企业深受投资者欢迎，而 FREITs 正是对投资者诉求的回应。在 FREITs 结构中，临近终止日将收回抵押贷款或出售资产，并将投资收益和本金返还给投资者，最终在明确约定的终止日自行解散清算。1980—1985 年，美国 REITs 行业总市值从 22.99 亿美元迅速增长至 76.74 亿美元。

第二个繁荣期（1986—1991 年）

1986 年，美国国会通过《税收改革法案》（The Tax Reform Act of 1986），使 REITs 的税收优势再次凸显，还允许 REITs 自主管理收租类业务，使美国 REITs 行业进入第二个繁荣期，截至 1991 年年末，REITs 行业总市值已达 129.68 亿美元。

《税收改革法案》促进了 REITs 的发展，其核心内容包括：

第一，对有限合伙企业向投资者结转亏损的能力做出了限制。1986 年《税收改革法案》之前，REITs 不能抵减亏损，而 RELP 则可以通过产生账面亏损进行税收抵扣。《税收改革法案》的通过极大地限制了 RELP 的减税优惠。

第二，《税收改革法案》取消了房地产资产加速折旧的规定和记账方式。这大幅度削弱了房地产有限合伙企业通过产生账面亏损为其投资者进行税收抵扣的能力，因此权益型 REITs 逐渐取代了 RELP 的地位，逐渐成为 REITs 行业的主要存续形式。

第三，《税收改革法案》对REITs房地产管理的限制有所放松。法案出台之前，REITs主要由金融机构（如保险公司、商业银行或抵押银行）设立，《税收改革法案》允许REITs持有、经营和管理大部分收益型商业房地产，使房地产开发商和运营商参与组建REITs的积极性显著提高。

第四，1986年后，《税收改革法案》引导REITs从被动管理向主动管理转型，原有抵押型REITs大多改组成持有并管理房地产的主动管理型REITs。

第三个繁荣期（1992—2007年）

20世纪80年代末和90年代初，受到亚洲金融危机的影响，美国房地产行业再次遭受重创，诸多房地产公司破产，而尚存续的房地产公司由于金融机构急于规避风险而难以获得资金，在此背景下，诸多房地产公司选择通过上市来缓解资金压力，市场随之迎来REITs产品结构的巨大改革。

塔博曼购物中心公司（Taubman Centers，Inc.）于1992年11月在纽交所上市，标志着伞形REITs的诞生。在UPREITs结构中，UPREITs不直接持有物业资产，而是通过投资成为经营性合伙企业的普通合伙人，该经营性合伙企业实际持有物业资产。与传统REITs项目相比，UPREITs的核心优势在于其税收递延功能，此外UPREITs结构还有助于REITs避免违反5/50规则。

与UPREITs相对应的是DOWNREITs（伞形下属合伙房地产投资信托），同样具有类似的税收递延功能。两者的结构十分相似，主要区别在于DOWNREITs结构中并非由单个经营性合伙企业持有REITs的全部资产，而是在REITs纳入新的物业资产时另设立一个经营性合伙企业，REITs成为其普通合伙人，即形成REITs项下有多个经营性合伙企业的结构。

REITs运行模式的创新是当时美国REITs市场繁荣的重要原因，得益于UPREITs的税收递延功能及其在物业收购中的“货币支付”功能，REITs 规模迅速扩大。

20 世纪 80 年代末，美国利率水平下降导致资金借贷成本降低，不动产市场衰退导致物业资产价格也随之下降，房地产商在这个阶段大量收购物业资产。1992 年，美国房地产开始进入新一轮的繁荣期，大量的资金开始进入房地产市场，盘活了许多物业资产。市场放宽了对机构投资者投资 REITs 的限制，解决了养老基金进入 REITs 市场的股权结构障碍。制度上允许 REITs 成立应税子公司并尝试经营非收租类业务，扩大了 REITs 的上下游产业链。众多利好 REITs 产品的改革使美国 REITs 总市值在 15 年间增长了约 20 倍。

20 世纪 90 年代以后，现代 REITs 与没落阶段和重整阶段的 REITs 显著不同。首先，投资者的投资理念发生变化。与过去投资者购买房地产是为了获得资产增值和避税待遇不同，人们通过持有上市权益型 REITs 进行房地产投资的主要目的是分享由租金收入形成的现金流。其次，REITs 管理模式略有不同。20 世纪 90 年代，REITs 从主要聘请外部人员进行管理转为主要实行内部管理，管理层持有相当一部分权益（股权激励）。REITs 对债务杠杆的运用更加谨慎，公司组织结构和治理带来的利益冲突更小。最后，税法要求 REITs 将绝大多数应税收入分配给投资者，导致 REITs 扩张资金短缺，因此进入资本市场成为 REITs 的重要战略。REITs 可以通过资本市场获得低利率债务资金或进行股权融资，进行原有资产的整修和新资产的收购、扩展等。

金融危机后阶段（2008 年后）

2008 年，美国 REITs 市场遭受全球金融危机的重创，REITs 行业总市值在 2008 年年末同比减少 38.57%，但美国 REITs 在金融危机期间迅速调整，2009 年上半年通过去杠杆和再融资的形式强化资产负债表，提高收益率的稳定性，这些举措得到了投资者的认可，美国 REITs 市场从而在较短的时间内强势反弹。

爆发全球金融危机后，REITs 市场开始逐步呈现出全新的发展趋势。首先，REITs 开始呈现投资领域多元化的趋势。2008 年《REITs

投资与多样化法案》（REITs Investment and Diversification Act）发布，为 REITs 投资多元化提供了广阔的发展空间。除了在传统的零售和购物中心、写字楼以及住宅等领域持续发力外，REITs 开始更多地向基础设施、仓储、农业和林地、医疗保健等非传统领域投资。非传统领域的投资进一步分散了 REITs 的风险，也创造了较高的回报率。目前，REITs 的投资领域还是以传统的不动产领域为主，但随着非传统领域良好的投资收益率表现，REITs 的投资领域将更加多元化，非传统投资领域的占比也将逐步扩大。

其次，金融危机后，REITs 的发展还呈现出募资规模扩大、回报稳定的趋势。金融危机后，REITs 在很短时间内开始复苏，尤其是最近 5 年来，美国 REITs 收益率逐步提高，并且高于其他主要指数基金的收益率。此外，REITs 募集资金的规模自 2008 年开始逐步扩大，且股权募集资金的规模占比不断提高，杠杆率逐步降低，进而使资本结构更合理，风险逐步降低。

2013 年，奥巴马政府提出调整美国税收计划，REITs 投资收益及价格受到影响。美联邦政府对税前年收入超过 40 万美元的未婚者，或年收入超过 45 万美元的已婚者的股息税与长期资本利得税税率进行了上调，税率从之前的 15% 提高至 20%。税率的提高使 REITs 投资者的收益受到影响，价格下降，进而导致 REITs 的整体收益率下降。但随着美国经济回暖，REITs 将继续支撑整个商业地产形势的改善。

UPREITs 与 DOWNREITs

根据制度要求，美国 REITs 产品的组织结构需要由董事会或基金托管人管理，美国纳税法人以公司形式纳税，要求拥有超过 100 名股东，以及最近半个财务年前五大个人股东持股比例不能超过 50%。REITs 产品的价值须由至少 75% 的房地产、抵押贷款、其他 REITs 证券、现金或政府证券构成，至少 95% 的收入需要来自资产出售、租金、贷款利息或股息。对于股利分配，美国要求 REITs 产品将应纳税收入的90%及以上作为红利分配给股东。

美国REITs产品的主流结构包括UPREITs结构和DOWNREITs结构，具体如图5.4和图5.5所示。

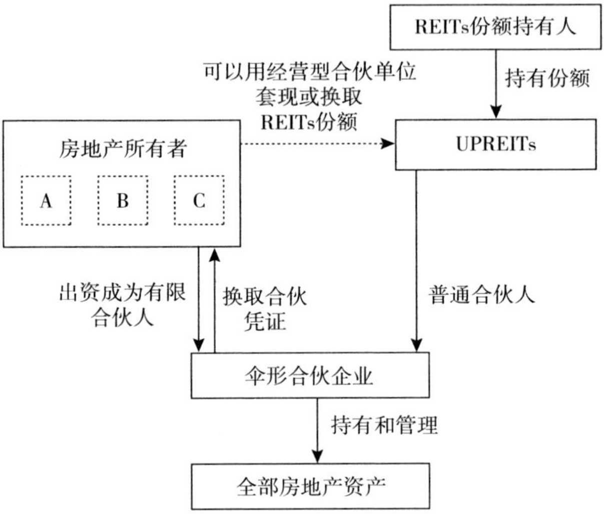

图5.4　UPREITs结构

UPREITs结构在美国REITs中被广泛采用，其设立流程为：房地产所有者以物业资产出资设立经营性合伙企业并成为其有限合伙人；UPREITs公司以其募集资金向经营性合伙企业出资，成为普通合伙人；有限合伙人在一段时间（通常是1年）后，可以将持有合伙企业份额转换成REITs份额或现金，从而获得流动性。

DOWNREITs结构中并不存在固定的合伙人实体，而是通过成立一个新的合伙人实体完成每一次的收购交易，来享受税收优惠。DOWNREITs通过在市场发行股票筹集资金，其自身原本持有部分房地产资产，但为了在收购房地产资产中享有税收优惠，将和相关房地产所有者合伙成立新的经营性合伙企业，DOWNREITs以资金出资，成为新合伙企业的普通合伙人，房地产所有者以资产出资成为新合伙企业的有限合伙人，并获得新合伙企业的合伙凭证。新合伙企业持有和管理后来获得的房地产资产。

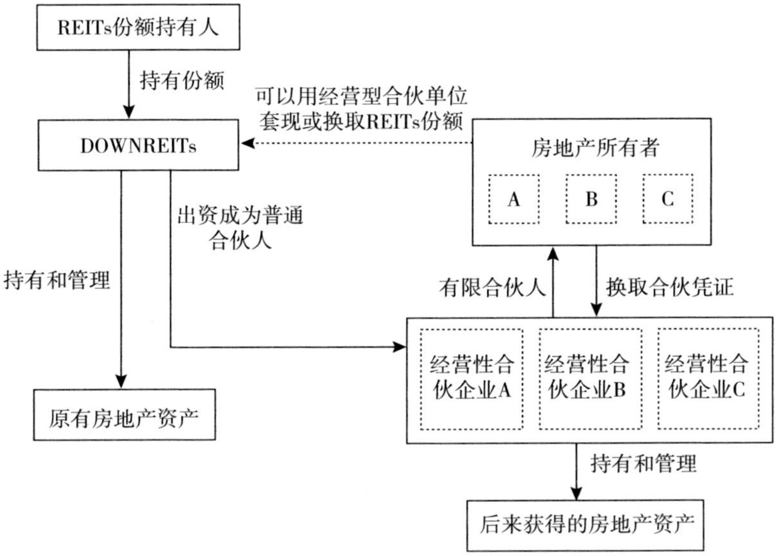

图 5.5　DOWNREITs 结构

以此类推，为收购更多房地产资产，DOWNREITs 将和更多房地产企业合伙成立新的经营性合伙企业，以实现 REITs 旗下资产的扩张。随着 DOWNREITs 结构的发展，原有房地产资产在 DOWNREITs 旗下的资产比重将不断下降，DOWNREITs 也将由直接持有物业的模式发展成为通过不同项目公司间接持有物业的模式。若把新成立的项目公司看成一个统一的整体，那么 DOWNREITs 结构仅是 UPREITs 结构的轻微变种。

第六章

亚太 REITs：各具特色

亚太地区上市 REITs 的市场规模占全球市场的 15%，其中澳大利亚、日本、新加坡、中国香港是 4 个最具代表性的市场。澳大利亚在 1971 年推出了第一只上市 REITs，至今已经历了近 50 年的发展。日本 REITs 市场始于 2001 年。澳大利亚 REITs 市场曾是全球第二大市场，现阶段，澳大利亚和日本 REITs 市场基于市场波动，交替成为全球第二和第三大市场。新加坡于 2002 年推出 REITs，是亚洲第二大 REITs 市场，也是亚洲第一个允许跨境资产发行 REITs 的国家；中国香港 REITs 市场发展历史不长，2005 年第一只 REITs 上市，其规模排在日本和新加坡之后，目前是亚洲第三大市场。

澳大利亚 A-REITs：合订证券

澳大利亚在 1971 年推出公开上市的 REITs（英文简称 A-REITs），但其发展状态一直不温不火。但到 2002 年，A-REITs 市场开始历时 5 年的爆发式增长，年复合增长率高达 67.7%。虽然 2008 年金融危机对澳大利亚不动产市场产生了巨大的负面冲击，但是 REITs 市场很快就得到恢复，2009—2018 年，A-REITs 维持了 29.16% 的年复合增长率。截至 2018 年年底，澳大利亚已经有 55 只 REITs 产品，平均市值达 29.37 亿美元，总市值达 1615.4 亿美元。1992—2018 年 A-REITs 市值与产品数目如图 6.1 所示。

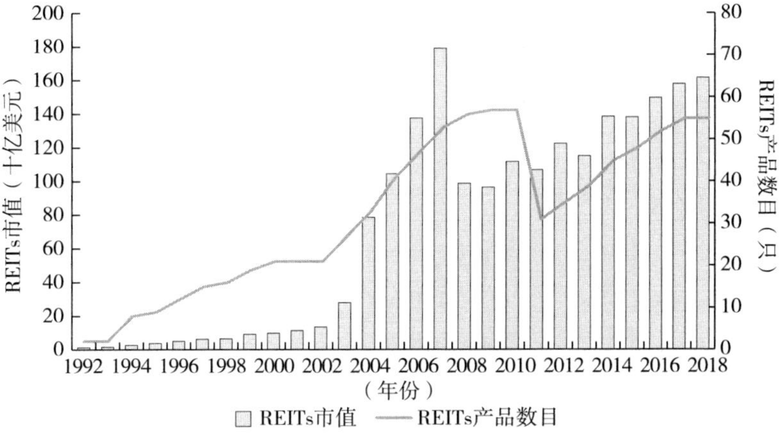

图 6. 1　1992—2018 年 A-REITs 市值与产品数目

资料来源：彭博。

A-REITs 的资产类别中，零售和购物中心、综合不动产、工业和仓储占比相对较大，总市值合计为 1 584. 9 亿美元，占 A-REITs 总市值的 98. 1% 。相对于美国市场，A-REITs 投资的物业种类较为集中，零售物业市值占市场 42. 3% 的份额。在 A-REITs 发展的早中期，市场偏好出租型公寓，但现在，A-REITs 覆盖了更多的资产类型。此外，澳大利亚有超过 20 只上市基础设施 REITs，资产类别包括公路、机场和铁路等。A-REITs 资产类别的市值占比情况如图 6. 2 所示。

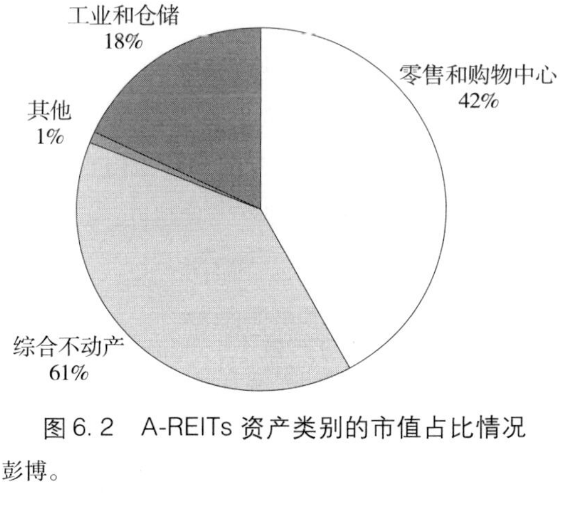

图 6. 2　A-REITs 资产类别的市值占比情况

资料来源：彭博。

A-REITs 的稳健发展得益于澳大利亚对投资者和基金管理者的税收优惠政策。政府为了鼓励 REITs 的发展，规定当单个投资于成熟物业的 REITs 产品拥有 300 名以上投资者时，交易可以免除印花税。此外，A-REITs 派发股息不再进行二次征税，基金管理费也不需要缴纳商品及服务税（GST）。

A-REITs 市场的发展主要分为 4 个阶段：起步阶段（1971—1992 年）、迅速扩张阶段（1993—1997 年）、并购重组阶段（1998—2007 年）、金融危机后阶段（2008 年后）。

起步阶段（1971—1992 年）

A-REITs 采用英国普通法中的信托原则。1956 年，澳大利亚高等法院确认单位信托基金（契约型基金）有权享有税收优惠，信托税收中性的判决促成了第一批 REITs 雏形的产生。

1971 年，澳大利亚联实（Lendlease）创立了全球第一只商业地产信托——通用物业信托（General Property Trust），并于同年在澳大利亚证券交易所挂牌交易。随后 A-REITs 市场涌现出一批上市或未上市的房产信托，在税收中性的前提下满足了澳大利亚中产阶级对高收益投资产品的需求。

REITs 在发展初期由未上市的地产投资信托带动，1987 年澳大利亚股票市场崩溃，导致大量的资金从二级股票和债券市场流出，并流入未上市的地产投资信托中，使 A-REITs 在创立 20 余年后首次得到市场的重视。随后，未上市的地产投资信托在流动性方面的弱点逐渐明显，无法满足法律规定的 60 天变现要求，使 REITs 市场又陷入了一片混乱。为了从根本上解决流动性问题，A-REITs 被允许在澳大利亚证券交易所上市。

迅速扩张阶段（1993—1997 年）

1993 年后，随着澳大利亚新移民带来的房地产市场的增长，REITs 也迎来了黄金发展期。1997 年的亚洲金融危机对澳大利亚金融市场也造成了一定的冲击，许多在股票市场损失惨重的机构投资者开始寻求更加安全、风险尽可能分散的新的投资目标。与股票市场相关性较低的 REITs 产品正好迎合了这些投资者的意愿，机构投资者，尤其是寿险公司，将大量资金从传统的证券市场转入 REITs 市场。

并购重组阶段（1998—2007 年）

1998 年，A-REITs 为了进一步降低运营成本，掀起了一波并购浪潮，一些规模较大的 REITs 开始不断扩大规模，或对规模较小的 REITs 进行并购重组。1997 年，仅有 6% 的 REITs 拥有 10 亿澳元以上的资产，随着更多 REITs 的并购重组，1998—2007 年，A-REITs 市场总市值呈稳定上升趋势，且在并购扩张的大趋势下，单个 A-REITs 的市值飙升，其市场集中度大幅提升，到 2004 年，有超过一半的 REITs 拥有 10 亿澳元以上的资产。这股并购热潮还从国内市场蔓延到了国际市场，许多跨国集团 REITs 随之产生，这种集团化 REITs 能分散风险，而且投资 REITs 可以免基金管理费，这严重威胁了地产证券基金。

金融危机后阶段（2008 年后）

在 2008 年全球金融危机中，A-REITs 遭受了重创，2008 年年末价格指数（澳大利亚 S&P/ASX 200 指数）较 2007 年年末同比骤降 57.39%。与美国 REITs 市场后续快速恢复不同，A-REITs 市场随后进入缓慢恢复阶段，直到 2018 年年末，价格指数仅恢复到 2007 年年末的 65.14%，较全球金融危机前的高点仍有较大的差距。

根据澳大利亚信托法，A-REITs 需满足几个条件，其中包括 75% 的资产是房地产资产，50% 的收益来自物业出租，以及全部的税后收益分配给投资者。相对于美国信托法，澳大利亚信托法对 REITs 产品税后收益分配的要求更严格。澳大利亚有两种常见的 REITs，一种是外部管理的独立单位信托，另一种是内部管理的合订证券（stapled-securities）。澳大利亚合订证券结构如图 6.3 所示。

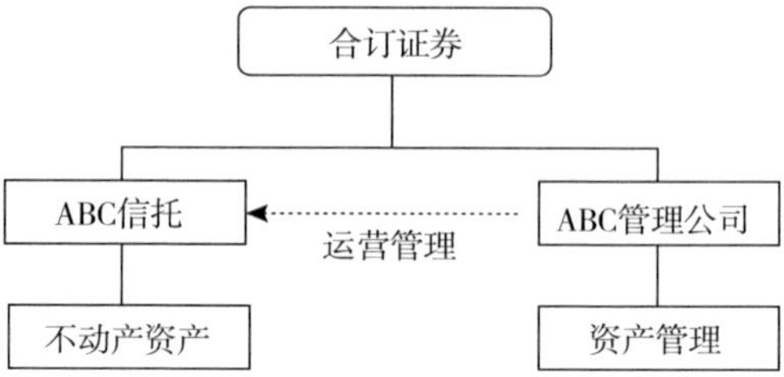

图6.3 澳大利亚合订证券结构

合订证券占A-REITs市场的主导地位。合订证券将REITs的一个信托单位和REITs管理公司的一份股份捆绑在一起，要求投资者必须同时持有。这种结构把管理公司的利益和股东的利益联系在一起，从结构上减少了利益冲突。在这种结构下，收租型物业由REITs持有，管理公司为其提供运营管理服务，同时开展房地产物业的开发建设工作。A-REITs与物业管理公司合订上市可以提高业绩，吸引更多的投资者。同时，合订证券结构还可以扩大投资的范围和领域，合理规避法律对主动开发和未依靠稳定现金流投资的限制。

日本J-REITs：亚洲第一

日本市场的第一只REITs（英文简称J-REITs）于2001年公开上市，截至2018年年末，日本市场共有上市REITs产品59只，总市值高达11.85万亿日元，折合美元约1 069.2亿美元。

J-REITs的发展借鉴了美国市场的经验，J-REITs均以公司形式成立，为外部管理模式，即与资产管理公司签订合约进行不动产管理。日本在20世纪90年代的资产泡沫后经历了漫长的经济衰退，经济跌入负增长区间，房地产市场长期低迷。2000年，日本为了刺激房地产市场，推动资金流入，将J-REITs作为商业地产新开发项目的资金来源。2001—2007年，J-REITs市场发展迅猛，市场规模增至最初的40倍，年复合增长率为85.7%。金融危机后，2009—2018年，J-REITs市场年复合增长率分别为85.7%和20.8%。尤其是近几年，随着日本政府经济刺激和量化宽松政策的实施，日本中央银行对 J-REITs 产品的大量购买和日本持续低利率的经济状况对 J-REITs 市场的发展产生了积极推动作用。另外，受益于 2020 年东京奥运会的举办，日本经济和不动产热度从东京等大都市圈逐渐向中小城市蔓延，到 2015 年，J-REITs 的总市值已经排世界第二。截至 2018 年年底，日本有 59 只 REITs 产品，平均市值 18.12 亿美元，为美国 REITs 产品平均市值的40%。1992—2018 年 J-REITs 市值与产品数目如图 6.4 所示。

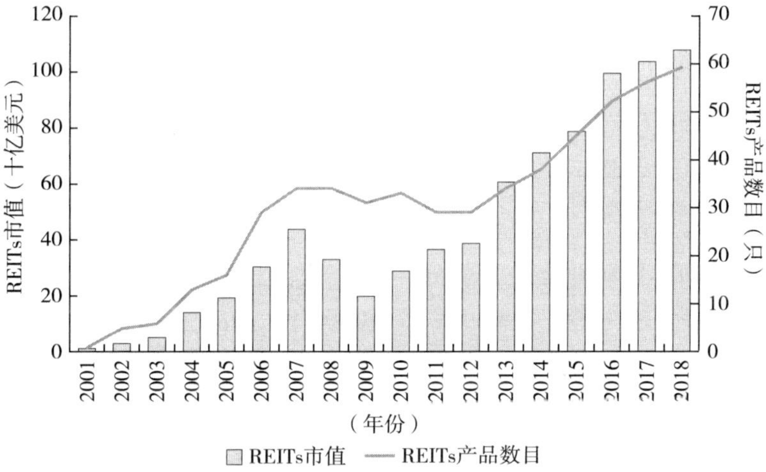

图 6.4　1992—2018 年 J-REITs 市值与产品数目

资料来源：彭博。

J-REITs 的分派收益率低于新加坡和中国香港，仅为 4.3%，杠杆率 44%，为亚洲最高，市场整体呈溢价状态，平均市净率为 1.04。与其他海外市场相比，J-REITs 市场的平均股息率相对较低，但考虑到日本长期实行零利率甚至负利率政策，J-REITs 的投资收益仍是比较丰厚的。日本投资多种房地产的综合不动产 REITs 的市场规模最大，占总规模的 36%。单一物业型 J-REITs 中，写字楼 REITs 占比最大，占总规模的 21%，酒店和公寓 REITs 分别占市场总规模的 14% 和 10%。值得一提的是，酒店 REITs 产品的平均市值最高，为 30.21 亿美元，是其他 REITs 平均市值的 2 ~ 3 倍。J-REITs 资产类别的市值占比情况如图 6.5 所示。

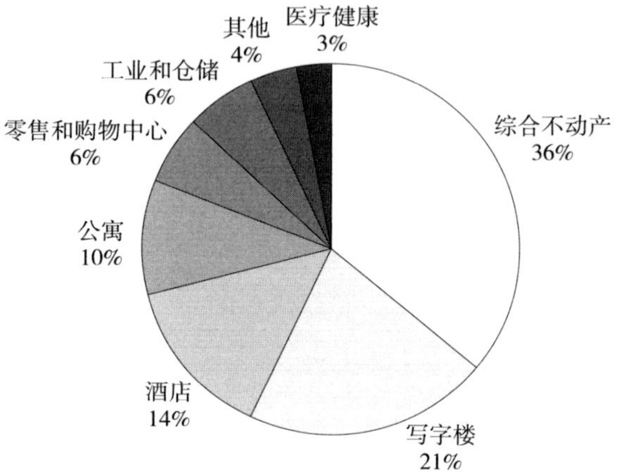

图 6.5 J－REITs 资产类别的市值占比情况

资料来源：彭博。

J-REITs 市场的发展主要分为 3 个阶段：酝酿阶段（2000 年以前）、起步阶段（2001—2009 年）、量化宽松后阶段（2010 年后）。

酝酿阶段（2000 年以前）

1988 年 12 月，日本成立房地产证券化研究理事会。1996 年 11 月，成立日本版房地产投资基金研究组。1998 年 9 月，亚洲金融危机后，日本实施《特殊目的公司实现特定资产流动化法》，规定特殊目的公司可以对不动产进行证券化，为 J-REITs 的发展奠定了法律基础。2000 年 5 月，政府对该法进行修订，增设特殊目的信托（SPT）为不动产证券化的形式。同期，日本政府对《关于投资信托以及投资法人法》进行修订，承认了房地产投资公司的合法性，并允许投资信托对房地产进行投资，为日本 REITs 提供了投资信托和投资公司两种投资载体。

起步阶段（2001—2009 年）

2001 年 9 月，由日本三菱地所和三井不动产两大房地产巨头联合发起的两只日本 REITs 产品，在东京证券交易所上市交易，标志着 J-REITs 的诞生与起步。

J-REITs 对日本金融体系具有补短板作用，其基本上属于锁定经营范围、收益全数分派的一类特殊股份有限公司，具有稳健和传统的特征，一方面提高了房地产的流动性，另一方面增加了金融产品的多样性。但当时，J-REITs 仍处于起步阶段，和具有半个世纪发展历史的美国 REITs 市场相比，J-REITs 市场还有很大的成长空间。

J-REITs 的税率优惠特性吸引了众多机构投资者，市场规模迅速扩容。2006 年，J-REITs 总市值达 6.82 万亿日元。但随着 2008 年全球金融危机的爆发，J-REITs 发展萎靡，投资者大幅减少。

量化宽松后阶段（2010 年后）

自 2010 年 12 月起，日本央行为复苏日本房地产市场，主动购入 J-REITs 份额，以变相推行量化宽松政策。日本央行于 2012 年 12 月开始推行量化宽松政策，以每年 900 亿日元的速度购入 J-REITs，是以往购入速度的 3 倍。随着日本经济的复苏，房地产市场开始上涨，REITs 引来了新一轮的黄金期。2012 年 7 月，日本政府出台“日本再生战略”，宣称 2020 年要实现 J-REITs 市场规模比 2011 年增长一倍的目标。2015 年 11 月 19 日，日本央行宣布维持量化宽松，继续以每年 900 亿日元的速度购买 J-REITs。日本央行持有 J-REITs 超过 2 641 亿日元，而且仍在购买。可见，J-REITs 已经成为日本政府执行量化宽松政策的重要工具。

日本房地产市场受国内外投资者的追捧，主要是因为日本受美国升息的影响较小，房地产市场与全球其他金融市场的相关性极低，是全球主要 REITs 市场中预期后市表现最好的市场。此外，日本成功取得 2020 年东京奥运会主办权重新点燃了民众希望，大量的基础设施加速建设，奥运会的筹办促进了日本的酒店、公寓等不动产行业的蓬勃发展。同时，日元的汇率优势以及日本的生活质量等优势，都刺激着日本房地产市场向好，未来 J-REITs 将迎来一个较以往更好的投资机会。

J-REITs 的产品结构主要是，独立投资组合公司（SPC）以房地产的投资、运营为目的，向投资者发行证券以募集资金，通过购入、持有房地产产生收益，并向持有证券的投资者分红。J-REITs 均采用外部管理模式，设有董事会，但是法律禁止其开展资产运营等实质性业务，所以主要是以资产管理公司对 J-REITs 旗下不动产进行管理的模式为主。独立投资组合公司的主要职能是持有资产，并且将资产管理、资产保管和一般事务分别委托给资产管理人、资产托管人和一般事务受托人。资产管理人受托管理 REITs 资产，主要职责是选择投资标的，确定租赁条件，设计并实施房地产修缮计划，制定财务战略，实行必要的资金调配等。资产托管人受托保管 REITs 资产，在日本，托管人为信托银行，其主要职能是按照委托人的意图，计算和管理基金资产。一般事务受托人主要负责会计、纳税、投资法人债等相关事务的处理。另外，还要聘请物业运营公司进行物业运营管理。J-REITs 的产品结构如图 6.6 所示。

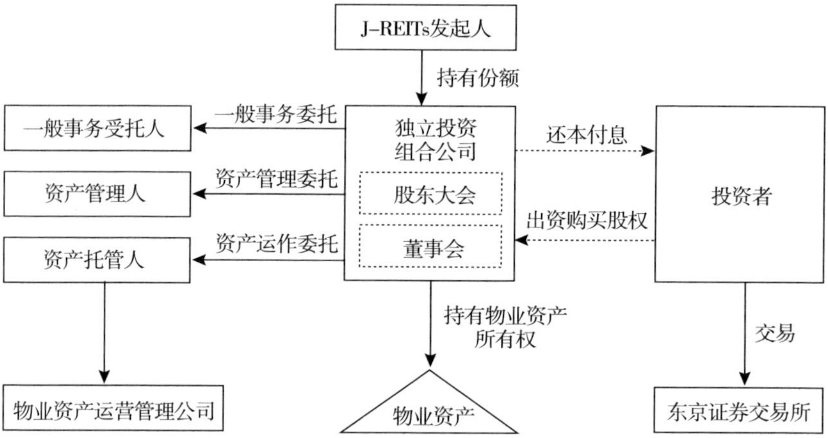

图 6.6　J-REITs 的产品结构

新加坡 S-REITs：国际化

新加坡是亚洲继日本之后第二个推出 REITs 的国家，是亚洲第二大 REITs 市场，也是亚洲第一个允许跨境资产发行 REITs 的国家。2002 年 7 月，新加坡的第一只 REITs——凯德商用新加坡信托在新加坡交易所成功上市。截至 2018 年年末，在新加坡交易所上市的 REITs（英文简称 S-REITs）已经达到 31 只，总市值达到 563.9 亿美元。

新加坡金融市场以国际化程度高著称，其 REITs 市场也不例外，S-REITs 持有的基础物业除位于新加坡本国外，还有较高比例位于马来西亚、中国、印度尼西亚、美国、欧洲等地，形成了其鲜明的特色。超过 75% 的 S-REITs 和房地产信托拥有新加坡以外的资产，其中 15 只 REITs 完全由外国资产组成。

S-REITs 的发展经历了 3 个增长周期，2003—2007 年，S-REITs 数量从 0 增长到 14 只，其市值在 5 年间从 10.1 亿美元增至 156.6 亿美元，年复合增长率为 98.2%。2008 年金融危机后，S-REITs 的市值略有回落，其中 2008—2010 年没有新的 REITs 产品发行。2008—2014 年，S-REITs 的规模面临新一轮增长，年复合增长率为 26.9%。2015 年，S-REITs 产品数量较 2014 年没有变化，市场总规模略有下降，随后一直到 2018 年，S-REITs 市场规模才有所反弹。S-REITs 市场自推出产品后的 15 年里，保持着高达 30.9% 的年复合增长率。截至 2018 年年底，新加坡已经有 31 只 REITs 产品，平均市值达 18.19 亿美元，与 J-REITs 的平均市值接近。2003—2018 年 S-REITs 市值与产品数目如图 6.7 所示。

截至 2018 年年底，新加坡共有 31 只 REITs，分派收益率 6.6%，为亚洲最高，杠杆率居中，为 34%，市场整体呈溢价状态，平均市净率为 1.03。在股息率方面，S-REITs 始终处于全球前列，2018 年达到 5.05%。2018 年 S-REITs 按基础资产类型分类，综合不动产 REITs 市值占比达 51%，具体如图 6.8 所示。此外，零售和购物中心占 22%，工业和仓储占 11%，三种主要类型的基础资产 REITs 占新加坡 REITs 市场总规模的 80% 左右。

S-REITs 市场的发展历程大致可以分为 3 个阶段：起步阶段

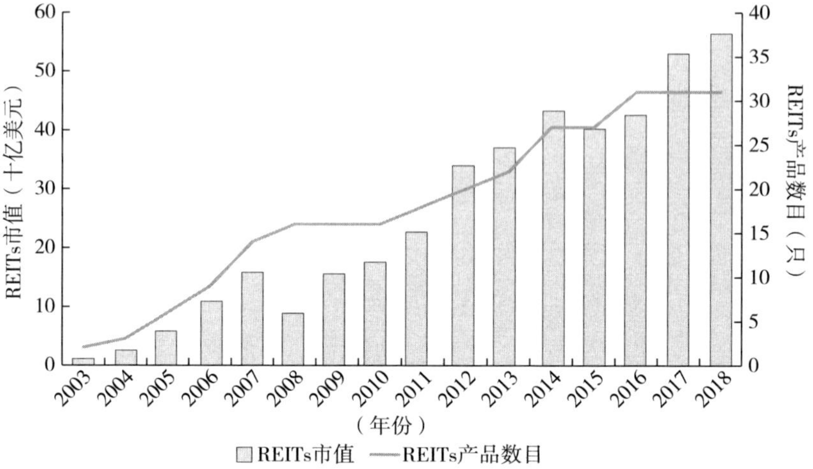

图 6.7　2003—2018 年 S-REITs 市值与产品数目

资料来源：彭博。

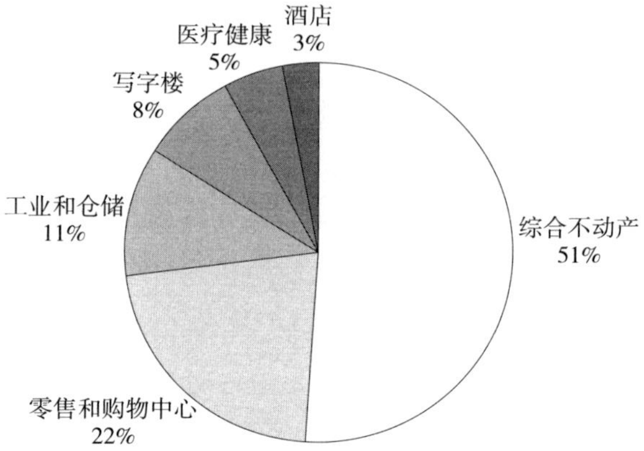

图 6.8　2018 年 S-REITs 资产类别的市值占比情况

资料来源：彭博。

（1997—2007 年）、调整阶段（2008—2009 年）、快速发展阶段（2010 年后）。

起步阶段（1997—2007 年）

20 世纪 80 年代，新加坡经济严重衰退，房地产行业发展萎靡。新加坡政府与一些私营机构和地产公司联合成立了新加坡房地产咨询委员会，并在1986年首次提出将REITs作为振兴房地产市场的工具之一引入新加坡市场。

1998年，东南亚金融风暴对新加坡房地产市场造成重大影响，新加坡随即提出设立S-REITs，以振兴新加坡房地产市场。1999年，新加坡金融管理局发布了第一版《新加坡房地产基金指引》，为S-REITs的发展奠定了基础，标志着S-REITs的正式起步。按照《新加坡房地产基金指引》，S-REITs可以以公司或信托的形式成立并上市；S-REITs持有、管理房地产及相关资产的收入，扣除支付给受托人、REITs管理人、物业管理人的费用后，全部以股利形式支付给投资者。

然而，《新加坡房地产基金指引》出台后，并未引起市场的快速反应，其原因在于，新加坡私人房地产开发商认为，该版本的S-REITs在税收优惠政策上存在模糊性，是开发商参与REITs设立的一大障碍。

据此，为了加快S-REITs的落实，新加坡对《证券和期货法案》（Securities and Futures Act）进行了修订，新加坡税务部门也制定了相关规定，明确界定了上市REITs这一类别，对S-REITs各种收入所得税的征收情况以及同税收相关的行政办法进行说明，明确规定S-REITs只要遵守分红比例（90%）要求，其在REITs层面免征所得税，只在投资者层面征收，避免了重复征税问题。

在多项政策的推动下，2002年7月，新加坡第一只REIT——凯德商用新加坡信托在新加坡交易所主板成功上市，S-REITs正式落地。在随后几年中，新加坡为推动REITs发展，先后修订颁布了《证券和期货法案》《证券期货法则》《新加坡公司法》《单位信托手册》等，进一步规范完善了REITs的运营管理。

从S-REITs的起步不难看出，经济金融形势是助推REITs发展的重要因素。S-REITs从提出到正式推出指引文件，都伴随着新加坡国内经济形势呈弱势的宏观环境，是新加坡激活金融市场、促进经济复苏的有力工具。

调整阶段（2008—2009年）

2007年，美国次贷危机爆发，新加坡金融市场受到巨大冲击，S-REITs上市进程严重放缓，2008年仅有一只REITs成功上市，而2009年，S-REITs上市数目为零，次贷危机带来的连锁反应导致S-REITs的发展陷入停滞。

快速发展阶段（2010年后）

次贷危机过后，新加坡政府坚定了打造亚洲金融中心的决心，加上REITs提振经济发展的重要作用，新加坡政府对REITs非常重视，在税收政策等方面给予充分支持，很多尚未开放REITs的国家的房地产企业纷纷到新加坡上市，S-REITs迎来快速发展阶段。2010年年初，新加坡市场第二波REITs上市潮来临，并于2013年达到峰值。截至2018年年末，在新加坡交易所上市的REITs已经达到33只，总市值也从2005年7月的66.8亿美元增长到565.42亿美元左右，新加坡成为亚洲第二大REITs市场。

S-REITs可以以公司法人或信托的形式成立并上市。若REITs以公司法人形式设立，则该基金必须在新加坡交易所公开募集资金。若以信托形式设立，则必须指定经政府金融部门许可的受托人，此受托人必须独立于基金经理人，同时符合金融体制的要求。此形式下，S-REITs可以公开或私下募集资金。S-REITs的产品结构如图6.9所示。

信托模式下的S-REITs管理人根据新加坡交易所上市规则以及信托契约发行REITs份额，用募集的资金开发房地产项目或购买相关资产；S-REITs管理人需要负责资产的日常管理与经营，并聘任物业管理人管理房地产项目及相关资产；受托人则根据信托契约为REITs份额持有人的利益持有REITs资产，同时代表REITs份额持有人的利益监督REITs管理人的投资行为。房地产项目及相关资产的收入，在扣除各种费用及贷款利息后，全部作为可分派收益支付给投资者。

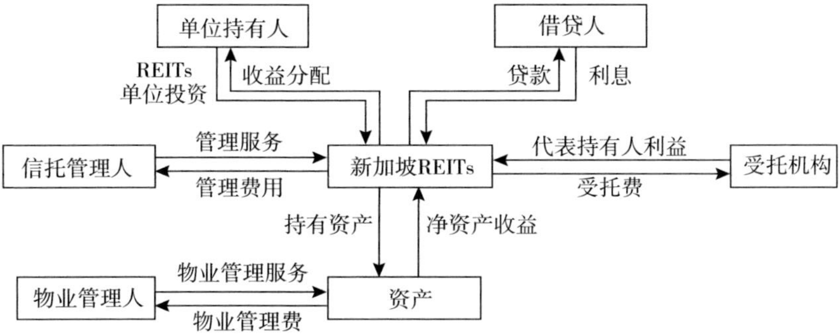

图 6.9　S-REITs 的产品结构

此外，新加坡市场还拥有更为灵活的股权型资产证券化工具，即商业信托，其与 S-REITs 的区别如表 6.1 所示，商业信托在资产类别、投资活动、杠杆率等方面均不受限制，但不具有 S-REITs 的税收优势。

表 6.1　S-REITs 与商业信托的区别

	S-REITs	商业信托
监管框架	《集体投资计划守则》	《商业信托法案》
公司治理相关实体	独立的受托人和信托管理人	受托管理人为单一责任实体，它的作用类似于信托管理人和受托人的结合
除去信托管理人/受托管理人	由多数（50%以上）信托单位持有人表决支持	由不少于 75% 的信托单位持有人表决支持
资产行业	仅限于房地产	—
投资限制	75% 的资产投资于产生收入的房地产；不可以从事房地产开发活动，除非房托基金计划在开发完成后持有该物业，地产开发活动不包括翻新和修缮；若空置土地将要开发，则房地产企业可投资空置土地。不可投资抵押贷款（抵押贷款支持证券除外）；房地产开发活动和未完成的房地产开发合同的总价值不得超过总资产的 10% 等	—
杠杆率限制	45%	—

香港 H-REITs：一枝独秀

相对于其他成熟市场，中国香港 REITs（英文简称 H-REITs）市场发展历史不长，自 2005 年第一只 REITs 领汇 REIT（于 2015 年更名为领展 REIT）上市至今，H-REITs 的发展已有 15 年的历史，截至 2018 年年末，H-REITs 市场共有 11 只 REITs,① 市值达 335.3 亿美元，是亚洲第三大市场。

2005 年 11 月，领汇 REIT 上市，计划融资额为 198 亿港元，发行价为 10.3 港元。14 年后，领展 REIT 成为亚洲 REITs 之王，截至 2019 年 6 月 30 日，领展 REIT 的单位价格为 96.00 港元，市值为 2 024.95 亿港元，合 259 亿美元左右，占 H-REITs 市场总市值的 61.61%，是亚洲规模最大的 REIT。根据领展 2018/2019 财年的中期报告，领展 REIT 在香港有 138 处物业，包括零售物业面积 83.6 万平方米、发展中物业面积 8.4 万平方米和 61 000 多个停车场泊车位，其中香港物业估值占 91.8%，其余均为内地物业。

香港金融发展局在 2013 年发布的《发展香港成为房地产投资信托基金的集资中心》中提及，香港作为全球最大的 IPO 市场之一，欢迎更多的房地产企业赴港上市。但实际情况是，H-REITs 市场发展速度低于预期，2005 年至 2019 年 6 月，仅有 11 只 REITs 产品上市。自 2005 年推出至 2018 年年底，H-REITs 市场总市值以 16.56% 的年复合增长率高速增长。截至 2018 年年底，香港 11 只 REITs 产品的平均市值达到 32 亿美元，远超日本和新加坡 REITs 产品的平均市值。事实上，领展 REIT 在 H-REITs 市场一枝独秀，H-REITs 市值增长率主要由领展 REIT 贡献，贡献率为 56.64%。2005—2018 年 H-REITs 市值与产品数目如图 6.10 所示。

香港房地产价格位居全球前列，人口密度相对集中，这使香港

---

① 该统计包含因造假自 2010 年起等待退市的睿富房地产基金，香港正常运营的 REITs 有 10 只。

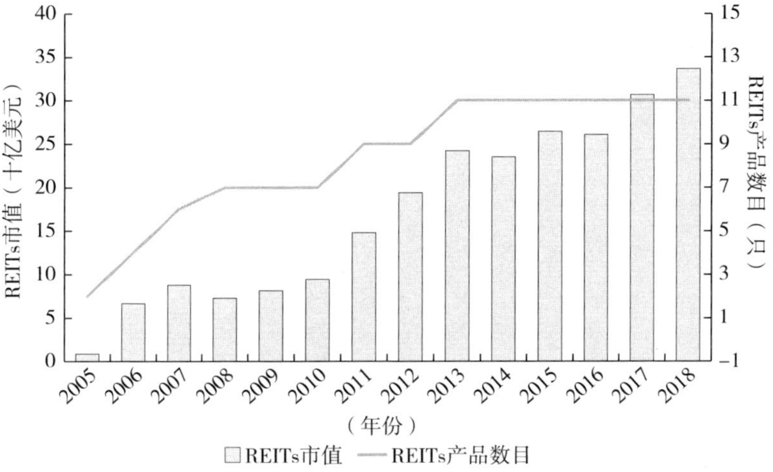

图 6.10　2005—2018 年 H-REITs 市值与产品数目

资料来源：彭博。

核心物业的现金流和估值相对较高，适宜作为 REITs 的投资标的，H-REITs 市场中零售物业资产占比较高这一情况与其经济结构相契合。与 S-REITs 市场相比，H-REITs 的平均股息率稍低，2018 年为 4.40%。H-REITs 产品主要覆盖香港和内地的商业资产，包括零售、商铺、酒店和工业物业等。香港物业种类相对单一，主要以零售、综合地产为主。主要原因是香港商业物业被几大家族掌握，其他地产商难以从这些发展商手中收购香港物业。近年来，越来越多的 H-REITs 瞄准内地市场。截至 2018 年年末，H-REITs 按基础资产类型主要分为零售和购物中心、写字楼、酒店及综合不动产 REITs，其中以领展 REIT 为主的零售和购物中心 REITs 为第一大板块，市值占比达 62%；综合不动产 REITs 市值占比达 20%，写字楼 REITs 占比为 14%，酒店 REITs 占比为 4%。

香港从 2003 年开始制定 REIT 上市的相关法律，到 2005 年首只 REITs 上市，后经过多年的发展，其 REITs 市场日趋成熟。纵观 H-REITs 的发展历程，H-REITs 有着非常强烈的政策驱动色彩。与美国、澳大利亚和其他亚洲市场的 REITs 以税收优惠驱动为主不同，中国香港对 REITs 的规范通过专项立法、修改有关法律实现，随着监管口径的变化，H-REITs 的发展大致可分为 3 个阶段：政策落地与完善阶段

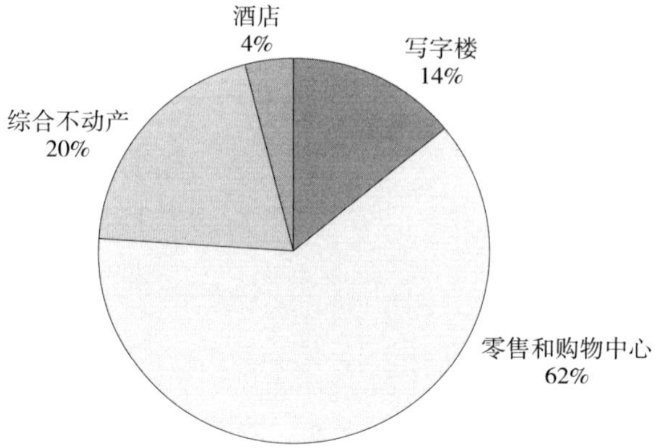

图 6.11　H-REITs 资产类别的市值占比情况

资料来源：彭博。

（2003—2005 年）、强化收购兼并监管阶段（2006—2010 年）、适度放宽投资范围阶段（2011 年后）。

政策落地与完善阶段（2003—2005 年）

2003 年 4 月，随着 REITs 在日本、新加坡、韩国等亚洲市场推出，香港证监会计划在中国香港市场推出 REITs。为此，香港证监会详细研究了海外市场 REITs 的发展情况，并结合香港市场现状，草拟了 H-REITs 的基础性文件《房地产投资信托基金守则》。根据《房地产投资信托基金守则》，H-REITs 以信托方式设立，主要投资于房地产项目的集体投资计划，有关基金旨在向持有人提供来自房地产租金收入的回报。随后，在 2003 年 7 月的咨询总结中，香港证监会明确指出，REITs 是结合上市公司和公募基金特点的产品，因此 REITs 的监管规则需要同时顾及上市公司及基金活动两个层面。

2005 年 2 月，香港证监会拟修订《单位信托及互惠基金守则》，允许公募基金投资 REITs；2005 年 4 月，香港证监会允许公募 REITs 投资海外房地产项目。2005 年的修订内容主要包含两个方面，一方面是允许公募基金投资公募 REITs。证监会认为公募 REITs 具有与其他上市证券相同的信息披露要求，且透明度高，价格连续，显示出回报稳定的特征，因此公募基金可以合理地对其价值进行判断，能够有效降低投资组合的风险。因此，香港证监会允许公募基金投资公募REITs，并设置了公募基金组合投资、“双10%”的限制。另一方面是允许公募REITs投资海外资产，即允许非香港的物业组合在香港上市交易。此外，为了与国际市场的REITs要求持平，提升香港公募REITs的竞争力，并利于管理人优化管理，香港决定将杠杆比例从35%上调至45%。

通过上述政策的制定实施，H-REITs完成基本框架的搭建，2005年年末，领汇REIT、泓富REIT先后在香港交易所上市，其中市值达220多亿港元的领汇REIT成为世界范围内规模最大的REITs之一；2005年12月，越秀REIT在香港交易所上市，其标的物业为越秀企业在广州的财富广场、白马大厦以及城建大厦等，成为H-REITs标杆项目。

强化收购兼并监管阶段（2006—2010年）

随着市场的发展，存续公募REITs对并购的需求日益凸显。香港证监会认为公募REITs与传统公募基金不同，其资产是不可互换的，性质与上市公司接近，收购兼并的监管应与上市公司的收购兼并相一致。从投资者的角度看，尽管公募REITs在法律结构上采用信托制，与公司制不同，但其投资者享有的权利在本质上非常相似。因此，2010年，香港证监会将公募REITs纳入《公司收购、合并及股份回购守则》的监管范围。在此期间，香港市场又先后成立了冠君REIT、阳光REIT、富豪REIT、睿富REIT、置富REIT等，市场规模进一步扩大。

适度放宽投资范围阶段（2011年后）

在2003年制定《房地产投资信托基金守则》时，香港证监会对REITs投资空置或正在进行大规模开发的物业做出不能超过REITs资产净值10%的限制，原因在于物业开发通常需要大量资金，这与REITs具有稳定收益的投资工具的定位不符。此外，香港证监会为了突出REITs的房地产投资属性，禁止REITs投资房地产及现金以外的资产。对于上述规定，一些业内人士认为应当设置较高的比例，原因在于 REITs 购买的目标物业未必完全符合 REITs 的设计要求和规格，而重建这些物业的资金可能较大。同时，在项目早期参与开发，可以让 REITs 享有较低的物业购买成本。此外，放宽投资限制可以使 REITs 在房地产投资机会较少时更好地管理 REITs 持有的现金。因此，2014 年 1 月，香港证监会就修订以上限制向社会公众征求意见，并做出最终修订。根据香港证监会颁布的《房地产投资信托基金守则》，REITs 需要经过香港证监会的批准才可以在香港交易所挂牌，其他规定和限制包括：税后净收入 90% 的金额作为股息分派；REITs 管理的商业地产借贷比例最高为资产总值的 45%；产品资产总值的至少 75% 投资产生定期租金收入的房地产项目；REITs 可以投资有流动性的金融产品，但不得超过 REITs 总资产的 5%；REITs 对房地产的持有期至少为 2 年（发展中项目则要求自竣工起持有至少 2 年）；管理人要在任何时候保持物业 50% 以上的拥有权和控制权等。

中国香港在很大程度上借鉴了美国早期的 REITs 结构，采取信托制。在这一结构中，房地产企业拥有较大的话语权，而金融机构则相对较弱。具体来看，房地产企业在该结构下的各层级中均承担了重要角色，既是 REITs 的发起人、持有人，又可作为基金管理人及物业管理人，体现了其对资产非常强的控制力。

根据《房地产投资信托基金守则》，H-REITs 的资产必须以信托形式持有商业地产，采用外部管理模式，所持商业物业的所有权和管理权必须彻底分开，且须最低将 90% 的可分派收入分配给投资者。H-REITs 按照法律规定以信托形式组织。其中，受托人代表持有人的利益并持有有关资产管理计划的资产。尽管拥有最终决策权，但受托人并不干预管理人对基金的运营管理，也不干预资产经营，只对管理人行为和资产管理计划的合规性进行监督。受托人一般为银行或银行所属信托机构。受托人如果认为恰当，可以就资产管理计划的有关事宜，寻求独立专业顾问提供咨询服务。

H-REITs 的这一特点与当前内地类 REITs 较为相似，保留了物业方对物业的较强控制力，这与香港及内地房地产市场的现状有非常大的关系。内地一线城市与香港类似，土地价格不断走高，物业的持有价值相比租金收益更可观，因此物业持有方通常不会放弃物业的控制权，H-REITs 与类 REITs 的架构设计均充分考虑了这一因素。H-REITs 的产品结构如图 6.12 所示。

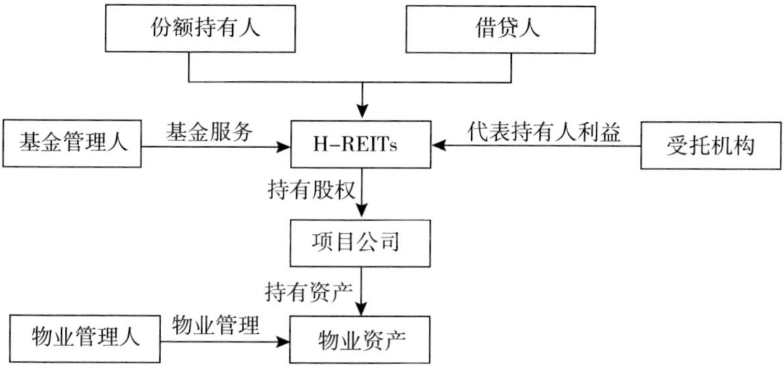

图 6.12　H-REITs 的产品结构

根据 H-REITs 的产品结构，物业管理人为具备香港联交所要求的资质的相关管理公司，负责制定和审慎实施 REITs 的投资战略，对投资计划进行财务管理和现金流监测，策划管理租赁业务，进行例行的楼宇维修管理，协助完成信息披露材料的准备和合规审查等。资产管理公司候选者在为 REITs 提供服务前，必须通过香港证监会的全面审核和许可。物业管理人可以在不违反管理协议的条件下将底层物业的管理职能转授给第三方服务机构，由独立服务商为租户提供物业服务。

H-REITs 的发起人主要为大型地产集团，大型地产集团通过成立全资机构作为 REITs 的外部管理人，使 REITs 成为企业自营融资的附属机构，事实承担融资服务的功能。香港上市 REITs 中，多只分别是由越秀投资、鹰君集团、恒基地产、富豪国际酒店集团等大型地产集团发起成立的，并且各大地产集团成立全资分支机构作为 REITs 的管理人。发起人不但控制着 REITs 的管理公司，而且是所发起 REITs 的第一大股东，对 REITs 的决策、日常管理有着绝对的控制权。

第七章

其他 REITs 市场

除美国、日本、澳大利亚、新加坡等规模较大、发展成熟的 REITs 市场外，在其他地区，如欧洲、南亚等也有 REITs 市场，欧洲地区国家众多，相关国家的 REITs 市场均有一定程度的发展，但规模相对较小，南亚地区的印度，作为发展态势良好的发展中国家，近年来也在大力发展 REITs，以期解决前期开发的房地产和基础设施的退出问题。不同地区的 REITs 发展背景不同、形态各异，但均可为我国 REITs 市场的建设提供有益参考。

欧洲 REITs 市场

欧洲最早推行 REITs 的国家是荷兰，早在 1969 年，荷兰政府就推出了 FBI 项目，但 FBI 项目的投资标的不仅仅局限于不动产，还包括被动证券投资组合。其他欧洲国家的 REITs 发展较晚，法国于 2003 年启动 REITs 的发行，德国、英国、意大利于 2007 年启动 REITs 的发行，西班牙于 2009 年启动 REITs 的发行。其中，英国和法国的 REITs 市场发展速度最快、市场规模最大。截至 2018 年年末，欧洲公开上市的 REITs 的总市值为 2 637.69 亿欧元，约合 2 290.5 亿美元。

在 1992 年的起步阶段，欧洲 REITs 市场共有 25 只产品，总规模仅为 82.15 亿欧元，约合 94.56 亿美元，仅为美国 REITs 市场规模的一半。与美国 REITs 发展趋势相同，欧洲 REITs 市场也经历了 1992—

2006 年及 2009—2018 年两个快速增长阶段，其年复合增长率分别为 21.4% 和 17.3%。欧洲 REITs 的快速增长主要集中于金融危机后，尤其是 2009 年，欧洲 REITs 的发展到达巅峰，总规模达到 1 987.67 亿欧元，约合 2 289.11 亿美元，与美国 REITs 市值基本一致。金融危机前后，欧洲 REITs 的发展主要得益于几个重要欧洲发达国家纷纷推出 REITs 产品。图 7.1 列示了 1992—2018 年欧洲 REITs 市值与产品数目。截至 2018 年年底，欧洲已经有 197 只 REITs 产品，平均市值达 9.27 亿欧元，约合 10.67 亿美元。

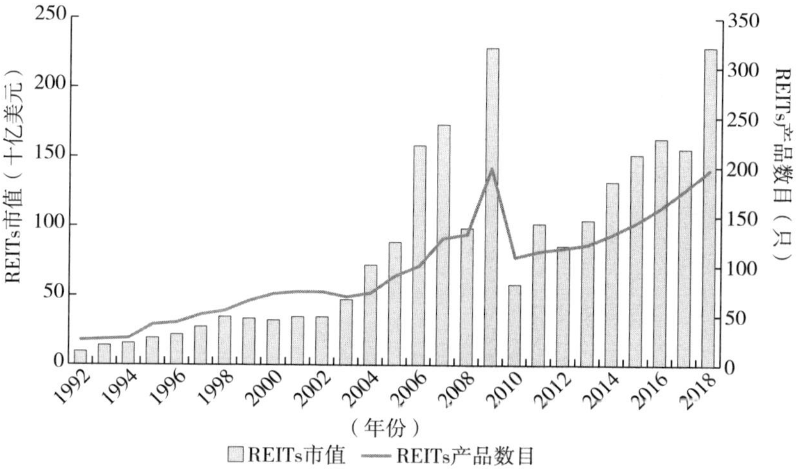

图 7.1　1992—2018 年欧洲 REITs 市值与产品数目

资料来源：彭博。

截至 2018 年 12 月，欧洲 REITs 规模最大的国家为法国，有 24 只上市 REITs，市值为 773.70 亿欧元，约合 890.98 亿美元。英国监管机构在 2012 年重新修订 REITs 规则，降低了 REITs 发行主体和投资主体的准入门槛，使 REITs 更具吸引力。目前，英国有 51 只上市 REITs，市值为 683.65 亿欧元，约合 787.28 亿美元。西班牙有 66 只上市 REITs，位列欧洲第三，市值占 9%。欧洲 REITs 的市值分布如图 7.2 所示。

美国 REITs 市场在 20 世纪 90 年代的崛起，吸引许多关注不动产和 REITs 产品的投资者到欧洲寻找机会。虽然欧洲各国的经济和房地

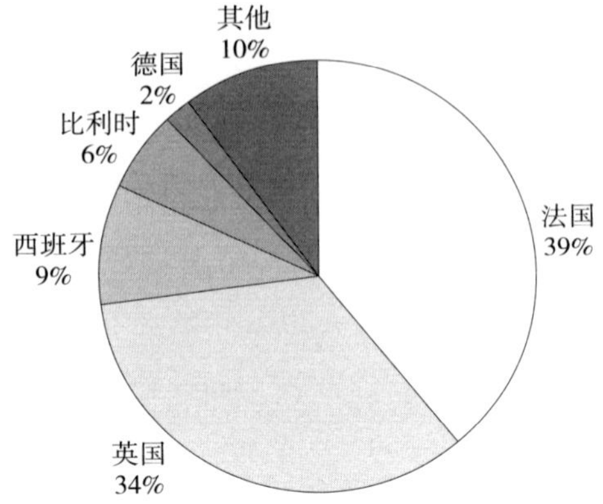

图 7.2　欧洲 REITs 的市值分布

资料来源：彭博。

产市场各有特色，但欧洲 REITs 的发展是因美国而起，产品设计和规模在很大程度上借鉴美国模式。欧洲 REITs 市场中综合不动产标的占市场规模的一半，零售和购物中心占 21%，写字楼占 12%。欧洲 REITs 资产类别的市值占比情况如图 7.3 所示。

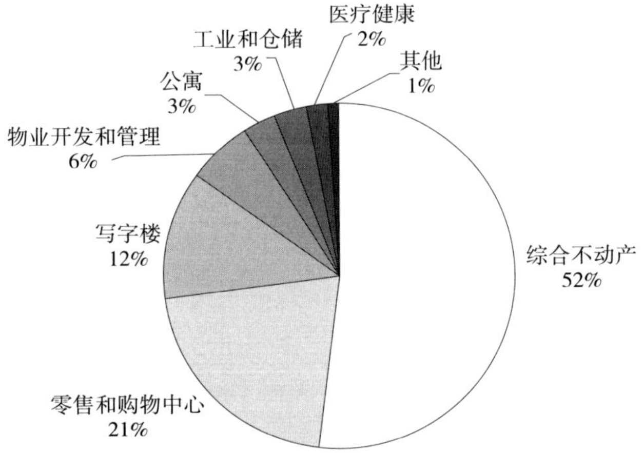

图 7.3　欧洲 REITs 资产类别的市值占比情况

资料来源：彭博。

欧洲 REITs 市场发展较晚，但依靠其强大的经济基础，REITs 自推出以来发展迅速，英国、法国和德国等国都发行了 REITs 产品。欧洲 REITs 市场的发展主要分为 3 个阶段：起步阶段（1969—2006 年）、扩张阶段（2007—2011 年）、稳定发展阶段（2012 年后）。

起步阶段（1969—2006 年）

荷兰是欧洲最早推出 REITs 的国家，其推出的类似 REITs 的产品 FBI，对产品收入实行免税优惠。但由于早期产品结构还不成熟，以及 FBI 方案受到诸多限制，REITs 在欧洲大陆的发展一直非常缓慢。随后于 1995 年，比利时推出 SICAFI，一种相当于 REITs 的不动产投资工具。虽然 SICAFI 对产品的投资方向、股本结构等有严格要求，但产品可以享受低税额企业税的优惠，因此仍促进了当地房地产行业的发展。德国于 20 世纪 90 年代推出一种由银行保荐的开放式地产基金，称为 KAGG。虽然这种产品无法上市，缺乏流动性，但是蓬勃发展的房地产市场及其潜在的巨大机会仍赋予 KAGG 较高的价值，2001 年 KAGG 市场规模占德国房地产间接融资规模的 15%。

扩张阶段（2007—2011 年）

英国第一批 REITs 产品于 2007 年 1 月正式落地，短短两个月时间里，伦敦有 9 家房地产上市公司转换为 REITs 结构模式。当时英国的租房市场分散、效率低下，所以政府希望通过引入 REITs 来提高房地产市场的投资效率并消除住房市场的泡沫。2007 年第一批 REITs 推出后，英国随即面临全球金融危机。德国也于 2007 年房地产低迷期推出并通过了 REITs 法案。德国拥有欧洲最大的房地产市场，但德国的房地产公司只拥有和管理其中很少一部分。德国 REITs 的特点在于无法上市，所以相对于其经济体量而言发展缓慢。与此同时，欧洲大陆其他国家的 REITs 市场也在火热推进。2007 年，荷兰对 FBI 制度进行修订，降低准入门槛、废除投资 FBI 的外国股东限制，吸引更多资金流入。2009 年，西班牙通过了 REITs 法案。截至 2011 年，已经有 13 个欧洲国家开始推动 REITs 的发展。

稳定发展阶段（2012 年后）

2012 年，英国当局为吸引更多 REITs 产品来英国上市，对 REITs 产品体系进行重大调整，降低其准入门槛，提升产品流动性，通过独特的税收优惠降低成本。在随后的 5 年时间里，有超过 30 只 REITs 产品在英国上市，募集超过 120 亿英镑的资金。在选择上市交易所方面，绝大多数 REITs 选择在伦敦证券交易所上市，少部分选择在根西岛的国际证券交易所（TISE）上市。2013 年，西班牙降低 REITs 产品的上市门槛。同年，德国在 REITs 市场的监管方面有所加强，并在投资来源方面限制 REITs 的海外投资，禁止大量股票型基金投资 REITs。此措施增加了不动产基金成本。随着不动产市场的复苏，欧洲发达国家对 REITs 产品的推广只增不减。欧洲 REITs 的产品结构与各国 REITs 的法规有关，各不相同，其设计的核心目的在于将产生稳定收益的不动产对接公开市场，因此从本质上看，其产品结构简单清晰。以英国为例，REITs 投资者通过持有在交易所挂牌的 REITs 份额，持有资产或拥有资产项目公司的股权，在交易所挂牌的 REITs 通过聘请 REITs 管理人实现 REITs 的正常运转。英国 REITs 的产品结构如图 7.4 所示。

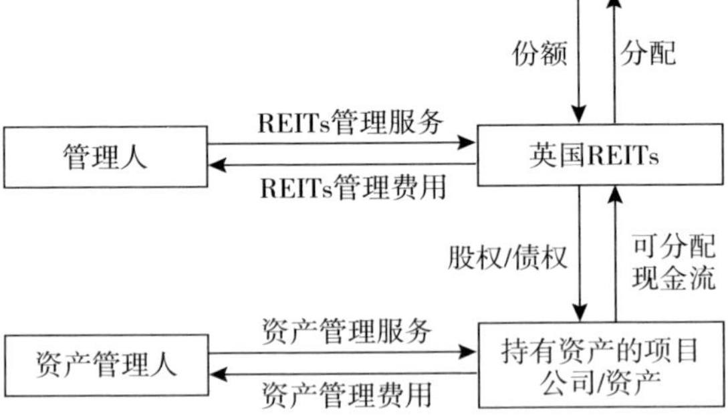

图 7.4　英国 REITs 的产品结构

印度 REITs 市场

相较于其他亚洲 REITs 市场，印度 REITs 市场发展较慢，市场规模也相对较小，但印度市场走出了一条独具特色的道路。2008 年全球金融危机，印度宏观经济疲软、通货膨胀，加之国内政策陷入僵局、拖延土地征用和环境清理、政治不稳定等因素，经济增长乏力。自 2014 年以来，由于印度政府采取了多项改革措施，经济开始复苏。2011 年，印度国家转型委员会（NITI）预计 2012—2017 年在基础设施行业投资 1 万亿美元，由于这笔投资的半数需来自私营部门，除了传统的银行融资外，还需要寻找可替代的资金来源。基于上述情况，印度证券交易委员会（SEBI）采取了创新措施，为基础设施项目制定了 InvITs（基础设施投资信托基金）管理办法。

事实上，印度证券交易委员会于 2007 年推出了房地产投资信托基金条例草案，其后几年内，监管机构通过与国内重要的利益相关者、政府机构、投资者和房地产开发商密切合作，制定了相关条例，与全球公认的规范逐步趋同。

经过多轮修改，印度证券交易委员会于 2014 年 9 月先后发布《房地产投资信托守则》和《基础设施投资信托守则》，允许开展房地产 REITs 及 InvITs 业务。这些守则规定了发起人（设立 REITs 或 InvITs 的人）、管理人和受托人的资格，投资条件，关于分配股利的政策和要求，IPO 所需的最低资本，上市要求，相关各方的主要职责等。

印度 REITs 和 InvITs 的设计机制是当前全球较为独特的安排，尚无其他国家推出同时推动房地产和基础设施投资的证券化机制。REITs 和 InvITs 将有助于房地产和基础设施的融资、开发和管理，从而促进经济的增长和生产力的提升。规则出台后，有两只 InvITs 先后于 2017 年 5 月在印度国家证券交易所（NSE）和孟买证券交易所（BSE）成功上市。

IRB 基础设施投资信托基金（IRB InvIT Fund）为印度首只高速公路公募 InvITs，初始资产为 IRB 集团旗下 6 个收费高速公路项目，期限为16年，共发行约5.9亿股，发起人IRB集团持股约15%。IRB集团是印度领先的道路基础设施公司之一，成立于1998年，曾参与完成印度第一个BOT（Build-Operate-Transfer，建设—经营—转让）项目及多个大型高速公路项目，截至2017年年底，公司已完成在运营的收费高速公路1.34万千米，在运营的收费高速公路项目11个。

IndiGrid为印度首只电力公募InvITs，初始资产为Sterlite电力公司旗下两个电网资产，期限为35年，共发行约2.25亿股。STL公司成立于2000年，是印度领先的电力输送公司，截至2017年年底，共拥有21个电网基础设施项目（印度12个），在私人电力运输领域占有近30%的市场份额。

通过发行InvITs，两家原始权益人的债务状况均得到明显改善，资产负债率有效降低，公司评级获得提升，从而增强了再融资能力。自2017年5月上市以来，两只InvITs的平均年化派息收益率达12%，截至2018年年末，两只InvITs的总市值为654亿印度卢比，约9.30亿美元。

在REITs方面，由于估值、融资成本、税务等综合因素，2014年《房地产投资信托守则》颁布后至2018年年末，无REITs项目在印度成功落地。2019年3月19日，大使馆办公园区REIT（Embassy Office Parks REIT）成功发行，成为印度首只公募REITs。初始资产为7处办公园区和4栋写字楼，分布在印度班加罗尔、孟买、浦那等城市，可租赁面积总计为302.86万平方米左右，总出租率为94.7%，比整个印度写字楼市场的平均出租率高10%。此外，其物业资产还包括两家在经营以及两家在建的五星级酒店和一家光伏发电厂。Embassy Office Parks为一家经营印度顶级写字楼租赁业务的公司，由美国私募投资巨头黑石集团（Blackstone）和印度房地产公司Embassy集团于2012年合资成立，管理着全印度最大的写字楼物业组合，截至2019年9月30日，Embassy Office Parks REIT市值达3 098.55亿印度卢比，约合43.94亿美元。

印度REITs和InvITs的产品结构较为类似，以印度证券交易委员会披露的大使馆办公园区 REIT 交易文件和 IRB 基础设施投资信托基金交易文件可以看出，二者采用的产品结构基本相似。印度 REITs 和 InvITs 均采用信托模式，由托管人代表持有人利益持有资产，并安排管理人提供管理服务，REITs 和 InvITs 通过股权、债权或其他权益工具持有资产特殊目的载体。印度 REITs 和 InvITs 的产品结构如图 7.5 所示。

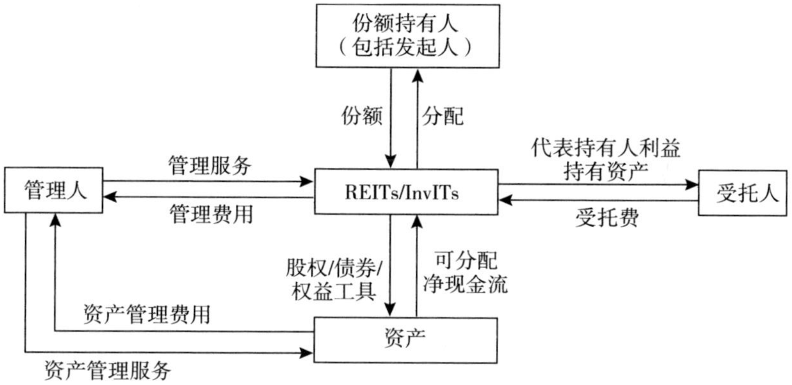

图 7.5 印度 REITs 和 InvITs 的产品结构

第三部分

REITs市场的中国道路

第八章
为什么要建设和发展中国 REITs 市场

改革开放 40 多年，中国创造了经济发展的奇迹。1978—2018 年，中国 GDP 年均增长 9.5%，超出同期世界平均水平 6.5 个百分点，而人均 GDP 年均增长 8.5%，更是超出世界平均水平 7 个百分点。40 多年来，特别是近 20 年，房地产和基础设施投资是中国经济增长的重要驱动力。在经济下行压力较大的时期，更能凸显其支撑作用，不动产行业逐渐成为中国经济的支柱产业之一。

中国 40 多年的经济增长主要是以投资拉动，依靠银行信贷支撑。“中国奇迹”世人有目共睹，但这期间也积累了过剩产能，形成了大量房地产和基础设施的存量，政府部门与企业的负债率不断攀升，金融风险在积聚中放大。因此，中央提出供给侧结构性改革，强调更多地使用市场化手段，落实“三去一降一补”，推动经济转型。在不动产投融资领域，供给侧结构性改革的具体抓手是什么？如何完成基础设施补短板任务，同时实现高质量的基础设施投资？如何支持房地产长效机制的形成？如何解决中国金融体系的结构性问题？REITs 市场建设有助于诸多问题的破题。

不动产投融资模式的挑战

在中国快速推进工业化进程的早期，由于资金严重缺乏，国家发展战略的制定与实施聚焦于将稀缺的资金聚集起来，投入国家重点扶持行业，助力产业发展。地方政府将土地和城市的未来收益作为创造信用的基础（信贷的抵押品），以房地产投资和城镇化来促进经济增长。

中国的城镇化率从改革开放以后开始提高，1978—1995 年从 17.92% 上升到 29.04%；自 1996 年开始，城镇化率开始加速提高，2018 年达到 59.58%，在这 23 年里，平均每年提高 1.33%。伴随城镇化进程的推进，中国在房地产和基础设施领域进行了巨额投资。1999—2018 年，中国房地产开发投资累计完成 97 万亿元，房地产开发完成额年均增速 20%，房地产投资增长超过 30 倍。特别是 2000—2010 年，房地产开发完成额年均增速 25%。根据第一太平戴维斯估计，目前中国房地产存量规模约为 44 万亿美元，超过美国 31.8 万亿美元的存量规模。[①] 另外，近年来，中国在能源、交通运输、水利、环境保护、农林、重大市政工程等基础设施领域进行了大量建设，根据国家发展改革委的统计，1995—2018 年，中国基础设施投资累计高达 130 万亿元，年均增速高达 18%。1999—2018 年中国房地产开发累计完成额如图 8.1 所示。2003—2018 年中国基础设施建设投资完成额如图 8.2 所示。

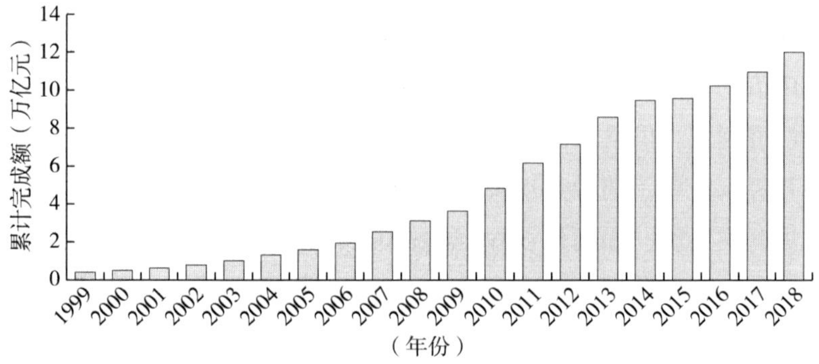

图 8.1　1999—2018 年中国房地产开发累计完成额

资料来源：万得资讯。

① 第一太平戴维斯上海评估及专业服务部董事甘启善在新加坡举办的第四届亚洲 REITs 峰会上发表的“继鹏华前海之后——中国房地产资产证券化之路”主题演讲。

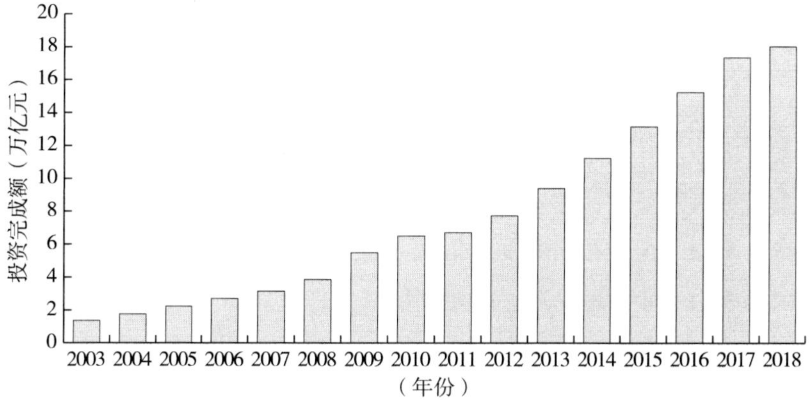

图 8.2 2003—2018 年中国基础设施建设投资完成额

资料来源：万得资讯。

自 2018 年以来，中国整体投资增速放缓，特别是基础设施投资增速回落较多，一些领域和项目存在较大投资缺口，亟须聚焦基础设施领域的突出短板，保持有效投资力度，促进内需扩大和结构调整，提升中长期供给能力，形成供需互促共进的良性循环，确保经济运行在合理区间。2017 年 10 月 31 日，国务院办公厅发布《关于保持基础设施领域补短板力度的指导意见》，要求聚焦关键领域和薄弱环节，保持基础设施领域补短板力度，进一步完善基础设施和公共服务，提升基础设施供给质量，更好发挥有效投资对优化供给结构的关键性作用，保持经济平稳健康发展。2018 年 7 月 31 日，中共中央政治局召开会议，提出要把补短板作为当前深化供给侧结构性改革的重点，加大基础设施领域补短板的力度，增强创新力，发展新动能，打通去产能的制度梗阻，降低企业成本。

在经济高速增长，不动产行业规模扩大的同时，金融体系中的结构性问题在不断积累并逐步显现。随着中国经济进入新常态以及中国金融形势的变化，这些问题成为制约不动产行业持续健康发展的阻碍。接下来，我们分别从房地产和基础设施两个领域进行分析和总结。

房地产

多年来，支持中国房地产行业发展的是以间接融资为主体的金融体系，房地产开发主要依靠土地和房地产资产作为抵押品，通过信贷或类信贷市场获取债务资金。在行业发展的同时，围绕房地产投资和消费，家庭、企业和政府部门形成了大量的债务。2006—2018 年中国非金融部门、非金融企业、政府和居民杠杆率如图 8.3 所示。

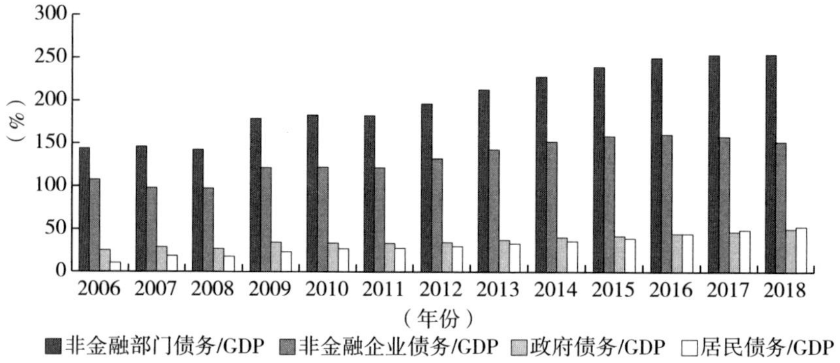

图 8.3　2006—2018 年中国非金融部门、非金融企业、政府和居民杠杆率

资料来源：国际清算银行。

2018 年，中国非金融部门债务占 GDP 的比重约为 254%，据麦肯锡全球研究院 2015 年 4 月的报告，中国经济的近半数债务与房地产市场及相关行业有关，这一结构性问题仍然存在。西南财经大学中国家庭金融调查与研究中心 2019 年 10 月发布的《中国家庭金融调查专题——中国居民杠杆率和家庭消费信贷问题研究》报告指出，中国家庭债务风险可控，但近 6 成债务集中在房贷上，结构性问题突出。2018 年，中国非金融部门债务占 GDP 的比重约为 254%，其中房地产开发行业有息负债为 20.3 万亿元。根据国家统计局数据，经历了一轮去库存后，2018 年房地产开发投资占固定资产投资比例又出现了和缓的上涨，2019 年年底达到 22.7%。如果整个行业的利润率下降，那么经营性现金流将变得不稳定，对占行业收入和资产 80% 以上的中小开发商而言更是潜在威胁，因为中国房地产中小开

发商相对于大型开发商持有更多的短期债务（占总债务的45%，而大型开发商只占31%）。2018年我国不同部门中与不动产相关债务规模如图8.4所示。

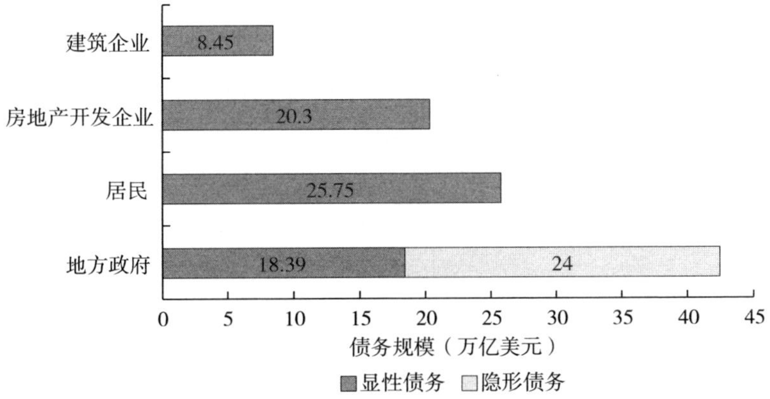

图8.4　2018年我国不同部门中与不动产相关的债务规模

数据来源：国家统计局、财政部、人民银行、恒大研究院与国际货币基金组织。

注：房地产开发企业债务为有息负债，地方政府隐形债务为估算值。

高杠杆是宏观金融脆弱性的源头，如果信用扩张背后的主要驱动力是房地产投资，那么房地产资产价格下跌或收益率下降就极有可能引发系统性金融风险，从而给实体经济造成重大伤害。这种单一的融资模式造成了房地产行业发展与金融风险聚集的内生关联，其可持续性面临着巨大的挑战。事实上，基于房地产开发建设而形成的高杠杆现状，已经成为影响中国宏观经济和金融稳定的重要问题。“三去一降一补”是国家供给侧结构性改革的重要任务。如何通过盘活存量资产来有效去杠杆，成为中国房地产行业面临的重要短期挑战之一。

2017年之前，中国房地产市场的总体定位为增量市场，其发展的主要形态特征是规模扩张。在近30年的快速发展和巨额投资之后，中国房地产从增量阶段逐渐进入存量和增量并重的新阶段。自1998年城镇住房制度改革以来，中国城镇住房制度体系不断完善，城镇住房市场快速发展，居民居住条件得到极大改善。根据国家统计局的数据，

1998 年，全国城镇人均住宅建筑面积只有 18. 66 平方米，到 2016 年，城镇居民人均住房建筑面积为 36. 6 平方米，在人口增长和城市化率提高的前提下几乎翻了一倍。2016 年，全国居民人均住房建筑面积为 40. 8 平方米。2009 年，美国人均居住面积是 67 平方米，英国是 35. 4 平方米，法国是 35. 2 平方米，德国是 39. 4 平方米，意大利是 43 平方米，荷兰是 40. 8 平方米，日本是 36. 9 平方米。也就是说，中国人均住房面积已经和多数发达国家接近，中国房地产市场已总体上解决了总量不足的矛盾，其主要矛盾已经从供给整体不足转化为局部不足，从总量不足转化为结构失衡，从“不够住”的问题转化为“住得贵”和“住得不好”的问题。

党的十九大报告指出：“坚持‘房子是用来住的、不是用来炒的’定位，加快建立多主体供给、多渠道保障、租购并举的住房制度，让全体人民住有所居”。在这个大背景下，中国住宅市场的发展方向主要表现在 3 个方面：第一，产业驱动下的中心城市群供给仍然不足，未来仍然需要增量开发。第二，人民对改善居住条件和体验的需求明显增加，不仅是更大的房子，也是更宜居、更健康的房子。第三，住房不仅仅是一种空间需求，更是一种服务需求，包括物业管理、社区服务、中介服务等一系列相关服务需求将快速增长。在存量和增量并重的阶段，房地产的制造业属性减弱，服务业属性增强，房地产行业价值链的重心从销售环节向运营环节转移。

企业的投资经营模式与融资模式是相互决定、相互适应的关系。房地产行业开发建设初期一般面临资金需求量大、开发周期长、周转慢等问题。在现行融资体制下，企业主要以期限较短的债务融资为主，在资金压力下，多数企业只能以快速销售的方式回笼资金。因此，中国房地产开发企业形成了围绕拿地、开发、销售的快周转模式，重销售，轻运营，重资产增值，轻租金收益。在增量市场阶段，这种经营模式的稳定性一直是房地产行业面临的挑战。由于房地产和银行信用相互促进带来顺周期性，即房地产投资过热伴随着信用扩张、杠杆率升高，房地产行业调控成为保持金融稳定的一个重要政策，这使“开发＋销售”经营模式的可行性与信贷市场环境紧密相关。对于房地产市场，随着存量市场的到来，增量开发的总体规模下降，通过持有经营来盘活存量资产成为房地产企业转型的方向之一。在现有单一融资模式下，房地产企业缺乏长期资金的支持和新的激励模式，转型困难。这是中国房地产行业面临的长期挑战。

我们以租赁住房、商业零售和写字楼为例。租购并举，全面发展住房租赁市场，已成为中国建设房地产长效机制、建立新的住房制度的重要内容。目前，租赁市场的最大痛点是高质量房地产的供给不足，而影响房地产企业投资积极性的主要因素包括前期成本投入大，利润回报率不高，回报周期较长。如果用大量的债务融资，在2～3年项目建成后将对开发企业构成巨大资金压力，难以成为持续发展的模式。与租赁住房类似，商业零售和写字楼具有同样的投资回报特性。建成之后，从初始招商到形成稳定租金和80%以上的出租率，至少需要3～5年的时间。商业地产需要“养”，需要经过多年培育，才能带来稳定、可持续的租金回报。目前，在现有融资模式下，房地产企业多数只能以快速销售（特别是散售）的方式回笼资金，而散售使物业资产管理难度加大，经营水平难以提升，租金回报率较低，不利于资产升值。总之，持有型物业这种“慢周转”的特性决定了它对长期资本的高度依赖。因此，推动房地产金融改革，健全金融体系的功能，为行业转型升级提供有效支持，是房地产行业发展的内生需求。

基础设施

总结中国改革开放的发展经验，人们普遍认为中国经济过去40多年的成功在很大程度上与中国政府采取的地方政府分权模式有关。在这种模式下，地方政府的考核以经济指标尤其是经济增长指标（如GDP增长率、GDP总量等）为主。作为地区面貌和经济发展的载体和支撑体系，基础设施投资对于改善地方官员的政绩具有十分重要的作用，因此，地方政府具有极强的动机大兴土木，扩大城市基础设施，是推动中国基础设施建设的重要力量。

1994 年分税制改革后，地方政府主要依靠城市建设投资公司来主导基础设施投资。这是地方政府财权轻、事权重的背景下产生的发展模式。由于地方政府财政投入的资本金有限，该发展模式主要依赖各类债务融资。在城市化大发展阶段，土地要素的价格被重估，土地红利支撑了地方政府进行基础设施建设的融资需求。一方面，随着城镇化水平的持续提高及土地市场化改革的不断推进，作为土地供给者，地方政府通过出让土地使用权获取高额的土地出让收入，“土地财政”成为地方政府的第二财政；另一方面，高额的土地出让收入提高了地方政府信用扩张的信心和能力，使它们可以以土地或土地收入作为担保进行债务融资。

2014 年之前，地方政府通过财政拨款或注入土地、股权等资产设立投融资平台对外举债，筹措资金。① 2014 年开始，国务院与财政部要求明确政府和平台的责任，融资平台不能新增政府债务，对地方政府债务实施限额管理，明确取消融资平台为政府融资的功能，同时推广使用 PPP（政府和社会资本合作）模式。地方政府主导的投资项目，因为软预算约束，资本收益率并不高；再加上出于任期的考虑，地方政府普遍缺乏较长远的预算规划。这些导致地方政府普遍缺乏管理地方债务的意识和机制，短期行为泛滥，形成了庞大的地方债务以及大量的低效投资。根据财政部公布的数据，2018 年年底，中国地方政府债务余额为 18.39 万亿元。除此之外，地方政府还承担着融资平台等产生的隐性债务。准确估计隐性债务余额有相当的难度，各家机构公布的数据差异较大，大概的范围在 20 万亿元和 40 万亿元之间。② 因此，地方政府（显性 + 隐性）债务余额超过 40 万亿元，其中大量债务

① 地方政府融资平台主要有 3 种融资渠道：向银行借贷，发行城投债，融资租赁、信托、私募等商业融资。

② 资料来源：标普公司2018 年10 月15 日的研究报告《中国隐藏的地方债务表明更多的地方政府融资平台可能违约》（China's Hidden Subnational Debts Suggest More LGFV Defaults Are Likely）。

的产生与基础设施建设有关。防范地方债务风险已经成为当前保证中国金融稳定的另一项重要任务。

现阶段，中国基础设施领域尽管已经拥有海量的存量资产，但基础设施补短板投资需求仍然巨大。[①] 总体来看，中国当前的人均资本存量只是发达国家的1/3，投资空间很大，具体表现为：一是中国城镇化进程还未结束，基础设施仍有建设需求；二是中国基础设施使用率较高，形成了大量的老旧设施，需要更新完善；三是地区基础设施发展不平衡，中西部地区、部分东部地区的县镇基础设施仍不完善；四是粤港澳大湾区、海南自由港、乡村振兴、雄安新区、军民融合、长江三角洲区域一体化、“一带一路”等重大战略出台，基础设施建设量依然很大；五是与5G、人工智能、物联网、工业互联网等新兴产业相关的新型基础设施建设具有广阔的发展空间。[②] 另外，基础建设投资对经济增长波动具有熨平效应，是国家这一阶段提振经济的重要政策工具，是新增基础设施建设项目的短期驱动因素。

在防范和控制债务风险、加强金融监管的背景下，国家相关部门对地方政府违法违规变相举债，以债务性资金作为资本金，通过影子

---

① 根据国家发展改革委的统计，自2002年以来，全国铁路累计完成投资接近9万亿元，运营里程突破13万千米，其中高铁运营里程接近3万千米；自2001年以来，全国公路建设累计完成投资接近20万亿元，通车里程接近500万千米，其中收费公路里程超过16万千米；全国民用航空通航机场235个，2018年全年旅客吞吐量超过12亿人次，2003年以来完成航空运输投资近2万亿元；2018年全国规模以上港口完成货物吞吐量133亿吨，超过1亿吨的港口有41个，2018年全球前二十大港口中，有10个在中国；全国共有34个城市开通运营城市轨道交通，投入运营的线路有155条，运营总里程达4 642千米；全国供水水厂达5 344座，综合生产能力超过3亿吨/日，已运营城镇污水处理厂3 955座，运营规模近2亿吨/日。

② 2018年中央经济工作会议提出：“我国发展现阶段投资需求潜力仍然巨大，要发挥投资关键作用，加大制造业技术改造和设备更新，加快5G商用步伐，加强人工智能、工业互联网、物联网等新型基础设施建设，加大城际交通、物流、市政基础设施等投资力度，补齐农村基础设施和公共服务设施建设短板，加强自然灾害防治能力建设。”这是首次将5G、人工智能、物联网、工业互联网等相关新兴产业建设定义成“新型基础设施”建设。新型基础设施建设既包括5G、人工智能、物联网、工业互联网，还包括智能物流和互联网数据中心（IDC）等新型基础设施中重要的不动产基础资产。

银行借贷等行为做出了严格的规定[①]，政府融资平台、银行理财通道业务等基础设施领域的传统投融资渠道被限制。与此同时，随着经济下行压力的加大，地方政府财政收入增速下降。因此，新建基础设施项目缺乏资本金，基础设施投资主体高负债运营，大量的存量资产缺乏流动性，这3个问题同时存在，是中国基础设施领域面临的短期挑战，大大阻碍了基础设施建设的发展。

中国经济从高速增长进入高质量发展阶段。未来20年，中国要顺利实现长期发展目标，需要面临进一步提升全要素生产率（TFP）、产业结构和就业结构相匹配、人口老龄化、城乡结构变化、提升创新质量等多个方面的挑战。在应对这些重大结构性挑战的过程中，基础设施领域的核心问题是提高基础设施的投资效率和投资质量。

高速增长时期，在以经济增长为核心考核指标、地方政府预算软约束、地方债务缺乏市场化定价等因素的作用下，地方政府投资行为的激励约束机制不健全，使大量基础设施投资缺乏效率。举例来说，根据城市经济学理论，每个城市都存在一个最优人口规模，在最优人口规模下，城市的人均福利最高。根据城市的产业结构、交通设施、制度以及地理等因素，可以估算中国地级城市的理论最优人口规模。然后，通过构建“城市人口规模合适度指数”（实际人口/最优人口）来考察目前中国城市人口规模是过大还是过小，并预测未来的发展趋势。相关研究发现，中国88%的地级市的实际人口不到理论最优人口的40%，也就是说，目前城市人口分布是不经济的，绝大部分城市人口严重不足。[②] 从另一个

---

① 国家出台了多项政策法规，严禁地方政府利用PPP、政府出资的各类投资基金等违法违规变相举债；禁止资金池、期限错配、保本收益等，大量银行理财资金无法借助通道投资基础设施项目；要求不得提供债务性资金作为地方建设项目、政府投资基金或PPP项目资本金。详见财政部、国家发展改革委等六部委《关于进一步规范地方政府举债融资行为的通知》；中国人民银行印发的《关于规范金融机构资产管理业务的指导意见》；财政部《关于规范金融企业对地方政府和国有企业投融资行为有关问题的通知》等。

② 张庆华：一个城市什么样人口规模是合理的？http：//cdc. gsm. pku. edu. cn/info/1316/20835. htm

角度看，该研究结果说明中国大量城市的城市基础设施建设是过度的，缺乏投资效率。因此，中国基础设施投融资体制亟待改革，需创新融资方式，完善基础设施相关金融资产的定价机制，为基础设施投资提供资金，提高资源配置效率。

资产管理市场的短板

资本市场的基本运作方式是通过设计、创造和管理各类金融产品，连接资金的供给方和需求方，将储蓄转变为投资。三类金融机构在这个过程中发挥着重要作用。第一类是证券发行机构，其代表机构是投资银行，它的主要工作是帮助资金需求方（如企业、地方政府）发行股票、债券、资产证券化产品等基础性标准化金融产品。第二类是资产管理机构，其代表机构包括公募基金公司、私募基金公司、信托公司等，它们的主要工作是汇集投资者资金，依靠专业化管理投资各类金融产品或实体资产，为投资者创造投资回报并管理风险。资产管理机构通过发行基金产品、信托产品、资产管理计划等募集资金。行业竞争带来专业化分工，为了凸显机构在某一类资产上的投资管理能力，资产管理产品的投资方向往往集中于特定资产。第三类是财富管理机构，其代表机构是各类机构的私人银行、第三方财富管理公司、家族写字楼等，它的主要工作是对资产管理机构和发行机构提供的各种产品（基础性产品和资产管理产品）进行筛选配置，实现家庭或组织机构的财富管理目标。在本书中，我们并不根据机构的业务特性来分别定义资产管理行业和财富管理行业，而是将其统称为资产管理行业。从全球金融实践与经验来看，资产管理行业的良性发展是衡量一个国家金融市场发展程度的重要标志，对提高资本市场效率、助推经济转型和保护金融投资者权益具有重要的战略意义。

资产管理行业是伴随着人们不断增加的投资需求而产生的。改革开放40多年，伴随着经济高速增长，中国居民积累了大量的财富。根据瑞信全球财富报告，中国成人拥有的财富总量在2010年超过日本，位列世界第二，2018 年，中国成人拥有的财富总量超过 320 万亿元。① 2000 年，美国、欧洲、亚太地区（不含中国、印度）的财富占全球财富的 92%，中国只占全球财富的 3.1%；然而，2018 年，中国的全球财富占比上升到 16.4%。若中国居民财富继续以 7.5% 的年化复合增长率累积，预计到 2023 年，将占据 1/5 的全球财富。2000—2018 年中国、美国、日本、印度成人拥有的财富总量如图 8.5 所示。

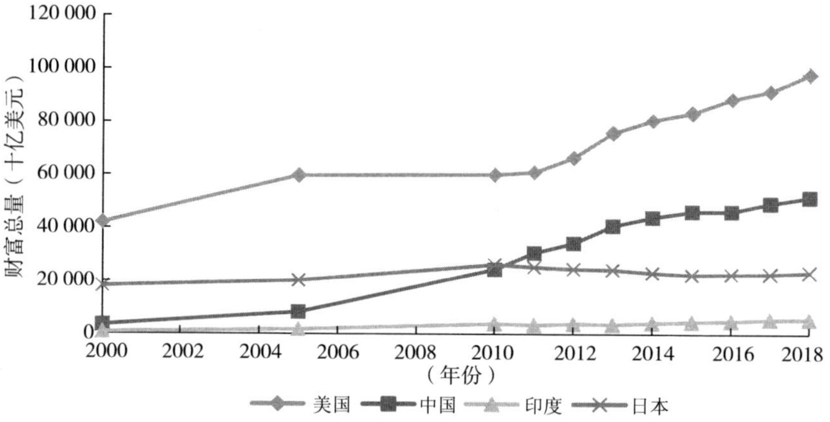

图 8.5　2000—2018 年中国、美国、日本、印度成人拥有的财富总量

资料来源：《2018 全球财富报告》，瑞信财富研究院。

根据招商银行和贝恩公司的估计，2018 年中国个人可投资资产的总规模为 190 万亿元人民币，最近 10 年的年均复合增长率为 17%。② 受实体经济下行和短期波动的影响，个人可投资资产的增速有所放缓，即使是这样，2023 年也有望突破 243 万亿元。2018 年，中国个人可投资资产在 1 000 万元以上的高净值人士数量达到 197 万人，与 2016 年相比增加了约 40 万，最近 10 年的年均复合增长率为 20%。家庭财富的增长形成了巨大的资产管理需求，是行业发展的核心驱动力。中国个人可投资资产规模如图 8.6 所示。

① 详见瑞信财富研究院发布的《2018 全球财富报告》。

② 详见招商银行和贝恩公司发布的《2019 中国私人财富报告》。

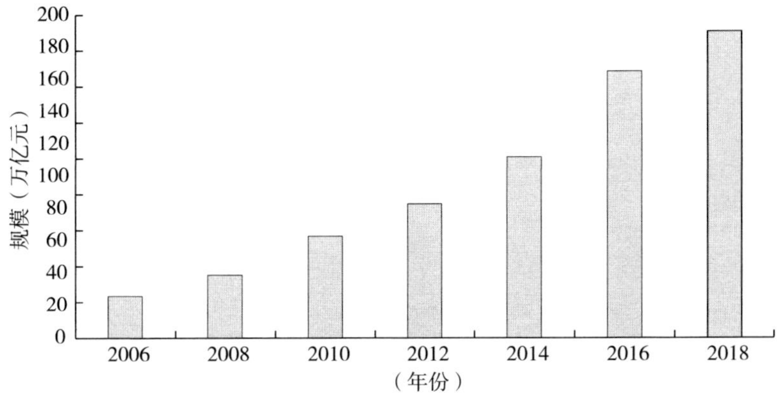

图 8.6　中国个人可投资资产规模

资料来源：《2019 中国私人财富报告》，招商银行和贝恩公司。

在中国财富总量持续增长的同时，40 多年的高速发展并没有带来所有家庭财富和收入水平同等幅度的增长。世界银行公布的数据显示，目前中国的基尼系数已达到 0.467，收入分配不平等程度已经非常严重。法国经济学家皮凯蒂（Piketty）等（2017）利用多样化的公开数据，研究了中国的收入分配和财富状况。[①] 其研究结果表明，1978 —2015 年，中国“前 10% 收入人群的收入份额”从 27% 上升到 40%，“中间 40% 收入人群的收入份额”稳定在 45%，“后 50% 收入人群的收入份额”从 27% 下降到 15%。2014 年，中国“前 10% 收入人群的人均实际收入”是后 50% 收入人群的 14 倍。这一比例在法国仅为 7 倍，在美国为 18 倍。从财富分布的角度看，1995—2015 年，中国“前 10% 财富人群的财富份额”从 40% 上升到 67%，“后 50% 财富人群的财富份额”从 15% 下降到 6%。这些研究数据说明，中国目前收入分配和财富不平等程度有加剧的趋势。因此，如何改善收入不平等状况，

① 由于统计局调查收入和财富时采用抽样调查的方式，这样的调查方式不容易接触高收入和高财富群体，因此存在抽样误差。皮凯蒂等（2017）利用个人所得税和免税资本收入对统计局的家庭收入调查数据进行修正，用财富榜数据对高收入人群的财富进行修正。该研究认为，调查数据中收入为后 80% 的个人不存在偏差，而中间人群的收入用插值方法进行修正。

是中国经济面临的一个重要的中长期挑战。2014 年中国、美国、法国各收入人群实际收入份额和收入差距倍数如图 8.7 所示。根据净私人财富划分，1995—2015 年中国财富不平等情况如图 8.8 所示。

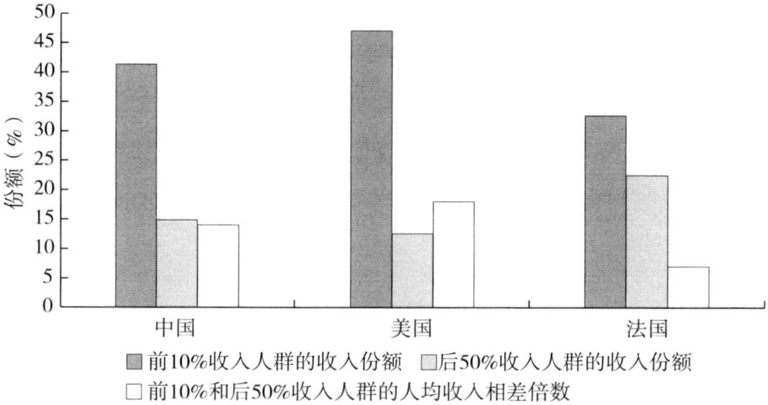

图 8.7　2014 年中国、美国、法国各收入人群实际收入份额和收入差距倍数

资料来源：皮凯蒂等（2017）研究数据。

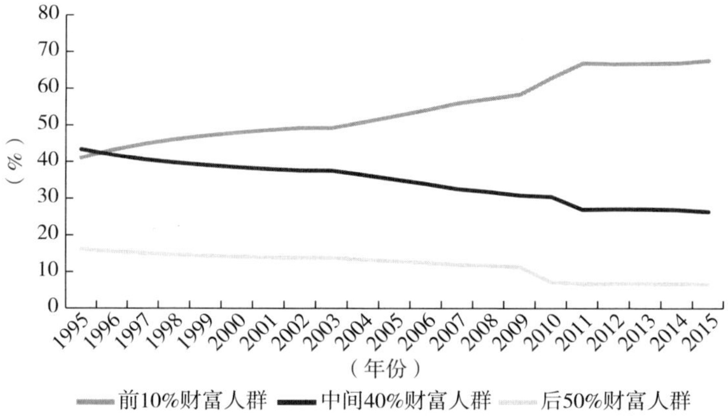

图 8.8　1995—2015 年中国财富不平等情况（根据净私人财富划分）

资料来源：皮凯蒂等（2017）研究数据。

国家已经对该问题有了清晰和准确的认识，并提出了行动的方向。党的十九大报告指出："鼓励勤劳守法致富，扩大中等收入群体，增加低收入者收入"，"拓宽居民劳动收入和财产性收入渠道"。未来，中国经济应追求更为持续、更具包容性的增长，应加大初次分配和再分配力度，扩大居民的财产性收入。为实现这个目标，中国资产管理行业应重点关注中低收入人群，提供更有价值、更丰富的产品和服务，体现金融的普惠性。

过去6年，资产管理行业是中国金融体系中最具活力、最具成长潜力的板块。自2012年下半年以来，随着各项资产管理新政的推出，银行理财部门、信托公司、保险资产管理机构、券商资产管理机构、基金子公司等相继涌入资产管理市场，中国迎来了“大资管”时代。2012—2016年，资产管理行业的金融产品和管理模式日益丰富，从不同投资范围的银行理财、各类资管计划到4 000多只公募基金、上万只私募基金，总规模的年均复合增长率达47%。[①] 2016年之后，由于资管新规的推出和去杠杆的宏观经济政策，总体规模增长有所回落(见图8.9)。[②] 截至2018年年底，中国资产管理市场总规模达到124万亿元左右，其产品形式涵盖银行理财、信托、股权投资基金、债券投资基金、股票投资基金、券商资管计划、保险资管产品、投资型保险、期货资管产品等。其中，银行理财产品32万亿元，信托产品22万亿元，公募基金13万亿元，私募基金（包括券商资管、基金子公司专户、基金公司专户、私募基金管理人产品）35万亿元，保险资管产品16万亿元。中国是全球资产管理市场增长最快的地区。波士顿咨询公司的报告显示[③]，2018年，全球资产管理规模为74万亿美元。其中，北美市场的资产管理规模为35.2万亿美元，欧洲市场的资产管理规模为20.5万亿美元。报告称，2018年中国大陆的资产管理规模达到

---

① 根据中国基金业协会及光大银行与波士顿咨询公司《中国资产管理市场2015》的数据测算。

② 需要指出的是，资管新规推出之前，资管市场存在严重的产品嵌套问题，大量产品是为了规避监管而设立通道才产生的。在总体规模的统计中，存在由通道业务产生的重复计算。根据光大银行与波士顿咨询公司《中国资产管理市场2015》的估计，2015年通道业务的占比为28%。金融产品层层嵌套，市场中的一级资产可能远低于统计口径的资产管理规模。资管新规实施后，在增量发行的产品中，该问题被杜绝。

③ 《2019全球资产管理报告》，波士顿咨询公司。

3.8万亿美元，已晋升为全球第三大资产管理市场，预计到2025年，中国资产管理规模将增长3倍，成为仅次于美国的全球第二大资产管理市场。需要说明的是，该报告应用了资产管理行业国际可比的统计口径，即只包含了公募基金管理公司与私募基金管理公司的管理规模，而没有包含银行、证券、保险、信托等各类资管业务的规模。2012—2018年中国资产管理市场规模如图8.9所示。

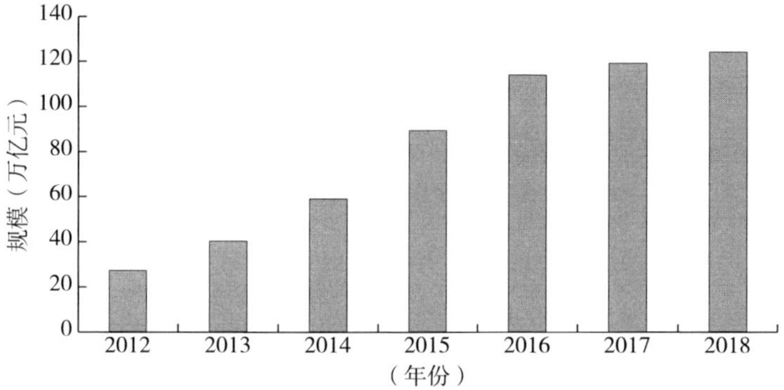

图8.9　2012—2018年中国资产管理市场规模

资料来源：《资产管理蓝皮书：中国资产管理行业发展报告》系列报告。

虽然中国资产管理市场的发展在规模上已经取得了突出的成绩，但在质量方面还有很大的发展空间。首先，各类资产管理机构还处在低水平的竞争阶段，产品同质化现象仍然十分明显，具体表现为产品投资范围相对狭窄，各机构在投资策略与风格上相互模仿，基础资产在类型上重合度高等。其次，中国金融市场的完善程度较低，市场上仍缺乏基础性的金融产品。例如，中国债券市场缺少长期限债券；衍生品市场发展滞后，导致风险对冲工具不完备等。最后，中国市场需要更多高质量可投资产品，即具备对称的风险收益特征以及高透明度的产品。在显性和隐性刚性兑付的前提下，资产管理产品能够吸引投资者的只有收益率指标，为了追求高收益要求，机构势必要配置高收益资产，但优质的高收益资产总是稀缺的，这就不得不采取期限错配或降低资产信用资质的策略，这是产品风险与收益不对称和透明度低的重要原因。

资产配置是财富管理过程中的关键环节，其核心理念是通过分散化投资在控制风险的前提下实现预期收益的提升。资产配置的重点在于实现风险和收益的平衡，中低收入家庭的风险承受能力偏弱，因此，合理的资产配置决策对于其实现财富管理的长期目标具有重要意义。多年以来，在中国家庭的财富管理决策中，资产配置没有得到足够的重视，主要的原因有三个：第一，过去20年中，房地产作为一类可投资资产，其表现在众多资产中持续领先，以至于投资者把更多注意力集中在“成功”的资产种类上，低估了多元化资产配置的价值；第二，中国市场的可投资资产不够多元（特别是对中低收入家庭来说），金融资产之间的相关性高，降低了资产配置价值；第三，在刚性兑付的市场环境下，投资者的风险意识相对薄弱，过多关注资产收益，忽视了资产配置的价值。长期来看，一类资产的长期高回报，以及由刚性兑付形成的“低”风险，都是不可持续的。随着中国经济进入新的发展阶段，投资者的风险意识逐渐加强，财富管理将回归到资产配置的本源。

综上所述，通过有效的资产管理提升更广泛人群的财产性收入，以及优化各类投资者的资产配置结构，要求中国市场能够提供类型丰富、优质的金融产品，形成差异化、全序列的产品线，从而可以更好地匹配不同投资者的风险偏好，满足风险、收益以及流动性需求。

不动产行业在国民经济发展中具有重要地位。不动产资产是对抗通胀的重要资产类别，也是具有配置价值的大类资产。相关研究显示，在中国居民的可投资资产中，约20%是投资性不动产。这20%的投资性不动产，大多是以实体房产的方式持有。通俗的说法，就是“买房子”。“买房子”具有高门槛、低流动性的特点，对于个人投资者的收入和财富水平有着很高的要求，高门槛使众多个人投资者望而却步。《2018中国城市家庭财富健康报告》显示，中国家庭总资产中住房资产占比高达77.7%，金融资产占比仅为11.8%。但是从欧美国家来看，房地产的配置远低于中国，50%以上配置于各类金融产品。

对于机构投资者而言，不动产配置的目标比率呈逐年上升的趋势。相关研究报告显示，全球对商业房地产投资的需求依然强劲，特别是在亚太、欧洲、中东和非洲地区。[①] 在 2017 年首次超过 10% 之后，全球机构投资者的平均目标分配在 2018 年增加了 30 个基点，达到 10.4%。在中国机构投资者（主要是保险机构、社保）的工具箱中，以商业物业实体以及不动产私募基金为主。

无论是对个人投资者还是机构投资者来说，中国市场均缺乏与不动产资产在风险和收益两方面同时匹配的标准化、优质、高流动性的金融产品，这是目前中国资产管理市场的重要短板。

重要结构性问题的破题之作

中国不动产领域整体步入以存量为主的时代，化解债务风险，有效配置和经营存量资产，提高投资质量等问题的重要性日益凸显。与此同时，中国家庭财富总量和财富人群数量快速增长，激发了大量的资产管理需求。中国资产管理市场起步晚、发展快，市场迫切需要更多类型的金融产品，特别是与不动产资产相关的产品，以更好地匹配各类投资者的资产管理需求。REITs 的实质在于通过证券设计的方式，将存量不动产产生的大规模、长期、稳定的现金流在资本市场证券化，连接资金的供给方和需求方，从而实现资源整合与跨期配置。

2018 年 7 月 31 日，中共中央政治局召开会议，对中国当前的经济形势进行了分析。会议指出，当前中国经济稳中有变，外部环境发生明显变化，要树立“稳中求进”的总基调，保持经济社会大局稳定，深入推进供给侧结构性改革，打好“三大攻坚战”，加快建设现代化

① 2018 Institutional Real Estate Allocations Monitor, Survey Highlights, Cornell Real Estate Review.

经济体系，推动高质量发展。REITs 市场建设是以上短期和中长期结构性问题的破题之作，REITs 市场建设对中国经济的发展具有重要意义。

第一，REITs 是金融服务供给侧改革的重要抓手。对于中国经济当前面临的各类结构性问题，中央提出了供给侧结构性改革的总体方向，强调更多地使用市场化手段，落实“三去一降一补”，推动经济转型。REITs 具有盘活存量的作用，企业和地方政府通过 REITs 将其持有的低流动性不动产资产转变为高流动性的金融资产，实现全部或部分出售，回笼的资金可以降低杠杆率。因此，引入 REITs 有助于落实“去库存、去杠杆”的宏观政策要求。基于中国现有的不动产融资模式，不动产开发、建设与运营与信贷市场密切相关，无论是建设开发贷款，还是经营性物业贷款，最终都体现在银行资产负债表上。不动产价格的波动引发系统性风险，甚至危及中国金融安全。相对于传统的信贷体系，REITs 是简单、直接、高效的融资方式，能够缓解中国金融体系中直接融资比例偏低的问题，提高金融体系的风险分散能力。引入 REITs 产品，由权益性资金持有不动产，有利于化解信贷市场的期限错配和高杠杆风险，防范系统性金融风险。

第二，REITs 为中国基础设施投资提供可持续的金融战略。基础设施项目一般具有投资周期长、投资规模大等特点，在缺乏有效退出机制的情况下，企业及其他社会资本的前期投资风险较大且运营期资金占用较多。地方政府存在基础设施补短板的强烈诉求，但在当前防风险、稳杠杆、强监管的背景下，以土地财政和负债融资为主的传统基础设施融资渠道受到明显制约，大量投资资金缺乏投资基础设施项目的渠道。基础设施是 REITs 的一类重要的基础资产。基础设施 REITs 的融资功能体现在，将存量资产变现来为后续开发和运营提供资金。基础设施 REITs 为项目提供了有效的退出渠道，能广泛吸引包括民间资本在内的各类社会资本，它们通过 PPP 的方式参与基础设施投资。基础设施 REITs 上市，有利于吸引更专业的机构来主导项目投资和运营，提高投资建设和运营管理效率。因此，短期看，基础设施 REITs 既有助于防范债务风险，降低实体经济杠杆，又能广泛筹集项目资本金，是稳投资、补短板的有效政策工具；长期看，基础设施 REITs 有利于完善储蓄转化投资机制，通过市场化方式吸引社会资本参与基础设施项目，可以为新的补短板项目提供资本金，形成投资良性循环，借助资本市场公开、透明机制，推动基础设施高质量发展。

要实现 2035 年社会主义现代化的目标，中国未来 20 年需要保持较高的全要素生产率增速。中国已基本完成工业化进程，而国际经验显示，在完成工业化，特别是服务业超过第二产业之后，一般情况下，全要素生产率的增速会呈下降趋势。中国正处于全球新一轮科技与产业革命的战略机遇期，通过 5G 和人工智能双核驱动，为建立工业互联网平台，实现制造业智能化升级，发展高数字化、高附加值的生产性服务业，以及通过"智能 +"提升服务业的全要素生产率提供了可能性。与 5G、人工智能、物联网、工业互联网等新兴产业相关的新型基础设施建设潜力巨大。REITs 可以为新型基础设施建设提供资本金，打造良性投融资闭环，助力工业物联网、大数据、人工智能等新一代信息技术推动制造业和服务业升级，促进制造业与生产性服务业深度融合。

第三，REITs 为推动中央重大战略的实施提供了金融新思路。自 2018 年以来，中央先后制定雄安新区、海南自由贸易试验区、粤港澳大湾区和长江三角洲区域一体化等重大战略，明确要求大力实施一批重大基础设施工程，加快构建现代基础设施体系，在金融创新等方面探索更加灵活的政策体系。要进一步提升基础设施建设的质量和水平，必须逐步摆脱中国区域经济发展靠各类杠杆融资来支撑高投资率的传统逻辑，建立一个市场化的投融资机制来支撑这一建设理念。基础设施建设项目在 REITs 市场的估值水平是评价项目开发质量与运营质量的重要标尺，估值较高的项目将会为未来的同类项目吸引更多的前期投资。因此，作为不动产资产定价的"锚"，REITs 市场对于提升不动产投资效率，优化资源配置至关重要。完善的 REITs 市场有利于盘活存量资产，使优质项目尽快落地，减少低效的重复建设。

第四，REITs 有助于房地产企业长期持有并精细化经营租赁住房资产，有效贯彻租售并举战略。作为创新金融工具，REITs 为租赁住房投资企业建立起有效的资本循环和全面的资产管理体系，成为住房市场长期健康发展的稳定器和重要支撑，可有效地贯彻租售并举战略，意义重大深远。租赁住房企业通过发行 REITs 可实现租赁住房权益投资的市场化退出，相对于传统的散售模式，REITs 可以保持资产完整、专业的运营，更符合租赁住房的经营实质。同时，REITs 的宗旨是保持并持续提高分红，在此驱动下，企业有足够的动力做到精细化经营并建立有效激励机制，提升资产管理能力和核心竞争力。专业化的运营管理无疑会提升资产质量和服务质量，让居住者有更美好的生活体验。

第五，REITs 市场有利于推动中国房地产行业产业升级和盈利模式的转变，由“开发 + 销售”模式转变为一次性销售与持续性收入并重模式。长期以来，中国的房地产开发，主要是围绕拿地、开发、销售的经营模式，该模式下资金占用周期长，特别是商业地产运营，往往以长期租赁获取租金来实现收益，资本沉淀大，是典型的重资产运营。REITs 的引进有利于房地产企业经营模式的转变，企业可以等项目运营成熟后，通过 REITs 实现资金的回笼，同时还可以通过持有部分 REITs 份额，享有分红和物业升值收益，促使不动产行业由重资产运营向轻资产运营转型。

第六，REITs 市场是中国金融体系供给侧改革的重要组成部分。REITs 作为一种高分红比例、高收益风险比的长期投资工具，是高质量、成熟的金融产品，能有效填补中国资产管理市场的产品空白，拓宽社会资本投资渠道，满足养老金、社保资金、居民理财资金的投资需求。公募 REITs 的推出能够降低不动产投资门槛，使普通的个人投资者也能够分享国家发展的红利，为提升居民的财产性收入提供大类资产，充分体现了金融的普惠性。REITs 与其他金融资产关联性低，有助于中国投资者资产配置的多元化，具有极高的配置价值。相对于股票来说，REITs 是投资者分散地域风险的更有效的工具，中国 REITs 对于国际投资者也具有很高的配置价值。中国 REITs 的产生，对于推动全球化，吸引外资助力中国经济，发挥中国对世界的影响力，具有重要意义。

REITs 能够丰富资本市场工具，拓宽央行在公开市场业务中交易对象的选择范围，成为新常态下货币政策传导机制之一。REITs 对于二级市场交易具有价格发现功能，把不动产市场的真实情况在 REITs 价格上反映出来，成为对货币政策制定和实施具有指导意义的更真实的信号。

第七，国际经验表明，规模化的 REITs 市场能够拓宽税基，增加税收收入。REITs 的证券化过程，涉及不动产资产的评估、出售、打包等环节，市场建设本身会使不动产交易、经营过程更加规范化。另外，REITs 市场是一个高流动性的市场。这些均可以创造更多的合理税源，产生更多的税收收入，来支持国家的治理与建设。

综上所述，从中短期看，应对外部环境的变化和日益增大的经济下行压力，REITs 市场建设将成为中国经济的“稳定剂”，保障经济平稳运行；从长期看，REITs 将成为深入推进中国供给侧改革，推动经济高质量发展的“助推剂”，助力中国经济转型升级。

第九章
发展历程与市场规模

中国经济的快速增长孕育了繁荣的不动产市场，也使 REITs 这一金融产品迎来了良好的发展机遇。由于市场认识、税务制度、系统配套以及专业人才不足等问题，中国境内还没有建立成熟、明确的 REITs 制度，没有推出标准意义上的公募 REITs。但是，中国的监管部门、研究机构以及各市场主体在不动产证券化方面的探索一直没有停止过，这期间涌现出一些典型的案例，并培育和发展了类 REITs 市场。这些尝试为 REITs 的开发积累了大量的经验，使初期制约 REITs 发展的大部分问题得到相当程度的突破。

政策与市场的双轮驱动

迄今为止，中国境内 REITs 市场的发展可以分为探索研究、培育成长两个阶段，2001—2013 年是探索研究阶段，2014 年至今是培育成长阶段。

探索研究阶段（2001—2013 年）

2001 年《信托法》的颁布和施行，推进了中国境内信托业务的发展并逐步涉及房地产信托业务。同年，国家发展改革委牵头起草了《产业投资基金管理暂行办法》并向社会公开征求意见。虽然房地产信托与标准化 REITs 具有很大的差异，但其一度引起了公众对 REITs

的讨论热潮，中国境内 REITs 开始进入萌芽阶段。

2002 年，上海国际信托投资有限公司推出“新上海国际大厦项目资金信托计划”，这是境内第一只真正意义上的房地产信托产品。随后，10 余家信托投资公司纷纷推出类似的信托产品。中国境内市场开展信托业务后，开始逐渐开展房地产信托业务。房地产投资信托计划具有非标准化私募属性，期限一般为 1 ~2 年，其投资主要集中在房地产的开发过程，是房地产开发的类信贷融资工具。

2004 年 1 月，国务院发布《国务院关于推进资本市场改革开放和稳定发展的若干意见》（后简称《意见》），开始探索资产证券化业务。《意见》表明，中国开始认识到发展包括 REITs 在内的资本市场的重要性，并且在完善相关政策目的的同时推进资本市场的改革开放和稳定发展。

2005 年，越秀集团在香港市场成功发行了越秀 REIT。而 2006 年，建设部等六部门联合发布了《关于规范房地产市场外资准入和管理的意见》，通过投资主体、资金、外汇管理等多方面的规定，对外商投资中国房地产进行了限制，同时也导致境内企业在境外发行 REITs 遇到较大障碍。2006 年 12 月，凯德商用中国信托（CRCT）在新加坡交易所上市，它是首个在新加坡上市的投资于中国购物中心的 REIT。

2007 年对于中国境内 REITs 是具有里程碑意义的一年。中国人民银行、中国证监会和中国银监会的 REITs 专题研究小组分别成立，各相关监管部门都开始启动中国境内 REITs 市场建设的推进工作。2008 年，多部门发布的相关文件中，均明确提出发展房地产投资信托基金，标志着境内 REITs 正式进入研究论证阶段。在此期间，监管机构进行了一系列的政策研究论证，也推出一系列政策来支持相关业务的探索，促进了中国境内 REITs 市场的兴起。

2008 年，中国人民银行发布《2007 中国金融市场发展报告》，明确表示要充分利用金融市场存在的创新空间，在未来一段时间内可以择机推出房地产投资信托基金产品。同年 3 月，银监会召集 5 家信托公司共同起草《信托公司房地产投资信托业务管理办法》（征求意见稿），这是 REITs 第一次被提上决策层面。当年，受全球金融危机影响，房地产销售面积、销售额、土地开发面积均大幅下降。为了更好地应对金融危机，2008 年 12 月，《国务院办公厅关于当前金融促进经济发展的若干意见》提出开展房地产投资信托基金试点，拓宽房地产企业融资渠道等一系列政策，并继续加强对市场的监管和对金融体系的完善。

2009 年 1 月，银监会发布《关于当前调整部分信贷监管政策促进经济稳健发展的通知》，积极推动信托公司开展房地产投资信托基金、资产支持信托等直接融资型创新业务。4 月，央行联合银监会、中国证监会等部门成立"REITs 试点管理协调小组"；11 月，央行制定《银行间债券市场房地产信托受益券发行管理办法》，北京、上海和天津成为试点城市。12 月，《国务院关于推进海南国际旅游岛建设发展的若干意见》提出，保持房地产行业平稳健康发展，条件成熟时，在海南开展房地产投资信托基金试点。

2012 年 8 月，天房集团保障房资产支持票据（ABN）成为中国境内第一单银行间 REITs 产品。作为试点城市，天津的保障房 REITs 对中国境内后来的房屋租赁 REITs 起到了示范作用。

培育成长阶段（2014 年至今）

2014 年是中国境内 REITs 市场进入实质性发展阶段的开局之年，5 月，《国务院关于进一步促进资本市场健康发展的若干意见》提出，统筹推进符合条件的资产证券化发展；9 月，中国人民银行与银监会联合发布《关于进一步做好住房金融服务工作的通知》，提出积极稳妥开展 REITs 试点。

2014 年 5 月发行的中信启航 REIT 是中国境内第一单交易所 REITs 产品，也是中国境内第一只真正的权益型类 REITs 产品，对中国 REITs 的发展产生了深远的影响，该产品首次创设了"私募基金 + 专项计划"的双特殊目的载体结构，即目前被广泛认可的类 REITs 结构。其后，苏宁云商 REIT 发行，该项目代表了另一种交易结构的诞生：通过资产支持证券实现抵押贷款和权益价值的证券化，通过主体信用补足实现了资产盘活，是回购型类 REITs 的范例。

2015 年 1 月，住建部发布《关于加快培育和发展住房租赁市场的指导意见》（后简称《意见》），其主要目的是大力发展住房租赁市场，《意见》中明确指出，要积极推进 REITs 试点，并积极鼓励投资 REITs 产品。通过发行 REITs 充分促进社会资金进入租赁市场。但是，在积极推进和鼓励的同时，也加强了监管力度。在市场建设方面，中国境内 REITs 市场的产品结构设计基本成熟，并由此迎来了快速增长期。市场机构通过一个个项目，对产品结构进行了多种尝试和突破，采用权益型结构的天虹商场项目，采用固定收益结构的苏宁云商二期项目、浦发大厦项目、云南城投酒店项目等陆续发行。2015 年 6 月，首次使用公募基金作为发行载体的鹏华前海万科 REIT 成功发行，该产品被定性为封闭式混合型发起式基金，是类 REITs 产品在流动性上实现的重大突破。2015 年 12 月，北京华联商业信托在新加坡交易所成功发行，是新加坡交易所发行的首单中国企业 REITs。

2016 年 3 月，《国务院批转国家发展改革委关于 2016 年深化经济体制改革重点工作意见的通知》提出，支持开展基础设施资产证券化试点，研究制定房地产投资信托基金规则，积极推进试点。5 月，国务院办公厅印发《关于加快培育和发展住房租赁市场的若干意见》，支持符合条件的住房租赁企业发行不动产证券化产品，稳步推进 REITs 试点。10 月，国务院发布《国务院关于积极稳妥降低企业杠杆率的意见》，支持房地产企业通过发展房地产投资信托基金向轻资产经营模式转型。12 月，国家发展改革委、中国证监会联合印发《关于推进传统基础设施领域政府和社会资本合作（PPP）项目资产证券化相关工作的通知》，提出要共同推动不动产投资信托基金发展，充分依托资本市场积极推进符合条件的 PPP 项目通过资产证券化方式实现市场化融资，提高资金使用效率以进一步支持传统基础设施项目的建设。

2017 年 6 月，财政部、中国人民银行、中国证监会联合发布《关于规范开展政府和社会资本合作项目资产证券化有关事宜的通知》，推动不动产投资信托基金发展，鼓励各类市场资金投资 PPP 项目资产证券化产品。同年 7 月，九部委联合印发《关于在人口净流入的大中城市加快发展住房租赁市场的通知》，鼓励地方政府出台优惠政策，积极支持并推动发展房地产投资信托基金，加快发展住房租赁市场。同时，党的十九大报告指出，坚持“房子是用来住的、不是用来炒的”定位，对于租赁住房证券化产品的规模化发展起到了积极的引导作用，租赁住房市场的发展也为 REITs 提供了大量优质的基础资产。2017 年 8 月，勒泰 REIT 发行，勒泰 REIT 不仅是境内首单不依赖主体评级的 REITs 产品，也是首单非一线城市优质商业 REITs 产品；10 月，保利租赁住房 REIT 发行，是第一只储架类 REITs 产品。

2018 年 1 月 24 日，中国保监会发布了《保险资金运用管理办法》，该办法第十五条提出，保险资金可以投资资产证券化产品，所称的资产证券化产品是指，金融机构以可特定化的基础资产所产生的现金流为偿付支持，通过结构化等方式进行信用增级，在此基础上发行的金融产品。2018 年 2 月，《深圳证券交易所发展战略规划纲要（2018—2020 年）》发布，提出全力开展 REITs 产品创新。2018 年 4 月，中国证监会、住建部联合发布《关于推进住房租赁资产证券化相关工作的通知》，重点支持住房租赁企业发行以其持有的不动产物业作为底层资产的权益类资产证券化产品，积极推动多类型具有债权性质的资产证券化产品，试点发行房地产投资信托基金。2018 年年底，党中央、国务院同意，国务院正式批复《河北雄安新区总体规划（2018—2035 年）》。此前的《河北雄安新区规划纲要》指出，建立租购并举的住房制度，探索房地产金融产品创新。

进入 2019 年，中国人民银行、国家发展改革委、中国证监会等监管机构在公募 REITs 推出之路上有所加速，市场调研和研讨密集进行。2019 年 1 月 1 日，上海证券交易所在新年致辞中表示，进一步发挥债券市场直接融资功能，深化债券产品创新，推动公募 REITs 试点，加快发展租赁住房 REITs。2019 年 1 月 22 日，深圳证券交易所组织召开债券监管发展业务座谈会，会议指出，深化市场改革创新，加大力度推进公募REITs规则出台及业务试点，力争取得进一步突破。2019年3月至5月，国家发展改革委、中国证监会、上海证券交易所、深圳证券交易所、北京大学光华管理学院、中咨公司的联合调研小组在重点地区进行基础设施REITs的相关调研。

2019年3月，菜鸟仓储物流基础设施类REIT产品在上海证券交易所发行，是中国境内首单可扩募的REITs产品，同时也是首单新零售仓储基础设施REITs产品。2019年4月，海南人才租赁住房类REIT在深圳证券交易所挂牌，是中国境内首单省级人才租赁类REITs产品。2019年9月，中国境内首单基础设施类REITs产品沪杭甬徽杭高速REIT发行成功。2019年12月，招商局商业房托基金在香港联合交易所主板成功挂牌上市，这是自2013年以来在香港上市的首只内地房地产投资信托基金，也是自2006年以来首只由内地国有企业资产分拆在香港上市的房地产投资信托基金。

自2014年中信启航REIT发行以来，中国类REITs市场迅速扩容，根据上海证券交易所和深圳证券交易所公布的数据，截至2019年6月，中国类REITs已发行52只，发行规模达1 058亿元。2017年和2018年共发行31单类REITs产品，类REITs市场迎来了快速增长期。

2020年1月，中国证监会召开2020年系统工作会议，指出稳妥推动基础设施REITs试点。

2020年4月30日，中国证监会和国家发展改革委共同发布《关于推进基础设施领域不动产投资信托基金（REITs）试点相关工作的通知》，同时发布《公开募集基础设施证券投资基金指引（试行）》公开征求意见，正式启动基础设施领域的公募REITs试点工作，标志着中国公募REITs制度与市场建设正式拉开帷幕。

近年来，在国家发展改革委、住建部、国家税务总局、中国证监会等有关部门的支持下，国内企业、金融机构、研究单位积极开展REITs理论和政策研究。北京大学光华管理学院REITs课题组发布了REITs系列研究报告，系统、深入、完整地论述了中国REITs市场发展与建设的重要问题，包括意义与可行性、路径选择、产品结构、税制、管理模式、市场规模，以及基础资产类别（基础设施、租赁住房）等各个方面。在《中国金融》《金融研究》《国际金融研究》等核心学术刊物中，刘俏、闫云松等专家学者发表了关于改善地方政府投融资生态，促进中国 REITs 市场建设的大量理论成果。多位企业家两会代表连续多年发表关于中国 REITs 市场建设的相关提案。对建设 REITs 市场的意义、可行性、主要问题及解决建议等进行了深入探讨。资产管理人、评估机构、律师事务所、审计机构、评级机构等各个机构主体，对如何进一步完善中国类 REITs 市场以及如何推出和发展公募 REITs 市场提供了大量有益且具有可行性的专业建议。

探索初期的主要问题

中国境内之所以未能推出标准化 REITs 产品，初期的主要问题包括：

第一，缺乏对 REITs 的正确认识。在发展初期，由于对 REITs 的本质和作用理解不深，出现了“REITs 是为不动产行业加杠杆的融资工具”，“把房地产风险转嫁到证券市场”等错误观点。实际上，REITs 产品的特性决定了它的基本投资策略是长期价值投资，为不动产金融树立了以现金流为基础，并且反映真实资产价值的标杆。REITs 将拓宽投资者的投资可行集，引导长期资金进入 REITs 市场，事实上能抑制不动产实物资产市场的投机行为。

第二，缺少针对 REITs 的法律定位和法规框架。美国通过国内税法规定了成立 REITs 需要满足的各方面的要求，中国香港、新加坡等市场则采用 REITs 专项立法来正式推出标准化 REITs 产品。目前发行的类 REITs 产品在投资期限、投资范围、收益来源、负债限制、信息披露、关联交易、分配方式等诸多方面仍没有统一制度规范。而进行专项立法或单独设立监管机构牵涉面广，制度规范的成本较高。

第三，现有税收环境约束 REITs 的发展。REITs 发展较为成熟的市场均为 REITs 产品设计了税收优惠方案。鉴于中国境内没有专门针对 REITs 产品的法律框架，REITs 产品相对于其他非不动产投资基金存在一定的税收劣势，对 REITs 最终的收益具有较大影响。特别是，在 REITs 产品结构搭建过程中，大量项目涉及底层不动产产权的剥离和重组。在当前国内税法环境下，资产重组过程中通常涉及土地增值税、契税、增值税、企业所得税等大量税费成本。

第四，REITs 市场的相关基础条件不成熟。中国不动产高速发展，不动产行业短期积累了巨大体量，但是相关的金融发展相对滞后。REITs 产品同时具备金融属性和不动产属性，需要必要的配套基础设施，如熟悉不动产行业的投资银行、评级机构、律师事务所等专业中介机构，成熟的物业管理市场，以及一定数量的不动产资产管理人才等。

随着市场的不断发展，经验持续积累，经过监管部门前期扎实有效的推动以及发行人、投资机构的积极探索，初期的大部分约束问题都已经获得相当程度的突破。各相关主体对 REITs 的认识不断深化，并形成共识。特别是从 2014 年开始，在类 REITs 市场实践中，REITs 相关的产品设计、法律法规和配套基础设施在不断形成、积累乃至突破。

5 万亿 ~ 14 万亿元

REITs 的基础资产非常广泛，不仅包括写字楼、零售物业、酒店公寓、厂房货仓、医院、养老院等，还包括机场、港口、输电塔、管道、数据中心等基础设施。2016 年，中国已经超过美国，成为全球建筑资产规模最大的国家。中国建筑资产规模的增长，是中国前所未有的基础设施投资浪潮的结果。过去多年，中国将 GDP 的 9% 用于基础设施开发，而美国的这个数字是 2%。如果这种投资规模维持下去，到 2025 年，中国建筑资产规模将达到 97 万亿美元，比美国的 45 万亿美元高出一倍多，同时也将高于美国、日本、印度和德国 4 个国家的总和。目前，中国不动产市场规模已经高达 44 万亿美元。中国主要城市的零售商业物业及写字楼物业存量庞大，虽然中国商业地产资产证券化产品发行总量仅为 128 亿美元，但其发展空间巨大。

目前全球范围内已有美国、澳大利亚、加拿大、日本、韩国、新加坡、中国香港等42个国家和地区相继推出REITs，全球市值超过2万亿美元。2006—2018年全球主要国家和地区REITs发行规模见表9.1。

表9.1 2006—2018年全球主要国家和地区REITs发行规模

年份（年）	美国		中国香港		新加坡		澳大利亚	
	市值（十亿美元）	上市数量（只）	市值（十亿美元）	上市数量（只）	市值（十亿美元）	上市数量（只）	市值（十亿美元）	上市数量（只）
2006	516.21	191	6.82	5	14.90	16	102.46	57
2007	398.98	167	8.46	7	18.25	18	107.26	60
2008	244.59	161	5.99	7	8.26	18	39.88	59
2009	347.01	166	9.52	7	19.32	18	69.31	54
2010	455.50	195	12.37	7	27.90	22	79.45	59
2011	517.18	200	15.18	8	26.23	22	74.58	59
2012	670.28	213	21.10	8	41.58	24	93.44	54
2013	739.83	232	21.42	10	44.63	30	83.52	61
2014	972.70	253	24.66	10	50.34	34	88.66	59
2015	984.07	260	23.82	10	44.27	36	88.20	58
2016	1 007.00	258	24.98	10	47.58	38	97.20	60
2017	1 109.16	247	33.40	11	54.28	31	159.66	54
2018	1 082.57	249	35.88	11	57.96	34	159.20	55

资料来源：彭博。

表9.2显示了2006—2018年全球各个国家和地区GDP和上市公司的总市值。2018年中国内地GDP总量是90万亿元，增速为6.6%，按美元计算，总量超过1.3万亿美元；美国2018年GDP总量约为20.6万亿美元。同时，在金融危机后，中国上市公司总市值不断上涨，于2017年达到9万亿美元，2018年年底为7万亿美元；美国上市公司2018年的总市值为29万亿美元。

表9.3显示了2006—2018年全球主要国家和地区REITs市值相对于其GDP及上市公司总市值的占比情况。基于这两个相对指标，我们来估计中国境内REITs市场的规模。

表 9.2 2006—2018 年全球各个国家和地区 GDP 和上市公司的总市值

（单位：十亿美元）

年份（年）	美国		中国香港		新加坡		澳大利亚		中国内地	
	GDP	总市值	GDP	总市值	GDP	总市值	GDP	总市值	GDP	总市值
2006	13 855.9	19 569.0	193.5	1 715.0	147.8	384.3	747.6	1 095.9	2 752.1	1 145.5
2007	14 477.6	19 922.3	211.6	2 654.4	180.0	539.2	853.8	1 298.3	3 552.2	4 478.9
2008	14 718.6	11 590.3	219.3	1 328.8	192.2	265.0	1 055.3	683.9	4 598.2	1 778.8
2009	14 418.7	15 077.3	214.1	2 305.1	192.4	481.2	927.2	1 261.9	5 110.0	3 573.2
2010	14 964.4	17 283.5	228.6	2 711.3	236.4	647.2	1 142.9	1 454.5	6 100.6	4 027.8
2011	15 517.9	15 640.7	248.5	2 258.0	275.6	598.3	1 390.6	1 198.2	7 572.6	3 412.1
2012	16 155.3	18 668.3	262.6	2 831.9	289.2	765.1	1 538.2	1 386.9	8 560.6	3 697.4
2013	16 691.5	24 034.9	275.7	3 100.8	302.5	744.4	1 567.2	1 366.0	9 607.2	3 949.1
2014	17 393.1	26 330.6	291.5	3 233.0	308.1	752.8	1 459.6	1 288.7	10 482.4	6 004.9
2015	18 036.7	25 067.5	309.4	3 184.9	296.8	640.0	1 345.4	1 187.1	11 064.7	8 188.0
2016	18 569.1	27 352.2	320.9	3 193.2	297.0	640.4	1 204.6	1 268.5	11 199.2	7 320.7
2017	19 519.4	30 006.9	341.6	4 347.1	338.4	787.5	1 330.8	1 480.1	12 863.5	9 411.2
2018	20 580.2	29 053.2	363.0	3 704.0	364.2	695.8	1 432.2	1 270.7	13 606.0	6 967.6

资料来源：彭博。

表 9.3 2006—2018 年全球主要国家和地区 REITs 市值相对于其 GDP 及上市公司总市值的占比情况 （单位：%）

年份（年）	美国		中国香港		新加坡		澳大利亚	
	REITs/GDP	REITs/总市值	REITs/GDP	REITs/总市值	REITs/GDP	REITs/总市值	REITs/GDP	REITs/总市值
2006	3.73	2.64	3.52	0.40	10.08	3.88	13.71	9.35
2007	2.76	2.00	4.00	0.32	10.14	3.38	12.56	8.26
2008	1.66	2.11	2.73	0.45	4.30	3.12	3.78	5.83
2009	2.41	2.30	4.45	0.41	10.04	4.01	7.48	5.49
2010	3.04	2.64	5.41	0.46	11.80	4.31	6.95	5.46
2011	3.33	3.31	6.11	0.67	9.52	4.38	5.36	6.22
2012	4.15	3.59	8.03	0.75	14.38	5.43	6.07	6.74
2013	4.43	3.08	7.77	0.69	14.75	6.00	5.33	6.11
2014	5.59	3.69	8.46	0.76	16.34	6.69	6.07	6.88
2015	5.46	3.93	7.70	0.75	14.91	6.92	6.56	7.43
2016	5.42	3.68	7.78	0.78	16.02	7.43	8.07	7.66
2017	5.68	3.70	9.78	0.77	16.04	6.89	12.00	10.79
2018	5.26	3.73	9.88	0.97	15.91	8.33	11.12	12.53

资料来源：彭博。

第一，REITs 市值占 GDP 的比重。总体来看，2006—2018 年，全球主要市场 REITs 市值占 GDP 的比重逐渐提升。2018 年，该指标为 5.26% ~ 15.91%，其中，新加坡最高，达 15.91%；美国最低，虽然其 REITs 市值达到 1.08 万亿美元，但由于经济总量巨大，美国 REITs 市值只占 GDP 的 5.26%。从横截面来看，该指标多分布于 7% 附近。2018 年中国境内的 GDP 为 90 万亿元，根据该指标简单推算，中国境内 REITs 市场规模为 4.5 万亿 ~ 14.4 万亿元，中位数为 9 万亿元。

第二，REITs 市值占上市公司总市值的比重。总体来看，2006—2018 年，全球主要 REITs 市场占其上市公司总市值的比重逐渐提升。2018 年，该指标为 0.97% ~ 12.53%，其中澳大利亚最高，达 12.53%，中国香港最低，只有 0.97%。2018 年，中国境内上市公司总市值约为43.5万亿元。由于资本市场发展阶段和国际化程度不同，各股票市场的可比性较弱。我们根据该指标在主要市场的中位数进行简单推算，预计中国境内REITs市场规模为5万亿元左右。

根据全球主要市场的REITs规模与其经济总量和上市公司总市值的关系，结合中国境内的相关数据，推算中国境内公募REITs市场规模为5万亿~14万亿元。基于以下原因，我们认为这个估计是相对保守的，未来中国REITs市场的实际规模可能远高于这一结果。

第一，PPP基础设施投资项目为REITs提供大量的资产来源，是PPP投资退出的重要通道。目前，中国已成为世界最大的PPP市场。根据财政部PPP中心发布的《全国PPP综合信息平台管理库项目2019年报》，2014年至2019年年末，PPP中心管理库中项目累计9 440个，项目投资额累计14.4万亿元，覆盖31个省份及新疆兵团，涉及19个行业领域；落地项目累计6 330个，投资额达9.9万亿元，项目平均落地率为67.1%。未来二三十年，中国城镇化仍将继续处于发展期，基础设施投资是中国城镇化战略的重要基石。根据现有存量数据，基础设施REITs的潜在市场规模达万亿级，而考虑增量的基础设施投资，则会使基础资产规模再翻一倍。

第二，随着中国城市化进程的加快，城市人口的增加将创造一个巨大的房屋租赁市场。链家研究院2016年年底发布的《租赁崛起》报告指出：目前中国房屋租赁市场规模是1.1万亿元，预计到2025年，将增长到2.9万亿元，到2030年将超过4万亿元。事实上，中国正在经历一个人口向沿江、沿海、沿主要交通线地区聚集的大迁徙，超大城市和特大城市人口继续增长，而且平均年龄低，居留时间长，长期租房需求日益旺盛。[①] 在未来一段时期，以珠三角、长三角、京津冀、长江中游和成渝城市群为代表的五大城市群仍将是我国流动人口的主

① 《中国流动人口发展报告2016》的调查数据显示，2015年，中国流动人口规模达2.47亿，占总人口的18%；流动人口平均年龄为28.1岁；流动人口在当地平均居住时间为56.9个月，半数流动人口有意愿继续在流入地居住5年以上，其中上海、北京有长期居住意愿的比例分别为67.4%和62.7%。

要集聚区和城镇化的主战场。[①] 十九大报告指出，坚持“房子是用来住的、不是用来炒的”定位，加快建立多主体供给、多渠道保障、租购并举的住房制度，让全体人民住有所居。在政策红利下，住房租赁的市场空间将非常广阔。而根据全球发达经济体的经验，REITs 是解决住房租赁融资来源的重要渠道。REITs 收购住房并出租经营，有助于消化住房市场库存，盘活存量住房并加以有效利用，从而提高资源利用效率和住房租赁市场的活力。住房租赁市场的增长将为 REITs 市场规模的增长提供动力。

2018 年年底，中国固定资本形成总额是 38 万亿元，约合 5.7 万亿美元，同年，美国固定资本形成总额约为 3 万亿美元，中国固定资本形成总额约为美国的 1.9 倍。因此，考虑到中国城市化人口数量、不动产总量和固定资产投资明显超过美国，中国 REITs 市场进入成熟阶段后，规模将远超美国，具有广阔的发展空间。因此，保守估计，中国公募 REITs 市场规模将达到 5 万亿 ~ 14 万亿元。考虑到中国基础设施建设的巨大需求和城市化人口的增长，预期未来中国公募 REITs 市场将具有更大的规模和体量。

① 详见国家卫生健康委发布的最新报告《中国流动人口发展报告 2018》。

第十章
类 REITs 市场

中国境内目前尚未推出标准化公募 REITs，但监管部门和各市场主体在不动产证券化方面的探索一直没有停止过。一方面，中国在境外市场尝试发行以境内资产为投资标的的 REITs 产品。2005 年，越秀 REITs 赴港发行，成为中国首只境外发行的 REITs 产品，开启了境外发行 REITs 的序幕。截至 2018 年年底，以越秀 REIT、凯德商用中国信托、北京华联商业 REIT 等为代表的 15 只 REITs 已经在香港交易所、新加坡交易所上市。另一方面，在中国现有监管法律框架下推出与成熟市场标准化 REITs 的功能具有一定相似性的类 REITs 产品。中国境内类 REITs 主要包括两种，一种是以鹏华前海万科 REITs 为代表的公募类 REITs，但受限于现有的法律框架，该类基金投资不动产资产的比例不得超过基金资产的 50%，持有的不动产资产也不是商业物业的产权，而是有固定期限的 BOT 收益权，这导致投资者不能获得不动产增值的收益。基于上述问题，在鹏华前海万科 REIT 之后，再无同类公募类 REITs 产品问世。

以中信启航 REIT 为代表的私募类 REITs 是中国境内更主流、更具规模的类 REITs，其实质是以资产支持专项计划为载体的不动产资产证券化，以私募方式发行，在交易所、银行间市场、机构间私募产品报价与服务系统等交易场所挂牌交易。自 2014 年以来，中国境内类 REITs 市场发展速度逐步加快，截至 2019 年上半年，中国境内已发行 52 只类 REITs，发行规模达 1 058 亿元。在中国境内尚未正式出台公募 REITs 制度的时期，借鉴 REITs 的核心理念，探索开展类 REITs 业务，已成为中国资产证券化业务的重要组成部分，有利于促进不动产市场的健康发展，促进盘活存量资产，降低发行企业杠杆率，是资本市场和资产管理行业服务实体经济的重要手段。通过这些基于资产信用的产品的实践，市场对类 REITs 的理解越来越深，对公募 REITs 的呼声也越来越高。

快速发展的类 REITs 市场

中国境内市场的私募类 REITs 产品主要以资产支持证券的形态出现，主要在交易所、银行间市场、机构间私募产品报价与服务系统等交易场所以公募或私募方式发行。多数是以持有物业的公司股权或应收账款的方式设立的。在证券发行上对投资者仍然有适当性的管理要求，没有实现完全公开募集。2014—2019 年，中国境内已发行类 REITs 持有物业类型主要包括写字楼、购物中心、零售门店、租赁住房、酒店、物流仓储、书店和社区商业等。其中排名前三的物业类型为购物中心、写字楼和零售门店，2018 年以来中国境内类 REITs 基础资产主要集中在购物中心、写字楼、租赁住房等领域，其长期、稳定的租金收入为类 REITs 提供了稳定的现金流以偿还利息。以 2019 年以来发行的类 REITs 产品为例，标的物业主要分布在一线城市，特别是北京、上海，以及其他强二线城市。2014 年至 2019 年上半年中国境内类 REITs 市场发展情况如图 10. 1 所示。中国境内类 REITs 底层物业资产类型的发行金额占比（截至 2019 年 3 月）如图 10. 2 所示。

类 REITs 原始权益人（基础资产的原始持有者）涉及的行业分布广泛（见图 10. 3），数据显示，截至 2019 年 3 月，住宅开发企业作为原始权益人的占比为 41. 49%，其次，25. 90% 的原始权益人的行业背景为商业零售，金融企业占 18. 37%。以 2019 年 9 月发行的两只类 REITs 产品为例，华侨城租赁住房 REITs 项目储架规模 100 亿元，第一期发行规模为 21. 50 亿元，底层资产涉及租赁住房，本期项目原始权

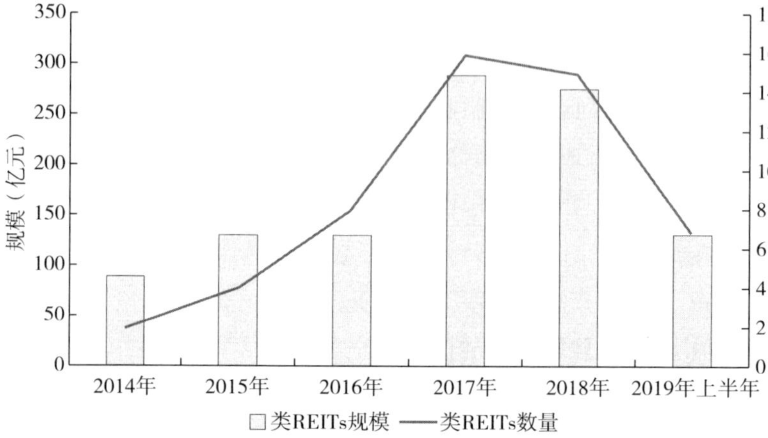

图 10.1　2014 年至 2019 年上半年中国境内类 REITs 市场发展情况

资料来源：上海证券交易所、深圳证券交易所。

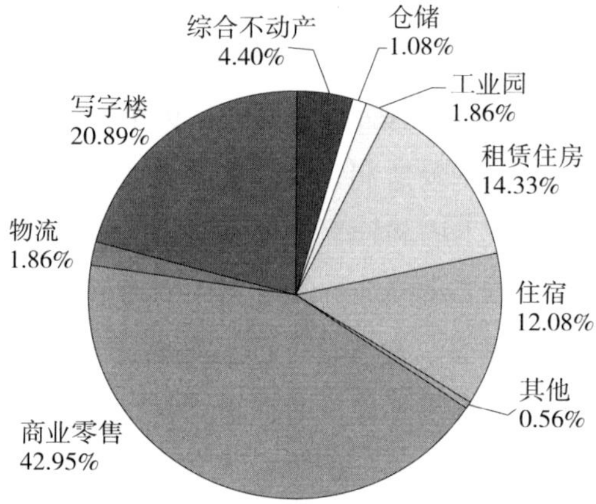

图 10.2　中国境内类 REITs 底层物业资产类型的发行金额占比（截至 2019 年 3 月）

资料来源：上海证券交易所、深圳证券交易所

益人为华侨城集团。作为内地首只基础设施类 REITs 产品，沪杭甬徽杭高速 REIT 以浙江沪杭甬高速股份有限公司（简称沪杭甬公司）为原始权益人，以沪杭甬公司旗下的徽杭高速公路（安徽段）为底层资产，产品发行规模 20.13 亿元。

类 REITs 主要为私募发行，流动性较差，主要由机构投资者持有。该产品往往分为优先级和劣后级，劣后级可以对优先级起到结构化增

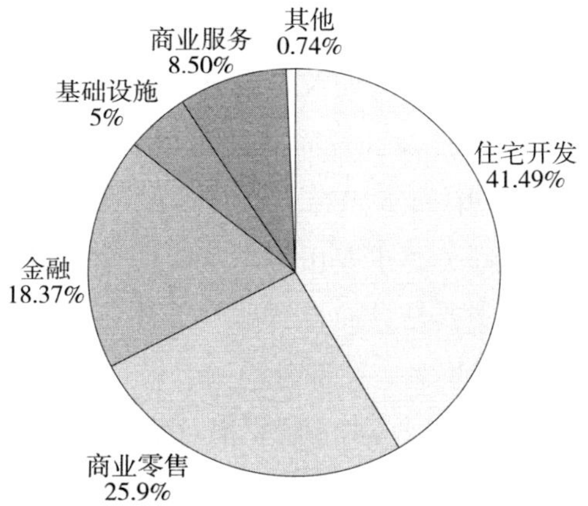

图 10.3　截至 2019 年 3 月原始权益人所处行业发行金额占比

资料来源：上海证券交易所、深圳证券交易所。

信的作用。类 REITs 优先级呈债权特征，具有长久期、收益适中、风险较低的特点，适合负债端成本较低且久期较长、风险偏好较低、希望长期获得稳定回报的投资者持有。一般来说，优先级投资者基本都是银行和保险公司，因为银行和保险公司的资金具有低风险、低成本、要求稳定回报的特点。银行理财资金是目前类 REITs 优先级市场最大的需求者，在资管新规出台之前，银行理财资金有较强的类 REITs 产品配置意愿，银行可以通过资金池运作规避类 REITs 产品流动性差、难以进行质押融资的负面影响。尽管资管新规对银行的资金池业务进行限制，但类 REITs 产品由于其低风险、高收益的特性，对银行理财资金仍具吸引力，由于资管新规对非标产品的严格管控收紧了持有不动产的重资产企业通过非标产品融资的通道，在交易所挂牌的类 REITs 产品因其标准化属性并不受资管新规的影响，成为重资产企业获得银行资金的新方式。银行自营资金是目前类 REITs 优先级市场的另一大投资方，由于银行自营资金投资 AA - 以上评级的企业资产支持证券的风险权重仅有 20%，而类 REITs 投资对银行资本金的占用较少，相比风险权重为 100% 的信用债优势明显，收益率较同期限、同等级信用债高出近 100 个基点，而优先级的违约风险很小，叠加类 REITs 规模大、重资产的特性，使其备受银行自营资金青睐。

类REITs的次级呈股权特征，具有久期长、收益高、风险高的特点，适合负债端成本较高且久期较长、风险偏好较高且偏好股权投资的机构投资者持有，同时投资者需要拥有较强的资金运营管理能力。截至2019年上半年，中国境内类REITs偏股权的次级的平均占比为20%左右。而劣后级部分，主要由类REITs的原始权益人自持，少部分对外销售，购买者主要是券商自营账户、高风险资管账户、私募基金等风险偏好较高的投资者，此部分投资者较优先级投资者需承担更大的估值风险，因而其对收益的要求相对更高。投资者持有的优先级类REITs更多呈现出债权特征，而成熟市场REITs更多呈现股权特征。这可能与中国境内投资者对REITs产品的认知较为匮乏，投资的风险偏好相对较低有关。

资产支持证券模式下的类REITs对各类投资者的投资价值和吸引力仍有局限性：其一，类REITs均采用面对机构投资者的私募发行方式，个人投资者难以参与，无法体现金融的普惠性；其二，类REITs市场的流动性严重不足，限制了风控体系严格、流动性需求较高、负债端稳定性不足的各类机构投资者的参与；其三，类REITs的债权属性浓厚，而权益属性严重不足，劣后级比例较低且多由发起人自持，使类REITs投资者难以分享不动产增值的收益，也限制了权益类投资者参与类REITs市场。与类REITs市场相比，标准化公募REITs是具有普惠性、高收益风险比、高流动性的权益类大类资产，能够解决类REITs市场存在的诸多问题。从这个角度看，在类REITs市场基础上，建设一个真正有效的标准化公募REITs市场的意义重大。

资产支持证券架构

中国境内已发行的类REITs产品是采用中国市场资产支持证券架构来搭建的，多数的实现方式为由资产支持专项计划持有私募基金份额，私募基金通过股权和债权的方式持有项目公司，项目公司持有底层资产。在产品架构中，专项计划为产品的资金提供通道，计划经交易所审批后，向合格投资者募集资金，根据交易安排实现对基础资产的权利受让；产品主要包括5个主体，即投资者（持有资产支持计划）、原始权益人（基础资产的原始持有者）、基金管理人（管理私募基金）、计划管理人（管理资产支持专项计划）和资产服务/运营服务机构（管理目标资产）。[①] 发起人在发行类REITs产品时往往同时进行外部增信，如包括基于优先购买权的权利维持费、差额支付、流动性支持、各类触发机制等，以保障优先级能够保本保收益。目前，多数已发行的类REITs产品中的优先级份额对外发售，而劣后级份额多由原始权益人或其关联主体持有。劣后级份额的设计一方面满足了原始权益人享有资产增值收益的要求，另一方面也给未来劣后级份额的转让，包括上市或其他对外出售提供对接机会。

根据标的物业资产权属是否转移，类REITs产品被划分为“过户型REITs”和“抵押型REITs。”[②] “过户型REITs”的显著特征是标的物业资产所有权的变更，投资者通过投资REITs产品间接获得标的物业资产的所有权。“抵押型REITs”通常以商业物业抵押贷款的信托受益权为基础资产，投资者仅享有物业资产的抵押权，不涉及产权变更。由于“抵押型REITs”的交易结构相对简单，下面将重点讨论“过户型REITs”产品的交易结构。从具体的发行设立流程来看，以较为复杂的“资产支持专项计划+私募基金+特殊目的载体”三层结构为例，梳理如下（见图10.4）：

1. 原始权益人通过内部重组将目标资产置入特殊目的载体名下，为后续特殊目的载体股权转入类REITs产品打下基础。

---

① 在资产支持证券架构中，基础资产通常指私募基金份额，而底层物业资产则表述为目标资产。

② 市场上还有另一种分类的说法：将劣后级中由关联方认购的产品称为抵押型类REITs，将劣后级中由第三方机构市场化认购的称为权益型类REITs。这种说法是按照持有劣后级的动机来分类，在学术理论界不多见。

2. 基金管理人发起私募基金，由原始权益人认购全部份额，拟安排该基金于资产支持专项计划设立日购买特殊目的载体 100% 的股权。
3. 投资者认购计划管理人成立的资产支持专项计划，并于资产支持专项计划设立日向原始权益人购买其持有的全部私募基金份额，至此，投资者间接持有目标资产。

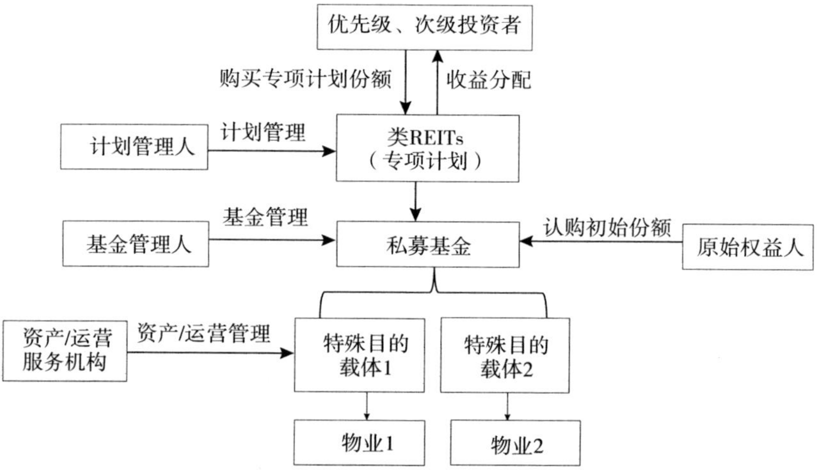

图 10.4　类 REITs 交易结构

以上股权关系可以表述为：投资者→资产支持专项计划→私募基金→特殊目的载体→目标资产。其中，设立项目公司（特殊目的载体）的目的主要是出于交易便捷性以及再交易成本的考虑：首先，工商部门的股权变更登记手续相对于国土部门的不动产变更登记手续更为简便，办理时限较短；其次，物业过户牵涉到契税、土地增值税、增值税等较为繁重的税负，股权变更则不需要考虑上述税费，在产品退出时可节约一定的交易成本；最后，项目公司作为法定组织，可将物业在产品存续期间的收入、支出以标准的公司财务报告形式呈现，可为物业在产品存续期间的运营情况提供客观清晰的判断依据。在实践中，通常将契约型基金作为私募基金的法律载体。私募基金在类 REITs 资产支持专项计划中的意义，主要有以下 4 点：

第一，在该架构下，计划管理人多为证券公司。根据监管规定，证券公司不得直接投资非上市公司股权，因此，计划管理人代表计划份额持有人的利益持有项目公司股权具有法律障碍，在工商登记以及后续监管报批过程中存在法律风险。加入私募基金结构后，基金管理人可替代资产支持专项计划直接持有项目公司股权，且上述行为不存在法律限制，由此可以保障类 REITs 资产支持专项计划产品架构的顺利搭建。

第二，中国境内目前现行的税收法律体系仍然无法解决投资者以及项目公司所得税的双重征税问题，通过私募基金直接持有项目公司股权并在现行税务框架允许的范围内向项目公司发放股东借款，是目前类 REITs 较多采用的税务优化方案。通过上述方式，项目公司获取的物业经营收益可以作为股东借款利息直接被提取至基金层面，进而分配给基金份额持有人，而项目公司所持物业经营收入与利息成本相抵扣，并不产生额外的所得税费用。

第三，私募基金与项目公司构成的产品结构无论是对产品持有人还是未来在产品存续期满后可能受让基础资产的第三方均有重要意义。鉴于契约型基金份额转让便利，且持有人（资产支持专项计划）单一，对基础资产有购买意向的第三方市场机构完全可以在产品存续期满后，通过受让私募基金份额的方式购买基础资产，从而保留原有的税收优化结构，实现基础资产的获取以及产品份额持有人的退出。

第四，契约型私募基金具有设立简便快捷、标准化程度高、登记备案系统完善的优势。在监管政策允许的情况下，由契约型私募基金直接对接公募 REITs 的操作难度较低且避免了现有资管产品的复杂分层，具有一定的可操作性。

持续创新的市场

类 REITs 产品的推陈出新，既在实操层面为中国境内标准化 REITs

的落地夯实了基础，又通过创新示范效应，普及了 REITs 知识理念，推动了股权购买市场的发展。2012 年 8 月，首单银行间类 REITs 产品天房集团保障房资产支持票据发行，发行规模为 20 亿元；2014 年 5 月，首单交易所类 REITs——中信启航 REIT，作为中国境内首单与标准化 REITs 产品具有一定相似性的类 REITs 发行，之后，类 REITs 产品在交易结构、会计处理、税务筹划和资产评估等方面越发成熟，创新速度不断加快。

2017 年 8 月，中国境内首单不依赖主体评级的交易所类 REITs 产品勒泰 REIT 发行，发行规模为 35 亿元，该产品的底层资产为勒泰集团旗下项目石家庄勒泰中心，截至 REITs 发行已运营 4 年多，出租率超 95%，租金收入稳定。值得注意的是，该产品创下多个“第一”，既是“首单不依赖主体评级的类 REITs 产品”，也是“首单非一线城市优质商业类 REITs 产品”，且创“同类型类 REITs 成本最低”的纪录。该产品的顺利落地，极大地推进了中国境内类 REITs 市场的发展，也为非一线城市优质商业物业获得资本市场支持提供了可行路径和成功范例，它首次采用了彻底无主体增信，完全基于资产信用的模式，打破了市场对强主体的信用依赖，推动投资逻辑向真正的资产证券化靠拢，成为中国境内类 REITs 产品底层资产筛选、交易架构搭建、风控措施设计的重要参考，并为推动标准化权益型公募 REITs 发展，引导投资者回归证券化以底层资产为核心的本源，进行了有益的铺垫和探索。

2017 年 10 月，保利租赁住房类 REIT 产品的推出开创了在类 REITs 产品中引入“一次审批、分期发行”的储架发行方式的先河，验证了“以 REITs 打通租赁住房企业退出渠道、构建租赁住房完整商业模式闭环”的可行性，为租赁住房资产证券化树立了榜样，成为住房租赁市场的一个标志性事件。作为中国境内首单储架发行类 REITs 产品，其专项计划的总规模为 50 亿元，其中优先级份额占 90%，次级份额占 10%。优先级份额在上海证券交易所公开转让、交易，评级为 AAA 级，并采用储架发行机制，产品期限为 18 年，每 3 年有一个开放期。

底层物业资产是保利地产自持的优质租赁住房，首期价值16.8亿元的物业，来源于九个城市十个项目的1 087套公寓。

在2018年发行的类REITs产品中，创新也从未停止。2018年2月9日，新建元邻里中心REIT发行，产品发行总规模为20.5亿元，其中，优先级14.50亿元，次级6.00亿元。标的资产为位于苏州工业园区的10处邻里中心，本产品是中国境内首单社区商业物业REITs。2018年3月30日，中国境内首单底层资产可赎回REITs中信皖新阅嘉一期资产支持专项计划发行，产品发行总规模5.55亿元，标的资产为位于安徽省经济较发达地区的24家书店资产。本单产品为皖新传媒盘活存量资产，以及内生化发展提供了有效助力，对国有企业的融资也具有重要的标杆示范作用。2018年6月8日，苏宁云新一期资产支持专项计划发行，产品发行总规模34.92亿元，标的资产为分布在14个城市核心地段的苏宁门店物业。作为中国境内首单承续发行的类REITs，该产品对中国境内REITs行业的发展具有重大的创新意义。产品采取了创新的交易结构设计，以新发类REITs的形式无缝承接中国境内较早期的类REITs——原中信华夏苏宁云创二期项目的相关权益，首次真正实现了产品间的闭环运作，在公募REITs正式推出之前，为中国境内已初具规模的类REITs产品以续发类REITs的方式实现退出进行了有效探索并树立了典范。2018年11月1日，深创投安居集团人才租赁住房第一期资产支持专项计划发行，产品发行总规模31.00亿元。其中，优先A级9.30亿元，优先B级15.50亿元，次级6.20亿元。标的资产为位于深圳的公共租赁型住房，该产品是中国境内交易所首单公共人才租赁住房类REITs。2018年12月11日，顺丰产业园一期资产支持专项计划发行，产品发行总规模18.46亿元。其中，优先级11.20亿元，次级7.26亿元。标的资产为顺丰旗下上海青浦产业园和无锡电商产业园，顺丰产业园类REIT是中国境内首单类永续物流地产储架类REITs。该项目的成功发行，是物流地产证券化的又一次积极探索，本次发行的资产支持证券以上述两处产业园资产的剩余土地使用年限为发行期限，最长可延展运作44年；并设计了完善的税务筹划机制和延展运作机制，真正实现了资产的表外运营，投资者可以在产品存续期间持续获得物业运营和物业资产增值带来的收益。

自 2019 年以来，备受市场关注的公募 REITs 的脚步渐行渐近。2019 年 1 月，中国境内首单可扩募物流仓储 REITs 产品——菜鸟仓储 REIT 获上海证券交易所审议通过。本专项计划以菜鸟持有的部分优质高标物流仓储基础设施为底层物业资产，获批规模 50 亿元，首期发行规模 10.7 亿元，其中优先级资产支持证券发行规模 6.7 亿元。本专项计划在产品结构中创新性地引入扩募机制，是内地首单可扩募 REITs 产品，可以实现同一 REITs 下新资产的持续注入，有助于中国物流仓储资产证券化的探索。2019 年 9 月，沪杭甬徽杭高速 REIT 成功发行，是中国境内首单基础设施类 REITs 产品，发行规模为 20.13 亿元，专项计划以沪杭甬公司为原始权益人，以沪杭甬公司旗下的徽杭高速公路（安徽段）为底层资产，这是 REITs 在传统基础设施领域的第一次尝试，基础设施 REITs 必将是未来大类金融资产配置的重要内容。此次专项计划的成功发行，是传统基础设施领域首次尝试“存量带动增量”的滚动发展模式。在保障存量资产高标准运营的前提下，回收资金可继续用于新的基础设施项目的投资，形成良好的投资循环，提升资本使用效率，对中国基础设施领域的长效发展机制的确立具有重要标杆意义。

类 REITs 产品接连推陈出新，既为中国不动产行业解决存量大、融资难、成本高等问题提供了可行渠道，也通过 REITs 知识理念的普及以及市场发展的推动为标准化公募 REITs 的落地奠定了坚实的基础。

类 REITs 和公募 REITs

中国境内类 REITs 产品各有特点，在融资需求、权益属性、专业化运作上与公募 REITs 相似，但类 REITs 仍是一个私募范畴、偏债性的产品，在组织形式、产品交易结构、期限、增信、流动性、分配方式等方面，与全球主流的权益型公募 REITs 仍有差别，详见表 10.1。

表 10.1 类 REITs 与公募 REITs 的比较

维度	类 REITs	公募 REITs
产品属性	以债务性融资产品为主	以权益型融资产品为主
载体	资产支持证券	单位信托、公募基金、公司
组织形式	专项计划	信托基金或投资公司（境内为封闭式公募基金）
入池物业	存续期间物业组成为静态	动态变化，入池物业可新增或出售
交易地点	大宗交易平台	集合竞价平台
退出战略	资产处置	场内交易
投资范围	项目公司股 + 债，监管部门规定的合规投资	物业产权、房地产相关股票、其他 REITs 或商业房地产抵押贷款支持证券等
产品结构	优先级、劣后级	平层
融资方式	产品本身不融资，可分级	银行贷款或发债
负债及抵押	以优先级融资	项目公司及产品层面均可进行融资，有比例限制
流动性	大宗交易平台，最低门槛 100 万元，流动性较弱	公开市场交易，流动性较强
投资者人数	不超过 200 人	通常设有下限，无上限
产品期限	固定期限	永续
增信	多具有收益支持增信，差额补足、流动性支持等	极少有增信，少数有派息补贴
分配	优先级获得固定收益，次级可享受物业处置收益，但期限通常较短	强制分红比例，无固定收益
投资者收益	优先级固定，次级主要享受资本增值	分红及资本增值
投资者交易方式	持有到期或开放期为主，可在交易平台转让，但流动性相对较弱	以证券交易为主
管理模式	被动管理，以安全运营并退出为主	主动管理，稳定运营的同时注重业绩提升

续表

维度	类 REITs	公募 REITs
税负水平	资产转移过程中，需考虑企业所得税、土地增值税、契税、增值税等税负；存续期间需通过交易结构设计优化项目公司企业所得税和投资者所得税双重征税问题	资产转移过程中，各个国家和地区的税收情形有较大差异，部分国家和地区出台税收优惠支持政策；收益分配达到一定比例，分配给投资者部分免征公司层面所得税

注：公募 REITs 以境外主流权益型 REITs 为参照。

第一，在产品属性和产品结构方面，类 REITs 以债务性融资产品为主，通常进行分层设计，而优先级与劣后级的比例在一定程度上体现了类 REITs 产品的股债属性。通常，劣后级占比越大、优先级占比越低，产品的权益属性就越强。通过分析 2014 年至 2019 年上半年发行的 52 只类 REITs 产品，我们可以发现：首先，不同产品劣后级的占比差异较大。其次，劣后级在持有期间的收益较少，主要依靠退出时的资本增值获取收益。对于劣后级持有期间的收益，各专项计划的安排不一。由于可分配现金流基本上用于向优先级投资者分配收益，实际上可分配给劣后级投资者的剩余收益较少。最后，外部独立投资者认购劣后级份额的比例较低。对于大部分类 REITs，劣后级份额基本上由原始权益人及其关联方持有，外部独立投资者的认购意愿不强。公募 REITs 不在产品层面做结构化安排，其份额全部具有权益属性。从境外 REITs 的实践看，REITs 整体上也存在股债属性，债务可以在底层项目公司中体现，且可以有多样化的债务工具，包括银行贷款、债券、商业房地产抵押贷款支持证券等。REITs 主体举债，主要是为了适当应用杠杆以提高收益率，但对债务率有严格控制，如中国香港、新加坡要求 REITs 的负债比率不超过 45%。目前主要国家和地区 REITs 的平均负债比率均较低（中国香港 28.5%，新加坡 33.7%，美国 31.7%）。

第二，公募 REITs 的管理模式与类 REITs 有不同的商业逻辑。目前，中国境内类 REITs 产品的主要管理职责由计划管理人和基金管理人承担，主要负责基础资产运营情况的监督核查、现金流的归集分配、投资者信息的披露等，对底层物业资产的运营管理、业绩提升的参与程度不高，属于被动管理。标准化权益型REITs通常采用主动管理模式，其产品价值在较大程度上依赖于产品管理人对物业资产的专业管理与合理投资决策。管理人以REITs投资者的投资收益最大化为目标，需要在物业投资组合管理、资本结构优化、物业改造提升、租赁运营及物业管理等领域发挥专业能力，从而全方位增强REITs产品的内生增长动力。美国REITs还经历了从外部管理到内部管理的转变，其核心推动因素也是内部管理更能发挥管理人的主动管理能力，降低代理成本。

第三，从入池物业存续期的表现和退出方式来看，中国境内类REITs一般以单一资产项目为载体，在产品存续期间，物业资产为静态管理形式。目标资产的选择通常由发起人即原始权益人决定，在专项计划成立之初便确定若干物业资产作为基础资产，在产品存续期间也不会购买新的物业资产，即类REITs的规模一般是固定的。其项目收入也仅限于项目公司的运营收入以及产品到期退出时物业资产的处置收入或原始权益人支付的权利对价等。退出时，REITs项目公司回收所有投资和资本利得后，更多是产品到期退出或开放期退出。相比之下，国际标准化公募REITs具备较为完善的扩募以及资产收购与处置机制，外延发展能力良好。REITs的这种外延发展能力，有助于扩大规模，提升经营水平和竞争力，降低REITs产品的融资成本。例如，美国西蒙地产从1993年REITs上市时的114处物业资产，扩张至如今的490处物业资产，其运营管理水平和投资业绩持续提升，为REITs投资者带来长期稳定的投资回报。公募REITs主要是超长期或永续的，投资者退出方式以二级市场交易为主。

第四，从REITs的融资和定价方式来看，公募REITs一般通过公开上市进行融资，而中国境内类REITs产品大部分还是私募的形式，所以其只能通过非公开渠道向合格投资者发放专项计划份额来融资，通常原始权益人还会通过内部增信或外部担保等方式进行增信以降低融资成本。参照境外成熟 REITs 市场的实践经验，分红收益率通常被当作 REITs 定价的一个核心指标，这体现了国际标准化 REITs 长期持有、权益性的商业逻辑。相比之下，中国境内类 REITs 产品主要体现为强债性商业逻辑，劣后级份额收益通常很低，且由原始权益人及其关联主体自持。一方面，银行、保险公司等传统保守型机构投资者短期内难以对劣后级份额进行投资，同时劣后级份额因缺少流动性，也无法获得个人投资者或其他权益型市场投资者的认可。因此，实践中原始权益人只能从扩大融资规模、满足优先级投资者固定收益预期的角度对产品进行定价。

第五，从收益分配方式看，美国、新加坡、中国香港等成熟市场在 REITs 收益分配方面，都采用了需将应税收益的 90% 以股利或分红形式分配给投资者才可以享有税收优惠的规定。中国境内由于没有关于 REITs 收益分配方面的法律法规，出现了优先级、次级等多种收益权类型。其中，优先级证券大多只享有发行时确定的固定利率或在计划退出进行资产处置时产生的部分增值收益，资产处置产生的大部分收益由次级或权益级证券享有；而享有资产处置收益的次级或权益级证券的期限通常较短，不能达到长期持有并享受增值的目的。

第六，类 REITs 产品与公募 REITs 产品的募集形式不同。中国境内当前产品受限于资产支持专项计划形式的限制，多为私募，募集范围一般在 200 人以下。在 3 ~ 5 年后产品到期退出时，即使中国境内在各方面都具备了发行公募 REITs 的条件，但因为原始权益人拥有优先回购权，如果原始权益人需要支付的权利对价较少，根据不同交易条款的设置，也可能影响产品最后以公募 REITs 形式退出。境外成熟市场 REITs 产品的投资者范围广，投资期限长。以美国为例，REITs 成立时，受益人须在 100 人以上，持股最多的 5 名股东所持份额不能超过总流通值的 50%，若要满足上市要求，则需更多的股东持股或满足一定交易量，投资者通常可以长期持有，也可以交易转让。中国境内类 REITs 产品的发行情况见表 10.2。

表 10.2　中国境内类 REITs 产品的发行情况

序号	项目名称	基础资产	发起机构	债券名称	评级	发行金额（万元）	发行总额（万元）	利率（%）	计息起始日	期限
1	中信启航专项资产管理计划	北京中信证券大厦、深圳中信证券大厦	中信证券	启航优先级	AAA	365 000	521 000	7.00	2014-4-25	5
				启航次级	—	156 000		—		6
2	中信华夏苏宁云创资产支持专项计划	苏宁云商 11 家自有门店物业	苏宁云商	14 苏宁 A	AAA	208 500	439 500	6.17	2014-12-16	18
				14 苏宁 B	AA	231 000		—		4
3	中信华夏苏宁云创二期资产支持专项计划	苏宁云商 14 家自有门店物业	苏宁云商	151 苏宁 A	AAA	167 700	333 500	5.60	2015-6-29	18
				151 苏宁 B	AA +	165 800		—		4
4	恒泰浩睿-海航浦发大厦资产支持专项计划	上海浦发大厦	海航实业	恒浩航 A	AAA	153 100	250 000	5.30	2015-12-2	18
				恒浩航 B	AA +	96 900		—		3
5	招商创融-天虹商场（一期）资产支持专项计划	深圳天虹鼎诚大厦裙楼	天虹商场	天虹优先	AAA	94 250	145 000	5.24	2015-12-11	4
				天虹次级	—	50 750		4.35		4
6	恒泰浩睿-彩云之南酒店资产支持专项计划	北京酒店物业和版纳酒店物业	云南城投	恒浩云 A	AAA	77 000	580 000	4.49	2015-12-23	18
				恒浩云 B	AA +	493 000		6.39		9
				恒浩云 C	AA +	10 000		7.99		9

续表

序号	项目名称	基础资产	发起机构	债券名称	评级	发行金额（万元）	发行总额（万元）	利率（%）	计息起始日	期限
7	天风-中航红星爱琴海商业物业信托受益权资产支持专项计划	昆明爱琴海购物中心	中航信托	航星 A	AAA	68 000	140 000	4.90	2016-6-14	18
				航星 B	AA +	62 000		7.00		5
				航星 C	—	10 000		—		18
8	东证资管-青浦吾悦广场资产支持专项计划	上海青浦吾悦广场	新城控股	16 吾悦 A	AAA	50 000	105 000	5.35	2016-6-16	5
				16 吾悦 B	AA	25 000		6.50		5
				16 吾悦 C	—	30 000		—		5
9	中信华夏苏宁云享资产支持专项计划	苏宁云商 6 个物流仓储物业	苏宁云商	云享优先	AAA	120 000	184 700	4.00	2016-6-24	4
				云享权益	—	64 700		—		4
10	首誉光控-光控安石大融城资产支持专项计划	重庆观音桥大融城购物中心	上海雷泰投资中心	大融城 A	AAA	130 000	250 000	3.80	2016-8-5	7
				大融城 B	AA +	30 000		4.30		7
				大融城 C	—	90 000		—		7
11	中信华夏三胞南京国际金融中心资产支持专项计划	南京国际金融中心	三胞集团	16 三胞 A	AAA	157 500	305 300	3.80	2016-11-28	24
				16 三胞 B	AA	147 800		6.95		4
12	中信皖新阅嘉一期资产支持专项计划	安徽 8 处书店物业资产	皖新传媒	16 皖新 1A	AAA	36 000	55 500	4.20	2016-12-13	18
				16 皖新 1B	AA +	19 500		4.70		18

续表

序号	项目名称	基础资产	发起机构	债券名称	评级	发行金额（万元）	发行总额（万元）	利率（%）	计息起始日	期限
13	长江楚越-中百一期资产支持专项计划	武汉中心百货大楼和江夏中百广场	中百百货	16 中百 A	AAA	45 000	104 000	5.10	2016-12-26	5
				16 中百 B	AA	33 000		6.00		5
				16 中百次	—	26 000		—		5
14	平安苏宁广场资产支持专项计划	成都苏宁广场	苏宁置业	16 苏广 A	AAA	35 000	168 000	5.20	2016-12-27	21
				16 苏广 B	AA +	110 000		6.00		9
				16 苏广次	—	23 000		—		21
15	天风光大-亿利生态广场一期资产支持专项计划	北京亿利生态广场	首誉光控	亿利 1A	AAA	59 000	107 682	5.20	2017-1-17	18
				亿利 1B	AA +	21 500		5.60		18
				亿利 1C	—	13 000		7.00		18
				亿利 1 次	—	14 182		—		18
16	恒泰弘泽-华远盈都商业资产支持专项计划	北京盈都大厦 D 座	华远地产	华远盈都商业 A	AAA	29 000	73 600	5.80	2017-1-24	18
				华远盈都商业 B	AA	43 600		6.30		18
				华远盈都商业 C	AA	1 000		6.49		18
17	兴业皖新阅嘉一期房地产投资信托基金资产支持证券信托	安徽 8 处书店物业资产	皖新传媒	17 兴业皖新 REIT1A	AAA	33 000	55 350	4.80	2017-2-20	18
				17 兴业皖新 REIT1B	AA +	22 350		5.40		18

续表

序号	项目名称	基础资产	发起机构	债券名称	评级	发行金额（万元）	发行总额（万元）	利率（%）	计息起始日	期限
18	恒泰弘泽-广州海航双塔资产支持专项计划	广州海航大厦	海航旅游	双塔 A	AAA	113 000	270 000	5.00	2017-3-2	18
				双塔 B	AAA	152 000		6.50		18
				双塔 C	AAA	5 000		7.00		18
19	中银招商-北京凯恒大厦资产支持专项计划	北京凯恒中心	中锋置业	凯恒优 A	AAA	160 000	300 500	4.60	2017-3-15	10
				凯恒优 B	AA	85 000		5.20		10
				凯恒次	—	55 500		—		10
20	开源-北京海航实业大厦资产支持专项计划	北京海航实业大厦	海航实业	实业 A	AAA	100 000	220 000	5.15	2017-3-16	18
				实业 B	AAA	100 000		6.23		18
				实业 C	AAA	20 000		6.90		18
21	招商创融－福晟集团资产支持专项计划	福州福晟国际中心写字楼	福晟集团	17 福晟 A	AA +	85 000	170 000	7.50	2017-6-28	18
				17 福晟 B	AA	80 000		7.80		18
				17 福晟次	—	5 000		—		18
22	中信－金石－碧桂园凤凰酒店资产支持专项计划	碧桂园旗下 14 家酒店	增城碧桂园	17 凤凰酒店 A	AAA	95 000	351 000	6.00	2017-7-12	9
				17 凤凰酒店 B	AA +	220 900		6.80		9
				17 凤凰酒店 C	—	35 100		—		9

续表

序号	项目名称	基础资产	发起机构	债券名称	评级	发行金额（万元）	发行总额（万元）	利率（%）	计息起始日	期限
23	天风光大－亿利生态广场二期资产支持专项计划	亿利生态广场	首誉光控	亿利2A	AAA	37 000	73 600	6.40	2017-7-28	18
				亿利2B	AA+	13 000		7.00		18
				亿利2C	—	10 000		7.00		18
				亿利2次	—	13 600		—		18
24	中联前海开源－勒泰一号资产支持专项计划	石家庄勒泰中心	勒泰房开	17勒泰A1	AAA	100 000	350 000	5.70	2017-8-3	5
				17勒泰A2	AA+	210 000		6.90		5
				17勒泰次	—	40 000		—		5
25	畅星－高和红星家居商场资产支持专项计划	天津2处红星美凯龙家居商场	畅和信投资	红星优A	AAA	136 800	265 000	5.70	2017-9-13	5
				红星优B	AA+	43 200		6.10		5
				红星次	—	85 000		-		5
26	渤海汇金－中信资本悦方ID Mall资产支持专项计划	湖南长沙悦方ID Mall购物中心	中信资本	悦方优先A	AAA	140 400	277 000	5.50	2017-10-20	4
				悦方优先B	AA+	41 600		5.80		4
				悦方特别级	—	6 000		—		0.5
				悦方权益级	—	89 000		—		4
27	新派公寓权益型房托资产支持专项计划	北京新派公寓（CBD）	洋部落（北京）	新派优先级	AAA	13 000	27 000	5.30	2017-11-3	5
				新派权益级	—	14 000		—		5

续表

序号	项目名称	基础资产	发起机构	债券名称	评级	发行金额（万元）	发行总额（万元）	利率（%）	计息起始日	期限
28	苏宁广场2017年资产支持专项计划	苏宁广场	苏宁商通	17苏宁广场A	AAA	49 000	195 000	6.50	2017-12-21	18
				17苏宁广场B	AA+	117 000		7.50		18
				17苏宁广场C	—	29 000		—		18
29	招商创融-海富通-步步高资产支持专项计划	步步高新天地（吉川、合川）	步步高集团	步步高A	AA+	58 000	124 000	7.00	2017-12-21	18
				步步高B	AA	53 500		7.00		18
				步步高C	—	12 500		—		18
30	西安迈科大厦资产支持专项计划	迈科国际大厦	西安盈宇	17迈科1A	AAA	24 000	54 000	7.00	2017-12-22	18
				17迈科1B	AA	26 000		8.50		18
				17迈科1次	—	4 000		—		18
31	中联东吴-新建元邻里中心资产支持专项计划	苏州工业园区10处邻里中心物业	新建元集团	新建元1A	AAA	145 000	205 000	5.80	2018-2-9	5
				新建元1B	—	60 000		—		5
32	中联前海开源-保利地产租赁住房一号第一期资产支持专项计划	10处租赁住房	保利地产	保利R1优	AAA	154 530	171 700	5.50	2018-3-13	18
				保利R1次	—	17 170		—		18

续表

序号	项目名称	基础资产	发起机构	债券名称	评级	发行金额（万元）	发行总额（万元）	利率（%）	计息起始日	期限
33	皖新光大阅嘉一期资产支持专项计划	安徽19处书店物业资产	皖新传媒	18皖新1A	AAA	35 500	55 500	6.10	2018-3-30	18
				18皖新1B	AA+	20 000		6.50		18
34	中联前海开源－碧桂园租赁住房一号第一期资产支持专项计划	5处租赁住房	碧桂园集团	碧桂园1优	AAA	154 530	171 700	5.75	2018-4-27	18
				碧桂园1次	—	17 170		—		18
35	华泰佳越－苏宁云新一期资产支持专项计划	14个城市核心地段的苏宁门店物业	苏宁电器集团	佳越A	AAA	185 300	349 200	6.50	2018-6-8	18
				佳越B	AA+	162 900		7.50		18
				佳越次	—	1 000		—		18
36	高和晨曦－中信证券－领昱1号资产支持专项计划	公寓资产	上海领昱公寓	18领昱1A	AAA	9 000	25 000	5.90	2018-6-21	3+2
				18领昱1B	AA+	6 000		6.50		3+2
				18领昱1次	—	10 000		—		3+2
37	中联前海开源－越秀租赁住房一号第一期资产支持专项计划	租赁住房	越秀集团	18越秀1A	AAA	44 699	49 666	5.00	2018-8-10	3+2
				18越秀1次	—	4 967		—		3+2
38	中信证券－泰禾集团慕盛长租公寓1号资产支持专项计划	福悦居（北京）所拥有的65套长租公寓	慕盛（北京）公寓	慕盛1优A	AAA	17 000	81 053	7.50	2018-9-7	17.74
				慕盛1优B	AA+	48 000		9.00		17.74
				慕盛1次	—	16 053		—		17.74

续表

序号	项目名称	基础资产	发起机构	债券名称	评级	发行金额（万元）	发行总额（万元）	利率（%）	计息起始日	期限
39	中信证券－阳光城长租公寓1号资产支持专项计划	浦东新区红枫路450弄“馨乐庭服务公寓”	福州开发区君凯经济发展	中阳优A	AAA	40 000	121 000	6.30	2018-9-19	18
				中阳优B	AA+	30 000		6.80		18
				中阳次	—	51 000		—		18
40	深创投安居集团人才租赁住房第一期资产支持专项计划	安居集团持有的深圳市范围内人才租赁住房	深圳市人才安居集团	深投1A	AAA	93 000	310 000	4.38	2018-11-7	19.01
				深投1B	AAA	155 000		—		19.01
				深投1C	—	62 000		—		19.01
41	深创投中金－苏宁云创资产支持专项计划	苏宁集团旗下11处优质门店	苏宁电器集团	苏云1A	AAA	287 200	492 000	6.20	2018-11-21	13
				苏云1B	AA+	203 800		7.50		13
				苏云1C	—	1 000		—		13
42	华泰佳越－顺丰产业园一期第1号资产支持专项计划	顺丰旗下两处产业园	顺丰丰泰	顺丰01优	AAA	112 000	184 600	5.05	2018-12-11	42
				顺丰01次	—	72 600		—		42
43	中联前海开源－远洋集团一号资产支持专项计划	远洋集团旗下商业资产	远洋控股集团	远洋R1A1	AAA	160 150	320 300	5.50	2018-12-13	5
				远洋R1A2	AAA	128 120		6.00		5
				远洋R1次	—	32 030		—		5

续表

序号	项目名称	基础资产	发起机构	债券名称	评级	发行金额（万元）	发行总额（万元）	利率（%）	计息起始日	期限
44	海通－华泰资管－中渝广场物业资产支持专项计划	重庆中渝广场	恒大地产集团	18 中渝 1A1	AAA	32 000	121 000	7.30	2018-12-28	17.98
				18 中渝 1A2	AAA	88 000		7.50		17.98
				18 中渝 1 次	—	1 000		—		17.98
45	中联前海开源－恒大租赁住房一号第一期资产支持专项计划	恒大集团旗下租赁住房资产	恒大地产集团	恒大 R1 优	AAA	106 200	118 000	7.50	2018-12-29	18
				恒大 R1 次	—	11 800		—		18
46	中信金石－深圳龙岗万科广场资产支持专项计划	深圳龙岗万科广场	珠海市懋德诚投商业发展	19 印力 2A	AAA	110 000	211 600	5.40	2019-3-1	3+2
				19 印力 2B	AA+	55 000		6.40		
				19 印力 2C	—	46 600		—		
47	平安汇通－平安不动产朗诗租赁住房一期资产支持专项计划	朗诗寓上海森兰店	平安不动产	平朗 1 优	AAA	95 000	106 800	4.60	2019-3-20	18
				平朗 1 次	—	11 800		—		
48	菜鸟中联－中信证券－中国智能骨干网仓储资产支持专项计划	菜鸟网络重庆两江物流仓储项目	上海菜鸟管理咨询有限公司	菜鸟 19 优	AAA	67 000	107 000	4.45	2019-3-20	3+2
				菜鸟 19 次	—	40 000		—		

续表

序号	项目名称	基础资产	发起机构	债券名称	评级	发行金额（万元）	发行总额（万元）	利率（%）	计息起始日	期限
49	海南省人才租赁住房第一期资产支持专项计划	海南控股持有的人才租赁住房	海南省发展控股有限公司	海人才 1A	AAA	78 300	87 000	4. 50	2019-3-26	18. 01
				海人才 1B	—	8 700		—		17. 95
50	中联前海开源－华发租赁住房一号第一期资产支持专项计划	华发股份旗下租赁住房资产	珠海华发实业	华发 R1 优	AAA	139 100	154 800	5. 00	2019-3-27	18
				华发 R1 次	—	15 700		—		18
51	华泰佳越－阳光控股大厦资产支持专项计划	阳光控股大厦	阳光城集团	19 阳光 A	AAA	73 000	210 000	5. 50	2019-4-23	20. 53
				19 阳光 B	AA＋	74 000		6. 50		
				19 阳光 C	AA＋	32 000		7. 50		
				19 阳光 D	—	31 000		—		
52	光证资管－光控安石商业地产第 1 期静安大融城资产支持专项计划	上海静安大融城	光大嘉宝	大融城 1A	AAA	200 000	430 000	4. 58	2019-5-14	7
				大融城 1B	AA＋	70 000		5. 18		
				大融城 1C	AA	20 000		6. 50		
				大融城 1D	A	60 000		8. 90		
				大融城 1E	—	80 000		—		

续表

序号	项目名称	基础资产	发起机构	债券名称	评级	发行金额（万元）	发行总额（万元）	利率（%）	计息起始日	期限
53	金茂华福－长沙金茂广场北塔资产支持专项计划	长沙金茂广场北塔	天津金茂信和投资管理有限公司	19 金茂 A	AAA	55 000	116 500	4.40	2019-7-16	—
				19 金茂 B	AA+	20 000		4.90		
				金茂权益	—	41 500		—		
54	光证资管－光控安石商业地产第 2 期观音桥大融城资产支持专项计划	重庆观音桥大融城购物中心	上海雷泰	大融城 2A	AAA	150 000	290 000	5.35	2019-9-4	3+3+1
				大融城 2B	AA+	43 000		5.80		
				大融城 2C	—	97 000		—		
55	中联前海开源－华侨城租赁住房一号第一期资产支持专项计划	上海苏河湾长租公寓	华侨城（上海）置地	侨城 RE1A	AAA	193 500	215 000	4.24	2019-9-18	18
				侨城 RE1B	—	21 500		—		
56	中联基金－浙商资管－沪杭甬徽杭高速资产支持专项计划	徽杭高速公路（安徽段）	浙江沪杭甬高速公路股份有限公司	沪杭甬优	AAA	90 000	201 300	3.70	2019-9-24	15
				沪杭甬次	—	111 300		—		
57	华泰佳越－顺丰产业园一期第 2 号资产支持专项计划	深圳、义乌、淮安 3 处顺丰产业园	顺丰丰泰	顺丰 02 优	AAA	76 500	136 000	4.90	2019-9-26	40
				顺丰 02 次	—	59 500		—		

续表

序号	项目名称	基础资产	发起机构	债券名称	评级	发行金额（万元）	发行总额（万元）	利率（%）	计息起始日	期限
58	中联元联－前海开源－苏州恒泰商业地产一期资产支持专项计划	苏州工业园区国际大厦、月亮湾国际中心	恒泰集团	恒泰R1优	AAA	84 000	120 000	4.30	2019-9-27	5
				恒泰R1次	—	36 000		—		
59	中联元联－前海开源－新建元商旅资产支持专项计划	苏州工业园区4处商业物业	新建元控股集团	新建元2A	AAA	120 000	180 000	4.29	2019-10-29	5
				新建元2B	—	60 000		—		
合计						11 836 951	11 836 951			

资料来源：上海证券交易所、深圳证券交易所、中国银行间市场交易商协会。

通过以上对比可以看出，类 REITs 产品与国际标准化公募 REITs 存在一定差异。在这些差异中，有一些是公募 REITs 制度出台后通常就可以趋同的，如流动性、期限、投资者人数、分配方式等，但有些不仅受规则的影响，还需要市场的不断演进和发展，如结构化安排、收益率定价、主动管理机制与能力等。这些具有中国特色的市场实践毋庸置疑地为中国境内 REITs 发展积累了实实在在的经验。随着市场不断渐进式发展，实践经验的持续积累，中国境内在 REITs 制度的环境安排上将更容易具有针对性，设计出符合国情的 REITs 政策法规。

第十一章

中国公募 REITs 的制度设计与实现路径

自 2004 年开始，学术、政策和实务界就中国推出 REITs 的意义、模式、制度等进行了深入的研究，并做出了诸多尝试，目前的法律框架、监管环境、市场准备等条件已基本成熟，大力推出公募 REITs 试点正当其时。相信在不久的将来，国家会正式启动中国公募 REITs 试点，并在试点的基础上推出相关法律法规以及业务指引，对 REITs 载体的法律地位、设立条件、物业估值、投资要求、分红比例、各方主体权责、信息披露、税收优惠以及监管协调等内容做出规定。

中国公募 REITs 在制度设计上应遵循哪些原则？中国 REITs 制度应具备哪些核心特征？在路径选择上，短期的试点模式与长期的发展方向是什么？

制度设计的 5 个重要维度

通常，REITs 制度具有的核心特征包括对 REITs 的收入与资产结构提出要求，对 REITs 收入进行强制分配，在 REITs 层面实施税收优惠政策等。此外，各个国家和地区根据自身市场发展的需要对 REITs 的权益属性、公开募集与上市交易、杠杆率限制、投资者层面的税收优惠政策等进行有针对性的制度设定。中国 REITs 制度的设计应以解决中国不动产金融的核心问题为目的，依据中国金融市场和不动产行业的发展现状，并借鉴海外成熟 REITs 市场的经验，在制度设计过程中应着重参考下面 5 个维度：

第一，中国公募 REITs 应针对能产生长期、稳定现金流的优质不动产，应在制度层面对不动产资产、不动产收入进行明确定义，并对 REITs 的合格不动产资产与收入比例加以限制，确保 REITs 主要投资于具有现金流基础的成熟不动产。参照美国的规定，合格不动产资产占总资产的比重应不低于 75%，合格不动产收入占总收入的比重应不低于 75%。

第二，中国 REITs 市场应明确强制分配制度。强制分配制度为投资者提供了确定性，保障绝大部分的 REITs 收入能够流入投资者手中。与其他国家相比，中国存在租金收益率偏低的问题，REITs 投资者不仅希望获取稳定的租金收入，还希望分享中国经济增长、物业升值的红利。因此，在租金收入的强制分红之外，中国 REITs 应考虑对物业售出的利得部分同样提出强制分配要求。

第三，中国 REITs 应以税收中性为基本原则，并对符合特定条件的 REITs 实体和 REITs 投资者提供税收优惠。现阶段，中国在 REITs 设立、经营等环节的税负较高，极大地增加了 REITs 的交易成本，限制了 REITs 的发展。中国 REITs 制度应确保以 REITs 持有并经营资产所承担的税负不应大于投资者自行持有并经营资产所承担的税负。具体来看，在 REITs 的设立层面，可以考虑允许企业适用与企业内部资产重组相关的税收政策和规定，避免高昂的增值税、土地增值税和所得税；在 REITs 的经营层面，REITs 持有并出租房屋的税负可参照个人持有并出租房屋的标准，借鉴国际惯例，对于分红部分免征 REITs 所得税或给予优惠税率，在投资者层面征收个人所得税。此外，应通过税收优惠政策鼓励 REITs 长期持有不动产，可以考虑具体的持有年限，在达到一定年限后对 REITs 物业出售的增值部分减税。在投资者层面，应延续上市公司股息红利差别化个人所得税政策，建立健全基于持有期限的股息征税差异化制度，对持有 REITs 期限超过特定年限的投资者获得的股利免征个人所得税。由于股利是 REITs 投资重要的收益来源，该制度将充分保障投资者的利益，促进 REITs 市场的发展；

免税以持有期限为基础则匹配了 REITs 作为长期不动产投资工具的属性，抑制了 REITs 市场的短期投机行为。

第四，中国 REITs 建设应以公募权益型 REITs 为核心。考虑到总体的风险收益匹配和风险分担，具有权益属性的 REITs 产品不可或缺。中国应鼓励发起设立权益型 REITs，也应允许发行具有固定收益特性的 REITs，以及混合型 REITs。目前，基于能产生长期稳定现金流的优质不动产，以资产支持专项计划为载体的不动产资产证券化“类 REITs”模式已经初具规模，但目前类 REITs 的劣后级比例偏低，且多由发行人自持，主要作为高收益率的固定收益类产品，缺乏权益属性。由于类 REITs 为私募发行，市场缺乏流动性。具有流动性的公募权益型 REITs 市场是中国不动产企业全生命周期融资的重要一环，并成为中国金融供给侧改革的重要组成部分。具体来看，可依托交易所建立具有流动性的上市交易机制，真正使 REITs 成为具有普惠性、高流动性的权益性投资工具。考虑到中国现有私募基金、资产支持证券等制度，也应允许中国 REITs 进行私募，只针对机构投资者的私募模式能为 REITs 市场走向成熟积累重要的实践经验。

第五，中国 REITs 应对杠杆率加以限制。作为金融体系供给侧改革的重要组成部分，REITs 本身就有降低房地产企业杠杆率，化解银行体系信贷风险的作用，对杠杆率的限制将保障 REITs 持有人的权益，并优化不动产市场的融资结构。可参照中国香港、新加坡的规定，REITs 的杠杆率不得高于 45%。

制度推进的三种可行性路径

REITs 的法律载体是 REITs 制度的核心，REITs 主体的法律载体决定了推出中国 REITs 的具体路径。不同市场的 REITs 主体采用不同的载体，如新加坡、中国香港、澳大利亚等市场的 REITs 采用单位信托，美国、英国等市场采用公司制，荷兰、新西兰等市场允许公募基金作为 REITs 的载体。不同载体由不同的法律法规约束，受不同的监管机构监管，具有不同的运作模式。在中国现有的法律法规和金融市场体系下，有3种较为可行的REITs模式：

第一，新券模式。在该模式下，REITs将作为一种与股票、债券、基金、优先股、可转债等传统证券并列的一种新设券种。中国《证券法》规定，在中华人民共和国境内，股票、公司债券和国务院依法认定的其他证券的发行和交易，适用于本法。国务院对中国证监会关于REITs的立法进行行政审批，公布关于REITs试点的指导意见，使REITs成为拥有法律基础的可发行和交易的证券。中国证监会在国务院的授权下，开展一系列REITs专项法规的制定，向符合要求的证券公司、基金公司等机构发放REITs牌照。该模式下的架构较为简单，特殊目的公司（特殊目的载体）直接持有优质不动产资产并实现风险隔离，特殊目的载体通过持牌机构发行REITs，募集资金并上市交易。

第二，企业资产支持证券公募化模式。该模式以专项资产支持计划为载体，在现有成熟的企业资产支持证券交易结构基础上，仅在资产支持证券的发行阶段将目前面向机构投资者或合格投资者的私募模式变为公募模式。具体来看，发起人根据自己的融资需求和拥有的资产情况，将符合证券化要求的优质不动产基础资产汇集成资产池。计划管理人根据发起人的委托，设立资产支持专项计划（特殊目的载体），发起人向专项计划转让基础资产，实现基础资产破产隔离的目的。计划管理人作为特殊目的载体的管理人和代表，管理整个业务过程中特殊目的载体的运营。特殊目的载体与托管银行、承销机构、担保公司签订托管合同、承销协议、担保合同等，完善交易结构，进行信用增级。在发行阶段，特殊目的载体通过承销机构向广大投资者公开募集资金。证券发行完毕后在交易所挂牌上市，以实现流动性。

第三，公募基金+资产支持证券模式。该模式下的REITs以公募基金为载体，通过投资不动产支持证券或不动产项目股权间接持有不动产资产。在该模式下，在产品层面，基石投资者和公众投资者购买场内交易的公募基金份额，委托公募基金经理进行不动产投资，基金经理将募集的资金投资于资产支持专项计划。在基础资产层面使用成熟的资产支持证券架构，资管计划管理人根据发起人的委托，设立资产支持专项计划，发起人向专项计划转让能产生持续现金流的基础资产，实现基础资产的真实出售。公募基金+资产支持证券架构（见图11.1）可以被看作中信启航REIT和鹏华前海万科REIT两种架构的结合。

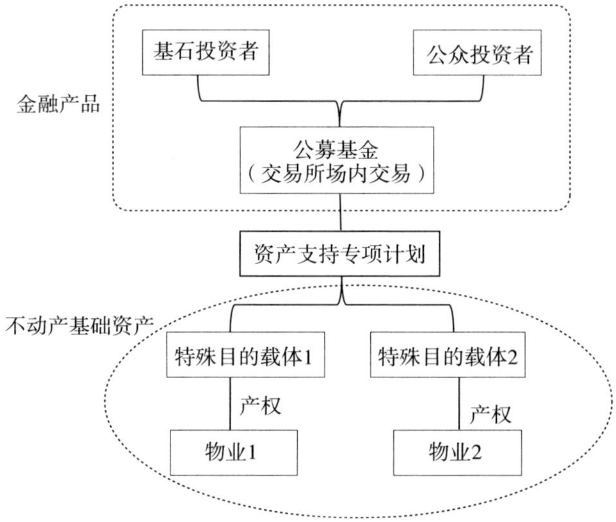

图11.1　REITs公募基金+资产支持证券架构

本书对于3种REITs模式的关键立法、优势、劣势加以总结，具体如表11.1所示。

表11.1　3种REITs模式的关键立法、优势、劣势

模式	关键立法	优势	劣势
新券模式	1. 国务院发布关于开展REITs试点的指导意见 2. 中国证监会制定REITs试点管理办法及配套指引	作为新券种进行立法，不受现有模式限制，增加中国REITs设计的自由度	市场准入、审批指引、牌照发放、交易规则等方面均缺乏经验
企业资产支持证券公募化模式	修订中国证监会发布的《证券公司及基金管理公司子公司资产证券化业务管理规定》中关于发行的规定，出台公开发行的指引	有效借助企业资产支持证券（类REITs）的成熟机制与模式	需要打破资产支持证券产品结构化的常态，以更好地体现中国REITs的权益属性

续表

模式	关键立法	优势	劣势
公募基金+资产支持证券模式	1. 修订中国证监会《公开募集证券投资基金运作管理办法》，调整关于投资比例的限制 2. 证监会规定 REITs 为新的基金类别并出台一系列规定和指引	充分借鉴证券投资基金的经验，降低监管和立法成本	公募基金已经发展成为十分成熟的体系，纳入 REITs 可能存在冲突

在新券模式下，由中国证监会向国务院建议开展 REITs 试点，国务院在审批通过之后颁布关于开展 REITs 试点的指导意见，中国证监会在此基础上出台具体的 REITs 试点管理办法和一系列配套指引，中国优先股的出台遵循了类似的路径。由于该模式将 REITs 作为全新的券种，不受公募基金、企业资产支持证券等既有规则的束缚，增加了中国 REITs 设计的自由度。该模式结构简单，由 REITs 持牌机构作为管理人，职责较为明确。但是，新券模式相当于从零开始进行 REITs 立法，监管部门在市场准入、审批指引、牌照发放、交易规则等方面均缺乏相关经验，有较大的立法成本。在新券模式下，REITs 制度出台之后，各方均需要一定时间进行摸索和尝试，持牌机构、投资者、不动产企业均需要时间来逐步认识 REITs 这一全新的券种，监管部门需根据市场的情况不断对 REITs 的法律法规加以完善和调整。

在企业资产支持证券公募化模式下，最关键的立法调整在于中国证监会修订《证券公司及基金管理公司子公司资产证券化业务管理规定》中关于专项资产管理计划发行的规定，并进一步对 REITs 的公开发行出台指引。该模式充分借鉴了目前类 REITs 的产品模式，各相关方都已经对类 REITs 模式形成比较充分的认识，有利于解决现阶段类 REITs 产品私募发行、缺乏流动性的问题。根据该规定，资产证券化业务，是指以基础资产所产生的现金流为偿付支持，通过结构化等方式进行信用增级，在此基础上发行资产支持证券的业务活动。现阶段，不动产企业资产支持证券均为结构化产品，存在着劣后级比例偏低且多由发起人自持的现象，权益型劣后级为优先级增信，降低了劣后级获得不动产现金流的确定性，不符合 REITs 强制分红的特点。若要解决 REITs 产品的权益性问题，需要提升结构化产品中劣后级比例并将劣后级向更多投资者发行，也可以打破传统的结构化要求。

在公募基金 + 资产支持证券模式下，关键立法调整在于对《公开募集证券投资基金运作管理办法》进行相关修订。目前该办法规定：一只基金持有一家公司发行的证券，其市值不得超过基金资产净值的 10%；同一基金管理人管理的全部基金持有一家公司发行的证券，不得超过该证券的 10%。由于中国很多优质商业物业体量较大，市场价值动辄近百亿元，过度要求投资分散度导致单只基金规模过大，极大地增加了将大体量优质物业置入公募 REITs 的难度。“双十限制”制约了 REITs 公募基金 + 资产支持证券模式的实现，建议至少将投资于单只资产支持证券的比例限制放开至 50% 以上，让 REITs 充分反映不动产资产特性，分散化由合格投资者、底层物业资产收益支付主体的分散度和多样化来完成。此外，还应专门设立 REITs 作为新增的公募基金类别，明确约定该类基金投资不动产资产支持证券的最低比例及最低分红比例，以满足 REITs 制度的核心要求。该模式充分借鉴了现有的制度框架，具有可操作性，公募基金投资资产支持证券有效避免了公募基金投资未上市公司股权或不动产可能存在的法律争议，同时借助企业资产支持证券的成熟机制与模式进行合理估值，可以降低交易成本。然而，公募基金在中国的发展已经较为成熟，并建立了一套自己的运作规则和体系，REITs 可能难以与现有的公募基金体系相结合。中国公募基金管理人擅长股票、债券投资，对不动产市场并不熟悉，而放松“双十限制”，将给公募基金对资产支持证券的尽职调查增加巨大压力。

由于公募基金 + 资产支持证券架构下的管理模式属于外部管理模式，且该架构是多层架构，其治理问题更为复杂，在各层管理结构中对职能模块和管理重心进行分配，制定合适的治理体系存在一定的困难。此外，一旦立法过程中涉及对《证券投资基金法》的调整，需要通过全国人大的审议，将增加立法的成本和时间。

在中国现有的法律法规和制度框架下，监管环境、市场准备等条件已基本成熟，新券模式、企业资产支持证券公募化模式、公募基金 + 资产支持证券模式均具有可行性。相对而言，由于企业资产支持证券公募化模式和公募基金 + 资产支持证券模式可以依赖现有关于企业资产支持证券制度、公募基金制度的规定，具有更多的现实基础，有助于中国 REITs 制度的尽快出台；而新券模式具有更大的制度设计自由度，也更容易与国际通行的 REITs 制度接轨。考虑到对于中国经济供给侧改革和不动产金融体系建设的重要作用，中国 REITs 的推出具有一定紧迫性，应当优先考虑以后两种模式为起点尽快推出 REITs 制度，同时逐步开展新券模式的探索，在未来条件成熟时对新券模式进行推广，确保中国 REITs 制度早日为中国经济的发展贡献力量。

第四部分

中国公募REITs市场建设的重要课题

第十二章
税制

制定针对性的税收政策是REITs得以在欧美国家迅速发展的一个重要原因。在中国现行的税收制度下，不动产的交易和经营税负较重，客观上制约了REITs投资收益的形成。事实上，推出REITs可开拓税源，增加税收收入，同时对建立规范的税收制度具有积极作用。鉴于此，为推动中国境内REITs市场，特别是公募REITs市场的规模化发展，在中国境内REITs制度的建立过程中应借鉴境外经验，充分考虑REITs的税收中性原则，给予一定的优惠政策。

税收政策的驱动作用

从国际上REITs的产生和发展来看，税收优惠是一个重要的驱动因素。REITs从20世纪60年代初在美国兴起，至今已在全球近42个国家和地区推出，美国REITs的税收驱动模式是其他国家和地区REITs发展的范本。美国REITs推出的相关基础是1960年美国国会通过的《国内税收法典》修订法案。根据该法案，REITs只要符合股权结构、资产、收入、分配等方面的相关条件，[①] 就具备享受税收优惠

① 这些条件主要有：REITs证券持有人必须维持在100人以上，最大的5个主要投资者合计持有份额不得超过其发行份额的50%；总资产的75%必须投资于房地产、抵押贷款或其他证券等；由应纳税REITs子公司股票所构成的资产不得超过20%；REITs的应税收益除资本利得与确定的非现金应税收益外，至少90%以股利的形式派发给投资者等。

政策的资格，其分配给投资者的分红部分可以在所得税前予以扣除。美国 REITs 的发展壮大在很大程度上得益于税收制度的改善和基于税收的金融创新。1986 年，美国国会颁发新的《税收改革法案》，该法案对有限合伙企业向投资者传递亏损的能力做出了限制，有限合伙企业不再享有税收优惠，使 REITs 所具备的税收优势凸显，权益型 REITs 开始发展。权益型 REITs 的蓬勃兴起始于 1992 年，除了有利的房地产市场和金融环境外，基于税收的金融创新起到了重要作用。为了避免因交易而产生的高额税务成本，投行人士于 1992 年创造了 UPREITs，之后又创造了与之类似的 DOWNREITs，使市场上的大量存量资产可以通过税务递延的方式转化为 REITs，大大提高了设立 REITs 的积极性。第一家采取 UP-REITs 结构的是陶伯曼中心（Taubman Center）REIT，之后该结构被广泛应用，以该结构上市的 REITs 占比超过 70%，包括西蒙地产 REIT、波士顿地产 REIT 等知名 REITs。因此，美国税法对 REITs 的规定可以用“限制严格和政策优惠”来概括，具有典型的税收驱动特征。

从全球范围来看，尽管各个国家和地区在税收架构等方面存在一定的差异，但是针对 REITs 都采取了一定的优惠措施。以新加坡为例，作为仅次于日本的亚洲第二大 REITs 市场，新加坡在发展 REITs 市场的过程中，对规则、税务处理都做了相关规定，如项目公司从租金收入中产生的分红，可在所得税前抵扣，即予以免税；投资者就分红缴纳的所得税根据类别具有税务优惠，个人投资者的分红收入免征所得税，外国机构投资者的税率减至 10%，等等。这些税收优惠政策使新加坡 REITs（英文简称 S-REITs）的平均分红收益率较高，易被市场投资者接受。表 12.1 显示了几个主要国家和地区关于 REITs 的税务处理情况。

对 REITs 税制进行梳理并考虑提供一定的税收优惠的另一个原因在于，中国商业地产和租赁住房的租金收益率偏低，过重的税负会降低最终的分红收益率，使其难以达到资本市场投资者的要求。目前中国一线城市甲级写字楼的租金收益率平均在 4% 左右，[①] 而住宅的租金

① 世邦魏理仕，2017 年二季度中国商业地产投资市场回顾与展望。

表 12.1　几个主要国家和地区关于 REITs 的税务处理情况

	物业交易环节		物业持有环节		REITs 交易环节
	REITs 层面	投资者层面	REITs 层面	投资者层面	投资者层面
美国	1. 买卖双方 0.5% ~1% 的转让税； 2. 出售物业利得缴纳所得税，用于分红的部分免税	出售物业的利得用于分红，缴纳所得税	1. 1% ~3% 的房地产税； 2. 公司缴纳所得税，分红的部分可以免税； 3. 未达到 REITs 的规定会有惩罚性税收	分红的所得，个人和机构投资者按不同税率缴纳所得税	投资者出售 REITs 份额的资本利得征收资本利得税
日本	1. 8% 左右的交易流转税金及附加； 2. 出售所得应缴纳所得税	个人和机构投资者的分红按不同税率缴纳所得税	1. 1.4% 的房地产税； 2. 5.3% 的营业税金及附加； 3. 分红部分免税	个人和机构投资者的分红按不同税率缴纳所得税	投资者出售 REITs 份额适用税率与分红的所得税税率相同
新加坡	1. 买卖双方缴纳各自印花税； 2. REITs 出售物业利得免税，其他机构出售则需缴纳所得税	机构投资者分红收入所得税税率为 17%；个人投资者分红收入免税	1. 按租金的 10% 缴纳房产税； 2. 按 17% 的税率征收所得税，分红部分免税	机构投资者分红收入所得税税率为 17%；个人投资者分红收入免税	投资者出售 REITs 份额利得免税
中国香港	1. 买卖双方缴纳印花税； 2. 出售物业缴纳利得税	投资者分红收入免税	1. 缴纳差饷； 2. 按租金收入缴纳印花税； 3. 公司缴纳所得税	投资者分红收入免税	投资者出售 REITs 份额免税

收益率更是低至2%以内，扣除各项税费后，可供投资者分配的收益率很难超过基准利率。[①] 现阶段中国境内推出标准化REITs，尤其是通过REITs去推动租赁住房和基础设施建设的发展，有必要按照境外惯例重视税收驱动问题。

良好的税务环境，将有利于REITs市场的有序发展。梳理REITs的相关税制并在税收安排上具备一定的灵活性，有利于以税收驱动REITs发展，同时随着市场的发展，国家也能增加税收，通过新市场的推出和发展实现“多赢”。

中国境内REITs的税务问题

REITs的运作过程通常可以划分为设立环节、持有经营环节和退出环节。REITs自身是金融产品，在二级市场交易，涉及的税种较为简单，主要是印花税和所得税。中国境内未来如果采用公募基金+资产支持证券模式，将存在证券投资基金、专项计划、项目公司等多个层级的主体，其底层资产为房地产，交易与经营行为对应的税种较多，税率较高，不同的持有架构、资产情况和时点会有不同的税务处理问题，较为复杂。接下来，我们分几个环节进行分析。

REITs设立环节的税负

设立REITs通常需对不动产进行资产重组，并被视为交易行为，需缴纳相关税费。一般来说，设立REITs收购相关房地产项目主要有两种方式，而不同方式所涉及的税种不同。

一是资产交易方式，由REITs设立的项目公司直接向发起人购买物业。该方式中，交易双方涉及的税费较高，买方通常需要支付相应的契税、印花税等，卖方则需要支付增值税及附加、土地增值税、企业所得税、印花税等。详见图12.1。

---

① 近期，十年期国债的收益率约为4%。

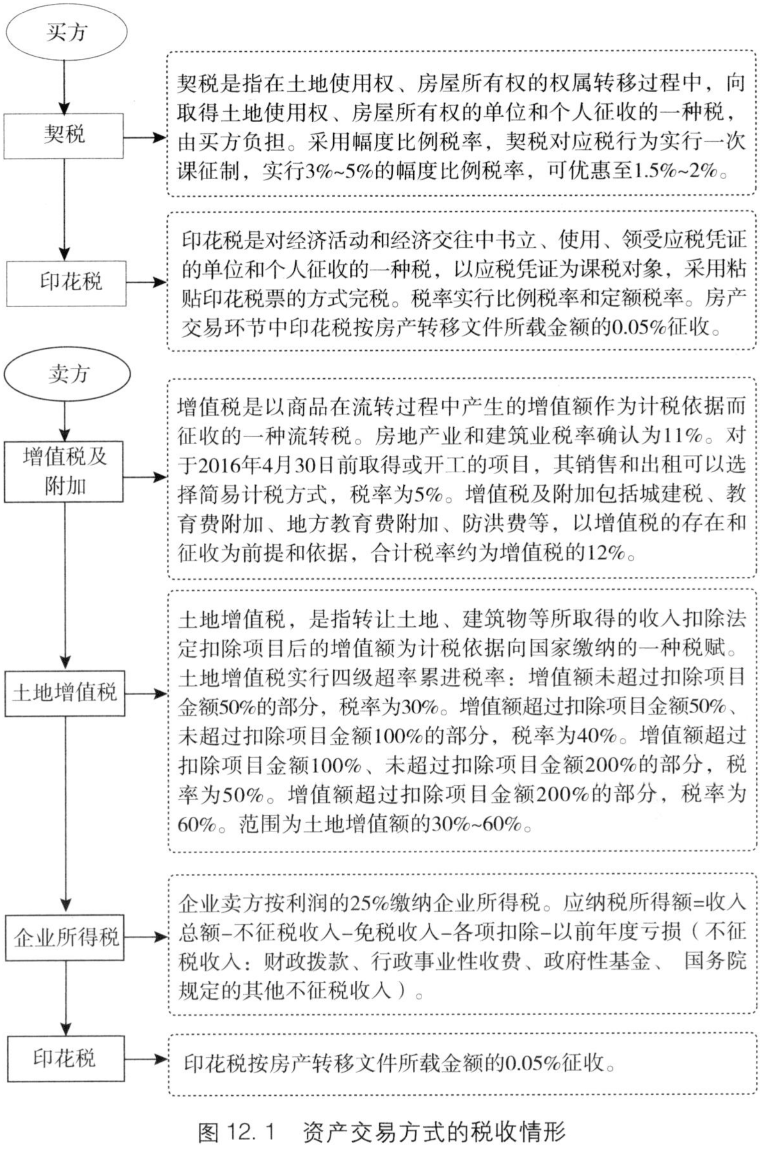

图 12.1　资产交易方式的税收情形

二是股权收购方式，REITs 收购持有物业的项目公司股权。该方式中，买卖双方主要涉及所得税、印花税等。但该交易方式下土地增值税的处理在实践中并不明确，可能会被认定为资产交易，从而需要卖方缴纳土地增值税。详见图 12.2。

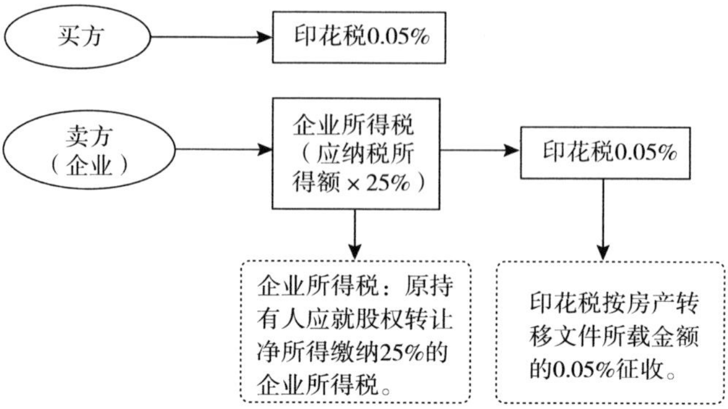

图 12.2　股权收购方式的税收情形

REITs 持有经营环节的税负

REITs 通过项目公司持有和经营不动产。在中国境内公募基金 + 资产支持证券模式下，通常存在投资者、封闭式证券投资基金、专项计划（即交易所挂牌资产支持证券）和项目公司四个层级，项目公司与专项计划之间可能还存在私募基金。①

在项目公司层面，存在的税负有增值税及附加、印花税、房产税、土地使用税、所得税等，如图 12.3 所示。

在专项计划层面，涉及的税种主要是增值税及其附加。根据“营改增”之后一系列文件的规定（《关于全面推开营业税改征增值税试点的通知》《关于明确金融　房地产开发　教育辅助服务等增值税政策的通知》《关于资管产品增值税有关问题的通知》等），资管产品（含专项计划及私募基金）取得的保本收益需缴纳增值税，并按 3% 的税率简易征收，管理人为代扣代缴义务人。若不是保本收益，则无须缴纳增值税。②

在公募基金层面，涉及的税种主要是增值税与所得税。根据上述

① 本书中均以封闭式证券投资基金的组织形式讨论 REITs 相关税务情况。

② 实务中，资产支持计划和私募基金可能会避免采用保本收益条款，但优先级部分的收益仍有可能被认定属于保本收益。

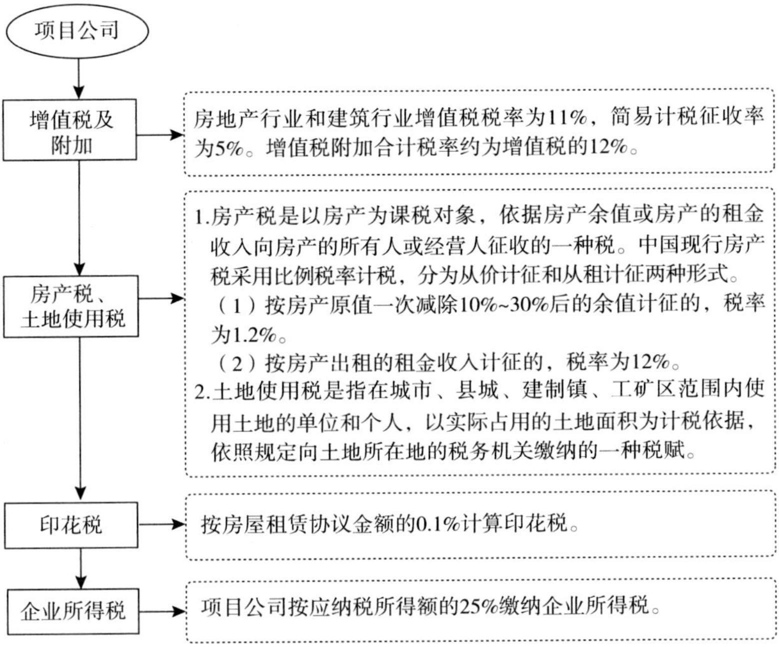

图 12.3 项目公司在 REITs 持有环节的税负

文件，公募基金的收入不适用增值税。根据《财政部 国家税务总局关于企业所得税若干优惠政策的通知》第二条关于鼓励证券投资基金发展的优惠政策的规定，公募基金的股息、分红收入和证券买卖差价收入，均暂不征收企业所得税。

在投资者层面，投资者从封闭式公募基金获得的分红主要涉及增值税和所得税。由于分红不属于保本收益，不适用增值税。另外，根据《财政部 国家税务总局关于企业所得税若干优惠政策的通知》，对投资者从证券投资基金分配中取得的收入，暂不征收企业所得税；根据《财政部 国家税务总局关于开放式证券投资基金有关税收问题的通知》，对个人投资者暂不征收个人所得税。

REITs 退出环节的税负

国际主流 REITs 以公开发行、永续交易的权益性证券为主，与股票相似，投资者除了在发行期认购外，还可以通过二级市场进行买入和卖出交易，投资者的退出主要通过二级市场交易完成。REITs的退出还表现在资产出售上，出售的方式可以是资产转让、项目公司股权转让等。

根据上述财税文件的规定，个人投资者在转让公募基金时，均不需要缴纳增值税和所得税，企业投资者需就价差缴纳所得税。另外，根据《财政部　国家税务总局关于对买卖封闭式证券投资基金继续予以免征印花税的通知》，投资者买卖封闭式证券投资基金免征印花税。REITs转让项目公司股权或直接进行资产出售时，与前述设立时的情形类似，其交易适用增值税、土地增值税和所得税等。综上所述，REITs在设立、持有经营和退出三个环节均有相应的税收情况，具体如表12.2所示。

表12.2　REITs税收项目汇总表

流程	交易	被征税对象	应税行为	税种	计税依据	税率
设立环节	特殊目的载体收购资产	发起人（卖方）	资产转让	增值税	转让收入	11%或5%
				增值税附加	增值税	12%
				土地增值税	增值额	30%~60%
				印花税	合同金额	0.05%
				企业所得税	应纳税所得额	25%
		特殊目的载体（买方）	受让资产	契税	交易金额	3%~5%
				印花税	合同金额	0.05%
	REITs收购股权	发起人（卖方）	股权转让	企业所得税	应纳税所得额	25%
				印花税	合同金额	0.05%
		REITs（买方）	受让股权	印花税	合同金额	0.05%
持有经营环节	物业营运	项目公司	物业出租	增值税	租金收入	11%或5%
			物业出租	增值税附加	增值税	12%
			物业出租	印花税	租金收入	0.1%
			持有物业	房产税	租金收入/物业价值	12%/1.2%
			持有物业	土地使用税	面积	大城市1.5~30元/平方米
			物业出租	企业所得税	应纳税所得额	25%

续表

流程	交易	被征税对象	应税行为	税种	计税依据	税率
持有经营环节	分红	机构投资者	分红	增值税、企业所得税	封闭式证券投资基金分红免增值税、所得税	
		个人投资者	分红	增值税、个人所得税		
退出环节	投资者在二级市场转让公募基金份额	投资者	资本利得	个人投资者免增值税、所得税，企业投资者需就价差缴纳所得税		
	REITs 处置资产或项目公司股权	专项计划或项目公司	财产转移	类似于设立环节时的资产转让和股权转让行为		

从实践来看，中国境内与 REITs 相关的税收问题，主要存在于设立和持有经营环节，其税负较重，将影响 REITs 的发展。

一是设立 REITs 时可能面临较大的税务负担，资产重组成本过高。我们以一个简化案例来说明（详见案例 12.1）。

案例 12.1

本案例仅具示例作用，实践中会因各种情形而使税务处理和结果不同。

假设某物业的初始成本为 70 亿元，拟转让价格为 100 亿元（不含增值税），[①] 需进行资产重组，租金年收入 5 亿元（不含增值税），经营管理费用约为租金收入的 5%，物业按直线法折旧，折旧年限为 40 年，每年按净现金流分红。无借款等负债。

REITs 各环节税负的简略测算见表 12.3。[②]

---

① 通常，一个物业项目的培育期为 5 年，年均回报率按 8% 计算，则 5 年的总回报约为 40%。

② 在资产转让环节中，增值税、土地增值税及企业所得税的扣除基数均有差异，本测算已简化处理。

表 12.3　REITs 各环节税负的简略测算

流程	交易环节	被征税对象	应税行为	税种	计税方式	应纳税额（亿元）	比重（%）
设立环节	资产注入至特殊目的载体	发起人（卖方）	资产转让	增值税	（100－70）亿元×11%	3.30	3.30
				增值税附加	3.3 亿元×12%	0.40	0.40
				土地增值税	（100－70）亿元×30%	9.00	9.00
				印花税	100 亿元×0.05%	0.05	0.05
				企业所得税	（100－70－0.4－9－0.05）亿元×25%	5.14	5.14
		特殊目的载体（买方）	小计（A1）			17.89	17.89
			受让资产	契税	100 亿元×3%	3.00	3.00
				印花税	100 亿元×0.05%	0.05	0.05
			小计（A2）			3.05	3.05
	特殊目的载体注入至 REITs 上市主体	发起人（卖方）	股权转让	企业所得税	（100－100）亿元×25%	0	0
				印花税	100 亿元×0.05%	0.05	0.05
			小计（B1）			0.05	0.05
		REITs 上市主体（买方）	受让股权	印花税	100 亿元×0.05%	0.05	0.05
			小计（B2）			0.05	0.05
	合计（A1＋A2＋B1＋B2）					21.04	21.04
	交易时税收总额：21.04 亿元						

续表

流程	交易环节	被征税对象	应税行为	税种	计税方式	应纳税额（亿元）	比重（%）
持有经营环节	物业经营	项目公司	物业出租	增值税	5 亿元 ×11%	0.55	11.00
			物业出租	增值税附加	0.55 亿元 ×12%	0.07	1.32
			物业出租	印花税	5 亿元 ×0.1%	0.005	0.1
			持有物业	房产税	5 亿元 ×12%	0.60	12.00
			物业出租	企业所得税	（5 - 0.07 - 0.005 - 0.60 - 100/40 - 5 ×5%）亿元 ×25%	0.39	9
			合计（C）			1.065	21.3
	分红	机构投资者	资本利得（D1）	企业所得税	0	0	0
		个人投资者	资本利得（D2）	个人所得税	0	0	0
	合计		（C + D1 + D2）			1.065	21.3
持有经营环节每年税费总额：1.065 亿元							

1. 在设立环节，比重指占资产价值的比重；在持有经营环节，占比重指占租金收入的比重。
2. 此处的特殊目的载体是新设立的，在设立过程中，需要对其实收资本征收印花税，100 亿元 ×0.05% =0.05 亿元。
3. 在持有经营环节，可以抵扣购买资产时的进项税额，直到抵扣完，因此在一段时间内不需要实际交纳增值税款。合计（C）不含增值税。另外，本案例不考虑因结构设计而需在专项计划或私募基金等层级交纳的资管产品增值税。
4. 在持有经营环节，若折旧到期，则企业所得税约为（5 - 0.07 - 0.005 - 0.60 - 0.25）亿元 ×25% =1.02 亿元，占租金的 20.4%。

该案例假设设立环节需要进行资产交易，资产增值约40%，涉及高额的增值税、土地增值税和所得税，税负合计高达物业交易价格的21%，发起人回收的金额受很大影响。[①] 若发起人将设立REITs视为一种融资行为，则该类融资的一次性税务成本显然过高。[②] 从税种构成来看，土地增值税（占比为43%）和所得税（占比为24%）是设立环节重组时的主要税种，如图12.4所示。[③]

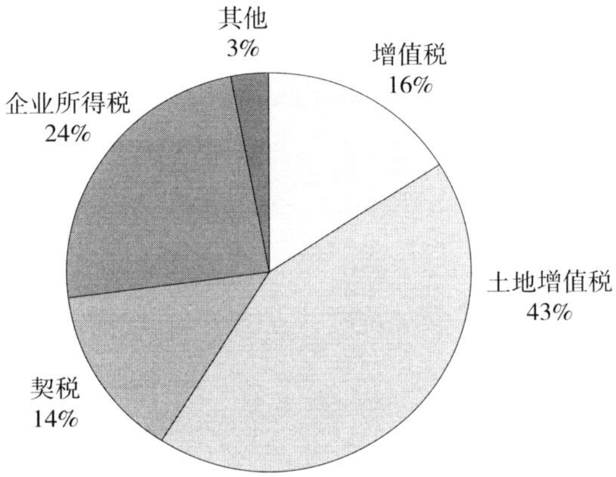

图12.4　设立环节的税额构成

若发起人已设立项目公司，不需要资产重组，则转让项目公司股权所产生的所得税（增值额的25%）也会是不小的负担，尤其是纳税基础较低的物业。近年来，商业物业的资产价格增长较快，早期开发的物业增值幅度较大，在REITs设立环节的税负重，导致企业参与REITs的动力不足。

二是REITs持有经营期间，项目公司层面的税负占租金收入的比重高，降低了分红收益率，对投资者的吸引力不足。增值税、房产税、所得税、土地使用税构成持有经营期间的主要税种（见图

① 此为本案例结果。实务中，税负占物业交易价格的比例会因交易情况的不同而不同。一般来说，资产增值比例越大，税负占比越高。

② 此时，资产交易过程中由买方承担的契税实质上也由发起人承担，进一步增加了税务成本。

③ 仅适用于本案例中的情形。

12.5)。[①] 在上述案例的假设条件下（主要是增值税有进项税额抵扣，折旧减少企业所得税金额等），REITs 持有经营环节的税务成本占租金收入的 21.3% 左右。若项目公司的资产不再计提折旧，则所得税会增加，总税务成本占租金收入的比例可达 33%。若增值税无进项税额抵扣（如实践中普遍存在的简易征收的情形），缴纳的增值税额就会大幅增加，则整体税负最高约会占租金收入的 38%（简易征收情形）或 44%。

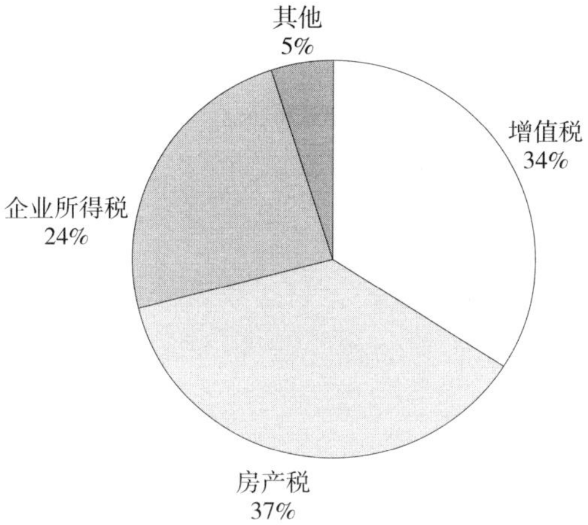

图 12.5 持有经营环节的税额构成

注：此处已简化，实际包含印花税。

在实践中，我们看到许多类 REITs 项目由于重组交易类型、公司架构、资产折旧政策、融资利息支出等不同，所得税、房产税和增值税有很大差异，但总体来看，税负较高是商业地产出租经营的痛点。在物业的租金收益率本就不高的情况下，税负重会降低物业的分红收益率，如案例 12.1 中的租金收益率为 5%，REITs 投资者的税后分红收益率则降到约 3.8%，若没有折旧，则会进一步降至近 3%，因此难有较大的吸引力。

① 本案例增值税有进项税额的抵扣，无须缴纳，图 12.5 按无进项税额抵扣的情形示意增值税的占有比例。

三是实践中仍存在税收透明度不足的问题。以股权转让行为为例。该情形是否会被视同房地产销售，从而需要适用土地增值税仍不明确。中国境内物业投资市场每年有不少大宗交易，相当一部分是通过股权转让来完成的。从实际情况看，该股权转让行为基本上不被视为房地产销售，从而不需要缴纳土地增值税，而只需要卖方申报缴纳所得税。但也有个别案例，经税务机关认定，被视同房地产销售，需缴纳土地增值税。如某集团转让项目公司100%的股权，税务机关认为“这些以股权形式表现的资产主要是土地使用权、地上建筑物及附着物，应按土地增值税的规定征税”。

另外，“营改增”后，关于资管产品增值税的征收情况也需要进一步明确。《财政部　国家税务总局关于全面推开营业税改征增值税试点的通知》提出，持有金融商品取得的保本收益按贷款服务缴纳增值税，但如何定义保本收益，是否仅看合同具体条款而不需要看产品实质，资产支持证券的优先级是否属于保本产品等，仍未能明确。

房产税征收的透明度也不足。对于经营性物业，通常按从租计征，房产税按租金收入的12%计征，但有些地区对一些情形下的经营性物业仍按从价计征，即在房产原值折让基础上按1.2%计征。这也会导致税负上的差异。

四是不同主体的税收待遇不同，尤其是对个人持有资产并出租有税收优惠，不利于行业的集约化、专业化和机构化发展。以持有经营环节为例，当项目公司持有资产时，其税收种类包括增值税、房产税、企业所得税等，合计占租金收入的比重为20%~44%，而个人持有资产并出租时，可以采用综合税率，税率低。以某一线城市为例，其发布的个人出租房屋税收政策提出，为了便于个人出租房屋的征管，对按月租金计算的增值税、城市维护建设税、教育费附加、地方教育费附加、房产税和个人所得税合并按综合征收率进行计征，其中出租住宅房屋的税率按租金收入的4%~8%计征，出租非住宅房屋的税率按租金收入的5%~14%计征，这远远低于以公司形式持有资产的情形，因而不利于机构扩大持有规模。

综上所述，在现行市场与税务情况下，较高的重组成本不能鼓励发起人设立 REITs，较低的收益率又难以吸引投资者的参与，监管部门应充分认识到 REITs 的积极作用，依据国际惯例给予 REITs 合理的税收优惠。

REITs 可以开拓税源和增加税收

作为一种创新性金融产品，REITs 是对接投资者和不动产资产的有效工具，对于税收有积极促进作用，主要体现在提升不动产投资市场的活跃度，优化投资市场结构等方面，从而在某种程度上起到开拓税源和增加税收的作用。

REITs 是资本市场的大类资产，其设立过程可以带来新的税源。目前，中国房地产市场已进入存量时代。根据国家统计局及多个市场研究报告的分析，截至 2018 年年底，中国城镇住宅存量约为 156~276 亿平方米，商业地产建筑累计销售面积约为 20.24 亿平方米。按照口径的不同，住宅类地产市值约为 180~320 万亿元，2018—2025 年每年新增住房需求约 4.7 亿平方米。全国 20 个主要一、二线城市中甲级写字楼与商场存量约为 1.4 万平方米，市值约 2.84 万亿元。对于相当一部分存量资产，持有人并没有出售的意愿，因此并不会触发销售或转让等应税行为。但据了解，该类持有人中有相当一部分对资产证券化尤其是 REITs 是有意愿的，并愿意适度承担税费。而设立 REITs 的过程会导致一些应税行为的发生，从而增加税收。中国境内 REITs 的前景广阔，公募 REITs 的市值规模将达到 5 万亿~ 14 万亿元，其设立过程将催生大量的应税行为，增加的税收金额将是巨大的。

REITs 可以提升商业地产投资市场的活跃度，并对税收产生正面积极效应。REITs 对于发起人，既是一种融资手段，也是一个对外投资平台，需要遵守相关规定。以香港为例，香港《房地产投资信托基金守则》对收购处置有明确的规定：需投资于可产生稳定收入的项目；

不能投资空置土地，不能从事或参与物业开发活动。

H-REITs 上市以后存在对内地资产的投资、收购行为（见表 12.4），虽数量不多，但也体现了 REITs 在投资市场发挥的有效作用。这些投资项目均是通过境外特殊目的载体的交易进行的，适用非居民企业股权转让所得企业所得税管理的规定，通常卖方均进行所得税的申报缴纳。

表 12.4　H-REITs 收购内地资产情况

项目	资产	收购时间	资产价格（亿元）
领展 REIT	北京欧美汇	2015 年 4 月	25
	上海企业天地	2015 年 8 月	66
越秀 REIT	广州西城都荟	2017 年 4 月	41
	上海宏嘉大厦	2015 年 8 月	26

资料来源：领展 REIT 公告、越秀 REIT 公告。

美国的情况更为普遍。REITs 是长期价值投资工具，具有专业化主动管理的特点，有持续扩大规模、优化资产组合的需求，因而投资并购活动不断。图 12.6 显示了 1999—2018 年美国 REITs 的并购规模。2006 年出现了 REITs 的并购高峰，成交金额达 470 亿美元，在金融危机期间相对平静，2011 年之后又开始活跃。这类并购活动一般是应税行为，从而产生大量的税收。

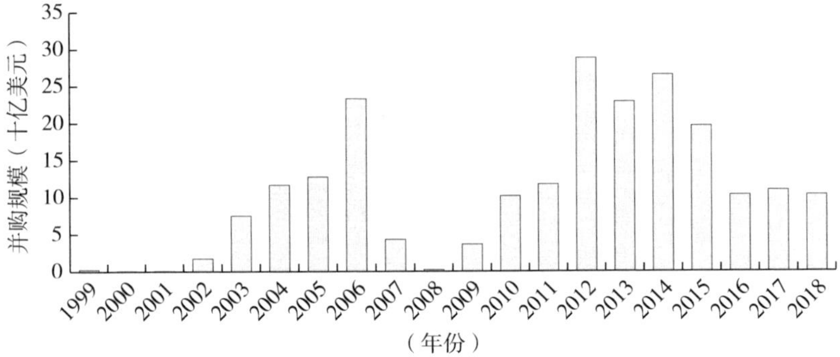

图 12.6　1999—2018 年美国 REITs 的并购规模

资料来源：全美房地产投资信托协会。

美国 REITs 除了合并扩张外，也会向私人投资机构收购或出售物业。以西蒙地产 REIT 为例，其在 1993 年上市时持有 114 处资产，经营面积约 500 万平方米，扩张至今已持有 490 处资产，经营面积达 2 000万平方米，在此期间，西蒙地产 REIT 持续在市场收购物业。由此可见，中国境内推出 REITs 也会有助于商业地产市场投资活跃度的提升，从而增加因交易而带来的各项税收。

REITs 改变商业地产市场的投资者结构，有利于税收的增长。中国商业地产散售情况突出、个人持有比例较大、存在税收差异，而 REITs 的出现，一方面会促进行业的机构化、规模化发展，另一方面又为个人投资者提供分红稳定增长的金融产品，使更多的个人投资者从直接持有资产转而持有 REITs 份额。长期来看，以 REITs 为主的机构持有并经营的资产比重将大大增加，市场结构也将改变。如前所述，相对于个人持有资产，机构持有并经营资产的税负更重，税费占租金收入的比重为 20%~44%，而个人持有资产租金收入的税费占比为 4%~14%，两者差异巨大。资产持有结构的机构化转变，会使税款增加。

资产分散是中国房地产多年来的销售模式导致的。以租赁住房为例，美国的机构渗透率超过 30%，REITs 是最重要的房屋供应机构，而中国的机构渗透率仅为 2%。这说明中国租赁住房机构化发展的空间很大。商业地产行业机构化、专业化发展会改善个人持有资产带来的诸多问题，如经营管理不力、物业维护困难等，也会带来很多规范化的增值业务，包括卫生保洁、家政、安保、生活服务等，这些业务也会增加税收。

综上所述，REITs 的推出和发展对于税收是有积极作用的，可以在很多方面增加税收，这为相关部门推出 REITs 的税收优惠配套政策打下了基础。

中国 REITs 需要税收中性政策

REITs 是收入传递的工具，具有导管作用，应体现税收中性原则。因此，以 REITs 持有并经营资产所承担的税负，不应大于投资者自行持有并经营资产所承担的税负，否则就不能起到资源优化配置的效果。这体现在，对设立 REITs 过程中产生的应税行为，应适当予以税收减免，对 REITs 持有经营环节的税费应予以适当优惠。建议按照国际惯例，以税收驱动为基本指导思想，对中国 REITs 的设立和经营给予相应的税收优惠政策，具体如下：

第一，对以 REITs 为目标的资产重组行为给予税收优惠支持。在设立 REITs 过程中，发起人往往需要对资产进行重组，如将标的资产注入项目公司。在实践中，除国有资产划拨外，其他该类行为有可能被视为交易，从而产生大量的增值税、土地增值税、所得税以及契税等税费负担。由于发起人往往会持有较大比例的 REITs 份额，标的资产的实际投资主体和控制权并没有发生实质变化，该行为可被视为企业内部资产重组。建议允许企业适用与企业内部资产重组相关的税收政策和规定，如《关于企业改制重组有关土地增值税政策的通知》《国家税务总局关于企业重组业务企业所得税征收管理若干问题的公告》《财政部　国家税务总局关于进一步支持企业事业单位改制重组有关契税政策的通知》等，以分立、新设等形式，按资产账面价值注入企业新设立的项目公司，使该过程没有产生增值而无须适用增值税、土地增值税和所得税等。这些税收优惠政策应扩大到以设立 REITs 为目标的所有企业，包括房地产企业和各种所有制企业。这些重组分立的行为导致资产转移至新主体，但其计税基础未发生变化，未来资产被真实出售给第三方时，仍可按此计税基础征收相关税费，并不会导致税源流失。

第二，进一步增加税收透明度，体现 REITs 设立行为的商业实质。设立 REITs 时，发起人会将项目公司转让给 REITs，同时发起人持有 REITs 一定的份额。该过程涉及股权转让行为，一方面，若涉及房地产资产转让，则须缴纳土地增值税，另一方面，发起人须按股权转让所得缴纳所得税。首先，股权转让也属于 REITs 设立过程中的重组行为，不应当被视为房地产销售，建议对其性质予以明确认定，不适用土地增值税的相关规定。另外，等股权转让行为是 REITs 设立的基础，具有合理的商业目的，建议对该行为产生的企业所得税给予税率上的优惠或递延处理。即便征收所得税，也应考虑纳税人仍持有 REITs 大量份额的情况，这些份额并未实际变现，对应的所得税在设立 REITs 时可不予以计征。

第三，降低 REITs 持有经营环节的税负，体现对 REITs 的税收优惠。如前所述，不同主体持有资产并经营适用的税率差异很大，而 REITs 在持有经营环节税负较重，建议在一揽子税收方面试行优惠政策，比如参照个人持有并出租房屋的情况，为 REITs 体系内的项目公司持有并出租房屋制定较低的综合税率。尤其是对租赁住房类资产，建议税收政策向 REITs 类机构倾斜，培育更多专业化、规模化、集约化的机构，引领租赁住房市场的发展，有效建立多主体供应、多渠道保障、租购并举的住房制度。项目公司的企业所得税建议借鉴国际惯例，对分红部分免征所得税或给予优惠税率。

第四，减少 REITs 结构构建产生的税费负担。若中国 REITs 采用公募基金 + 资产支持证券模式，则存在投资者、公募基金、专项计划和项目公司四个应税主体，还可能在项目公司与专项计划之间存在私募基金。由于结构相对复杂，层级较多，可能存在资管产品重复征税问题，如保本收益的增值税，在私募基金债权和专项计划的优先级等方面有可能会涉及，导致流转过程的重复征税。建议在“营改增”一系列文件的基础上，进一步明确增值税的处理，并对 REITs 结构内的资管产品予以免税待遇，对于从项目公司向上分配并最终到投资者的分红，明确给予各层级所得税免税待遇。

REITs 提供不动产市场发展所需的长期资金，是市场的重要供应主体，在助力租赁住房企业持续健康发展，落实租售并举战略，增加资本市场投资品种等方面，具有重要意义。从境外的发展经验看，税收优惠和基于税收的金融创新是 REITs 发展的驱动力，而境内，在租金收益率低的情况下，REITs 面临的税务问题更为突出。我们经分析后认为，REITs 在设立和持有经营环节均有较高的税务负担，使发起人动力不足，投资者的收益率不高，有必要予以解决。REITs 的设立过程可以产生大量的税收增量，这些增加的税收在不设立 REITs 的情况下通常不会即时产生，因而为制订优惠政策提供了空间。这类税收优惠一般不会改变资产的计税基础，从而在未来发生出售等应税行为时，不会引起税收的减少和流失。另外，REITs 有助于提升不动产投资市场的活跃度，优化投资市场结构，从而在一定程度上开拓税源，增加税收，具有积极作用。建议参考国际惯例，遵循税收中性原则，对设立、持有经营和退出等各环节的税负给予优惠待遇，从而推动 REITs 的发展。

第十三章
管理模式

无论是公司型 REITs 还是契约型 REITs，其治理基础均为信托法律关系，治理的基本问题是优化 REITs 持有人、管理人和托管人在权利义务方面的制度设计，完善监督制衡体系，建立激励相容的利益协调机制，督促受托人切实履行信托责任，最大限度地保障持有人的合法权益。建立健全有效的治理机制，完善投资者保护是中国公募 REITs 市场建设的核心问题之一。

REITs 的资产管理是全面、主动的资产管理，同时具备金融和不动产双重属性，既包括募资、投资、风控，也包括不动产改造、出租、运营和维护等。在一些市场（如美国、日本），将负责投融资管理的角色称为资产管理人（Asset Manager，缩写为 AM），将负责不动产运营和物业管理的角色称为物业管理人（Property Manager，缩写为 PM）。本书中提到的管理人是广义的概念，是资产管理人和物业管理人的统称。在全球实践中，REITs 主要采用的管理模式有两种，即外部管理模式和内部管理模式。基于本书第三部分的分析，我们认为在中国现有法律和市场环境中，契约型架构和外部管理模式是中国公募 REITs 的可行方案。由于该架构存在多层委托代理关系，治理问题更复杂。因此，建立一个完善有效的外部管理模式，成为发展中国公募 REITs 的重要问题。

内部管理模式和外部管理模式

REITs 的管理模式可以分为外部管理模式和内部管理模式。外部管理模式是指，REITs 的载体为公司、信托或基金实体，由外聘的管理人执行所有的管理职责，包括资产运营、投融资和物业管理等。作为资产管理的回报，外部管理人收取管理费，管理费可能包括固定比例的基本费用，以及基于净收入、净资产或相对于 REITs 份额的绩效费用。除此之外，如果服务没有外包给其他公司，可能还需要收取收购费、处置费和财产费等额外的管理费用。而内部管理模式是指，REITs 的载体拥有不动产资产和资产管理人，REITs 的内部管理部门或管理公司执行所有管理职责。图 13. 1 和 13. 2 分别是外部管理模式和内部管理模式的示意图。

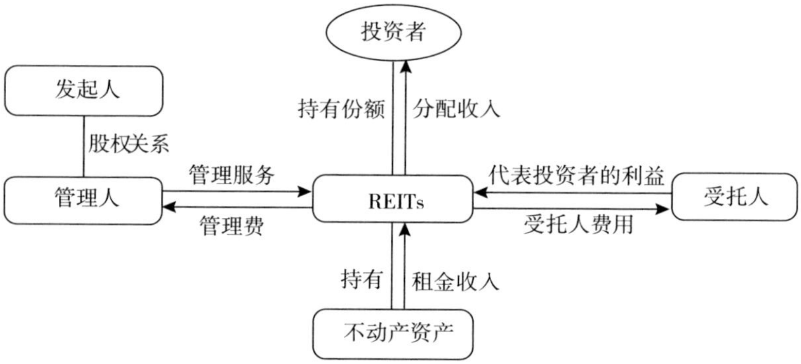

图 13. 1　外部管理模式

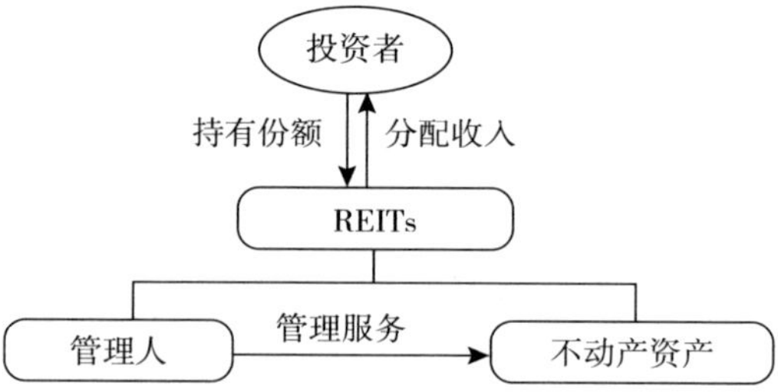

图 13. 2　内部管理模式

根据法律形式，REITs 可以分为公司型 REITs 和契约型 REITs。公司型 REITs 以公司作为 REITs 的载体，REITs 份额是发行在外的股票。契约型 REITs 以信托计划或契约型基金作为 REITs 的载体，REITs 份额是信托受益凭证或基金单位。美国市场的 REITs 大多为公司型 REITs，并采取内部管理模式，即由公司董事会聘任 REITs 的内部管理团队进行资产管理；亚洲市场（如新加坡、中国香港）的 REITs 主要是契约型 REITs，多采取外部管理模式，即引入专业的第三方管理公司来对 REITs 资产进行管理。

这一市场现状造成了一个概念上的误区，那就是公司型 REITs 等价于内部管理模式，契约型 REITs 等价于外部管理模式。事实上，REITs 的管理模式和法律形式没有必然的对应关系。例如，J-REITs 借鉴了美国市场，大部分都以公司作为载体，但与美国市场不同的是，J-REITs 都采取了外部管理模式；A-REITs 以信托作为载体，是契约型 REITs，但一些 A-REITs 通过合订证券的方式，使 REITs 持有人同时持有管理公司的股权，从而实现内部管理。H-REITs 以信托作为 REITs 载体，是契约型 REITs。领展 REIT 是首家在香港上市的 REITs，根据契约关系，领展资产管理有限公司是领展 REIT 的管理人。同时，领展 REIT 作为一个投资信托，投资并持有领展资产管理公司 100% 的股权。在此架构下，领展 REIT 事实上采取的是内部管理模式。

表 13.1 列示了全球主要 REITs 市场的管理模式。无论是内部管理模式还是外部管理模式，从全球来看，两者之中的任何一个都不能说是全球市场的主流。美国 REITs 发展初期，法规要求 REITs 必须由第三方管理其资产，直到 1986 年税法改革，才允许 REITs 直接经营和管理其资产。现在，美国大部分 REITs 都采用内部管理模式，采用外部管理模式的 26 个 REITs 占美国 REITs 市值的 3%。在亚洲市场和小部分欧洲市场，无论从数量还是市值规模来看，采用外部管理模式的 REITs 都是市场的主流。

表 13.1　全球主要 REITs 市场的管理模式

	采用内部管理模式的 REITs 数量（个）	采用外部管理模式的 REITs 数量（个）	采用外部管理模式的 REITs 的市值占比（%）
荷兰	4	0	0
法国	14	2	3
美国	169	26	3
比利时	8	2	10
南非	19	5	7
意大利	3	1	11
加拿大	30	15	10
英国	24	13	9
澳大利亚	19	14	10
爱尔兰	1	2	61
西班牙	1	3	87
墨西哥	0	8	100
中国香港	1	9	30
新加坡	0	37	100
日本	0	45	100

资料来源：SNL 金融。

注：H-REITs 以信托作为载体，形式上采取外部管理模式。需要说明的是：第一，领展 REIT 本身持有管理公司的控股权，因此为内部管理人。第二，一些 H-REITs 的发起人为大型地产集团，发起人的全资机构作为 REITs 的外部管理人，同时它也是 REITs 的第一大股东，对 REITs 的决策、日常管理有绝对的控制权。这些 REITs 实质上采取的是内部管理模式。在表中，我们没有把第二种情况列为严格意义上的内部管理模式。

两种模式孰优孰劣

内部管理模式与外部管理模式哪一个是 REITs 市场的最佳实践，这个问题一直是 REITs 领域的重要问题。从美国 REITs 市场的发展历程看，内部管理模式有助于降低 REITs 的管理成本，似乎是 REITs 管理模式的最佳实践。如果是这样，我们看到的现象应该是，全球市场将借鉴美国经验，内部管理模式应成为全球市场的主流，而事实并非如此。经过50年的发展，全球REITs市场管理模式的格局并没有出现“一家独大”的局面，甚至在美国市场，仍然有少部分REITs采取外部管理模式。这说明，内部管理模式和外部管理模式没有严格意义上的孰优孰劣，基于模式自身的迭代以及不同的市场与制度环境，任何一种均可能成为特定时期和特定市场的最佳实践。

REITs是基于信托关系的资产管理，即REITs持有人将资金委托给管理人，由管理人将资金配置到不动产资产，并通过运营管理来为持有人创造价值。如何降低REITs持有人和管理人之间的利益冲突所产生的代理成本，是REITs治理的主要问题。内部管理模式的基本代理链为：持有人→REITs→管理团队。外部管理模式的基本代理链为：持有人→REITs→管理人（机构）→管理团队。相对于内部管理模式，采用外部管理模式的REITs具有更长的代理链，持有人和管理人的委托代理关系更复杂；在运行过程中，由利益冲突和信息不对称而引发的道德风险可能更高。在这两种管理模式下，为协调REITs持有人和管理人的利益关系，均有必要设计相应的治理机制。相对于外部管理模式，内部管理模式的治理机制更简单、灵活。因此，从代理成本的角度看，理论上，内部管理模式要优于外部管理模式。我们看到，在两种模式并存的同一市场中，外部管理REITs的平均费用要高于内部管理。

成熟市场REITs通常采用主动管理模式，其价值在较大程度上依赖于管理人对不动产资产的专业管理与合理的投资决策。REITs管理包括资产管理和不动产管理。其中，资产管理涉及不动产投资、并购、扩募与债务融资等投融资决策，不动产管理则包括不动产项目的改造、出租、运营和管理。管理人需要在物业投资组合管理、资本结构优化、物业改造提升、租赁运营及物业管理等领域体现专业能力来增强REITs的内生增长动力。相对于内部管理模式，外部管理模式的管理人更能发挥专业能力的规模效应。通过外部管理人（特别是市场上有影响力的管理人），REITs能获得更多的资源，从而为REITs的增值和规模增长提供支持。对于新成立的或小规模的REITs，采取内部管理模式，打造合适、专业的管理团队并不容易，若能借助外部管理能力，则可以使其发展尽快走上正轨。

理论上，内部管理模式和外部管理模式分别有优势和劣势。实证研究的发现与理论一致，即并没有得出 REITs 的内部管理模式优于外部管理模式的结论。针对美国市场的实证研究的结果总体上支持内部管理模式优于外部管理模式的观点。例如，坎农和沃格特（Vogt，1995）的研究发现，1987—1992 年内部管理的 REITs 的市场表现优于外部管理的 REITs；卡波扎（Capozza）和塞金（Seguin，2000）分析了 75 家公司的样本，发现 1985—1992 年，内部管理的 REITs 的回报率比外部管理的 REITs 的回报率高 7%。卡波扎和赛金（2000）还发现，外部管理的 REITs 比内部管理的 REITs 更多地应用债务融资，并且融资成本高于内部管理的 REITs。安布罗斯（Ambrose）和林内曼（Linneman，2001）通过对 1990—1996 年在美国上市交易的 139 只 REITs 的财务指标的研究发现，相对于采用外部管理模式的 REITs，采用内部管理模式的 REITs 的管理费用和融资成本较低。安永 2017 年的报告[①]指出，2012—2017 年，内部管理的 REITs 的年均回报率比外部管理的 REITs 高 240 个基点。

早期，外部管理的 REITs 的管理费用是基于资产规模的固定比例设计的，这是针对被动管理型资产管理产品的常用方法。在 REITs 的发展历程中，实践证明，REITs 应是一类主动管理型资产管理产品，因此，基于管理业绩的分成模式逐渐被纳入外部管理模式的激励机制中。近年来，外部管理模式的治理机制不断完善，具有更严格的内控、更高的透明度、更高的独立性要求以及更合理的激励机制，使原有的代理问题和高费用问题得到有效缓解。安布罗斯和林内曼（2001）的研究发现，美国市场内部管理的 REITs 和外部管理的 REITs 的财务业绩表现没有显著差异。安永 2017 年的报告中，有关其他市场的研究发现，2012—2017 年，澳大利亚、加拿大和英国外部管理的 REITs 的

① EY Global Real Estate，2017，Internal vs. External Management Structure.

回报率要高于内部管理的 REITs。另外，从总体上看，虽然美国外部管理的 REITs 的市场表现弱于内部管理的 REITs，但对于小规模的 REITs，外部管理的 REITs 的市场表现超过内部管理的 REITs 145 个基点。基于中国现有法律和市场环境，契约型架构和外部管理模式是中国公募 REITs 的可行方案。对于如何充分发挥外部管理的优势，弥补其不足，全球市场（特别是亚洲市场的契约型 REITs）的实践提供了大量可借鉴的经验。

无论采取哪种模式，信息不对称和利益冲突下的代理问题都是 REITs 治理的核心。这个问题在外部管理模式下更需要关注。在现有机制下，管理人（管理团队）以自身短期利益的最大化为原则，而 REITs 持有人很难监督管理人的行为，从而导致 REITs 价值的损失。其具体表现至少包括以下三种行为：

第一，追求规模。管理人提供资产管理和物业管理服务，收取 REITs 的相关管理费用。如果管理费用的计算基于 REITs 的资产规模，那么管理人就有动机通过扩大资产规模来提升自身的收入水平。短期来看，积极购置不动产资产就是扩大规模最有效的方式。因此，代理问题严重的 REITs 通常表现为过度投资和融资。

第二，关联交易。在 REITs 的运营中，涉及投融资、租赁、物业管理、资产处置等各项交易，管理人可能会利用其对交易决策的影响力，和管理人关联方进行有损持有人利益的交易。在外部管理模式下，当发起人（通常为大型不动产企业）设立 REITs，且发起人的全资子公司担任 REITs 管理人时，这种架构所引发的代理问题源自发起人和 REITs 其他持有人的利益冲突。此时，REITs 可能成为发起人自融资的附属机构，REITs 从其发起人处购买物业时，会倾向于支付较高的价格或承担更多的义务。

第三，资源分配。在外部管理模式下，管理人可能同时管理多个 REITs。在多个 REITs 之间，管理人对投资机会、租约等潜在收益的分配，将会以管理人自身利益最大化为原则进行权衡，最终分配给对自身最有利的 REITs，从而不利于其管理的其他 REITs。

不动产市场的透明度不高，将为以上三类行为带来更大的空间，使 REITs 管理中的代理问题给投资者带来更大的风险。仲量联行 2018 年《全球房地产透明指数报告》显示，在亚洲市场中，除了新加坡、中国香港、日本、中国台湾等国家和地区的房地产市场的透明度被列为二级外，其余国家和地区均存在一定的透明度问题。在不够透明的房地产市场中，外部管理模式所面临的代理问题更值得关注。值得注意的是，较 2016 年，亚太地区房地产透明度整体大幅改善，我国内地房地产市场距离二级水平仅有一步之遥。

基于现有理论和实务的研究与分析，我们得到的主要启示是：第一，管理模式的选择并没有一个统一的最优解，而应基于市场发展阶段与环境，采取最适合的模式；第二，管理模式的选择不是静态的，应根据 REITs 市场的发展进行改革与完善；第三，无论采取什么模式，核心问题是打造和充分利用资产管理能力以及降低代理成本；第四，提高不动产市场的透明度，提高 REITs 管理的透明度，采取更合理的激励机制，是降低代理成本最有效的方法。

类 REITs 市场面临的问题

中国市场类 REITs 的实质是以专项资产管理计划为载体的不动产资产证券化，我们称之为资产支持证券模式。中信启航 REIT 是第一只以专项资产管理计划为载体，以私募方式发行，在深圳证券交易所综合协议交易平台挂牌交易的类 REITs 产品。通常，类 REITs 的交易结构如图 13.3 所示。根据项目情况，为了税务处理和现金流分配的便利性，在专项计划和项目公司股权之间，一般还会嫁接特殊目的载体（往往是契约型私募基金）。整个架构中的参与方包括计划管理人、私募基金管理人、托管人、资产服务机构、特殊资产服务商、评估机构、会计师事务所以及评级机构。

在此架构下，类 REITs 产品的主要管理职责由计划管理人和私募基金管理人来承担。其中，计划管理人主要负责现金流的归集分配，

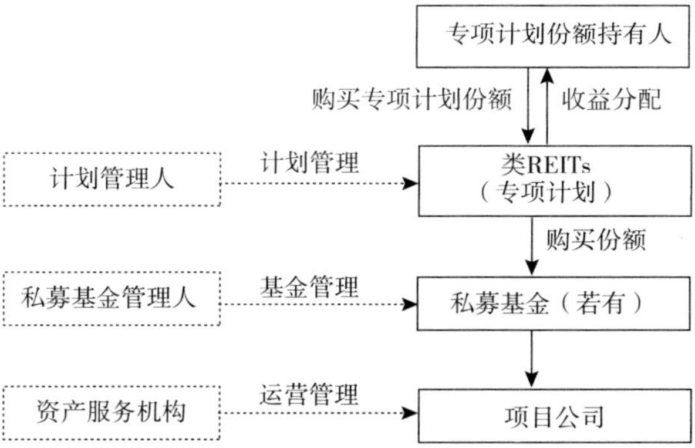

图 13.3　类 REITs 的交易结构

履行信息披露义务，提供终止清算服务等，并监控原始权益人、增信方等相关主体的风险；私募基金管理人主要负责对基础资产的经营情况和现金流进行监测，对项目公司和私募基金进行全面管理，并监督相关服务机构。私募基金管理人（资产管理人）和项目公司选聘的资产服务机构（通常由 REITs 发行前物业资产的管理团队构成）进行存续期间资产的租赁运营和物业管理。

类 REITs 多是融资型的资产支持证券，债属性较强。这主要体现在：一是产品分级，优先级往往由银行等机构认购，次级则大部分由发起人自持；二是产品有期限，往往每三年有开放期，优先级投资者具有回售的权利；三是发起人需要对优先级进行各类增信，包括基于优先购买权的权利维持费、差额支付、流动性支持、各类触发机制等，体现了优先级实质上的保本保收益特性。

我们认为，现阶段中国境内类 REITs 管理的主要特点包括：

第一，计划管理人主动管理的范围和程度有限。这主要体现在计划持有人大会和计划管理人的管理权限上。类 REITs 因产品分级的原因，会设立有控制权的计划持有人大会，以区分优先级投资者和次级投资者的权利。大会的主要审议事项包括计划管理人的更换，处分、启动事件，资产管理合同的修订，更换私募基金管理人，超过一定比例的资产处置等。在一些案例（如碧桂园租赁住房 REIT）中，在确保优先级投资者本息足额偿付的情况下，次级投资者（多是发起人）具有持有人大会的控制权。计划管理人由金融机构担任，如券商和基金子公司，其职能主要是代表持有人大会行事，在产品的债属性下，其监管方向和内容主要是信用风险和现金流的归集分配。

第二，私募基金管理人呈现独立和专业化特点。私募基金管理人可以由发起人设立或与外部专业机构合资成立，也可以由外部独立的专业机构承担，如保利和碧桂园租赁住房 REIT 由外部专业机构担任基金管理人，体现了产品治理方面的进步。但基金管理人对底层资产的监管仍受限，且产品设计上存在一些关联交易，底层资产的运营和管理均被委托给发起人设立的机构。

第三，代理成本以不同的方式呈现。一是投资者之间，如次级投资者与优先级投资者之间的利益冲突。由于优先级的债属性，加上资产风险隔离的优势，该类利益冲突并不明显。反倒是次级投资者内部（若有），即发起人与其他次级投资者之间的利益冲突可能更明显。二是投资者与管理人之间。管理人虽有较强动机做大规模，但受限于类 REITs 缺乏扩募机制，[①] 通常不涉及主动的物业投资组合管理、资本结构优化，外延发展能力弱，出现代理风险的可能性也较低。

第四，关联交易是重点关注问题。如前所述，在大部分案例中，底层资产的运营和管理均被委托给发起人设立的机构，采取的形式不一，包括将运营委托给商业管理公司，将整体租赁委托给发起人子公司，委托物业管理等。对于债属性较强的类 REITs，关联交易有助于增加信用。但当次级存在较多外部投资者时，需要对关联交易进行更严格的监管，包括更充分的信息披露、更适当的权力限制（包括回避表决）等。

总体来看，类 REITs 由于其债属性，在管理上更多地以发起人为主，而专业机构，尤其是独立的私募基金管理人的出现，体现了其外部管理架构的市场化进展。

---

① 保利租赁住房 REIT 的储架发行制度是中国境内类 REITs 产品的一大创新，但仍然处在一个相对有限的框架内。

建立、健全中国公募 REITs 的治理机制

在中国现有法律框架和市场环境下，公募 REITs 的制度设计主要有 3 种模式：将 REITs 作为与股票、债券并列的新券种的新券模式；对类 REITs 进行公募化的企业资产支持证券公募化模式；以公募基金投资不动产资产支持证券的公募基金 + 资产支持证券模式。本书的第三部分已经对此进行了详尽的分析。在这 3 种模式中，公募基金 + 资产支持证券模式最复杂。图 13.4 是公募基金 + 资产支持证券模式的基本架构。

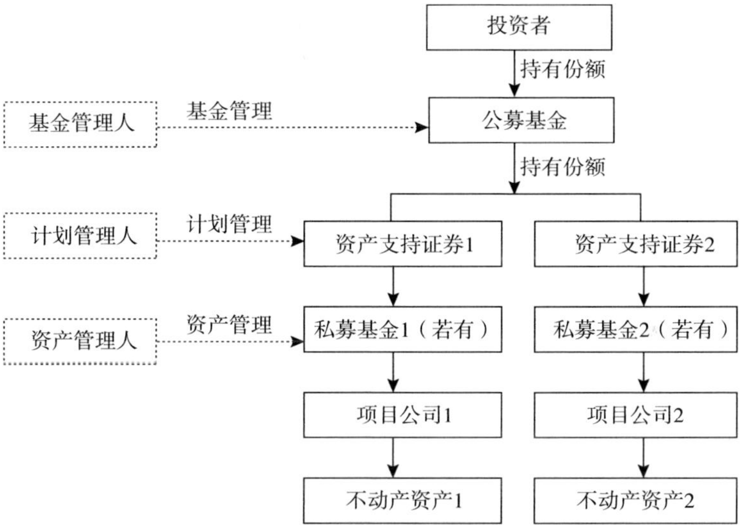

图 13.4　公募基金 + 资产支持证券模式的基本架构

公募基金 + 资产支持证券模式下的公募 REITs 属于契约型 REITs。《证券投资基金法》规定，公募基金需投资于证券，而不是非上市基金管理公司的股权，因此，REITs 采取的是外部管理模式。由于该模式下产品存在分层结构，REITs 的管理可能需要多层管理主体，以对应不同的金融产品和监管要求。具体来看，基金持有人委托公募基金管理人进行基金管理，基金投资于资产支持证券；资产支持证券持有人委托计划管理人进行专项计划管理，专项计划投资于私募基金；私

募基金投资者委托私募基金管理人进行私募基金管理，私募基金投资于项目公司，在项目公司进行不动产资产的运营和管理。

作为中国现阶段一种可行且同时与国际标准化 REITs 结构存在一定区别的产品模式，公募基金 + 资产支持证券模式一方面可以充分应用现有公募基金和资产支持证券市场的规则和成熟经验，从而尽快培育和发展 REITs 市场的管理能力；另一方面，其外部管理模式不仅存在全球市场的共性问题，也存在该模式的独特问题。共性问题在于如何降低 REITs 外部管理模式的代理成本，独特问题则是指在多管理主体的情况下，如何对管理职能进行合理分配。

管理职能的分配问题

关于管理职能的分配问题，其基本原则应体现 REITs 资产管理的基本性质，并符合现有各类产品的监管要求，做到职能不重复、不缺失、边界清晰，兼顾各方利益。REITs 资产管理的基本性质是全面的资产管理。在具体的设计思路上，应以全面管理的职能模块为基础，结合资产支持证券现有职能体系，在各层管理结构中对职能模块和管理重心进行分配，同时制定合适的治理体系。

我们可以将 REITs 资产管理的职能模块分为三大类，即基金管理、投资管理和投后管理。其中，基金管理包括基金融资、信息披露、合规风控、财务管理、退出清算等；投资管理包括投资收购、资产改造、资产处置等；投后管理包括招商租赁、营销推广、运营管理、工程与物业管理等。在公募基金 + 资产支持证券模式下，这些职能模块应在公募基金管理人、计划管理人和私募基金管理人中进行合理分配，并确定主要责任主体。可选择的方案有两个。

方案一，公募基金管理人为主要责任主体，负责基金管理、投资管理和投后的监控，计划管理人主要对计划本身负责，私募基金管理人负责投后管理，其中，部分运营与物业管理可以委托给外部资产服务机构。具体来说，基金管理人的职能包括基金发行、投资者关系与信息披露、财务管理、合规风控管理、投资收购与处置、资产改造、计划监控、投后监控；计划管理人的职能包括计划管理、产权管理、合规风控管理；私募基金管理人的职能包括资产营运、营销管理、租务管理、招商租赁、物业管理。

方案二，计划管理人承担主要管理任务，但公募基金管理人的责任并不免除。基金管理人与计划管理人签订投资合同，明确双方权利义务。公募基金管理人负责基金管理和计划监控，并委托计划管理人在现有计划管理的基础上，增加投资管理和投后监控职能，私募基金管理人负责投后管理。具体来说，公募基金管理人的职能包括基金发行、投资者关系与信息披露、财务管理、合规风控管理、计划监控；计划管理人的职能包括计划管理、产权管理、投资收购与处置、资产改造、投后监控、合规风控管理、产品设计、财务税务筹划；私募基金管理人的职能包括资产营运、营销管理、租务管理、招商租赁、物业管理等。

方案一的特点在于，责任主体位于治理结构的顶层，公募基金管理人要有主动管理不动产资产的能力，对资产进行穿透管理，公募基金管理人与计划管理人的职能有一定的重复。方案二的特点在于，基本维持了现有各管理主体的职能，应用已有的成套监管体系，可减少职能重复，但需要设计好与顶层的关系。我们建议以方案二为主，逐步向方案一过渡，主要原因如下：

第一，目前中国市场的证券投资基金均采用被动管理模式，而主动管理不动产资产，尤其是基础设施和公共服务，涉及的行业广泛，需较全面地配置专业团队。

第二，以证券投资基金为主的管理设计，需要穿透底层资产，在职能上容易重叠，边界和责任易不清晰。而资产支持计划体系已较为完整，发起产品的流程较为成熟，专业化管理较易实现，并能做到责任到位。

第三，亚洲以信托契约为主的产品设计，其基金基本上采取集合资金计划的形式，国内资产支持计划在本质上是相同的，只是缺乏流动性，未来将计划转化为公募基金较为便利。当法律条件成熟时，计划管理人或其他专业机构经批准可以转化为不动产公募基金管理公司。

治理机制的问题

在以计划管理人为责任主体的管理架构下，公募基金持有人大会是最高权力机构，决定重大事项；计划管理人有权提议召开临时会议。公募基金及计划持有人会议分别设立常设机构。常设机构应设立各项专业委员会（类似于董事会的各专业委员会），并制定具体办法。项目公司董事会的人员构成主要由常设机构提议。计划管理人需制定重要业务的汇报流程，形成完整的合规手册。

对于降低REITs外部管理模式中的代理成本问题，近年来，全球市场的不断完善为中国市场的发展提供了很多可借鉴的经验。总体上看，更严格的内控、更高的透明度、更高的独立性要求以及更合理的激励机制，将使得原有的代理问题得到有效的缓解。基于中国市场的特征，我们对未来公募REITs市场的建议如下：

第一，充分发挥公募基金持有人大会的治理作用，完善有效的监督机制。在契约型基金中，基金持有人大会是主要的监督机构，持有人有权通过召开持有人大会更换管理人和托管人。目前市场上的公募基金普遍没有设置基金持有人大会的常设机构，如果基金持有人分散，中小投资者参与治理的成本较高，普遍存在“搭便车”的现象，召开持有人大会存在一定的困难，用脚投票的机制无法对管理人形成有效的监督。根据现行《证券投资基金法》，基金持有人大会可以设立常设机构，行使监督职责。因此，中国公募REITs的相关规则指引中，应明确基金合同必须设立持有人大会常设机构，细化常设机构人员组成和议事规则，有效行使召集基金持有人大会，提请更换基金管理人、托管人，监督基金管理人的投资运作与重大财务决策，制定管理人和托管人激励机制等职能。应保证基金持有人大会常设机构具有充分的独立性，独立于管理公司、REITs发起人和REITs大份额持有人，并明确其法律责任。另外，中国公募REITs应强制举行年度持有人大会，并确保管理人和托管人出席。定期召开年度大会能增强投资者对 REITs 管理人的监督，同时为管理人提供向投资者介绍 REITs 表现和投资策略的机会。

第二，建立完善的信息披露制度。按照真实、充分、准确、及时的信息披露原则，定期、临时进行信息披露，以完整反映公募 REITs 的经营情况，从而有效遏制各种损害投资者利益的行为，为投资者进行公募 REITs 投资、价格判断创造客观公正的环境。特别要指出的是，为保证 REITs 所有权结构和关联交易信息的透明度，REITs 应及时向交易所披露 REITs 的所有权结构和所有关联方信息，以及重大关联交易。

第三，建立合理的管理费用结构，协调管理人与投资者的利益。REITs 是主动管理型资产管理产品，因此，应以主动管理产品的设计框架来思考外部管理的激励机制。全球经验表明，越来越多的外部管理的 REITs 开始采取年度管理费 + 基于回报的业绩分成模式，以提高管理人和投资者利益的一致性。中国公募 REITs 法规应支持多元化的费率结构，鼓励在市场机制推动下产生激励机制的最佳实践。

第四，建立必备的 REITs 管理人资格准入审批程序。在 REITs 管理人的准入条件中，强调股东或管理团队具备不动产业专业素质与较为丰富的经验，从而在投前尽职调查、投后资产运营和持续监控以及资产处置等方面切实履行管理人职责。为保持市场上有足够的 REITs 管理机构以维持相互竞争格局，应对管理人设立合理的门槛，形成一个充分竞争的管理人市场，促使其提高经营水平，维护投资者的利益。

第五，完善 REITs 管理人的治理和内控机制。管理人是公司制实体，在股权结构与内部治理上，应符合 REITs 市场的监管要求。首先，为保护 REITs 中小投资者的利益，REITs 管理人应独立于 REITs 的大份额持有人。其次，应保证管理人董事会的独立性，建立和完善管理人（公司）的独立董事制度，将保护基金持有人利益作为独立董事履行职责的重要目标。最后，加强监管机构对管理人公司治理的监管。

监管机构应在股东与股权、董事会、履职与考评以及从业资格等方面实施重点监管，推动管理人治理水平的提升。

第六，严格防范因关联交易而出现的利益冲突行为。可以借鉴海外较为成熟的经验，就关联交易的信息披露和审批事项，制定更严格的标准。同时，要切实履行关联交易相关程序，关联方应在相关决议上做出回避表决。

建立健全有效的治理机制，完善投资者保护是中国公募 REITs 市场建设的核心问题之一。在全球实践中，REITs 主要采用的管理模式有两种，即外部管理模式和内部管理模式。基于现有理论和实务的研究与分析，我们得到的主要启示是：第一，管理模式的选择并没有一个统一的最优解，而是基于市场发展阶段与环境，采取最适合的模式；第二，管理模式的选择不是静态的，可以根据 REITs 市场的发展进行改革与完善；第三，无论采取什么模式，核心问题是打造和充分利用资产管理能力以及降低代理成本；第四，提高不动产市场的透明度，提高 REITs 管理的透明度，采取更为合理的激励机制，是降低代理成本最有效的办法。

“公募基金 + 资产支持证券”作为适用于中国现状的一种独特产品架构，因其具有多个产品层级，其治理问题更为复杂。因此，如何降低 REITs 外部管理模式的代理成本，以及如何将管理职能在多个管理主体中进行合理的分配，是建立一个完善有效的外部管理模式的两个重要问题。

对于管理职能的分配问题，我们认为基本原则应体现 REITs 资产管理的基本性质，并符合现有各类产品的监管要求，做到职能不重复、不缺失、边界清晰，兼顾各方利益。REITs 资产管理的基本性质是全面的资产管理。在具体的设计思路上，以全面管理的职能模块为基础，结合资产支持证券现有职责体系，在各层管理结构中对职能模块和管理重心进行分配，同时制定合适的治理体系。

对于治理机制的建立，我们给出的建议是：第一，充分发挥公募基金持有人大会的治理作用，完善有效的监督机制；第二，通过强化

REITs 信息披露的透明度等提高内控水平；第三，选用更有利于协调各利益相关方的报酬与考核机制；第四，建立必备的 REITs 管理人资格准入审批程序。第五，完善 REITs 管理人的治理和内控机制。第六，严格防范因关联交易而出现的利益冲突行为。

第十四章
定价与资产估值

公募 REITs 是标准化的金融产品，通过发行市场和二级市场上市交易。发行价格以及二级市场的交易价格由 REITs 供需双方确定。市场合理定价是充分发挥 REITs 资源配置作用的前提条件。因此，树立符合不动产商业逻辑本质的定价理念，建立完善的市场定价机制，使 REITs 价格成为基础资产（不动产资产）定价的“锚”，是 REITs 市场建设的重要问题。

REITs 的估值逻辑与定价机制

从低流动性的不动产实物资产到高流动性的金融产品，REITs 的基本运作模式是通过公开市场募集资金，将储蓄转化为长期资本，主要投资于持有型物业和基础设施，通过专业化运营获取租金或其他收入，获得稳定的经营性现金流，同时通过租金增长及跨周期持有获得资产增值收益。因此，由 REITs 制度保证，REITs 的价值创造建立在不动产资产的真实经营上，以资产运营产生的净现金流作为给投资者分红付息的主要来源，以资产本身的管理升级和估值提升为投资者带来长期持有的收益。从商业逻辑的本源出发，REITs 估值的核心在于评估其长期稳定分红以及由于提升运营水平而使资产增值的能力。在实践中，REITs 投资者常用的估值方法有 3 种，即相对估值法（或乘数法）、红利贴现模型（DDM）、资产净值（NAV）法，虽然这 3 种方法的角度不同，但都符合 REITs 的基本商业逻辑。

相对估值法是资本市场对上市公司股票进行估值的常用方法之一，估值乘数有市盈率（P/E）、市净率（P/B）、市销率（P/S）等。REITs 通过投资持有型物业和基础设施获得稳定收益，具有高分红派息的特性，是兼具债券和股票特性的投资工具。因此，REITs 的分红能力是资本市场关注的焦点，常用的估值乘数有分红收益率（Dividend Yield）、市价/净营运现金流（P/FFO）、市价/调整后净营运现金流（P/AFFO）等。分红收益率是一年的总分红额与当时市价的比值，在可以明确预测特定 REITs 的分红水平的前提下，根据资产类别、资产区域、管理人水平、治理结构等多方面因素来确定可参照的分红收益率乘数，从而得出 REITs 的估值。应用分红收益率作为估值乘数的优点在于指标直观、易于计算，且是投资者最关心的指标，缺点是由于管理人在一定程度上可以调整分红率，分红收益率是一个短期易被操控的指标，这样就无法真实反映 REITs 的收益能力。

在 REITs 的相对估值法中，市价/净营运现金流和市价/调整后净营运现金流是更重要的估值指标。根据通用会计准则（GAPP）的定义，净营运现金流等于净利润加不动产折旧，减债务重组所得或损失及不动产销售收益。净利润指标在衡量 REITs 运营绩效方面不像在其他类型的公司那样有意义，原因是不动产折旧在会计处理上被当作费用来处理，而在现实中，由于通货膨胀、土地价格上涨、建造成本上升、租金提升和空置率下降等原因，许多物业资产往往可以保值增值。大额折旧费用抵消了 REITs 的大部分现金流，因此，将折旧加回来对于 REITs 产生的现金流的衡量更合理。另外，计算净营运现金流时还要减去物业出售的资本利得。原因在于，定期折旧会减少资产负债表上的物业持有成本，而资本利得则来自高于持有成本价格的物业出售，在净营运现金流的计算中若包含资本利得，则相当于将折旧加入两次。REITs 管理人一般会将净营运现金流中的一部分进行分配，另一部分作为留存收益。与分红收益率的倒数（P/Dividend）不同，市价/净营运现金流将留存收益考虑在内，在一定程度上是将 REITs 未来的发展空间考虑在内。

尽管净营运现金流在 REITs 市场中被广泛使用，但该指标也有不足之处。由于不动产价值可能因老旧或过时而随着时间缓慢消减，要维持物业资产的正常运营，需要进行维护与更新。另外，虽然一些设备设施在会计处理上是资本化的，但由于使用寿命有限，其价值也会不断降低。[①] 在计算净营运现金流时，简单地将折旧加回至净利润中，没有考虑为维持物业价值而进行维护和更新所产生的资本支出，会高估资产运营的业绩表现。调整后净营运现金流是为解决该问题而推出的指标，具体的调整方法是，在净营运现金流基础上减去那些被资本化的、用于维护和更新的费用支出。由于调整后净营运现金流在衡量 REITs 的自由现金流和分红派息能力上更有效，作为估值乘数，其得到广泛应用。

对 REITs 投资者来说，REITs 带来的是未来一系列的分红派息现金流。与股票的估值类似，REITs 也可以应用红利贴现模型来估值，即通过一系列预期现金流的现值之和来估值。[②] 由于分红派息水平可以看成是调整后净营运现金流乘分红率，REITs 的红利贴现模型也可以表述为预期调整后净营运现金流的贴现之和。

资产净值法是第三种估值方法。由于 REITs 是典型的重资产产品，其持有的资产主要是不动产，资产净值法是指对 REITs 持有的基础资产价值进行评估，扣除负债后测算净资产价值，并以此作为 REITs 估值的标尺。资产净值法的核心是不动产资产的价值。不动产资产价值的评估方法包括收益法、市场法和成本法。收益法是基于对未来收益现金流的预测的估值方法，市场法是通过与相同或类似的资产交易价

① 一些设备和设施，如公寓的地毯、窗帘、洗衣机、洗碗机等，在会计处理上通常是资本化的，但这些设备和设施是不断折旧贬值的。

② 在一些假设条件下，红利贴现模型的表达式是：$V = \sum_{i=1}^{\infty} \frac{DIV_i}{(1+r)^i}$，其中 V 是 REITs 的单位价值，DIV 为年度分红水平，r 为 REITs 的资本成本。如果假设红利的长期增长率为 g，那么可简化为戈登股利增长模型：$V = \frac{DIV_1}{r-g}$。

格类比进行估值的方法，成本法是通过假设重置资产而确认重置成本的估值方法。收益法适用于收益、风险、获利年限等可预测的资产，如购物中心、写字楼、基础设施等；市场法适用于拥有活跃交易市场的资产，如住宅、销售型写字楼、商铺等；成本法在房地产评估领域主要适用于不具备活跃交易市场或无法产生稳定收益的资产，如学校、图书馆、公园等公益型资产。在 REITs 领域进行基础资产评估，由于 REITs 依靠基础资产的运营收益向投资者进行稳定分红，收益法是最符合 REITs 逻辑的评估方法。收益法分为报酬资本化法和直接资本化法。[①] 报酬资本化法指的是贴现现金流分析，即资产价值等于其未来各年运营净收益（NOI）的现值之和。直接资本化法是用估价对象未来一年运营净收益除以适当的资本化率来求取估价对象的价值。[②] REITs 估值方法汇总见表 14. 1。

表 14. 1　REITs 估值方法汇总

估值方法	估值方式	估值逻辑	常用指标
相对估值法	直接对 REITs 产品进行估值	分红派息能力相同的 REITs 应有相同的估值	市价/净营运现金流，市价/调整后净营运现金流，分红收益率的倒数
红利贴现模型	直接对 REITs 产品进行估值	预期现金流的现值之和	
资产净值法	通过基础资产对 REITs 产品进行估值	预测基础资产未来收益的现金流，通过报酬资本化法或直接资本化法得到基础资产估值，然后在此基础上调整得到 REITs 估值	资本化率

REITs 和 REITs 基础资产的估值具有相同的估值逻辑，从理论上说，原因在于两者的市场定价有相互锚定的关系。REITs 持有的不动

① 报酬资本化法和直接资本化法来自资产评估业的定义，这两种方法分别是现金流折现（DCF）模型、相对估值法在资产评估中的应用。

② 资本化率 = 运营净收益/资产交易价格。

产基础资产（特别是持有型物业）有大宗交易市场，REITs有发行市场和二级市场。举一个简单的例子，假设一只REITs仅持有A物业，那么REITs产品的价格决定了A物业在REITs市场的定价（即A物业REITs价格）；同时在大宗交易市场，通过同类物业的售价可以确定A物业的估价（即A物业的大宗交易市场价格）。这两个价格应该具有一致性，如果差异较大，就存在一个好的投资机会：如果A物业REITs的价格远高于A物业的大宗交易市场价格，那么REITs管理人可以通过增资收购类似物业来提升REITs的市值；如果A物业REITs的价格远低于A物业的大宗交易市场价格，那么外部投资者可以收购REITs，然后在大宗交易市场出售A物业。因此，不动产资产大宗交易市场与REITs市场之间存在趋同性和内生相关关系。在实践中，通过REITs产品价格和物业净营业收益可以计算出A物业REITs的价格，称为隐含资本化率[①]，隐含资本化率可以作为大宗交易市场定价的重要参考因素。

REITs价格具有领先于不动产市场价格的特点。首先，在影响不动产价格的因素发生变化后，由于流动性好、交易量大、交易成本低，REITs市场的价格变动先于不动产市场，不动产市场的价格调整更为缓慢。其次，REITs对基础资产的初始收购价格直接影响投资者在产品存续期间获得的分红派息水平，是REITs发行定价时资本市场参考的重要依据；REITs在存续期间对基础资产的持续跟踪估值能有效体现基础资产的质量，有利于REITs产品及时对资产包进行优化调整，保障投资者利益。最后，在市场化处置资产的过程中，物业估值是最终确定处置价格的重要参考因素。也就是说，REITs市场和大宗交易市场相互具有价格发现功能，不仅有利于在资产交易市场形成资产价格，而且有利于在REITs市场形成基于经营质量和经营效率的市场定价。

境外成熟REITs的发行大多采用累计投标询价机制。累计投标询价机制主要包括确定估值、确定价格区间、投标询价和公开发行四个

① 隐含资本化率=净营业收益（NOI）/（REITs负债+REITs优先股+REITs总市值）。

阶段。在确定估值和确定价格区间阶段，主要是作为主承销商的投资银行根据拟发行标的证券的情况，结合专业经验和知识进行的单方面定价。基于 REITs 产品的特点，在实践中，主承销商往往会以底层物业资产预期运营现金流为基础测算投资者每年的分红收益率，以此得到 REITs 的估值。进入投标询价阶段后，由于机构投资者的投资判断经验和能力较为充足和成熟，承销团向机构投资者推介、发放研究报告也有利于机构投资者对 REITs 的投资价值进行判断，再加上具有约束力的报价，有利于机构投资者从需求端探寻 REITs 的公允价值。在正式进入公开发行阶段后，基于供给端和需求端在询价阶段确定的发行价，再通过公开市场向个人投资者确认，如果公开发行阶段的认购数量不足，则发行失败，说明前两个阶段的价格发现机制失效；如果公开发行成功，则说明 REITs 的公允价值已通过累计投标询价机制确定，并最终得到了市场的认可。

成熟 REITs 市场具有价格发现功能

诺贝尔经济学奖得主罗伯特·默顿（Robert Merton）教授（1992）认为，一个完善的金融体系应具备六大基本功能：第一，提供便利商品、劳务和资产交易的清算支付手段；第二，通过提供各种机制，汇聚资金并导向大规模的无法分割的投资项目；第三，提供经济资源跨时间、地域和产业配置的方法和机制；第四，提供控制风险的手段和途径；第五，具有信息提供和价格发现功能，通过提供价格信号，帮助协调不同经济部门的非集中化决策；第六，为金融交易双方的信息不对称问题及委托代理问题提供解决方案。在这六大基本功能中，信息提供和价格发现功能处于核心地位。

从长期看，REITs 市场能否提升行业发展质量，为投资者创造投资回报，优化资源配置，促进宏观经济增长，关键在于其是否具有价格发现功能。前一部分的论述中，我们分析了 REITs 定价的理论逻辑以及 REITs 市场的内生定价机制。成熟 REITs 市场在价格发现上的表现如何？学术界主要从 REITs 市场价格与不动产价格的相关性、REITs 市场的投机性与价格泡沫、REITs 相对资产净值的折溢价三个方面，来思考和评估 REITs 市场的价格发现功能。

REITs 市场价格与不动产价格的相关性

REITs 市场价格与不动产价格之间的互动关系是第一个重要问题。从资金需求端来看，如果 REITs 市场价格可以揭示不动产资产的内在价值，那么以此为基准可以做出有效的投融资决策。从资金供给端来看，由于不动产与其他金融资产之间的相关性较低，投资不动产往往可以为投资者带来巨大的分散化价值。相对于直接投资不动产，投资 REITs，基础资产相同，却有更好的流动性、更低的交易成本和购买门槛，更容易进行不动产投资的分散化，如果 REITs 市场价格与不动产价格走势之间有着高度的同步性和相关性，那么 REITs 将成为投资不动产的优选产品。

在现有文献中，实证研究应用误差修正模型来研究 REITs 价格与不动产价格的长期均衡关系和短期波动关系。从短期看，一个共识性的结论是，REITs 价格与不动产价格之间的相关性较低，受股票市场波动的影响较大。由于 REITs 在市场公开交易，可能会受股票市场噪声、短期投机、市场情绪和资金面等因素的干扰，从而使其价格偏离不动产市场的价格。从不动产的类别看，巴甫洛夫（Pavlov）等（2011）研究了不同类别的 REITs 价格与其对应的不动产价格之间的关系，只有写字楼 REITs 价格与不动产价格之间有显著关联，而零售 REITs、住宅 REITs、工业 REITs 的价格与其对应的不动产价格之间均无显著关联。

但是，现有研究也发现，随着 REITs 市场的不断成熟，其越来越能体现自身真实的内在价值，与不动产价格之间的差异在缩小［克莱顿（Clayton）和麦金农（Mackinnon，2001）］，与股票市场之间的相关性也在下降［霍斯利（Hoesli）和塞拉诺（Serrano，2007）］。根据霍斯利等（2012）的研究，REITs 价格与不动产价格的长期关联在美国、英国较为显著，在澳大利亚不显著，在一定程度上说明美国、英国的REITs市场相对于其他地区发展得更完善，更能体现不动产的内在价值。

根据帕利亚里（Pagliari）等（2005）、塞拉诺等（2011）的研究结果，从长期看，REITs市场价格与不动产价格之间有着十分紧密的关联，可以将长期REITs投资作为长期直接不动产投资的替代。一方面，股票市场噪声的整体影响随时间趋近于零，另一方面，由于具有相同的底层资产，REITs和不动产市场最终都会调整自身的价格以与变化的基本面保持一致。REITs价格变动领先于不动产市场价格。在影响不动产价格的因素发生变化之后，由于流动性好、交易量大、交易成本低，REITs相比不动产市场更加信息有效，吉利贝托（Giliberto，1990）、盖尔纳（Geltner）等（1998）、帕利亚里等（2005）、李（Li）等（2009）验证了REITs市场的价格变动先于不动产市场，不动产市场的价格调整更缓慢，因此REITs市场具有价格发现功能，可以成为不动产市场定价的“锚”。

在推动REITs政策的进程中，各个国家和地区的决策机构高度关注不动产市场和REITs市场之间的风险传导问题。一方面会担忧，作为新融资工具，REITs的出现，可能会助长房地产市场的泡沫，另一方面，又担心房地产市场价格的波动，会引起公募REITs市场的剧烈波动，导致中小投资者蒙受损失。前述实证研究表明，从短期或即期看，REITs与股票市场的相关性较大；REITs与实体不动产市场的相关性主要体现在长期和跨期上。这反映了REITs的风险收益特征，其强调长期租金收益和分红，而非不动产短期的资产价格波动。国外的实践表明，REITs通常不会引起房价的进一步上涨，相反，在房地产市场出现严重泡沫时，REITs作为专业的市场参与者，开始出售资产，或被私有化，增加不动产市场的供给，从而平抑房价，并传递房地产泡沫的准确信号。例如，2006—2007年，美国处于房地产泡沫高峰期，REITs是市场的净卖家，净卖出86亿美元的商业物业。在这段时期，REITs被私有化的规模也创新高，金额分别为350亿和870亿美元。

同样，REITs具备抵御不动产市场短期波动风险的能力。REITs的基础资产成熟且质量较高，租金收入稳定，财务稳健，遵循长期投资策略，其投资者往往也是长期投资机构，因此不动产市场价格的短期调整对 REITs 的影响较小。以新加坡为例，在 2008 年金融危机中，其房地产价格出现大幅下跌，但稳定的租约和经常性收入使 REITs 的分红能力基本未受影响，REITs 市场价格的下跌更多是由金融市场流动性造成的，到 2009 年年中，S-REITs 未出现破产和抛售资产的情况，其市场价格也快速恢复，投资者通过金融危机进一步认识了 REITs 的抗风险特征。

REITs 市场的投机性与价格泡沫

由于 REITs 市场流动性好、交易成本低，对于不动产市场的投机者，REITs 市场是其投机的天然温床。于是产生了另一个被广泛关注的问题：REITs 市场是否存在着大量的投机行为，而市场价格也时常表现为投机性泡沫?

就这个问题，有正反两个方向的思考。其一是，REITs 市场不利于投机者炒作并形成泡沫，原因是 REITs 与其他上市公司的股票相比，有明确的基础资产，同时其经营活动和股利发放受到严格的制度约束，如净利润的最低分配比率、收入结构中来自不动产经营的最低比例、资产结构中持有不动产的最低比例等，这些刚性要求明确其价值取决于未来股利对应现金流的折现，降低了 REITs 的不确定性和信息不对称程度。其二是，REITs 市场也存在有利于投机行为的因素。例如，REITs 是不动产资产的证券化，而不动产市场有时有泡沫出现。对于大多数 REITs，投资者做空 REITs 的方式受限、成本较高，REITs 市场的有效性受到影响，负面信息不能很好地反映在价格中。

对于 REITs 市场是否存在大量投机泡沫，现有的实证研究没有一致的结果。例如，佩恩（Payne）等（2007）总结了用不同方法检验 REITs 市场泡沫的不同结论。吉拉萨库尔德赫（Jirasakuldech）等（2006）、谢（Xie）等（2015）的研究未发现权益型 REITs 存在投机泡沫。布洛（Blau）等（2014）的研究指出，尽管美国 REITs 市场存在投机行为，且在不动产的景气周期中，理性投机泡沫会增加，但这些投机行为没有导致非理性投机泡沫，投机行为的多寡不能预测未来REITs市场的收益率。佩恩等（2005）的研究指出，美国抵押型REITs和混合型REITs市场存在着周期性崩塌的负向泡沫。布劳尔斯（Brauers）等（2013）的研究则指出，美国的住宅类权益型REITs在2003—2007年存在投机泡沫。恩内伊（Nneji）等（2013）的研究同样认为，美国REITs市场在2003—2007年逐渐积累了投资泡沫，到2007年不动产市场泡沫破灭时，REITs市场价格相对于其基础资产被高估了40%。

REITs 市场的折溢价

在现实中，REITs市值与资产净值之间存在一定的折溢价，被称作资产净值折溢价。资产净值折溢价反映了REITs期望回报率和REITs基础资产回报率之间的差异，当REITs期望回报率高于基础资产回报率时，体现为折价；当REITs期望回报率低于基础资产回报率时，体现为溢价。市场折溢价情况随地区和时间的不同而不同。截至2018年二季度，H-REITs整体呈折价状态，平均折价率为31%，S-REITs和J-REITs整体来看略有溢价，溢价率分别为3%和4%。[①] 全美房地产投资信托协会估计美国REITs的折价率为9%左右。[②] 布鲁恩（Brounen）等（2013）的研究发现，在2008年金融危机爆发之前，美国REITs的价格相对于资产净值存在明显溢价，而金融危机爆发后，REITs的价格相对于资产净值存在明显折价。根据莫瑞（Morri）等（2016）的研究，图14.1显示了法国、荷兰、英国REITs的平均资产净值折价率，可以看出三个国家的REITs价格整体偏折价，荷兰的平均资产净值折价率相对较低，金融危机期间的平均资产净值折价率相对较高。

---

① 参见2018年中国房地产业协会金融专业委员会和戴德梁行联合发布的《亚洲房地产投资信托基金（REITs）研究报告》。

② Nareit, Valuing REITs in 2017: Stock Price Premium/Discount to Net Asset Value, 2017-8-2.

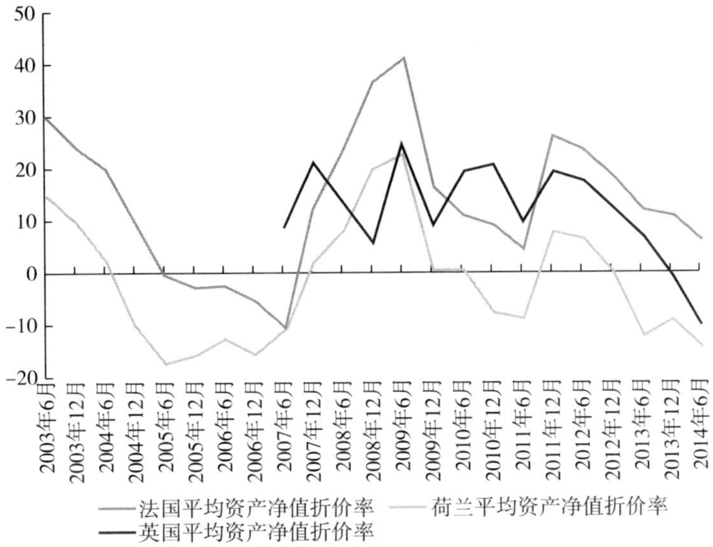

图 14.1　法国、荷兰、英国 REITs 的平均净产净值折价率

对于 REITs 投资者来说，REITs 以确定的不动产作为基础资产，有明确的经营管理和收益分配规则，能较好地进行净资产价值评估，如果 REITs 市场中存在长期折溢价，则需深入思考造成折溢价的原因。REITs 折溢价有三种理论解释。[①] 第一，REITs 市场相对于不动产市场更有效，可以更快地根据新信息调整价格，使 REITs 价格相对资产净值发生偏离。如果这种解释正确，那么折溢价的存在意味着 REITs 具有价格发现功能。第二，REITs 与不动产市场相比有更好的流动性，因此投资者愿意为 REITs 投资支付额外的溢价，这种溢价的存在是合理定价的结果。第三，投资者情绪同样是 REITs 市场出现折溢价的重要原因。相对来说，REITs 投资者中个人投资者的占比要高于直接投资不动产资产的个人投资者。因此，REITs 二级市场的噪声交易者风险较高，对于风险厌恶型理性投资者，则会要求一定程度的折价，这

① 事实上，封闭式证券投资基金的折溢价是学术界深入研究的现象。现实中，封闭式证券投资基金往往存在 10% ~20% 的折溢价。与 REITs 不同的是，封闭式证券投资基金的基础资产的流动性要好于 REITs 的基础资产。

种折价代表相对于内在价值的偏离。市场具体会表现出折价还是溢价，取决于各个因素的影响力。

REITs 的折溢价程度受 REITs 管理水平、杠杆率、规模等因素影响。管理水平越高，过往表现越好，投资者越愿意为 REITs 支付相对于资产净值的溢价。杠杆率的差异可能导致产生不同的代理成本，在熊市和牛市中，投资者对杠杆率的偏好不同，使各 REITs 的折溢价存在差异。REITs 的规模同样会影响折溢价的水平，规模大的 REITs 往往有较好的流动性，有规模化和融资方面的优势，但由于底层资产的构成更复杂，投资者难以进行评估。REITs 市场折溢价的实证研究结果如表 14.2 所示。

表 14.2　REITs 市场折溢价的实证研究结果

作者	时间（年）	样本	主要结论
巴克姆（Barkham）、沃德（Ward）	1999	英国 REITs 1993—1995 年	资本利得税率、公司规模、流动性和过往业绩影响 REITs 折价率；噪声交易者的参与增大了价格波动的风险，增大了 REITs 的折价率
克莱顿、麦金农	2001	美国权益型 REITs 1996—1999 年	杠杆率、公司规模、流动性的增加会增大 REITs 的溢价率；噪声交易者对 REITs 的溢价产生影响
莫瑞、贝内德托（Benedetto）	2009	意大利 REITs 2003—2007 年	对于根据公司杠杆调整后的资产净值，杠杆率越大，REITs 的折价率越低
帕特尔（Patel）等	2009	英国 REITs 1988—2007 年	REITs 折价率在 20% 附近波动，波动率的增大会增加风险溢价，从而增大 REITs 的折价率
比亚辛（Biasin）等	2010	意大利 REITs 2006—2008 年	更好的流动性、更高的杠杆率、股东大会的常规性召开可以降低 REITs 的折价率
帕蒂多尼（Pattitoni）等	2013	意大利 REITs 2009 年	分析师的评估不是导致 REITs 折价的原因

续表

作者	时间（年）	样本	主要结论
布鲁恩等	2013	美国权益型 REITs 2006—2008 年	做空对 REITs 溢价具有重要影响
李（Lee）等	2013	S-REITs 2005—2010 年	REITs 的折溢价受投资者情绪影响。上一期的交易规模越大，REITs 的溢价率越大
莫瑞、博卡林（Boccarin）	2016	法国、荷兰、英国 REITs 2003—2014 年	经营风险增加 REITs 的折价率，业绩表现好降低 REITs 的折价率

基于对全球 REITs 市场相关实证研究的总结与分析，我们可以得出这样一个基本结论：经过近半个世纪的发展，REITs 市场不断发展、日益成熟，具体表现为完善的发行和退出制度、真实充分的信息披露以及成熟的投资者，这些都是提升 REITs 市场价格发现功能的关键因素。研究表明，全球大部分 REITs 市场具有较强的价格发现功能，为经济资源跨时间、跨地域和跨产业配置提供了长期有效的价格信号。

类 REITs 市场的定价问题

相比之下，目前中国境内类 REITs 产品在资产支持证券的框架下，通常进行结构化分层，从中国境内主流投资者角度看，类 REITs 优先级为固定收益类产品，主要体现为“债性”投资逻辑。而次级产品份额（被认为是权益级产品）的期间收益通常较低，多由原始权益人及其关联主体持有，银行、保险公司等传统保守型机构投资者的参与程度不高，同时，由于类 REITs 次级份额的流动性较低，且无明确的退出渠道，不能得到高净值个人投资者或其他权益类市场投资者的广泛认可。

实际上，类 REITs 定价和成熟市场标准化 REITs 定价存在很大差异。类 REITs 定价通常指的是优先级固定收益类产品的定价，而非基于资产估值的权益类产品定价。发行人与投资者关注、博弈的焦点在于优先级券种的发行成本，而非类 REITs 产品的发行规模。虽然优先级投资者也会考虑优先级发行规模占资产估值的比率，但并不是从投资收益的角度考量，而是从投资安全的角度考量。类 REITs 产品的优先级通常仅享有固定水平的投资回报，不参与资产增值溢价部分的收益分配，其定价参照债券定价，而非参照股票定价。目前，中国境内主要采用公开招标（通常是荷兰式招标）的方式确定优先级的发行利率。

中国境内类 REITs 市场的发行利率是由金融市场中发行人的融资成本和投资者的收益诉求决定的。从发行人融资成本的角度考虑，发行人通常会基于类 REITs 产品的融资规模、使用期限、对财务报表的调节情况、对企业发展转型的支持程度等多个因素综合考虑发行成本的可承受性。从投资者收益诉求的角度考虑，由于中国金融市场中固定收益类产品的投资群体与权益类产品的投资群体的天然分化，固定收益类产品的发行逻辑不同于权益类产品，权益类产品的投资主要考虑预期收益的可获得性，而固定收益类产品的投资更侧重于考虑风险的可承受性。简单来说，类 REITs 产品的投资收益 = 无风险利率 + 产品风险溢价。无风险利率主要受宏观经济环境和市场流动性影响。影响产品风险溢价的主要因素有产品结构设计、资产情况和主体情况等。

在产品结构设计方面，目前中国境内类 REITs 产品优先级的主要投资者为商业银行，银行投资类 REITs 产品时主要考虑产品设计链条是否完善，以及能否从产品机制上保证本金与预期收益的收回，而非资产的增值情况。因此，由强主体全额担保的偏债型类 REITs，在银行审批流程中更容易获得认可，发行成本相对较低；而依靠资产处置保障本金偿还的偏股型类 REITs，由于处置流程的不确定性，银行对其风险溢价的要求更高。产品结构化分层是资产证券化产品中一种常见的增信措施，通常情况下，偿付顺序靠前的产品发行成本较低，偿付顺序靠后的产品发行成本较高。在产品设计中，分层过多的产品结构相对复杂，投资者在审批时会存在更多顾虑，不利于发行成本的降低。目前，中国境内类 REITs 产品主要分为 3 年期与 5 年期两类，通常情况下，固定收益类产品存在期限溢价，即 5 年期产品的投资成本理论上高于 3 年期产品。

类 REITs 是基于持有型不动产的资产证券化，因此，对目标资产的考查在投资者审批过程中是非常重要的关注点。总体来看，流动性较好、资产增值潜力较大的资产更容易受到投资者的认可。类 REITs 的发行机制通常会考虑资产的处置，由于商业地产（含商业物业、写字楼等）、租赁住房等底层资产的流动性和增值空间普遍高于工业地产、高速公路或其他基础设施资产，底层资产为商业地产和租赁住房等的类 REITs 产品的发行利率通常较高。考虑到类 REITs 产品存续期间资产价值的稳定性和收益性，经济发展程度较高、发展潜力较大区域的资产更容易得到投资者的认可，如长三角、珠三角地区的物业资产受认可的程度通常高于西北地区的物业资产。产品存续期间优先级的收益偿付主要依靠资产运营带来的现金流，运营良好的资产更容易得到投资者的认可。

类 REITs 产品的发行人通常扮演原始权益人或增信方的角色，发行人（企业）所处区域的发展态势是否良好影响了投资者对产品风险的判断，经济发达区域的企业更容易获得投资者的认可。发行人公开的市场融资情况能反映历史上公开市场投资者对企业的认可程度，对产品发行存在一定影响；发行人主体的信用评级高，意味着发行人的抗风险能力和盈利能力强，发债融资成本低，从而有利于获得更低的发行成本。类 REITs 市场的发行利率如图 14.2 所示。

类 REITs 的次级通常由原始权益人及相关主体持有，并不涉及与底层资产估值相关的次级的发行定价过程。对于少数对外销售的次级份额，由于类 REITs 产品对投资者数量、投资门槛以及交易平台的客观限制，当前市场参与者主要由少数产业投资者和机构投资者构成，私募属性仍较强，难以在发行过程中通过询价方式有效实现资本市场的定价功能，通常会通过与发行人的反复沟通确定次级规模，通过规模的调整达到其对次级投资预期收益率的要求。实际

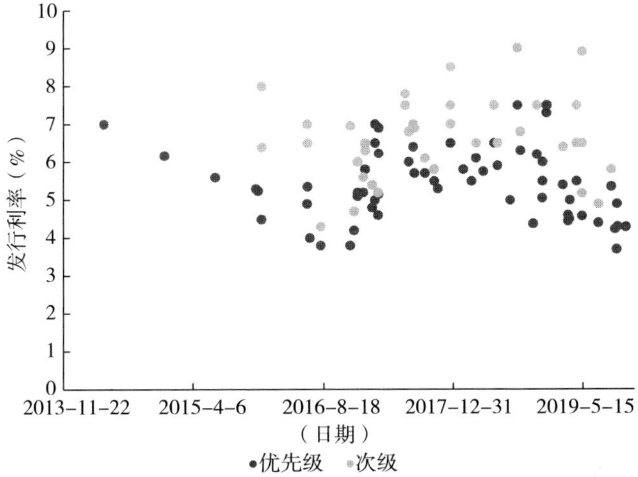

图 14.2 类 REITs 市场的发行利率（深色为优先级）

资料来源：上海证券交易所、深圳证券交易所。

上，这已经步入权益级证券定价的萌芽阶段，当有足够多的次级投资者参与到类 REITs 次级投资市场，投资银行可以采用与成熟市场类似的累计投标询价等机制对次级份额进行定价发行。

目前，中国境内对 REITs 基础资产估值方法的选择，依据的制度文件主要来源于两个方面：一方面是针对评估机构的指引。根据中国房地产估价师与房地产经纪人学会发布的《房地产投资信托基金物业评估指引（试行）》，"信托物业或者其同类物业通常有租金等经济收入的，应当选用收益法作为最主要的估价方法，并优先选用报酬资本化法。信托物业的同类物业有较多交易的，应当选用比较法作为其中一种估价方法"。另一方面是针对 REITs 产品管理人的指引。上海证券交易所、深圳证券交易所在关于资产证券化业务监管的相关问答中，对于底层资产涉及不动产评估的，均明确表示"建议选用收益法作为最主要的评估方法"。基于上述规定，中国境内 REITs 产品在实践中，通常将收益法（尤其是报酬资本化法）作为必备的估值方法，对于存在相对活跃的市场交易数据的资产类型（如写字楼、购物中心、酒店、公寓等），可以结合市场比较法综合确定估值结果。一般情况下，在同时采用收益法与其他估值方法来确定物业估值时，收益法的权重比例不低于50%。

结合境外成熟市场REITs与近年来类REITs的发展经验以及公募REITs的定价逻辑可知，公募REITs市场在定价方面的挑战首先来自基础资产的估值体系建设。多年来，伴随着中国境内类REITs市场的发展，相应的资产估值规范、评估机构的专业水平以及市场对REITs产品中资产估值重要性的认识均已取得长足进步。但随着中国境内公募REITs的渐行渐近，市场可能会进一步加速发展，同时对REITs产品的资产估值工作提出更高要求。总体来看，中国境内REITs市场下一步建设中，在资产估值方面主要面临以下新的挑战：

第一，估值规范体系需进一步健全完善。目前，中国境内类REITs产品中物业估值体系仍存在需进一步细化规范的地方。例如，估值方法在不同机构的运用过程中可能存在不合理差异；估值报告在格式与内容上缺乏统一标准，对重要信息的披露程度差异较大。应参照境外经验，逐步探索建立与REITs更加匹配的估值管理体系，涵盖评估机构与评估师资质要求、评估方法应用标准、估值报告内容要素、持续信息披露要求等明确指引。

第二，专业机构需加强对基础设施类资产估值的经验积累。过去，类REITs产品在资产类型方面以泛商业大类资产（写字楼、购物中心、酒店、长租公寓等）为主。随着中国境内公募REITs的推进，基础设施将在接下来的市场发展中成为另一个主要的大类资产。与商业资产相比，基础设施在经营模式、现金流特征、经营期限等方面均存在较大区别，因此无论是在估值规则的制定层面，还是在专业机构的实践层面，都需要针对基础设施资产的特性，在既有商业资产估值的基础上做适应性调整。

第三，全市场需建立相对透明、公开的估值参照体系。中国境内REITs市场接下来可能快速发展，无论是基础资产数量的增加，还是在细分资产类型或所属区域的多样化，都对REITs产品估值的合理性、公允性提出了更高的挑战。因此，在全市场范围内逐步建立一个科学有效、公开透明的估值参照体系，对于从整体层面改善中国境内 REITs 产品估值质量的稳定性具有重要意义。例如，在商业不动产领域，资本化率能真实反映物业运营收入与资产价值之间的关系，客观体现投资者对租金收益回报的要求。因此，结合不同商业资产类型、不同区域，形成一套可供市场普遍参考的资本化率指标，对 REITs 产品基础资产估值将起到重要作用。

基础资产估值可以为 REITs 的发行定价提供有益参考，投资者对 REITs 产品的投资更多依靠其自身的专业判断。目前，中国境内类 REITs 市场的投资者多为固定收益类产品投资者，且主要集中于银行这类稳健型投资者，而公募基金公司中投资股票二级市场的权益类产品投资者对与不动产相关的类 REITs 产品并不熟悉，对房地产和基础设施的涉猎与实际投资操作也不广泛。总体而言，目前，中国境内机构投资者在与不动产相关的类 REITs 产品上的投资经验较为匮乏，其对权益型 REITs 价值的判断能力尚待提升。权益型 REITs 定价机制的设计可以参考成熟市场经验，也可以参照中国境内上市公司的定价经验，这并不是中国境内 REITs 市场发展的障碍。如何培育 REITs 市场，如何培养合格的 REITs 投资者才是现阶段更需关心的问题。

完善中国公募 REITs 市场的定价机制

从国际经验上看，作为一种具有权益属性的产品，公募权益型 REITs 在发行定价上存在两种机制，即固定价格机制和累计投标询价机制。固定价格机制是指在一定募集期内募足主管机关批准的募集额度，此募集额度与基础资产的估值相关，由投资银行确定后向投资者募集。在固定价格机制下，存在确定的固定价格过高，导致投资者认购不积极，进而募集失败的情形；也存在确定的固定价格过低，导致募集规模相对于实际可募集规模小，影响发行人募集规模的情形。固定价格机制对投资银行对市场投资者的判断能力要求较高，在较不发达的 REITs 市场，可采用固定价格机制，通过多频次路演完成产品的发行。中国台湾 REITs 的发行采用固定价格机制。固定价格机制发行的好处是，定价逻辑相对简单，在中国境内推进公募 REITs 产品落地的初期阶段，有利于市场投资者对产品逻辑的理解；但是，其发行模式未能充分发挥公开资本市场的定价功能，对原始权益人参与公募 REITs 产品的积极性产生一定影响。

通过累计投标询价来确定 REITs 产品的发行价格是境外相对主流的定价模式。通过面向市场投资者的充分路演，确定投资者所能接受的分红派息水平，最终以一级资本市场认可的价格完成交易。这种发行定价机制相对于固定价格机制更复杂，需要市场投资者对 REITs 产品及其底层物业资产价值的理解与判断能力。从长期来看，有利于充分发挥资本市场的定价功能，提高原始权益人与投资者参与 REITs 交易的积极性。

如果中国境内公募 REITs 采取公募基金 + 资产支持证券模式进行试点，那么其本质是向社会投资者募集资金而后投资于资产支持证券。在发行询价过程中表现出来的明显差别就是，境外成熟 REITs 和境内 IPO 市场的证券可以溢价或折价发行，即可以高于或低于拟发行证券所对应的面值；而公募基金份额，根据中国现有法律规定，只能按面值发行，折价（或溢价）不表现为公募基金份额的溢价（或折价），而是通过公募基金购买类 REITs 资产支持证券时所支付的对价来体现底层资产的市场价值。

由于公募基金份额只能按面值发行，导致传统的以价格为衡量指标的累计投标询价机制无从谈起。为了保障公募基金投资者的利益，充分利用累计投标询价机制的制度优势确定价格，不同于境外成熟 REITs 市场根据预期分红收益率确定发行价格，而应根据预期分红收益率确定发行量，从而对公募 REITs 的市场价值定价。换言之，应通过询量机制确定公募基金的募集规模，如果公募基金募集金额大，则说明投资者认可资产；反之亦然。具体而言，可以分为以下几个阶段：

第一，确定估值。参考专业评估机构的评估报告，发起人和主承销商协商确定底层物业资产的基准估值。特别地，主承销商应在相关书面文件中披露不同估值水平下底层物业资产对应的收益率。

第二，确定预期分红收益率区间。在这个阶段，承销团可以借鉴境外成熟 REITs 市场的经验，面向机构投资者召开一对一或一对多的路演推介会，同时，主承销商的卖方分析员深度分析物业资产所在行业的情形，为机构投资者的投资决策提供充分的信息。

第三，投标询量。如前所述，受公募基金份额等面额发行的限制，将一般发行机制下的投标询价改为投标询量。机构投资者向承销团提供报价信息，报价信息应包括最高认可募集金额和相应的申报认购量，并由主承销商汇总相应的报价信息，在相应的申报认购量超过最高认可募集金额一定比例（该比例等于事先确定的最低网上认购比例）的最高认可募集金额的范围内，根据一定规则确定最终募集金额。这里的一定规则既可以是简单的孰高原则，也可以是不超过一定市盈率的孰高原则。

第四，公开认购。网上初始发行量等于最终募集金额扣除网下认购部分，以提供给网上投资者认购，可以引入回拨机制，当网上投资者的有效申购倍数超过一定限额后，应从网下向网上回拨。当网上投资者的有效申购量低于网下初始发行量时，判定发行失败。

一个健康、有效的公募 REITs 市场能帮助投资者降低风险、实现收益，为投资者创造更大的价值。提升 REITs 市场信息有效性，抑制 REITs 市场投机行为，避免泡沫的产生，使 REITs 价格能反映底层资产的价值，不出现过高的溢价，对于一个健康的 REITs 市场具有重要意义。基于此，完善中国境内 REITs 市场的定价机制应关注以下问题：

其一，应增加 REITs 产品的透明度，强化 REITs 的信息披露。公募 REITs 作为以不动产为基础资产的特殊权益类产品，对 REITs 的主体和运营有很多限制和规定，如净利润的最低分配比率、最少股东人数、前五大股东的最大股权集中度、收入结构中来自不动产经营的最低占比、资产结构中持有不动产的最低占比等，这些规定使 REITs 成为合适的长期价值投资标的。通过完善相关信息的审计审查和信息披露，提高信息透明度，降低投资者和管理层之间的信息不对称程度，有助于帮助投资者建立注重内在价值的 REITs 估值和投研体系，有利于 REITs 市场进行价格发现，推动投资者进行长期价值投资。

其二，应进一步加大 REITs 投资者教育，特别是加强对机构投资者的培养。个人投资者教育是避免其跟风参与 REITs 投机的重要保障，在投资者教育的过程中，一定要避免宣传 REITs 投资是炒作房地产的替代方式，而应宣传其是一种高股息收益率、长期回报较高、有分散化价值的金融产品。对于机构投资者，应逐步加强其对 REITs 市场的理解，提升其对 REITs 市场的投研水平，培养机构投资者的投资能力。由于具有高流动性，REITs 的价格对不动产市场的宏观政策十分敏感，可能会产生比实际不动产市场更迅速、更剧烈的波动，这需要监管部门在房地产市场等相关宏观政策的制定中具有一致性，比起突发的政策变化，应逐步引导市场形成政策形成、政策风险的预期，让预期渐进地体现在 REITs 价格上，真正发挥 REITs 市场的价格发现功能。

其三，应在 REITs 市场建立健全基于持有期限的股息征税差异化制度。不同于股票类证券，REITs 的收益结构中，股息收益的占比远超资本利得，甚至达到总收益的 80%。现阶段，中国不对资本利得征税，但存在股息税，基于股息征税的差异化税制可以降低短期投机者的收益，有效减少 REITs 市场的短期投机行为，使市场回归长期投资的本源。2015 年，中国制定了上市公司股息红利差别化个人所得税政策，对于个人从公开发行和转让市场取得的上市公司股票，持股期限在 1 个月以内的，其股息红利所得全额计入应纳税所得额；持股期限在 1 个月以上至 1 年的，暂减按 50% 计入应纳税所得额；而持股期限超过 1 年的，股息红利所得暂免征收个人所得税。我们认为，由于境内 REITs 的高股息率，这一政策将在 REITs 市场发挥更大的作用，值得在 REITs 市场进一步细化。

其四，应建立合理的交易机制，特别是建立行之有效的做空机制。相对于直接的不动产交易，证券市场交易的一大优势在于为做空提供了可能性。合理的做空机制能帮助 REITs 市场实现多空力量的平衡，使 REITs 价格不过分脱离其内在价值。在证券市场，常见的做空机制有两种，一种是允许投资者在现券市场融券卖出，另一种是建立对应指数的期货市场和期权市场，使投资者能利用期货和期权做空。从全球市场来看，美国、中国香港、日本、新加坡、英国等 REITs 现券市场都具有做空制度。我们认为，在中国境内 REITs 市场建设的初期，设立融券卖出机制比 REITs 指数期货、期权更合理有效。期货、期权市场采用杠杆交易，为部分投机者提供不动产投机的新渠道，在市场初期会加大 REITs 市场的波动，无法起到防范 REITs 泡沫的作用。相对而言，允许 REITs 成为股票、债券、证券投资基金以外的第四类融券标的，可以借鉴现有交易所关于融资融券的相关规则，在给 REITs 投资者提供做空途径的同时，降低融券卖出可能造成的风险。

建立健全完善的市场定价与资产估值机制，使 REITs 价格成为基础资产（不动产资产）定价的“锚”，是 REITs 市场建设的核心问题之一。REITs 和 REITs 基础资产的定价与估值具有共同的商业逻辑，从理论上说，其背后的原因在于两者的市场定价有相互锚定的关系。本章通过分析全球成熟 REITs 市场实践中的估值方法与定价逻辑，发现 REITs 市场具有价格发现功能，可以成为不动产市场定价的“锚”。首先，REITs 市场价格与不动产价格的走势之间有高度的同步性和相关性，而且，REITs 具备抵御不动产市场短期波动风险的能力，因此，REITs 将成为投资不动产的优选产品。大量学术研究表明，全球大部分市场具有较强的价格发现功能，为经济资源跨时间、跨地域和跨产业配置提供了长期有效的价格信号。

目前，中国境内类 REITs 定价和成熟市场标准化 REITs 定价实际上存在较大差异。类 REITs 产品在资产支持证券的框架下，通常进行结构化分层，优先级为固定收益类产品。类 REITs 定价通常是指优先级固定收益类产品的定价，而不是基于资产估值的权益类产品的定价。由于当前市场的参与者主要由少数产业投资者和机构投资者构成，其私募属性仍然较强，难以在发行过程中通过询价方式，有效实现公开资本市场的定价功能。因此，完善中国境内公募 REITs 市场的定价机制，提升 REITs 市场信息的有效性，抑制 REITs 市场投机行为，使

REITs 价格能够反映底层资产的价值，是未来中国境内 REITs 市场建设的客观要求。基于此，我们对完善中国境内 REITs 市场的定价机制提出几点要求：首先，加大 REITs 投资者教育，特别是加强对机构投资者的培养；其次，提高 REITs 产品的透明度，强化 REITs 的信息披露，进一步完善估值规范体系；最后，逐步在全市场范围内建立一个科学有效、公开透明的估值和交易机制，例如，建立健全基于持有期限的股息征税差异化制度等，对从整体层面改善中国境内 REITs 产品估值质量的稳定性具有重要意义。

第十五章
投资者保护

REITs 市场的平稳运行和健康发展离不开配套法律制度的规范、引导和保障。完善市场基础制度建设，推动投资者保护机制创新，推动有关主体落实投资者保护工作，是建设规范、透明、开放、有活力、有韧性的市场，充分保护投资者权益的重要保障。建立完善的投资者保护机制，特别是针对中小投资者的保护机制，是中国 REITs 市场建设的关键问题。REITs 的治理是投资者保护机制的基石，第十九章对此进行了深入的思考和分析。本章从市场监管的角度出发，就 REITs 发行的事前、事中和事后三个阶段，讨论与投资者保护相关的制度建设问题。

市场准入与投资者适当性管理

在 REITs 产品发行之前，对产品进行各个维度的事前审查是保护投资者权益的第一步。通过相关制度建设以及监管审核，统一产品标准，明确各参与方的资质，可以有效避免不合格资产或参与主体进入市场，从而维护市场秩序。

REITs 产品的市场准入

设定 REITs 产品的准入标准可以把控市场交易标的的质量。无论是中国境内快速发展的类 REITs 市场还是刚刚起步的公募 REITs 市场，都正在或将要面临基础资产种类多样、产品设计思路繁杂的情况，产品的多样性在给投资者带来多种选择的同时，也意味着风险类型的多样，因此为 REITs 产品制定基本原则，使 REITs 市场在一定框架内发展是至关重要的。

首先是底层资产准入标准问题。任何可以产生现金流的不动产资产均可以进入 REITs 产品底层资产的选择范围，但这并不意味着所有的不动产资产都适宜被推向市场。产品结构设计的最终目的是使投资者享受到底层资产产生的回报，对底层资产设定标准，可以从源头上保障投资者的投资收益。对于此类标准，有以下两点值得关注。

一是底层资产的权属。权属清晰是不动产作为 REITs 底层资产的前提。在目前中国境内类 REITs 市场，监管部门对 REITs 产品底层资产的权属有严格的要求，鉴于公募 REITs 和类 REITs 的底层资产具有互通性，未来公募 REITs 对底层资产权属的要求可以在相当程度上参考现行法规。虽然现行法规对 REITs 产品底层资产的权属有较为明确的规定，但仍有一些问题值得探讨。

底层资产可否在某些情形下被定义为股权？在中国现行的土地制度下，除出让用地外，还存在划拨用地、农村集体建设用地等其他性质的土地。从传统经验来看，除出让用地外，其他性质的土地均有一定的转让限制或被认为有产权瑕疵。但近年来，随着政策的不断变化，解决人民住房需求的租赁住房不断推出，此类资产很多是在划拨用地和农村集体建设用地上建设的。无论是从国家政策的支持力度还是从 REITs 的产品需求上看，租赁住房资产都非常适宜作为 REITs 的底层资产，但鉴于土地性质，此类资产的转让又存在一定的复杂性。此外，出于各种原因，出让用地也存在转让限制。根据目前类 REITs 以及未来公募 REITs 的产品制度，项目公司的转让将成为产品获得基础资产的主要渠道，前述土地转让限制往往不涉及项目公司的股权，因此从不同角度看待同样的底层资产，我们会对其权属是否合格产生完全不同的结论。针对此类问题的法律法规目前尚无明确标准，有待日后进一步解释。

公募REITs基础资产是否可以附带权利限制？根据现行法规，REITs产品的底层资产不能附带权利限制，[①] 然而境外REITs市场规定，在符合一定条件的前提下，REITs可以通过外部杠杆进行物业并购或基金份额赎回等。[②] 合理的杠杆水平可以在控制总体风险的情况下提高投资者的投资回报率，有助于保障投资者的投资收益，目前的相关限制在未来或有进一步调整的必要。

二是底层资产的稳定性。REITs对于不动产资产的作用如同股票市场对于公司的作用，是前期投资的退出通道，底层资产在经历了开发、运营等多个快速增值阶段，在进入REITs市场后会进入相对稳定的长期存续状态。通常认为，REITs市场的风险介于股票市场与固定收益类产品市场之间，其对投资者的主要价值是稳定的回报以及资产的保值增值，因为对底层资产的收益、运营时间、控制力等影响底层资产稳定性的因素进行标准设定十分有必要。

目前，中国境内类REITs市场对基础资产的稳定性有一定的定性要求，例如，中国证监会与住房城乡建设部联合发布的《关于推进住房租赁资产证券化相关工作的通知》第十二条规定：合理评估住房租赁资产价值。房地产估价机构对住房租赁资产证券化底层不动产物业进行评估时，应以收益法作为最主要的评估方法，严格按照房地产资产证券化物业评估有关规定出具房地产估价报告。鉴于收益率是投资者对资产稳定性要求的核心关注点，此类政策体现了监管部门对于底层资产稳定性的关注。但总体而言，目前类REITs市场对底层资产稳定性要求缺少定量标准，市场更多以回报为主，投资者的收益保障不仅来自资产，还来自产品的原始发行主体。同时，类REITs产品更多地被认为是公募REITs产品的资产储备阶段，此类产品的发行不意味着原始权益人的完全退出，原始权益人大多仍保留了绝大部分次级份

① 《证券公司企业资产证券化业务试点指引（试行）》第十条：专项计划的基础资产不得附带抵押、质押等担保负担或者其他权利限制。

② 根据《新加坡房地产基金指引》第九条，房地产信托基金可以用其底层资产为对外借款进行担保。

额，因此，对资产稳定性设立定量标准的市场需求也相对有限。

从公募 REITs 市场的角度来看，为底层资产的稳定性制定定量标准可能更迫切，在这个阶段，资产与原始权益人的关联将被削弱，在原始权益人退出后，如果资产不能稳定运行，投资者将遭受严重的投资损失。关于底层资产稳定性的定量标准的制定有两点可以作为参考。

一是底层资产的运营时间。从经验上看，经营性不动产进入稳定运营期通常需要 2～3 年的时间，通过对资产运营时间的整体要求可以保证在公募 REITs 市场进行交易的底层资产均经过了市场验证，对于运营时间不满足要求的资产，可以通过类 REITs 等资本工具进行对接，在资产的不同阶段为资产持有人提供多样的资本支持。

二是对底层资产收益率的要求。资产收益率直接决定投资者的投资回报率，对资产的收益率和收益来源进行规定是保护投资者的直接手段。收益率的定量需要将市场的供需关系与资产风险一并考虑。一方面，过高的资产定价会显著降低资产收益率，甚至影响资产的可持续经营能力；另一方面，考虑到不同资产所处的区位不同，市场对资产未来发展的判断不同，允许 REITs 产品上市时的底层资产收益率在一个合理的区间内上下浮动。关于收益来源，需要特别关注底层资产的收益是否来源于市场化收入，是否具备分散性以及可持续性。对于市场化运营的商业购物中心、写字楼等较为常见的资产，收益来源的界定相对比较清晰。但对于特殊资产，如工业厂房、输油管道、城市基础设施等，则需要关注收益来源的构成是否过于单一，是否受政策影响较大等。

其次是产品设计准入标准问题。目前中国境内类 REITs 的产品设计遵循了监管部门颁布的相关法律法规，如《证券公司企业资产证券化业务试点指引（试行）》等，相关法规以及监管部门在审核产品过程中的相关指导总体上保证了类 REITs 产品在结构上遵循基本结构标准，即公募基金（仅限于公募 REITs 产品）、专项资产支持计划、私募基金、项目公司、底层资产的模式。但是，由于近年来中国境内类 REITs 的发展，市场内有大量机构参与，导致各市场主体推出的类 REITs 产品在总体一致的前提下，也存在细微差异。随着时间的推移，REITs 产品逐渐由权益属性向权益级发展，未来的纯权益 REITs 或许需要对产品设计做进一步规范。

第一，针对 REITs 产品的特定规范。目前 REITs 产品的设计在框架上已经存在一定的规范性文件，但专门针对类 REITs 产品或公募 REITs 产品的规范性文件尚未出台。目前针对类 REITs 产品的规范多将其划归为资产支持证券大类，由统一的大类监管规章进行规范，但类 REITs 产品具有较强的权益属性，且是公募 REITs 的前置性产品，单独对此类产品进行特别规范将有助于对风险的防范。

第二，针对重组设定标准化流程。REITs 产品的重组需求是其区别于市场其他大多数证券化产品的主要特征之一，REITs 的重组工作是否完善直接决定 REITs 产品发行上市后的稳定存续。目前，市场的重组包括重资产剥离、轻资产反向剥离、股权置换等几种方式，其中涉及法律、财务、税务、工商、房地产等多个专业或部门，虽然 REITs 的产品形式已越发成熟，其架构也有市场规律可循，但重组环节并无统一的文件规范。在类 REITs 的重组环节，原始权益人往往对产品负有强制性兜底义务，因此可以为投资者降低一定的风险，如果资产未经标准的重组环节就进入公募 REITs 市场，有可能会因税务或法律方面的瑕疵在产品存续期间遇到风险。

REITs 业务主要参与者的资质审核

REITs 业务的参与主体均需要具备相应的基本资质，确保市场机构有足够的专业能力是保障投资者合法权益的必备条件。在成熟的 REITs 市场，监管部门对 REITs 业务的参与主体制定了资质要求。例如，在美国市场，REITs 的公开发行必须向美国证券交易委员会（SEC）注册，由该机构对 REITs 管理人的资质进行适格性审查。普遍认为，未来中国境内 REITs 更接近新加坡公募 REITs，S-REITs 市场在《房地产基金指引》（Property Fund Guidelines）中直接具体明确了对管理人的资格需求，该指引的第二条规定：上市房地产信托基金管理人应在新加坡有固定办公场所并应有不少于100万新加坡元的股东资金……管理人应有：1. 常驻首席执行官；2. 至少两名全职专业雇员。

因为中国境内REITs市场的特殊性，资产管理人的角色并非单指某类特定机构，而是数个主要参与机构的统称，其中包括公募基金管理人、专项计划管理人（证券公司及基金子公司）、私募基金管理人、信托公司、物业运营方等。在公募REITs市场，公募基金是投资者对接的主要主体，专项计划是现行法律框架下的载体（在类REITs产品中，专项计划管理人为产品的申报主体），私募基金或信托为资产的直接持有人，物业运营方为物业的主要运营管理者。

一方面，公募基金、专项计划持牌机构、私募基金、信托可被归为产品结构中的主体以及资产的直接持有人，其中各个机构通过直接或间接持有份额连接成一个整体。对于此类管理人的资质审核可以参照美国、新加坡、中国香港等市场，对REITs管理人的具体要求进行规范或建立白名单制度，在中国境内公募REITs早期阶段，针对此类机构中具有较强专业能力的机构，试点性地单独开放此类业务。值得注意的是，由于在REITs产品中，此类机构的角色存在重合，各个机构的协同需要予以明确的规范，以防止因机构壁垒导致产品的设立以及存续过程产生问题从而损害投资者利益的情况发生。另一方面，物业运营方作为底层资产的主要运营方，承担着经营物业、保障物业稳定增值的重要任务。对于此类服务机构的资质审核需要区分行业，考察其在行业内的历史业绩以及合规运营情况，针对国家特许经营的相关行业，还需审核其是否具备该行业的运营资质。

REITs产品的设立需要经过财务尽调、法律尽调、现金流测算、估值等多个环节，因此需要律师事务所、审计师事务所、评估师事务所等多种中介机构的参与，在类REITs产品、需要对外负债的公募产品的设计中，还需要信用评级公司的参与。鉴于REITs产品的设计较为复杂，该类工作存在标准差异，同行业不同的机构可能会对同一类专业事项给出不同的工作报告，如果因机构的专业能力较差或者其他原因导致机构给出的工作报告显著偏离市场水平，则会给投资者的判断造成混淆，使投资者蒙受损失。

中介机构尺度不同导致对资产的判断不同并不是REITs产品独有的问题，在金融市场，此类问题普遍存在。要解决这类问题，应出台针对REITs产品的定量分析指标，要求各机构公开工作过程或有效途径，同时监管部门应对中介机构进行针对REITs产品的资质审核，鼓励信用良好的中介机构优先开展相关工作，避免劣币驱逐良币的情况发生。

针对REITs业务主要参与人员的资质审核同样可以参考国外经验，对人员在不动产行业的从业年限以及经历做出要求。从中国市场的现状来看，REITs业务的参与机构种类繁多，相关机构从业人员在金融市场均有一定的从业资质要求，例如，证券公司从业人员需要拥有证券从业资格，基金公司从业人员需要拥有基金从业资格，根据现行法规的要求，未来公募REITs设立基金还需要设立基金经理的职位。

REITs行业是与不动产开发、建设、运营高度相关的专业行业，传统的金融从业人员未必可以直接胜任REITs领域的相关工作。就公募基金来说，其任职人员的规范标准主要是为证券投资目的服务，要求基金经理拥有3年以上的证券投资经验，[①] 但在REITs市场，公募基金与二级市场交易中的公募基金有本质的区别，现有框架下的人员从业资质或许无法满足未来公募REITs市场的人才需求。因此，针对REITs行业建立具有针对性的人才资格体系，为具有金融及不动产相关行业从业经验的人才进行资质审批是中国境内REITs市场建设的重要内容，专业的人才队伍是为REITs市场的投资者提供全方位专业服务的基础，也是投资者保护工作的重中之重。

投资者适当性管理

目前，中国境内类REITs市场的主要投资者与固定收益类资产的

---

① 参见《证券投资基金管理公司高级管理人员任职管理办法》第十四条。

投资者有很高的重合度，中国境内此类产品的投资机构均有严格的内部管理机制和风控流程。相对来说，中国境内针对公募REITs市场的投资者适当性管理办法较少被提及。公募REITs产品以不动产为底层资产，为次级，其风险通常介于股票市场与债券市场之间，相对于股票市场，不动产物业的经营模式通俗易懂，辅之以强制分红等监管措施，风险较低，但也不能忽略其权益属性，在公募REITs市场，主体信用与资产信用的连接被逐步削弱，此类产品的投资者的风险偏好也应高于固定收益类产品。

在中国股票市场以及固定收益类产品市场，有较多的相关法律法规对投资者的适格问题进行规定，在此不做展开论述。需要注意的是，目前公募REITs以公募基金为载体会导致REITs投资者的适当性管理与原有公募基金投资者的适当性管理重合，但正如前文所述，REITs市场既不同于股票市场，也不同于债券市场，在中国境内REITs市场的建设中，应针对REITs市场建立一套单独的投资者适当性管理体系，将风险偏好和风险承受能力合适的投资者引入对应的市场。

存续期间管理的重点在于信息披露

REITs产品绝大多数时间处于存续期，对产品存续期间的管理有助于保障资产的平稳运行。REITs产品存续期的管理主要分为三个环节：信息披露环节，保障投资者的知情权；合规监管环节，确保产品的参与主体依法依规参与交易；投资者参与决策环节，保障投资者有权参与投资管理，依照法律规定对其投资行使应有的权力。

信息披露机制

鉴于REITs产品，特别是中国境内REITs产品结构的复杂性，绝大多数投资者在REITs存续期间需要依赖披露的信息作为投资交易的判断依据。同其他证券市场一样，REITs市场的信息披露也应遵循真实、准确、完整、及时的原则，在具体方法上，应发布定期信息披露报告和临时信息披露公告。

首先是定期报告机制。定期报告机制，有助于投资者定期全面地了解 REITs 的整体情况，这种报告形式在中国香港和新加坡市场均有成熟的相关规定，值得中国内地市场学习借鉴。香港在《房地产投资信托基金守则》中强制 REITs 进行每年两次的信息披露并报香港证监会备案，报告分为半年报以及年报。香港为此专门在《房地产投资信托基金守则》中制作了一节附录，详细阐述了对两份报告涵盖内容的要求，其中年报需要包含基金经理对 REITs 运营情况的总结、房地产信托基金当年度的交易情况、估值报告、受托人报告、REITs 支付的佣金以及服务费用、关联人持有份额情况、新发行基金份额数量以及 REITs 的财务报表。其中，财务报表中的资产负债表又细化为资产负债表、收入表、现金流量表、分派表、资本账调动表（用来记录基金当年度的盈亏变化）、会计政策以及注释说明、审计意见、业绩表。对于财务报告中所包含的八类表单，该附录又详细列明了 60 余项具体的披露细节要求，可谓事无巨细。半年报则相对简单，仅需要披露财务报表以及有关基金运营的基本信息。2005 年，领汇房地产基金在香港挂牌上市，其用于风险披露的内容长达 20 页，共有五大类共计 48 项风险提示，虽然上述报告并非 REITs 存续期间的报告，但由此可见信息披露在成熟 REITs 市场的重要性。

S-REITs 市场在《新加坡房地产基金指引》中也用专门的条款详细列明了其对 REITs 信息披露的要求，与 H-REITs 市场不同的是，其降低了定期报告的披露频率，特别说明被定性为 REITs 的基金仅需披露年报，不适用于《集体投资计划守则》[①] 中关于半年报的披露要求。除没有以附录的形式详细列明具体每一项披露内容的要求外，新加坡对年度报告的披露要求与中国香港相似，在此不再赘述。

值得注意的是，无论是新加坡市场还是中国香港市场，在定期报

① 《集体投资计划守则》是新加坡关于公开募集投资产品的规范性文件，《新加坡房地产基金指引》为该守则的附件之一。

告中对外部评估以及审计的要求均以年度为频次，即便是要求半年报的香港市场，在半年信息披露时也没有要求外部机构对相关工作发表意见或提供结论。可见，信息披露对投资者至关重要，但成本控制也是信息披露环节中需要考量的重要因素，信息披露的质量不能降低，同时信息披露的成本也会影响基金的业绩，全方位考虑该问题才能全面保障投资者的权利。

简言之，定期报告机制包含的内容可分为 4 点：基金运营的总结与展望；基金持有资产的现状及变化情况；基金自身价值的变化情况；基金的财务状况。这 4 点可以作为中国境内 REITs 定期信息披露的出发点，根据中国境内实际情况进行变通，建立中国境内 REITs 市场的定期报告机制。

其次是临时公告机制。相对于定期报告，临时公告旨在让投资者及时知晓 REITs 发生的变化，并据此进行相应的投资安排。H-REITs 市场对临时公告机制的规定较为细致，其要求公告的事项可以归纳为 7 点：持有人需要批准或参与决策的事项；财务预期发生的重大变化；关联交易；变更产品主要参与方；在短期（12～24 个月）内频繁交易同一资产；重大运营决策（如分红派息、投资计划、增发、并购、收费等）；重大不利事项（如重大诉讼、负债率超标、退市等）。①

目前，中国境内关于资产证券化产品的临时公告机制更多地适用于固定收益类产品，除重大不利事项以及现金流严重下降需要公告的要求与香港类似外，内地市场更多地关注信用等级调整、增信措施调整、现金流归集异常等事项。对中国境内未来的公募 REITs 市场来说，目前临时公告机制的覆盖面还需要进一步扩大，以为投资者提供更丰富、及时的投资信息。

存续期合规监管

在 REITs 存续期间的持续监管有助于保障投资者的长期利益，确

① 详见香港《房地产投资信托基金守则》中关于“公告”的内容。

保底层资产的原始权益人和市场的其他参与主体持续依法合规地履行法律规定的或约定的义务。同时，存续期的合规监管是对产品上市审核的验证，可以发现底层资产在上市过程中未暴露的问题，并就相应情况进行对应安排。

首先，应关注对原始权益人的监管。虽然成熟 REITs 市场的产品多为公募权益型 REITs，产品与原始权益人之间的联系会逐步被削弱，但同公司 IPO 一样，底层资产的提供方对资产的实际情况往往最了解，也是资产上市的最大受益方，公募 REITs 产品的发行不应等同于资产的交易已经完成，对原始权益人进行持续的监管十分有必要。

对原始权益人的监管可以分为 5 个维度。第一，对原始权益人上市前信息披露的持续跟踪复核。将存续期监管作为上市审核的后置程序，可以关注在资产上市之后，物业现金流现状、收益增长率、物业质量以及其他情况的上市前预期与实际情况是否相符。第二，对有关原始权益人的交易情况进行监管。重点检查原始权益人在 REITs 存续期间是否存在不当的关联交易，REITs 底层资产交易涉及的物业体量大，金额高，单次交易可能会对 REITs 的运营造成较大的影响，因此，从成熟市场的经验来看，监管部门均将关联交易作为 REITs 存续期监管的重点，对交易的评估方式、披露形式、投资者参与决策流程均有详尽的规定。[①] 第三，关注原始权益人对承诺事项的履行情况。在 REITs 上市过程中，底层资产所处情况存在差异，原始权益人对资产提供合理增信安排（主要针对期间回报率）以增加产品吸引力的情况十分常见，例如，香港开元产业信托约定由开元酒店对底层资产进行整租（租金每 5 年调整一次），越秀 REIT 约定由越秀地产对其底层资产进行为期约 5 年的期间收益补足等。结合中国境内类 REITs 产品多种多样的主体增信方式，在可以预见的将来，原始权益人增信也会是公募 REITs 产品包含的重要元素，差额补足、整租、业

① 详见《新加坡房地产基金指引》第五条以及中国香港《房地产投资信托基金守则》第八章。

绩对赌等方式很可能成为相当一部分 REITs 产品上市过程中的核心条款。在这样的背景下，原始权益人是否履行前述义务将直接对 REITs 的当期回报甚至其资产价值产生长远影响，因此该方面义务的履行是重点关注领域。第四，对其他重大违法违规事项的监管。鉴于 REITs 结构的复杂性以及原始权益人对产品较大的话语权，在 REITs 存续期间或应进行定期以及不定期的监管监察，全方位对产品与原始权益人之间的各方面联系进行梳理核查，对重大违法违规事项进行相应的预防。第五，强制利益绑定机制。在 REITs 资产上市后，可以通过监管法规强制要求企业保留一定的资产份额，使其与投资者共同获取利益，承担风险，从本质上将原始权益人与投资者的利益统一起来，以达到对投资者利益的维护。

其次，应关注对 REITs 管理人的监管。鉴于中国境内 REITs 市场的特殊性，公募基金、专项计划持牌机构、私募基金、信托、项目公司在不同维度上分担了 REITs 管理人的部分职能。在 REITs 管理人的存续期监管中，各个机构应建立互通机制，整体以 REITs 管理人的身份履行管理人的职责。虽然中国现行法规中暂无专门针对 REITs 管理人整体的法律法规，但总体看来，《证券公司企业资产证券化业务管理规定》中对计划管理人的监管规定可以作为未来相关监管的立法基础，通过对管理人的规范，达到间接保护投资者的效果。

总体而言，REITs 存续期间对管理人的监管可分为两点：一是对 REITs 管理人进行持续的适格管理。各 REITs 参与机构应当持续具备 REITs 管理人资质，同时，不得触发特殊情形（如原始权益人与证券公司互持股份超过一定比例或有其他重大关联关系）。二是对 REITs 管理人依规定开展相关工作的监管。REITs 管理人应依照法律规定进行定期以及不定期的信息披露，按要求召开持有人大会，依法依规聘请 REITs 中介机构，为 REITs 建立现金流归集及分配体系并根据情况持续完善。就公募 REITs 来说，还有两点需要特别关注：管理人是否按规定进行强制分红；管理人是否根据法律法规严格将公募基金的负债水平控制在法定范围内。

再次，应关注对市场中介机构的监管。对 REITs 市场中介机构的监管，有 4 点值得重点探讨。一是中介机构的持续适格管理。各中介机构应通过事前审核机制，并持续保有从事该业务的牌照，以从事该业务。二是服务期限监管。针对服务期限的监管，在这里主要针对公募 REITs，不同于传统固定收益类产品和类 REITs 产品，公募 REITs 的存续具有长期性。鉴于中介机构的工作为对产品和资产发表公允的第三方意见，长期服务于同一客户或资产可能会引起业务上的依赖性，从而导致中介机构的意见有失公允，对中介机构服务期限的监管可以有效避免相关风险。例如，S-REITs 市场的监管规则不允许评估师连续 2 年以上评估相同物业，而 H-REITs 市场则将这个期限定为 3 年。在达到规定服务期限后，必须强制更换评估师，以保证物业评估的公允性，而以前的评估师在未来可以再次被选为该项目的评估师。[①] 三是中介报告的结论比对。针对中介机构出具的报告，可以采用一定的标准对其结果进行比对。以新加坡为例，其监管部门规定在底层资产交易过程中，如果存在两个以上由不同评估师出具的不同评估结果，则最终交易的公允评估必须采用多份报告的平均值。[②] 在关联交易中，REITs 从关联方购买物业的，应取不同评估报告的最低值，REITs 向关联方出售物业的，应取最高值。[③] 四是成本控制。中介机构的费用属于 REITs 的成本，控制费用等同于增加投资者的投资回报率，为了避免中介机构高收费导致 REITs 回报率降低，可以采用费用总额控制的方式。以新加坡为例，其评估师的年度评估费用不得超过 20 万美元。[④]

最后，应关注对物业运营管理人的监管。相对于 REITs 管理人和市场中介机构较强的金融属性，物业运营管理人偏重于商业实质管理。对此类机构的监管可从两个方面着手。一方面是多部门联合监管机制。

---

① 《新加坡房地产基金指引》第八条第三款 F 项；中国香港《房地产投资信托基金守则》第六章第十条。

② 《新加坡房地产基金指引》第八条第六款。

③ 《新加坡房地产基金指引》第五条第一款 D 项。

④ 《新加坡房地产基金指引》第八条第三款 A 项。

物业运营管理本身的金融属性较弱，单靠金融监管部门去约束底层资产服务商较难做到全面、专业的监管，引入其他与不动产开发运营管理监管相关的职能部门，对 REITs 物业运营的合规性进行监管，会有更高的效率和针对性。另一方面是强化 REITs 管理人的内部管理。如前文对 REITs 管理人资质的论述，未来从事中国境内 REITs 业务的管理人需要具备一定的不动产行业知识，甚至拥有不动产开发运营经验的职员。让有经验的 REITs 管理人对物业运营管理人进行间接监管，将对物业运营管理人的良好管理作为对 REITS 管理人的强制监管的监察内容，以达到全面监管的最终目的。

投资者参与决策机制

除了监管部门和市场各机构各尽其职、通力合作外，让投资者直接发表意见，参与投资决策是更直接有效的投资者保护手段。就投资者参与决策的途径而言，持有人大会制度是直接、有效的方式。

目前，中国境内类 REITs 市场对持有人大会制度有较为详细的规定，在类 REITs 产品中，持有人大会拥有对产品本身、物业处置的最终决策权。但需要注意的是，目前中国境内类 REITs 产品的持有人大会制度并不适宜直接应用于未来公募 REITs 产品，主要原因在于类 REITs 产品的固定收益属性与公募 REITs 的权益属性有着一定的投资壁垒。例如，目前中国境内大多数类 REITs 产品约定的基金持有人大会的通过条件为参会人员甚至全体人员的 2/3 以上同意，这主要是考虑到投资者均有要求产品到期还本付息的权利，对产品的任何调整或变更都应当经过绝大多数投资者的同意。但对于公募 REITs 产品，因为投资者持有的份额在市场上有较高的流动性，且风险偏好相对固定收益类产品投资者高，对基金持有人大会要求过高的通过比例反而不利于此类产品依据市场形势做出快速反应，从而不利于对投资者的保护。

另外，未来连接投资者与底层资产的公募基金持有人大会在中国现有的法律框架下参与基金管理的频率相对较低，股票类公募基金往往只在股票剧烈波动或基金遭遇大额赎回而被迫清盘时召开基金持有人大会，基金持有人大会的常设机构受限于“不能干涉基金的投资管理活动”，作用较小，公募基金主要的投资决策高度集中于基金管理人，特别是基金经理。鉴于公募 REITs 中公募基金的角色不同于其在传统二级市场股债投资中的角色，更多的是投资者投资渠道的法律载体，因此公募 REITs 中投资者参与决策的力度应当显著高于目前其他品类公募基金的持有人大会。

从本质上看，上市公司股东大会的决策流程与公募 REITs 持有人大会的决策机制更相似，从国际经验上看，全球最大的 REITs 市场所在地美国就直接将公司作为 REITs 的法律载体，将 REITs 的持有人大会与股东大会的决策机制相统一，取得了良好效果，虽然中国公募 REITs 载体与美国 REITs 载体在法律形式上有本质不同，但从投资者参与决策机制上看，引用股东大会的理念，对公募基金持有人大会的决策机制进行改善，不失为一种切实有效的解决方法。

REITs 市场违法违规追责

对市场违法违规的追责是投资者保护的最后一道防线，通过对不法行为的追溯处罚，增加违法成本，可以有效震慑破坏市场秩序的主体，增加投资者信心。如本书前文所述，原始权益人是资产上市过程中最大的利益相关方，通过 REITs 上市，原始权益人可获得资本退出，享受物业最终的增值收益，打通企业自身投融管退的基本产业链条。在资产上市之后，除约定的增信措施或持有的份额之外，原有资产与原始权益人的关联度逐渐降低，这也可能增加原始权益人在物业上市阶段违法违规的动机。此外，在 REITs 运行过程中，还存在原始权益人通过关联交易损害投资者利益的可能性。对于前述行为，可以通过相应的追责体系进行约束：第一，如果物业在上市后不能达到预期的经营状况，原始权益人应当承担责任，在这种情形下，原始权益人相当于售后服务的提供者，对其提供的不达标产品应当进行一定救济。

第二，对于严重的数据造假行为，原始权益人应当进行交易对价的部分甚至全部退还，不同于公司自身上市，资产上市意味着发行人在上市资产外仍然有存续的公司主体，因此这方面针对主体的退赔机制也同样具有可行性。第三，对于物业发生重大质量事故或存在其他重大安全风险的，原始权益人以及其实际控制人应当承担终身连带保证责任，在严重后果发生时应当交由司法机关进行刑事处理。

对于市场参与机构的追责可关注相应几点：首先，对应市场准入白名单机制，建立 REITs 市场黑名单机制，对于在资产上市以及存续阶段严重失职的管理人、中介机构、相关从业人员，应当建立牌照吊销机制，将不适格的主体排除在 REITs 市场之外；其次，对于严重违反规则造成投资者损失的机构，应当要求对投资者承担赔偿责任。最后，针对严重违法甚至犯罪行为，应当追究机构以及从业人员的刑事责任。

除了监管处罚以及过失主体的赔偿义务之外，投资者保护基金也是值得讨论的一种救济方式。鉴于在市场追责过程中，可能会存在原始权益人以及各市场参与主体偿付能力不一的情况，可以通过强制原始权益人、市场参与机构甚至监管审核主体将获利或收费按一定比例缴纳至基金，在该市场违法主体丧失赔偿能力的情况下按照一定比例提供赔偿，增加投资者获得救济的途径，进一步降低投资者遭受不法侵害时所遭受的投资损失。

建立完善的投资者保护机制，特别是针对中小投资者的保护机制，是中国境内 REITs 市场建设的关键问题。目前中国境内投资者的法律保护机制尚未健全和完善，主要体现在资产权属不明、REITs 组织形式法规缺乏、信托受托人职责规制的法律不足等方面，因此，构建 REITs 投资者保护机制，在 REITs 发行的事前、事中、事后三个阶段都应体现保护投资者权益的基本原则和要求。

具体来说，REITs 事前审核机制是维护市场秩序的前提。通过相关制度建设以及监管审核等有效手段，制定 REITs 产品的市场准入条件和产品设计准入标准，加强 REITs 业务主要参与者的资质审核工作，明确各参与方资质，对投资者进行适当性教育与管理，可以有效避免不适格的资产或参与主体进入市场，降低投资风险。REITs 产品存续期管理体系的建立是保护投资者合法权益的核心。未来 REITs 市场的进一步发展应更加注重防范产品风险，加强对投资者的保护。目前中国境内类 REITs 产品通常有明确的产品存续期，存续期间流动性较差。在存续期间，成熟 REITs 市场上的基金管理人会通过主动管理，让 REITs 保值增值，而中国境内类 REITs 在存续期间主要以资金安全为主，对资产本身的管理较少。REITs 产品存续期的管理可主要分为三个环节，第一，信息披露环节，保障投资者的知情权；第二，合规监管环节，确保参与产品的各个主体依法依规参与交易；第三，投资者参与决策环节，保障投资者有权参与对投资的管理，依照法律规定对其投资行使应有的权力。REITs 绝大多数时间处于存续期，对产品存续期的管理有助于保障资产的平稳运行。REITs 市场违法违规追责与法律救济机制是投资者保护的最后一道防线，通过对不法行为的追溯处罚，增加违法成本，可以有效震慑破坏市场秩序的主体，增加投资者信心。

总之，事前设定明确的行业准入标准，对各参与方进行资质审查；事中规定明确的披露机制以及明确投资者权利；事后严格执行监管追责机制的制度建设，可以为未来中国境内 REITs 市场的投资者提供较为全面的保护体系。

| 第五部分 |

基础资产类别REITs的分析与展望

第十六章

基础设施 REITs

REITs 起源于房地产领域，随着市场的不断发展，其适用范围不断扩张，基础资产逐步涵盖通信设施、电力配送网络、高速公路、污水处理设施及其他能产生长期稳定收入的基础设施资产。投资于基础设施资产且具备 REITs 核心特征的金融产品，我们统称为基础设施 REITs。

在中国基础设施的传统投融资模式下，存在投资效益不一、融资渠道狭窄、资本退出困难等问题，REITs 作为与基础设施高度匹配的创新金融工具，具有盘活存量资产，降低企业和政府杠杆率，提升资源配置效率，促进金融市场发展的作用，能有效发挥市场的价格引导作用，优化基础设施领域现有投融资模式。

美国、澳大利亚与印度基础设施 REITs 现状

由于经营性基础设施资产具备收益稳定的特点，REITs 或类似产品在海外基础设施领域得到广泛应用，包括美国业主有限合伙（Master Limited Partnership，简写为 MLP）基金、澳大利亚上市基础设施基金（Listed Infrastructure Fund，简写为 LIF）等，印度还专门就基础设施投资信托基金（InvITs）推出了专项法规。这些金融产品的规则存在差异，产品各具特性。市场规模不同，但都具备 REITs 的核心特征。

美国

美国是 REITs 的诞生地，也是 REITs 运作模式最成熟、市场最发达的国家，其 REITs 产品种类、数量和资产规模在全球市场占主导地位。通过 REITs 为基础设施融资，在美国也属于一项相对较新的尝试。2007 年，美国国家税务局在给美国电力基础设施联盟的批复函中确认了基础设施可以成为 REITs 的合格资产，这一批复函确立了 REITs 投资基础设施的合法性。基础设施 REITs 的资产主要包括光纤电缆、无线通信设施和能源输送管道等。

截至 2019 年 6 月，金融时报指数公布的美国基础设施 REITs 共有 5 只（见表 16.1），总市值超过 1 700 亿美元，占美国上市 REITs 总市值的 15% 左右，资产以无线通信设施为主，如美国电塔公司（American Tower Corporation，简写为 AMT）在 2012 年正式转型为公司型 REITs，持有、经营和发展有线和无线广播通信资产，总市值已超过 900 亿美元。

表 16.1　美国 5 只基础设施 REITs

名称	类别	资产描述	市值（亿美元）	分红收益率（%）
冠城国际公司（Crown Castle International Corp.）	无线通信	无线基础设施，包括通信塔及分布式天线系统（DAS）	541.9	3.3
美国电塔公司	无线通信	主要提供通信塔租赁业务，也提供分布式天线系统的租赁管理	903.7	1.6
SBA 通信公司（SBA Communications Corporation）	无线通信	拥有和经营通信塔业务	254.6	—
CorEnergy 基础设施（CorEnergy Infrastructure Trust）	能源基建	美国中上游能源基建资产	5.1	7.6
Uniti 集团公司（Uniti Group Inc.）	无线通信	拥有和经营通信塔业务	17.9	19.5

资料来源：彭博。

在 REITs 产品之外，美国基础设施领域还有另外一种较为典型的产业投资基金——业主有限合伙基金，是一种在证券交易所公开交易的有限合伙基金，结合了有限合伙的税收优势及公开交易证券的流动性优势。业主有限合伙基金有两种合伙人——有限合伙人和普通合伙人，其中普通合伙人居于主导地位，负责基金的日常管理和运营。

美国业主有限合伙基金多采用特拉华州有限合伙结构。在典型的业主有限合伙基金组织架构中，要求至少有一个普通合伙人和一个有限合伙人，发起人会持有和控制普通合伙人份额，也会持有部分有限合伙人份额。公众投资者则持有有限合伙人份额。普通合伙人的董事主要由发起人任命，且对独立性无严格要求，但会有独立的审计委员。有限合伙人通常无权选举董事，且无年度会议要求，有限合伙人只对有限的事项进行投票。业主有限合伙基金典型的组织结构如图 16.1 所示。

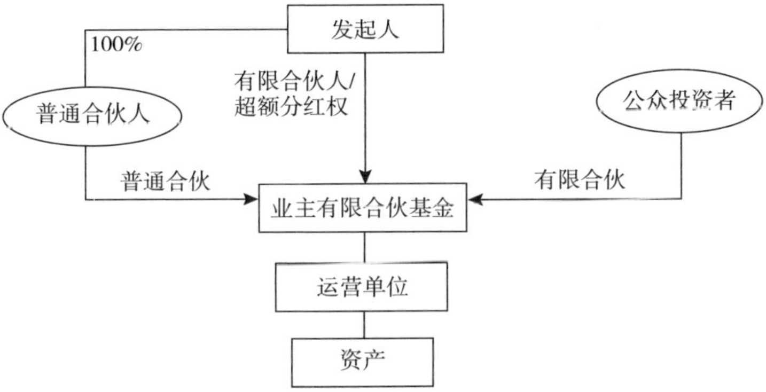

图 16.1　业主有限合伙基金典型的组织结构

根据分红政策的不同，业主有限合伙基金有两类结构，一类为传统业主有限合伙基金，其有限合伙人份额包括普通份额（common units）与次级份额（subordinated units），并附带超额分红权（IDRs），每季度分红会参照约定比率逐步增长，超额收益将在特定有限合伙人中分配，因此，其份额会进行结构化。另一类为可变分配业主有限合伙基金，其有限合伙人份额均为普通份额，该类业主有限合伙基金按照运营实际产生的可分配现金流每季度进行分配，不考虑平滑季度分配收益，所有有限合伙人按比例进行分红，其季度分配可能是波动的。

美国业主有限合伙基金是基于税收优惠政策产生的投资形式。该结构在1981年以公开上市合伙（Publicly Traded Partnership，简写为PTP）企业的形式出现，1987年，《美国税法典》第7704章对PTP类型的业主有限合伙公司的税务做出了规定。7704（a）条款提出公开上市合伙企业的结构若无法满足7704（c）条款，则应视为公司，适用联邦收入税，但如果满足7704（c）条款，则仍可以作为合伙企业，享受相关税收优惠政策，即若公开上市合伙企业90%以上的收入是合格收入（qualifying income），则该公开上市合伙企业仍按合伙企业享受税收中性政策，避免双重征税。合格收入主要来源于基于合格资产（qualifying resources）的合格商业活动（qualifying activities）。就基础设施业主有限合伙基金而言，合格资产主要是自然资源，包括石油、天然气、煤层气、煤、砂石、石化产品和木材等，合格商业活动包括开采、开发、生产、加工、精炼、存储和运输等。这是业主有限合伙基金税收待遇的核心规定，需留意的是，税法并没有对分红比例制定强制要求，这也是业主有限合伙基金与REITs在税务规定上的最大区别。

虽然税法并没有对业主有限合伙基金的分红提出要求，然而为了吸引投资者，匹配基础资产产生稳定收入的特点，业主有限合伙基金在上市的招股书中会强调分红政策。对于传统业主有限合伙基金来说，会提出保持一个适度增长的每季度分红政策，这时，业主有限合伙基金会预留一部分现金或借贷空间，以保证季度运营现金流不足时，分红的稳定增长不受影响。可变分配业主有限合伙基金往往会将运营所产生的现金流全部用于分配，而无须预留资金来平滑后续分红金额。由于分红政策的不同，两类业主有限合伙基金在资产构成上也各有侧重，运营策略也会有所不同。可变分配业主有限合伙基金会更多地持有经营波动较大的资产，并以最大化当期分红为运营目标。传统业主有限合伙基金持有现金流更稳定的资产，且以保持分红稳定增长为运营目标。稳定的分红收益率，成为业主有限合伙基金定价的重要指标。在过往的IPO案例中，业主有限合伙基金的分红收益率为2% ~14%，平均为7%左右。

美国基础设施业主有限合伙基金发展较快，截至2019年6月，约有71只上市的基础设施业主有限合伙基金，总市值约2 927亿美元，其中约87%的业主有限合伙基金来自能源基础设施行业的中游，如油气输送管道业务等，其总市值超过REITs基础设施类别（约1 700亿美元）。业主有限合伙基金投资了拥有大约64.37万千米的油气管道网络，包括天然气、液体天然气、石油加工产品及原油管道。业主有限合伙基金的业务分布及占比如图16.2所示。

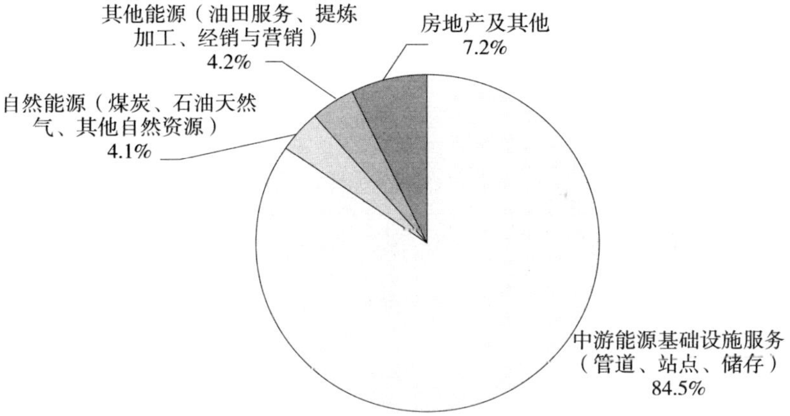

图16.2　业主有限合伙基金业务分布及占比

资料来源：能源产业委员会（EIC）。

业主有限合伙基金作为资本市场的一个大的类别，也开发指数产品，其中主要有Alerian MLP指数。该指数为市值加权综合指数，成员包括50家主要的能源有限合伙企业，为投资者提供关于业主有限合伙基金表现的一个较全面的基准。业主有限合伙基金举例（截至2019年6月30日）见表16.2。1995年至2019年6月Alerian MLP总回报指数变化如图16.3所示。

表 16.2 业主有限合伙基金举例（截至 2019 年 6 月 30 日）

名称	类别	上市时间	业务描述	市值（亿美元）	分红收益率
黑石矿业伙伴公司（Black Stone Minerals）	石油与天然气的炼制和营销	2015 年 5 月 1 日	企业在美国拥有丰富的石油和天然气储备，包括地域面积达 679.9 亿平方米的石油天然气资源开采权等	31.9	9.0
毒蛇能源公司（Viper Energy Partners）	石油与天然气的勘探与生产	2014 年 6 月 18 日	在北美拥有大量石油和天然气资源，主要包括得克萨斯州西部的石油资源，面积约 1.8 亿平方米	41.6	6.7
钱尼尔能源伙伴控股公司（Cheniere Energy Partners L. P. Holdings）	石油与天然气的储存和运输	2013 年 12 月 13 日	在萨宾帕斯拥有和运营液化天然气加工、运输和储存设备设施，其中包括 5 个液化天然气储罐，容量达 4.8 亿立方米	204.2	5.5
美国压缩合作伙伴公司（USA Compression Partners）	石油与天然气服务	2013 年 1 月 15 日	美国石油和天然气行业的服务商，在 19 个州拥有 4 500 个压缩设备	16.0	11.8
克雷斯特伍德股权合作伙伴公司（Crestwood Equity Partners）	石油与天然气的炼制和营销	2001 年 7 月 31 日	公司业务主要为原油和天然气的开采、处理、储存和运输，有 6 976 万立方米的天然气日开采能力和 1 416 万立方米的日处理能力	25.7	6.7

资料来源：彭博、能源产业委员会。

业主有限合伙基金与 REITs 在融资模式、资产特点、分红政策、税收驱动等方面极为相似，可视为同一类型的金融产品。但两者也有一些区别。

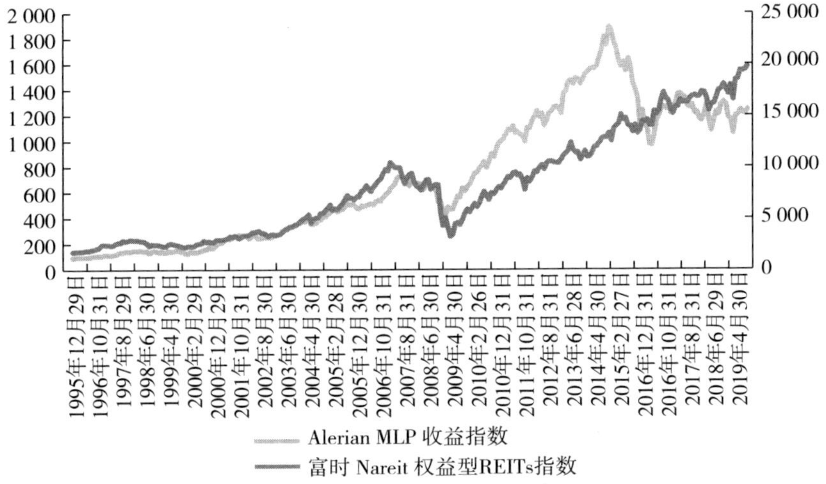

图 16.3　1995 年至 2019 年 6 月 Alerian MLP 总回报指数变化

资料来源：彭博。

首先，REITs 与业主有限合伙基金均有税收中性待遇，但税法的具体规定和表现方式不同。针对 REITs 的税收条文中有明确的强制分红要求，并表现为分配给股东的红利可以在项目公司所得税前抵扣，从而避免双重征税。业主有限合伙基金的税收条文中没有对分红做出要求，而仅要求有合格收入，即对从事合格资产的合格商业行为的上市合伙企业可以税收穿透。分红只是业主有限合伙基金的企业政策和市场惯例。

其次，两者的投资领域不同。REITs 的基础资产以房地产为主，投资范围相对宽泛，其在基础设施领域主要集中于无线通信基础设施。业主有限合伙基金在 20 世纪 80 年代兴起，其主要投资方向为自然资源开采、运输和储存等业务，如能源领域的基础设施资产，资产范围相对聚焦。两类产品在投资领域存在区别的原因主要是，美国不同时期的税法规定、行业发展及治理要求等不同。

最后，两者的架构和治理结构不同。REITs 最早是信托结构，

1976 年《REITs 简化修正案》允许 REITs 在原有商业信托的基础上以公司的形式设立，之后更多的 REITs 采取了公司的组织形式。REITs 在股权构成、收益来源及分红比例等方面有限制，如 REITs 股权结构有 5/50 的要求，单一股东持股比例通常不超过 10%，难以实现对 REITs 的控制。业主有限合伙企业为合伙制企业，普通合伙人发挥重要作用，股权结构更具灵活性，在很多方面，尤其是在治理结构上可以通过合伙协议自主约定。

综上所述，基础设施资产的特点与 REITs 的风险收益特征较为匹配。美国的通信类基础设施 REITs，大部分投资于通信塔，其商业模式与商业地产类似，以出租为主，租金随时间有一定的增长，租户也是相关的营运机构，包括无线服务供应商、广播电视公司等。业主有限合伙基金投资的油气运输管道与其类似，获得被动型租金收入，收入与油气价格的波动基本无关。美国在无线通信和油气运输两个领域形成了约 5 000 亿美元的市场，受到不少投资者的关注和偏爱，许多产品如美国电塔公司等，股价多年持续上涨，分红稳定，体现了 REITs 的独特魅力。美国基础设施证券化产品主要分为 REITs 和业主有限合伙基金两大类，虽然它们在形式、名称上不同，但核心特征是基本相同的，对于中国基础设施领域的金融创新均有重要的借鉴意义。

澳大利亚

澳大利亚 REITs 市场起步较早、规模较大，在全球市场中具有重要地位。截至 2018 年年底，澳大利亚共有上市 REITs 55 只，市值约 1 615. 4亿美元。但 A-REITs 中并没有基础设施 REITs 的分类，而是由另一种受监管的基金产品上市基础设施基金投资于经营性基础设施资产。

上市基础设施基金，与 REITs 一样，是澳大利亚证券交易所中一类受监管的金融产品。目前共有 7 只基金产品，总市值约 876 亿澳元（折合 616 亿美元左右），资产类型包括收费公路、机场、铁路、码头等交通设施，通信设施、电力设施、油气管道等。2016 年 2 月，澳大利亚基建组织发布了具有里程碑意义的《澳大利亚基础设施 15 年计划》（后简称基础设施计划）。该计划涵盖 78 个全面改善基础设施规划、投资、交付和使用的建议，设定了国家的长期基础设施改革议程。在澳大利亚基础设施建设的热潮下，上市基础设施基金在国家能源市场、地区基础设施以及港口和陆地交通体系建设中发挥了很大的作用。

一般来说，上市基础设施基金是由发起人组织的，与上市公司相比，发起人可以更有效地保持对资产的控制。在基金中，虽然单位份额持有人对信托有表决权，但无法取代管理公司作为信托管理责任实体的角色。管理公司往往与基金签订限制性条款，如“毒丸”、超级多数通过、特殊投票份额等，这使得更换管理公司将产生巨大的财务成本。管理公司与信托还有合订的组织结构，使投资者既可以参与基金分红，又可以参与管理公司股票的投资。澳大利亚上市基础设施基金的合订交易结构如图 16.4 所示。澳大利亚上市基础设施基金（截至 2019 年 6 月 30 日）见表 16.3。

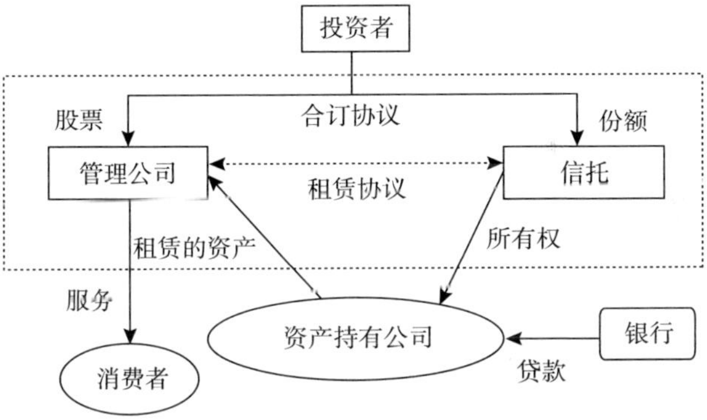

图 16.4　澳大利亚上市基础设施基金的合订交易结构

上市基础设施基金作为一个单独类别存在，具备 REITs 的基本特征：一是以不动产资产为主。REITs 通常要求可产生收入的不动产占比较高，而上市基础设施基金以基础设施资产为主，在资产构成上与 REITs 相同。二是收入主要来自租金。上市基础设施基金的收入主要是资产产生的类租金收入，如收费公路的路费、电力设施的租金收入等。三是分红的惯例。上市基础设施基金并没有分红的强

表 16.3 澳大利亚上市基础设施基金（截至 2019 年 6 月 30 日）

名称	类别	上市时间	资产描述	市值（亿澳元）	分红收益率（%）
Transurban 集团（Transurban Group）	交通 – 收费公路	1999 年 11 月	13 条澳大利亚高速公路，2 条美国高速公路	394.3	3.8
悉尼机场（Sydney Airport）	交通 – 机场	2002 年 8 月	悉尼机场	181.5	4.7
APA 集团（APA Group）	能源 – 油气管道	2000 年 6 月	15 000 千米天然气管道	127.4	4.1
联实集团	建造	2010 年 3 月	建造各类不动产和基础设施，包括政府大楼、养老院、学校等	73.3	3.6
Spark 基础设施集团（Spark Infrastructure Group）	能源 – 输配电网	2005 年 12 月	价值超过 166 亿美元的能源网络，包括配电网络、高压输电网络、发电站等	40.9	6.6
麦格理阿特拉斯公路集团（Macquarie Atlas Roads Group）	交通 – 收费公路	2010 年 1 月	2 323 千米高速公路（法国东部），20 千米公路（法国南部城市安纳西至意大利热那亚），20 千米公路（美国大华盛顿地区），2 千米公路及隧道（德国东部罗斯托克）	53.6	3.1
Infigen 集团（Infigen Energy）	能源 – 电站	2005 年 1 月	6 处风力发电站、1 处能源储存站、9 处在建风力发电站、8 处在建太阳能电站	4.5	—

资料来源：彭博。

制要求，但会以分红的形式，给予投资者长期稳定的现金流回报，因此具有以分红收益率定价的产品特点，从而形成市场惯例并成为较大的投资类别。以收费公路为例，澳大利亚收费公路并不多，大多数高速公路是免费的，但收费公路资产类别在澳大利亚上市基础设施基金中的市值占比达到51%，Transurban 集团持有澳大利亚 13 条收费高速公路，其特许经营权的剩余年限为 9～48 年，分红稳定，说明上市基础设施基金具备 REITs 的基本特征，对中国收费公路资产证券化具有借鉴意义。

印度

印度证券交易委员会（SEBI）于2014 年9 月先后发布《房地产投资信托守则》（后简称 REITs 守则）和《基础设施投资信托守则》（后简称 InvITs 守则），允许开展房地产投资信托基金及基础设施投资信托基金业务。印度 REITs 和 InvITs 均以信托为载体。

规则出台后，由于估值、融资成本、税务等综合因素，至今仍无 REITs 项目落地，但已有两家基础设施项目成功发行上市，即经营电力网络的 IndiGrid 和经营收费公路的 IRB。IndiGrid 是印度电力行业首个 InvITs，拥有 5 个运营项目，涵盖总长 3 360 千米的输电线路和 2 座变电站；IRB 基础设施开发公司（IRB Infrastructure Developers）是印度一家收费公路建设和运营公司，以其持有的 6 条收费公路推出了 IRB InvIT，拥有里程共 702 千米。截至 2019 年 6 月 30 日，IndiGrid 和 IRB 两家基金的市值分别达到 502 亿卢比和 379 亿卢比，合计超过 880 亿卢比，约合 13 亿美元。

印度 InvITs 守则与 REITs 守则的内容大体相同，主要在以下方面做出约定：发起人资格、管理人资格、受托人资格、主要投资或资产的条件与限制、分红政策、资本结构、上市要求、杠杆限制、关联交易、发起人和管理人的权利、估值、公司治理等。

两个守则的主要区别在于：基础设施项目类别更复杂，专业性要求更高，投资模式也较特别（如 PPP），因此，InvITs 的投资者门槛更高，管理上的要求也更高。具体而言，二者的差异主要体现在四个方面。第一，发起人的义务不同，InvITs 上市后发起人持有份额不低于 15%，锁定 3 年，而 REITs 发起人持有份额不低于 25%，这体现了对基础设施项目融资的鼓励。第二，投资者门槛不同。REITs 投资者的最少申购额为 20 万卢比，最小交易单位为 10 万卢比。InvITs 投资者的最少申购额为 100 万卢比，最小交易单位为 50 万卢比，门槛更高。第三，资产组合要求不同。REITs 要求至少 2 个以上项目的组合，而 InvITs 无要求。第四，管理营运的复杂性和重要性不同。InvITs 的管理人分为基金管理人和项目管理人，基金管理人需配置子行业的专业人士，这使基础设施基金需按子行业来分类管理和发展，更强调专业性。REITs 守则与 InvITs 守则的对比见表 16.4。

表 16.4　REITs 守则与 InvITs 守则的对比

序号	项目	REITs 守则	InvITs 守则
1	发起人资格	• 合计净资产超 10 亿卢比，每人净资产超 2 000 万卢比。 • 房地产开发投资 5 年经验	• 每人净资产超 10 亿卢比（PPP 项目的特殊目的载体除外）。 • 5 年基础设施投资经验
2	管理人资格	• 净资产超 1 亿卢比。 • 5 年房地产投资、咨询、管理经验。 • 2 位有 5 年经验的房地产专业人士	• 净资产超 1 亿卢比。 • 5 年基础设施投资、咨询、管理经验。 • 2 位有 5 年经验的基础设施专业人士。 • 1 位有 5 年经验的基础设施子行业专业人士
3	资产组合	至少 2 个项目，每个不超过 REITs 总价值的 60%	• 无组合要求。 • PPP 项目必须通过特殊目的载体持有。 • 项目持有 3 年后才可以出售
4	债务限制	• 不超过总资产价值的 49%。 • 超过 25% 时需评级并经持有人大会通过	• 不超过总资产价值的 49%。 • 超过 25% 时需评级并经持有人大会通过

续表

序号	项目	REITs 守则	InvITs 守则
5	发行要求	• 资产价值至少 50 亿卢比。 • 流通股份超过 25%。 • 最小发行额为 25 亿卢比。 • 最少申购额为 20 万卢比。 • 交易单位为 10 万卢比。 • 最少申购人数为 200	• 资产价值至少 50 亿卢比。 • 流通股份超过 25%。 • 最小发行额为 25 亿卢比。 • 最少申购额为 100 万卢比。 • 交易单位为 50 万卢比。 • 最少申购人数为 20
6	关联交易	• 资产买卖需独立评估师的意见。 • 从关联方借贷超过总价值的 10% 时需持有人大会通过	• 资产买卖超过总价值的 5%、从关联方借贷超过 5% 时，需持有人大会通过
7	发起人义务	IPO 后持有份额不低于 25%，锁定 3 年	IPO 后持有份额不低于 15%，锁定 3 年
8	基金管理人义务	• 确保基金和资产产权合法。 • 推荐和执行投资机会。 • 遵循投资策略。 • 委聘专业服务机构。 • 从事租赁和物业管理（可直接从事或委聘）。 • 购买资产保险。 • 处理持有人分配事项。 • 监管开发事务。 • 向董事会汇报。 • 信息披露	• 确保基金和项目合同执行合法合规。 • 推荐和执行投资机会。 • 遵循投资策略。 • 监控项目管理人的业务。 • 委聘专业服务机构。 • 购买资产保险。 • 处理持有人分配事项。 • 确保审计事务。 • 向董事会汇报。 • 信息披露
9	项目管理人义务	• 无项目管理人要求	• 根据项目文件，对项目的执行和完成全面负责。 • 从事资产的营运、管理、维护和监控。 • 确保项目执行符合项目管理合同的约定
10	关键定义	• 房地产及资产：土地和建筑物，不包括按揭和其他任何称为基础设施的资产（印度财政部定义） • 成熟项目：相关监管机构的出租率作为证明	• 基础设施及项目：由印度财政部定义的所有基础设施及子行业。 • PPP：列入 PPP 清单的基础设施项目。 • 成熟项目：运营一年以上，有稳定现金流的项目。 • 成熟前项目：已完成投资或进度 50% 的项目

基础设施投融资体制的困境

中国的基础设施投资是指建造或购置为社会生产和生活提供基础性、大众性服务的工程或设施的支出，包括交通运输、邮政业，电信、广播电视和卫星传输服务业，互联网和相关服务业，水利、环境和公共设施管理业以及电力基础设施投资等。[①] 基础设施是国家和地区社会经济活动正常进行的公共服务系统，是城市主体设施正常运行的保证，重要性十分明显。基础设施投资大都具有较强的正外部性，是中国经济增长的主要动力之一，尤其受地方政府的重视。自改革开放以来，基础设施投资快速增长，取得了非常大的成绩。但长期以来，中国基础设施的投融资存在一些结构上的问题，包括过度投资且效益不一、融资渠道狭窄且自有资金缺乏、资本退出困难等。

地方政府作为传统的基础设施投资主体，融资渠道较为狭窄，以银行贷款等债务融资为主。1994 年分税制改革后，地方政府主要依靠融资平台来主导基础设施投资。这是地方政府财权轻、事权重的背景下产生的发展模式。各地的城投集团、交投集团、水投集团、环投集团等融资平台在 2008 年开始逐渐发挥主导作用，尤其是中央推出 4 万亿投资计划用以刺激宏观经济平稳增长之后。由于地方政府财政投入的资本金有限，该发展模式主要依赖各类债务融资，导致地方政府的债务激增。按照国际货币基金组织（IMF）2019 年中国国家报告，截至 2018 年，中国地方政府共有显性债务 18 万亿元，而估算的隐性债务及地方政府融资平台债务高达 24 万亿元，地方政府债务余额共约 42 万亿元。地方政府高杠杆带来了系统风险的累积，该投融资模式难以持续。

除地方政府及其融资平台外，社会资本的利用是中国基础设施投融资的一个重要方面。1984 年，中国出现第一批 BOT 项目，在实践的基础上，政府出台政策文件鼓励该类模式的发展，对中国利用外资起

---

① 国家统计局的统计公报中的基础设施投资未包括电力投资。

到了很好的促进作用。2014 年，在供给侧结构性改革的推进、地方政府债务管理的加强以及融资平台转型的推动等的影响下，PPP 模式开始迅速发展，并从基础设施扩大到公共服务部门。

根据财政部 PPP 项目库数据，截至 2019 年 9 月底，全国入库项目共计 12 183 个，自 2014 年以来，累计投资额达 17. 3 万亿元，覆盖 31 个省区和 19 个行业领域。中国 PPP 项目的发展目前存在的主要问题包括落地率和开工率较低，政府付费类入库项目比重大，社会资本中标方以建筑承包企业为主，民营资本成交的项目金额占比较低等。

首先，PPP 项目落地率和开工率较低。截至 2019 年 9 月底，在已入库的项目中，落地率仅为 66%，已落地项目中开工率仅为 59%，即总入库项目中仅有不足 40% 进入开工建设阶段。PPP 项目落地难，除了物有所值评价、财政承受能力论证等原因外，投资回报吸引力不足、风险分配不合理、缺乏有效退出渠道也是重要原因。2016 年至 2019 年 9 月 PPP 项目总数与投资额如图 16. 5 所示。

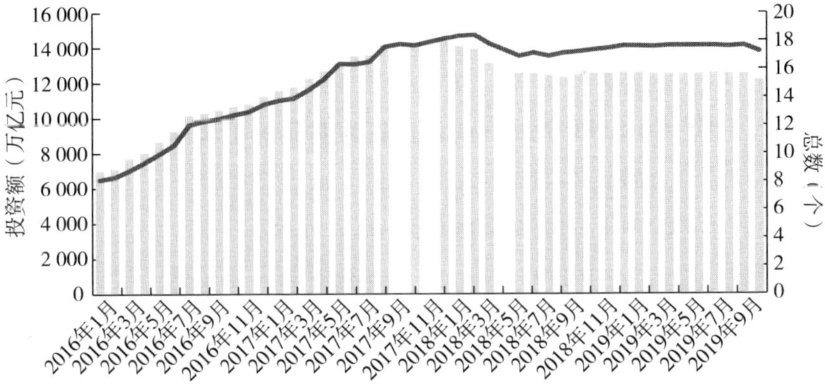

图 16. 5　2016 年至 2019 年 9 月 PPP 项目总数与投资额

资料来源：万得资讯，财政部 PPP 中心。

其次，从回报机制上看，已入库项目中政府付费类项目数量最多，可行性缺口补助项目的规模最大，而市场化程度最大的使用者付费项目无论是数量还是金额均位列末位。入库 PPP 项目中，政府仍承担较重的责任，可能导致 PPP 项目成为政府变相举债融资的工具，进一步增加地方政府的隐性负债。截至 2019 年三季度，中国 PPP 入库项目回报机制分布如图 16.6 所示。

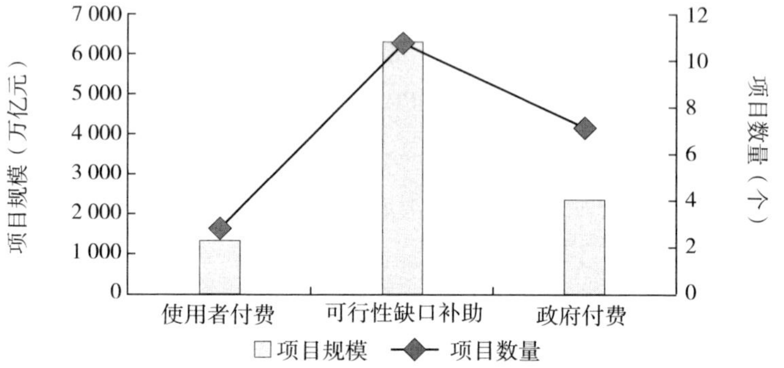

图 16.6　中国 PPP 入库项目回报机制分布（截至 2019 年三季度）

资料来源：万得资讯，财政部 PPP 中心。

再次，以建筑承包商为主的社会资本成为主要中标主体。截至 2019 年 11 月，从成交金额来看，建筑承包商占比达 56%，加上材料设备供应商、运营商、技术服务商，合计占比达到 71%，而金融机构和投资机构合计仅占 29%。从数量上看，后者的比例更小，仅占 18%。因此，中国 PPP 领域目前存在较为明显的工程承包商业为主的特点，权益型金融资本的参与程度较低。截至 2019 年 11 月，不同类型社会资本 PPP 项目的成交金额如图 16.7 所示。

最后，民营资本在 PPP 项目成交金额中的占比较低。根据明树数据的统计，央企和地方国有企业仍是中标社会资本的主要部分，截至 2019 年 11 月，成交金额累计达 9.3 万亿元，占总成交规模的 75.8%。民营企业是 PPP 市场的重要参与方，成交数量占比达 39.2%，但金额占比较低，仅为 21.3%，并且外资企业成交项目规模和数量均较少。

总体而言，从 PPP 项目的特点分析，我们认为基础设施以及 PPP 项目投融资的关键是，处理好投资收益率与风险的关系，从而进行风险收益的合理定价。PPP 项目的风险，大致分为政治风险、建设风险、运营风险、市场风险、利率风险、法律风险等。对于权益型资本而言，

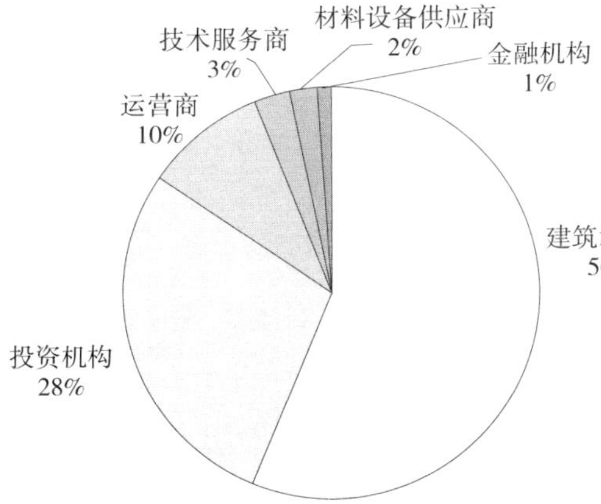

图 16.7　不同类型社会资本 PPP 项目的成交金额（截至 2019 年 11 月）

资料来源：明树数据。

项目前期的风险较高，而后期则主要面临运营风险和市场风险，风险相对较低。政府付费和可行性缺口补助两类项目的付费风险更小，甚至可以被视为无风险。

当前基础设施项目缺乏期间退出机制，除了到期移交和政府回购外，目前主要的退出模式包括项目转让和股票上市等。其中，项目转让属于较为主流的方式，但也面临各种约束，包括设置锁定期、对受让主体的要求、合同有关义务的承继、政府部门审批或备案程序等，使项目的转让存在一定困难。尤其对于特许经营权的转让，有较大的限制。由于缺乏期间退出机制，投资者在投资之前，必须分析全周期的风险和回报，这对于风险偏好不同的资本共同参与较为不利，更不利于引入前期高风险高回报偏好的权益资本。这也是大部分 PPP 项目由建筑承包商参与且落地项目以政府付费类为主的原因，因为建筑承包商既可以控制建设风险，又可以获得工程相关收益，总体风险回报的关系得到较好的控制，而权益型金融资本很难介入 PPP 项目初期。

因此，有必要为社会资本方，尤其是权益型金融资本，提供与风险相匹配的投资收益回报以及有效的退出渠道。REITs 作为一种有效的退出方式，使前期资本可以在 PPP 项目进入稳定运营阶段时退出，从而与偏好承担较低风险并获得稳定回报的成熟期金融资本有效衔接。

中国发展基础设施 REITs 的意义

将基础设施作为基础资产进行资产证券化并上市交易，借助 REITs 在资金端实现金融资本的集合投资，在资产端实现基础资产的组合持有，通过规范运营和风险管理，获取稳健回报，实现长期资本与长期资产对接，可以极大地提升金融服务实体经济的效率，推动供给侧结构性改革的深入发展。其意义体现在以下几个方面：

第一，有效盘活中国基础设施存量资产，降低宏观杠杆率，防范系统性金融风险，降低地方政府和国有企业的债务负担，激活地方投融资效率。REITs 作为权益类金融工具，对底层资产的负债率一般有明确要求，通常不超过 45%，实践中，美国、新加坡、中国香港等地 REITs 的负债率长期保持在 30% 左右。因此，REITs 能够有效降低宏观杠杆率，防范系统性金融风险。企业以基础设施存量资产发行 REITs，在不增加债务的情况下收回前期投资，可用于归还其他债务或用于补充其他投资项目的资本金，从而在整体上降低宏观杠杆率。

第二，基础设施 REITs 将为基础设施行业提供定价的“锚”，有助于中国新型城镇化背景下基础设施的投融资体制改革。长期以来，中国基础设施项目的投融资主要通过政府的行政手段来完成，而资源配置最有效的市场手段没有得到充分发挥，导致投资的持续力度不足，影响了资金的使用效率。当 REITs 深度参与中国基础设施领域时，市场价格可以成为基础设施资产定价的“锚”，并传导至前期投资上，成为前期权益型资金配置的重要指引。而前期权益型资本的高效引入，将极大地促进中国基础设施的投融资模式改革，使高杠杆、长周期、重建设的传统模式发生改变。

第三，PPP + REITs 的有效组合，有利于提高 PPP 项目的落地数量和质量。PPP + REITs 可以为 PPP 项目的社会资本方提供退出渠道和闭环的商业盈利模式。无论是债权型资本还是股权型资本，均可以在 PPP 项目成熟后通过 REITs 产品实现退出，从而形成新的资本金和持续投资能力。REITs 上市后，资本市场在监管、信息披露、投资者等方面的要求，及 REITs 注重分红的商业逻辑，可使基础设施项目的管理和营运更专业，构成对地方政府的有效约束，提升 PPP 项目的建设和运营质量。

第四，在企业层面上，基础设施 REITs 为项目提供了退出渠道，成为新的商业模式和核心竞争力。基础设施项目一般具有投资周期较长、投资规模较大等特点，在缺乏有效退出机制的情况下，企业及其他类型的社会资本的前期投资风险较大。REITs 的存在，可以使企业形成完整的业务模式，在为企业提供有效退出渠道的同时，还能成为企业投资和融资的双平台；同时，REITs 对资产运营能力的要求将倒逼企业建立精细化、市场化和长期化的经营管理机制，助力企业在新形势下打造核心竞争力。

第五，推动公募基金、养老金、保险资金等投资优质基础资产，为全民共享经济发展成果提供理想渠道。公募基金、全国社保基金、基本养老金、企业年金/职业年金、未来的第三支柱个人养老账户，以及大量以养老为目的的理财和保险资金，需要足够丰富、分散、有效的配置工具和资产标的，以满足其长期安全性与回报率要求，从而真正实现经济增长成果的全民共享，夯实社会可持续发展的根基。传统二级市场对于养老资金而言，波动大、风险高、价值投资的吸引力不足，难以提供与长期经济增长相一致的投资回报。将有稳定现金流的基础设施和公共服务项目进行资产证券化，通过公募 REITs 向全民提供具有稳定回报和长期增值预期的集合投资工具，将为全民共享经济发展成果提供理想渠道。

综上所述，基础设施 REITs 拥有其他融资方式所不具备的优势和特点，与基础设施领域的资金需求非常匹配，无论是对宏观经济层面的降杠杆、补短板，对基础设施行业的投融资模式改革，还是对微观层面的企业竞争力提升等方面，均具有积极的意义。

中国基础设施 REITs 市场展望

根据境外实践经验，REITs 市场的蓬勃发展通常要求基础资产具有长期稳定的收益，产权清晰，专业化管理，并形成一定的市场规模。市场达到一定规模后，流动性足够，才有可能更好地进行定价，从而为基础设施投融资体制改革发挥作用。

中国基础设施建设投资规模巨大。据统计，2017 年中国城镇基础设施建设投资完成额达 18.0 万亿元，同比增长 3.8%，占 2018 年全年固定资产投资的 28.3%，对国民经济的发展起到了重要作用。1995—2018 年中国城镇基础设施建设投资额如图 16.8 所示。

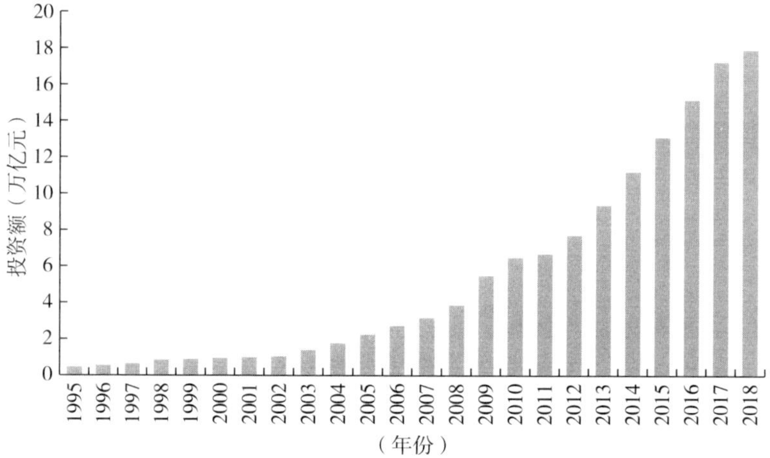

图 16.8　1995—2018 年中国城镇基础设施建设投资额

资料来源：万得资讯。

从图 16.8 可以看出，1995 年以来，中国城镇基础设施建设投资额逐年增长，至 2018 年，累计投资额达到 130 万亿元。近年来投资比重较大的行业，包括交通运输、电力水务、水利环境与公共设施等，主要以补短板为主，2017 年上述三个行业的投资额分别为 6 万亿元、3 万亿元和 8 万亿元。2003—2017 年中国固定资产投资行业的投资额如图 16.9 所示。

中国基础设施投资的成果显著。以交通运输行业为例，截至 2018 年年底，中国综合交通网总里程突破 500 万千米。全国铁路营运里程达 13.1 万千米，居世界第二。其中，高速铁路里程达 2.9 万千米，居世界第一；高速公路通车里程达 14.3 万千米，居世界第一；拥有万吨

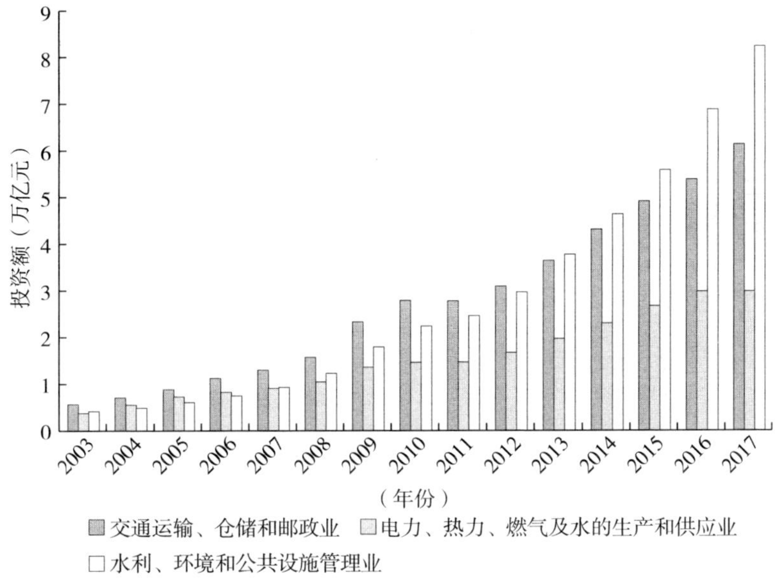

图 16.9　2003—2017 年中国固定资产投资行业的投资额

资料来源：万得资讯。

级以上泊位 2 444 个，全球港口货物、集装箱吞吐量前十位的港口，中国占了 7 个。

收费公路是合适的 REITs 基础资产，具备很大的潜在市场规模。2018 年年末，中国公路总里程达 484.7 万千米，是改革开放初期的 5.4 倍，其中，收费公路里程为 16.8 万千米，居世界第一，收费公路累计建设投资额为 8.9 万亿元，其中经营性收费公路建设投资额达 4.4 万亿元。2013—2018 年收费公路及收费高速公路累计建设投资额如图 16.10 所示。

收费公路的使用率和收入情况较好。2018 年，全国收费公路通行费收入为 5 552.4 亿元，比 2017 年增加 422.2 亿元，增长 8.2%，占累计建设投资总额的 6.25%，而 2018 年新增收费公路收入占新增投资额的比率达 6.52%；但收费结构差异很大，沿海经济发达地区的收费公路效益很好，而经济不发达地区的收费公路收支缺口仍较大。可以初步判断，有相当一部分的收费公路，无论是从规模还是收益角度看，

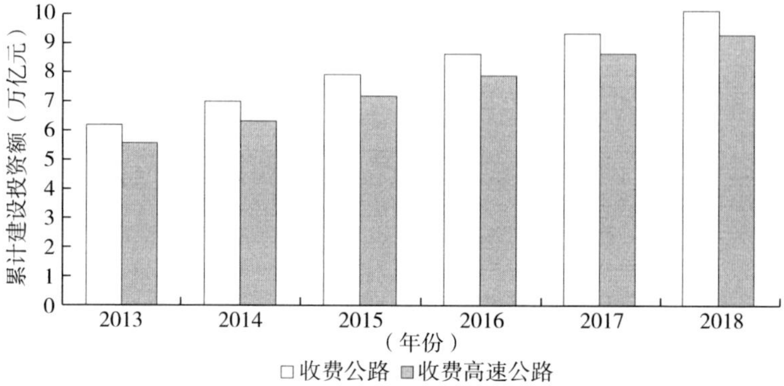

图 16.10 2013—2018 年收费公路及收费高速公路累计建设投资额

资料来源：万得资讯。

都已具备发行 REITs 的基础。

按上文所述，基础设施累计投资额可被视为以成本计量的基础设施的存量规模。截至 2018 年，该存量规模为 130 万亿元，达百万亿级。中国基础设施投资的资金来源以财政支出和银行债务为主，资本市场提供的资金极为有限，证券化率很低。REITs 作为相对合适的资产证券化产品，在中国推广，按 1% 的证券化率计，可以达到万亿级的 REITs 市场规模。收费公路是较为合适的 REITs 基础资产，以 REITs 为方向的证券化率较高，若能达 10%，[①] 则仅该类资产便可达到 8 000 亿元以上的市场规模。

从占经济总量的比例的角度来看，基础设施 REITs 也极可能达到万亿级。2018 年，中国 GDP 总值为 90.0 万亿元，约合 13.6 万亿美元，同年美国 GDP 总值为 20.5 万亿美元。截至目前，美国基础设施 REITs 与业主有限合伙基金的资产总市值将近 4 800 亿美元，占美国 GDP 的 2.34%。以此比例计算，未来中国基础设施 REITs 市场规模将达 2.1 万亿元。而根据 2016 年麦肯锡全球研究院的报告，中国基础设施占经济的比重比西方国家要高，中国基础设施占经济的比重大约为

① 德意志银行预计中国商业地产 REITs 比率可达到 15%。详见 "China REITs: Reshaping the Landscape for Commercial Landlords"，2015 年 8 月。

9%，而美国和欧洲国家的这一比重大约为2.5%，因此，中国基础设施REITs占GDP的比重可能更高，有很大的潜力成为一个至少万亿级的市场。

由于缺乏REITs产品，中国铁塔股份有限公司于2018年8月在香港上市。中国铁塔是REITs的合适标的，其业务性质与在美国以REITs上市的美国电塔公司一样，以向通信运营商出租电信基站为主要业务。中国铁塔的总资产为3 300亿元，市值约2 000亿港元，单个企业规模已经较大。中国有必要为这类具备REITs特点的资产，开拓更多的资本市场渠道，一方面使企业可以在不同的产品之间做比较，另一方面使中国投资者可以享有这类稳定分红的投资工具。

中国在基础设施领域的投资力度仍在不断加大，尤其是补短板相关领域。国际评级机构惠誉于2018年8月发布《中国基础设施投资蓝皮书》，指出基础设施投资仍将在“十三五”规划（2016—2020年）期间保持强劲增长。根据“十三五”规划大纲，2016—2020年对交通运输基础设施的投资达到15万亿元，包括用于公路建设的7.8万亿元和用于铁路建设的3.5万亿元，比“十二五”规划支出高出2.5万亿元。可以预见，未来中国仍有大量潜在的REITs基础资产形成。

基础设施资产不同于房地产，中国基础设施建设和运营情况与国外有很大差别，因此在推出REITs或类似产品时，要做周详的考虑。

监管规则

针对基础设施REITs或其他类似金融产品，其他国家通常会有完整的监管规则，一些国家如印度，还会出台专门的基础设施投资信托基金守则。中国的基础设施建设、运营和盈利模式等与西方国家有较大区别，如存在大量的经营性资产、投融资模式不同、收费模式多样、PPP发展程度不同等，因此，需在制定监管规则时充分考虑国情和基础设施的特点，在实现公众投资者分享基础设施投资收益的同时，保持投资、建设、运营等单位所应承担的社会责任，既考虑资产收益的持续稳定增长，又确保收费合理且社会民生负担不增加。印度在制定规则时采用的针对项目管理人的监管措施，便体现了这些考虑因素。

基础资产类别

基础设施 REITs 应以经营性基础设施资产作为标的资产。从美国的操作经验来看，基础资产较严格的准入条件设置是市场成功发展的重要环节，应选择现金流稳定增长的优质存量基础设施。海外合适的资产类型包括能源（电力和油气输送）、交通（收费公路、机场、港口）、无线通信等。

中国从资产付费模式、风险收益水平、市场规模等方面考虑，可重点考虑燃气、供电、供水、供热、污水及垃圾处理等市政设施，公路、铁路（含高铁、地铁等）、机场、港口、码头等交通设施，教育、健康、养老、保障房等公共服务设施以及物流和环保类资产。可优先以保障房、物流、高铁、收费公路和环保类资产为主开展试点工作，进行研究和探索。

合理的估值定价体系

基础设施在建成运营后，前期开发建设的风险基本释放，存量资产大致属于低风险、低收益类型，REITs 投资者对其收益率的要求一般较低。根据资产产生的现金流及分红情况，可以按收益率对 REITs 进行估值。在估值过程中，需要重点考虑营运收费价格、收益的波动、特许经营权期限等重要因素。

基础资产的运营收费通常由政府定价。由于涉及国计民生和公共产品与服务，价格通常要求保持相对稳定，价格主管部门在合理配置资源和保证社会公共利益的前提下，应根据国家政策规定和行业平均成本，兼顾特许经营者的合理利益，依法组织听证，确定或调整特许经营项目的价格，并进行持续监管。对 REITs 产品来说，底层资产的运营收费价格（如房地产的租金）逐年增长，是吸引稳健、权益型投资者并有别于债券投资的重要因素。因此，在基础设施运营收费定价时，需要具备合理有效的价格调整机制，该机制应适当考虑通胀因素，允许价格在合理的范围内逐年调整。

不同资产未来收益的波动不一样。以使用者付费的资产类型为例，如收费公路，虽然里程单价因政府管制而保持稳定，但未来交通量预测的难度较高，且政策风险、替代品风险等难以预计，因此未来收益存在波动较大的风险，从而使以收益法为基础的资产定价存在难度，需要结合各方面因素综合考虑。

另外，中国基础设施的特许经营权有一定的期限。在资产成熟稳定后，估值随特许经营权年限的减少可能会呈逐年递减的趋势，并在到期时因无条件移交给政府而使估值基本归零。这与永久产权或到期可续期的房地产资产有很大的不同，投资者在考虑回报时，需参考特许经营权期限内的内部收益率，作为 REITs 的定价基准。

法律与行政事项

资产证券化要求资产的产权清晰、可合法转让、建设手续完整等。在基础设施领域，核心事项是特许经营权的转让。2015 年出台的《基础设施和公用事业特许经营管理办法》，未对特许经营权的转让问题做出特别明确的规定，但诸多地方性法规或地方政府规章对政府特许经营权的转让均有限制，一般包括“不得转让”与“不得擅自转让”等。REITs 在设立过程中，会涉及资产或特许经营权的流转，需要地方政府批准。

上海证券交易所发布的《上海证券交易所资产证券化业务指引》中也强调：“基础资产、底层资产及相关资产的权属应当清晰明确。”基础资产的转让应当满足以下要求：一是基础资产应当具有可转让性，转让应当合法、有效，转让对价应当公允，存在附属权益（如有）的，应当一并转让；二是基础资产转让依法须取得的授权、批准等手续应当齐备，并在相关登记机构办理转让登记。

另外，地方政府的公权力要合理使用。在项目合同中，政府方往往享有在特定情形（如项目所提供的公共产品或服务已经不适合或者不再被需要，或者会影响公共安全和公共利益等）下单方面决定终止项目的权利。实践中，政府方的此项权利应当予以明确限定，以免被滥用。

基础设施REITs作为REITs的一种独立分类形态，是以发行收益凭证的方式募集投资者资金，由专门投资机构进行基础设施项目投资、经营、管理，并将投资收益按比例分配给投资者的一种金融产品。基础设施REITs实质上是成熟资产的上市，是存量资产的盘活，对防范化解重大风险，推动国家重大战略实施，建立新型基础设施投融资机制，充分发挥促进资本市场健康发展功能，实现高质量发展具有重要现实意义。

总体来看，目前中国境内推出基础设施REITs的条件已经基本成熟，可针对重点区域和领域推出基础设施REITs试点，逐步积累经验。从长远发展来看，当前还存在一些影响基础设施REITs发展的因素，如国有基础设施资产转让流程复杂且存在不确定性，基础设施转移及运营阶段的税负较重，缺乏专门的立法保障等，需要积极推动解决，促进基础设施REITs长期健康发展。

第十七章
租赁住房 REITs

租赁住房 REITs 是以租赁型住房（含公寓）为基础资产的不动产投资信托基金。租赁住房本身具有资产特定化、租金收入稳定、运营模式清晰的特点，符合资产证券化对基础资产及其现金流的相关要求，是适合开展资产证券化业务的行业。从全球发达经济体来看，租赁住房证券化，特别是租赁住房 REITs 为租赁住房市场提供了重要的金融支持。住房租赁企业发行资产证券化产品，既可以为收购房源并改建成长租公寓、实现规模化发展提供资金支持，也可以进一步促进企业强化管理能力、提升服务水平，对房地产开发企业的转型起到积极作用，减少资金成本带来的压力，使其有时间和耐心好好地经营项目。

十九大报告指出："坚持'房子是用来住的、不是用来炒的'定位，加快建立多主体供给、多渠道保障、租购并举的住房制度，让全体人民住有所居。"租购并举，全面发展住房租赁市场，已成为建设房地产长效机制、建立新的住房制度的重要内容。2016 年国务院办公厅发布《关于加快培育和发展住房租赁市场的若干意见》，其中明确提出："支持符合条件的住房租赁企业发行债券、不动产证券化产品。稳步推进房地产投资信托基金（REITs）试点。"2017 年 7 月，证监会、住建部等九部委联合颁布的《关于在人口净流入的大中城市加快发展住房租赁市场的通知》也再次提出要推进房地产投资信托基金试点。中国境内首单对租赁住房进行证券化运作的产品是 2012 年银行间市场的天津市房地产信托集团有限公司 2012 年度第一期资产支持票据。

2017年至2019年9月底，中国境内市场相继发行了13只租赁住房类REITs产品，累计发行金额达163.88亿元，为租赁住房公募REITs的推出积累了经验，营造了市场环境，培育和吸引了更广泛的投资者群体。

房地产长效机制建设需要REITs市场

中国住房市场，尤其是一线城市住房市场已进入存量阶段。目前全国存量市场已达到180万亿元的规模，[①] 一线城市更是以存量为主，北京、上海、深圳2016年二手房销售额分别是新房销售额的3.3倍、1.6倍和2.3倍。[②] 但住房租赁市场份额偏低，从全国范围看，租赁住房成交量的占比仅为6%，与西方发达国家相比仍有很大的增长空间。根据链家研究院的研究，目前中国租赁人口已达1.9亿，住房租赁市场年总交易额（GMV）已超过1万亿元，未来10年，中国租赁人口将接近2.3亿，住房租赁市场年总交易额将接近3万亿元，到2030年，租赁人口接近3亿，住房租赁市场年总交易额将达4.6万亿元。美国人口仅有3.2亿，但租赁人口超过1亿，住房租赁市场年总交易额超过3万亿元。[③] 目前，中国住房租赁市场年总交易额只占美国的1/3，凭借人口规模和人口结构优势，可以预见中国租赁住房市场的发展潜力巨大，前景可期。中国住房租赁市场当前面临的主要问题分为3个方面，一是土地的市场化供应成本过高，二是专业运营机构的数量不足，三是配套金融工具欠缺。

当前，中国租赁住房资产发行REITs产品，面临的一个首要问题是资产收益率偏低，难以达到投资者的收益预期。这个问题与现有租赁住房用地的来源和性质有密切的关系。以保利地产租赁住房REITs

---

① 资料来源：链家研究院。

② 资料来源：中国指数研究院。

③ 资料来源：链家研究院。

为例，底层资产对应的土地权属主要为住宅、商业等，通过招拍挂程序并缴付土地出让金取得，且不存在特别的转让限制。因此，租赁住房资产的取得成本与市场上可正常出售的住宅或公寓没有本质差异，从而难以避免地形成租金收益率与资产价值偏低的问题。近期，国内部分地区已陆续出现长期自持的土地供应，取得成本与可散售住宅的土地成本相比具有较大优势。类似的土地供应模式的调整对于中国住房租赁市场及其 REITs 产品的发展将起到重要的推动作用。

专业、优质、高效的运营能力是租赁住房长期健康发展的根本。而当前，除魔方、新派、自如等轻资产公寓运营机构以及万科、保利等大型房地产企业在租赁住房运营领域崭露头角外，中国租赁住房领域的专业品牌运营机构无论在数量、运营水平还是管理规模方面都尚有较大的发展空间。运营水平的提升有助于 REITs 产品投资收益的提高；而 REITs 产品在推动中国租赁住房市场快速发展的同时，也能推动运营品牌管理能力的提升。

在中国当前已有租赁住房资产证券化工具中，REITs 产品将发挥至关重要的作用。根据中国出台的一系列租赁住房政策指引，未来中国住房租赁行业的发展模式将由当前的“C2C”向“B2C”转变，大量租赁住房资产将由各类住房租赁运营企业长期持有。因此，中国房地产行业的发展模式将由“开发－销售”模式向“开发－持有经营”模式转变，若缺少 REITs 工具的配套支持，“开发－持有经营”模式将对运营企业形成巨大的资金压力。

中国发展租赁住房 REITs 具有重要意义。首先，REITs 将助力住房租赁企业可持续发展，有效贯彻租售并举战略。在政策的鼓励下，近期各地纷纷推出租赁住房用地，以国企为主的开发商成功摘地。这类土地的开发需要大量投资资金，不能销售回笼，靠租金回笼需要很长的时间，在 2～3 年项目建成后将对拿地企业构成巨大的资金压力，持续发展受限。REITs 是权益型成熟资产持有平台，可以为住房租赁企业提供有效的退出渠道，从而使企业在不积累负债的同时，形成项目开发和退出的闭环，获得的资金用于新项目的开发，形成可持续发展、低成本、低杠杆的“开发、运营、金融”新模式。

同样，REITs也有助于现有房地产企业的转型发展，落实租售并举战略。多年来中国房地产开发企业已经形成围绕拿地、开发、销售的快周转模式，重销售、轻经营，重资产增值、轻租金收益，在房地产存量阶段有强烈的转型需求，但缺乏长期资金的支持和新的激励模式，转型困难。REITs是权益类产品，可以为企业提供长期资金，同时大多数国家的REITs都要求其资产有持续稳定的收入，禁止购置土地和从事开发，经过多年的发展实践，围绕资产管理建立了一整套激励制度，因此，REITs有助于现有房地产企业持有并经营好资产，改变以往依赖销售回款的做法，有效贯彻推行租售并举战略。REITs可以使重资产与品牌运营结合为一体，自身具备融资能力，从而避免“二房东”模式下运营商透支甚至滥用租客信用的情形发生。

其次，REITs有助于改善住房租赁市场结构，提升运营水平和服务质量，创造美好生活。REITs是租赁住房的重要供应主体。以美国为例，机构持有租赁住房的数量占比达30%以上，[①] 而REITs是其中最重要的机构。租赁住房REITs公司有数家百亿级市值公司，包括艾芙隆海湾社区（Avalonbay Communities，市值为292.1亿美元[②]，持有8.5万套公寓）、公平住屋（Equity Residential，市值为254亿美元，持有7.9万套公寓）等。因此，REITs的壮大有助于改善中国住房租赁市场目前以个人为主的市场结构，促进市场的规模化、集约化和专业化发展。

REITs作为市场中的重要参与主体，在投融资、运营和管理等方面发挥着引领作用，可以增添市场活力，促进市场的健康发展。一是REITs执行长期投资策略，具体表现为在资产价格低时积极收购资产，在资产价格高时调整优化资产组合。例如，在20世纪80年代末美国储贷协会（Savings and Loans Associations）危机期间及之后，公寓类资

① 资料来源：中国指数研究院。

② 资料来源：NYSE Top 500 Companies by Market Cap as on Nov 7th 2019. https://www.value.today/world/top-500-companies-listed-nyse? title=&page=2.

产价格较低，艾芙隆海湾社区和公平住屋进行了大规模的资产收购；2000年至金融危机之前，资产价格上涨较快，艾芙隆海湾社区和公平住屋逐步优化调整资产组合，保持适当的增长速度。REITs对市场的资产定价起到引导作用。二是REITs拥有稳健的资本结构、多元的融资渠道和较低的融资成本。REITs收益全部用于分红，但其优良的资产质量、合理的资本结构、领先的资产管理水平，以及股债等多种融资手段，使其拥有强大的融资能力。三是REITs具备专业的资产管理水平。REITs的宗旨是持续提高分红，管理人有足够的动力做到精细化经营，建立有效激励机制，培养各项资产管理能力，包括资产安全维护、改造提升、招商运营、物业管理、信息化建设等，使企业拥有核心竞争力。艾芙隆海湾社区和公平住屋的运营数据显示，多年来其物业组合的出租率高，租金持续增长，成为行业标杆。专业化的运营管理无疑会提升服务质量，让居住者更有美好的感受。

最后，REITs作为一种高比例分红、高收益风险比的长期投资工具，是高质量、成熟的金融产品。目前中国资本市场急缺该类资产，资产管理资金有相当大一部分以非标债权的方式变相进入房地产，REITs推出后，可以预见相当一部分资金会被分流，同时，越来越多的REITs投资者会形成理性、长期的投资习惯，并用REITs投资替代买房，以REITs的租金分红逻辑来改变对房地产价格过快上涨的预期，从而促进房地产市场本身的健康良性发展。

综上所述，REITs作为一种创新商业模式，将有效推动住房租赁行业的健康发展，并为租赁住房投资企业建立有效的资本循环和全面的资产管理体系，成为住房市场长期健康发展的稳定器和重要支撑，意义重大而深远。

中国租赁住房REITs市场展望

中国租赁住房REITs在当前市场情况下初具规模，并可以持续做大做强。中国REITs市场潜力巨大，预计中国REITs的市值规模为5

万亿~12万亿元。租赁住房REITs是REITs一个大的分类。以美国为例，截至2018年年底，美国REITs的总市值为1.12万亿美元，其中租赁住房REITs市值占REITs总市值的12%。若以同样比例来估算，则中国境内租赁住房REITs的市值规模将为4800亿~1.44万亿元，前景广阔。

我们再依据收益率指标来分类和估算近期可能形成的租赁住房REITs规模。资本化率是物业的收益率指标，我们可从净租金和资产值两个维度分析设立REITs的可能性。近期影响租赁住房REITs的原因主要是，租赁住房租金低，但资产价格高，总体来看资本化率偏低，运营净收入无法达到REITs投资者对分红的要求。因此，有必要对住房租赁市场进行细分，找出资本化率足够高的资产类型，以达到投资者对分红收益率的要求。

从图17.1可以发现满足REITs收益率条件的局部市场。图17.1中，斜率为资本化率，斜线代表资本化率等于5%时的证券化。斜线右下方资产的资本化率小于5%，未达到REITs投资者的要求。[①] 斜线左上方的资产满足REITs投资者的要求，可以作为REITs的基础资产。当资本化率达到5%时，若不考虑杠杆，假设分红收益率也为5%，加上未来租金增长率（约3%）后，资产的年化回报率将达到8%，再辅以充分的流动性，该回报可基本满足投资者对于REITs产品收益率的要求。上述数值分别高于目前10年期国债利率和保险资金投资的平均收益率。

图17.1中的4类资产中有2类的资本化率未达到要求，即商品房和公寓。一线城市商品房的资本化率已低至2%以下，租金较低，但资产价格很高。[②] 公寓的租金稍高，资产价格也稍低，但资本化率还是未达到要求，如新派公寓的资本化率为2.2%。当前市场条件下可作为REITs基础资产的是租赁住房和公租房，其中租赁住房又分为城

① 此处以5%作为示例，实践中因项目的不同而不同。

② 据链家统计，北京普通住宅的资本化率为1.7%

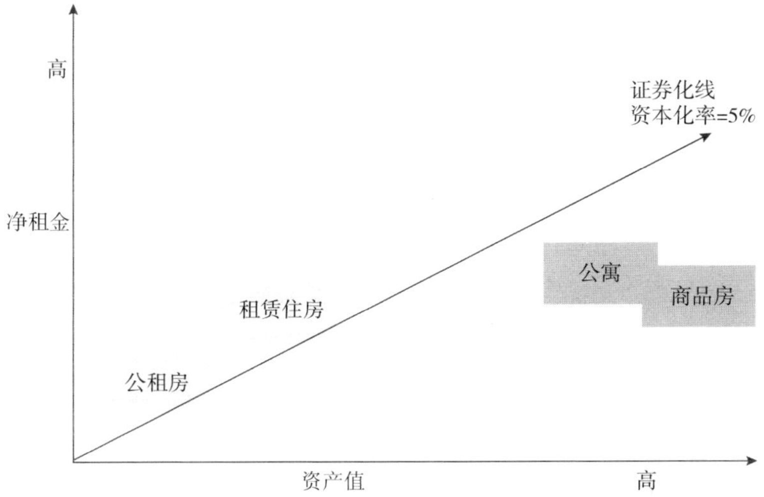

图 17.1　租赁住房 REITs 净租金与资产值的关系

镇建设用地租赁住房和集体土地租赁住房。下面分别对其市场规模和收益率进行分析。

第一，城镇建设用地租赁住房。在住房新政的要求下，“国家队”成为住房租赁市场的重要参与者，各地纷纷成立租赁住房投资发展公司，参与租赁住房的投资建设与经营。住房租赁市场迅速发展，仅以上海为例，“十三五”期间规划租赁住房 70 万套，占比超过 40%，投资额超 5 000 亿元。近期，土地市场已出现较多国企获取租赁住房用地的案例，由于土地成本较低，整体投资成本大大低于周边住房，资本化率极有可能达到 5% 的要求。例如，杭州彭埠地块的最新土拍价低至 5 049 元/平方米，预期毛租金收益率大大提高（约 7%[①]），达到 REITs 的收益率要求。上海近期 6 块租赁住房用地成交楼面价为 5 569 ~ 12 762 元/平方米，远低于周边普通住宅用地价格，预期毛租金收益率平均为 6.1%[②]。因此，这类资产基本具备设立 REITs 的条件。

第二，集体土地租赁住房。集体土地由于特殊的产权性质，未来

① 浙江在线．住在杭州网，浙报传媒地产研究院．

② 参见兴业证券研究所发布的《房屋租赁系列报告一：美日历史，中国未来!》。

将成为租赁住房的重要来源之一。预计未来5年中国集体土地租赁住房将达到近200万套。其中，北京市“十三五”期间规划供应集体用地1亿平方米，建设租赁住房38.5万套。深圳市“十三五”期间计划收储不低于100万套（间）村民自建房或村集体自有物业，等等。由于土地价格是开发单位与村集体协商，土地价格弹性更大，该类住房的收益率，应与城镇建设用地租赁住房类似，甚至更高，也具备设立REITs的条件。不同之处在于，集体土地的产权性质不一样，但应该不会构成设立REITs的实质性障碍。

第三，公租房。公租房（含就业房、人才房等政策性租赁住房）是中国多层次租赁住房供应体系的重要组成部分，2017年中国公租房已建成存量1 300多万套，投资额约3万亿元。[①] 公租房的未来增量很可观，从各个城市来看，上海计划“十三五”期间新增保障性住房55万套，重庆2016年计划未来3年供应4 000万平方米公租房，近62万套，截至2019年9月，已累计分配50.97万套。

部分该类资产的收益率能达到REITs的要求。以广州为例，2018年公租房标准租金为12～34元，平均约为23元/(平方米·月)，以投资成本5 000元/平方米计算，毛租金收益率约为5.5%。广州的公租房分为户籍家庭公租房（户籍房）和新就业无房职工公租房（就业房），前者适用群体为本市城镇户籍、低收入、特困户家庭，租金偏低；后者适用群体为在穗新就业无房职工，按前述标准租金实行。我们认为会存在较大一部分公租房类型尤其是就业房（或人才房），加上一些配套商业用房，其资本化率会在5%以上，从而可以先行试点，推出REITs。其他一线城市与此类似。

公租房具有税务上的便利，也是REITs的较优选择。根据《财政部 国家税务总局关于公共租赁住房税收优惠政策的通知》，免税种类主要有城镇土地使用税、印花税、契税、部分土地增值税、营业税、房产税等，加上所得税往往可以通过折旧、利息等进行抵扣，因此净

① 按一套房平均面积约45平方米，每平方米投资成本为5 000元计算。

收益率较高。

综上所述，从目前的市场情况来看，城镇租赁用地住房、集体土地租赁住房和公租房是较适合发行租赁住房 REITs 产品的基础资产。但是，考虑到城镇租赁住房建设用地与用于租赁住房的集体土地在中国推出不久，资产入市预计还需要 2～3 年，公租房可能是现阶段中国进一步探索租赁住房 REITs 产品的合适资产，并为下一阶段上述两类租赁住房资产的大面积入市做好金融工具层面的准备。

类 REITs 的探索与公募 REITs 的思考

迄今为止，中国市场相继推出了 30 只租赁住房类 REITs 产品，具体见表 17.1。

表 17.1　租赁住房类 REITs 产品

产品全称	发起/原始权益人	发行时间	发行规模（亿元）	交易场所
中联前海开源－华侨城租赁住房一号第一期资产支持专项计划	深圳华侨城股份有限公司	2019 年 9 月	21.50	深圳证券交易所
中山证券－佳兆业城中佳画住房租赁 1 期资产支持专项计划	创享家租赁服务（深圳）有限公司、深圳市佳兆业城中佳画发展有限公司	2019 年 8 月	2.34	深圳证券交易所
中山证券－东兴企融－朗诗寓长租公寓一期资产支持专项计划	朗诗集团股份有限公司	2019 年 7 月	3.51	上海证券交易所
国君－广州人才租赁第一期资产支持专项计划	广州开发区人才工作集团有限公司	2019 年 4 月	5.04	上海证券交易所
中联前海开源－华发租赁住房一号第一期资产支持专项计划	珠海华发实业股份有限公司	2019 年 3 月	15.48	上海证券交易所
海南省人才租赁住房第一期资产支持专项计划	海南省发展控股有限公司	2019 年 3 月	8.70	深圳证券交易所

续表

产品全称	发起/原始权益人	发行时间	发行规模（亿元）	交易场所
平安汇通－平安不动产朗诗租赁住房1期资产支持专项计划	平安不动产有限公司	2019年3月	10.68	上海证券交易所
中信建投－远洋地产长租公寓1号第一期资产支持专项计划	北京远盛丰房地产开发有限公司	2019年1月	3.08	深圳证券交易所
国开－上海地产第一期公共租赁住房资产支持专项计划	上海市申江两岸开发建设投资（集团）有限公司	2019年1月	18.00	上海证券交易所
中联前海开源－恒大租赁住房一号第一期资产支持专项计划	恒大地产集团有限公司	2018年12月	11.80	上海证券交易所
华能信托－开源－世茂住房租赁资产支持专项计划－第一期	上海世茂佘山汇盈置业有限公司	2018年12月	2.00	上海证券交易所
世茂－华能－开源住房租赁信托受益权第二期资产支持专项计划	上海薇捷企业管理有限公司	2018年12月	5.00	上海证券交易所
长江资管－武汉地产公租房资产支持专项计划	武汉城市发展投资有限公司	2018年11月	8.91	上海证券交易所
深创投安居集团人才租赁住房第一期资产支持专项计划	深圳市人才安居集团有限公司	2018年11月	31.00	深圳证券交易所
中信证券－阳光城长租公寓1号资产支持专项计划	福州开发区君凯经济发展有限公司	2018年9月	12.10	深圳证券交易所
中信证券－泰禾集团慕盛长租公寓1号资产支持专项计划	慕盛（北京）公寓管理有限公司	2018年9月	8.11	深圳证券交易所
中联前海开源－越秀租赁住房一号第一期资产支持专项计划	广州越秀集团有限公司	2018年8月	4.97	深圳证券交易所

续表

产品全称	发起/原始权益人	发行时间	发行规模（亿元）	交易场所
华夏资本－优钺－景瑞三全公寓资产支持专项计划	中油资产管理有限公司	2018年7月	7.20	深圳证券交易所
中信证券－自如2号第3期房租分期信托受益权资产支持专项计划	北京自如众诚友融信息科技有限公司	2018年7月	3.00	上海证券交易所
世茂－华能－开源住房租赁信托受益权资产支持专项计划	上海薇捷企业管理有限公司	2018年7月	5.00	上海证券交易所
高和晨曦－－中信证券－领昱1号资产支持专项计划	上海领昱公寓管理有限公司	2018年6月	2.50	上海证券交易所
中信证券－自如2号第2期房租分期信托受益权资产支持专项计划	北京自如众诚友融信息科技有限公司	2018年5月	3.00	上海证券交易所
中联前海开源－碧桂园租赁住房一号第一期资产支持专项计划	碧桂园控股有限公司	2018年4月	17.17	深圳证券交易所
中信证券－自如2号第1期房租分期信托受益权资产支持专项计划	北京自如众诚友融信息科技有限公司	2018年3月	2.60	上海证券交易所
中联前海开源－保利地产租赁住房一号第一期资产支持专项计划	保利发展控股集团股份有限公司	2018年3月	17.17	上海证券交易所
招商创融－招商蛇口长租公寓第一期资产支持专项计划	深圳市招商置地投资有限公司	2018年2月	20.00	深圳证券交易所
新派公寓权益型房托资产支持专项计划	洋部落（北京）企业管理咨询有限公司	2017年11月	2.70	深圳证券交易所
中信证券·自如1号房租分期信托受益权资产支持专项计划	北京自如众诚友融信息科技有限公司	2017年8月	5.00	上海证券交易所

续表

产品全称	发起/原始权益人	发行时间	发行规模（亿元）	交易场所
魔方公寓信托受益权资产支持专项计划	魔方（南京）企业管理咨询有限公司	2017 年 1 月	3.50	上海证券交易所
天津市房地产信托集团有限公司 2012 年度第一期资产支持票据	天津市房地产信托集团有限公司	2012 年 8 月	20.00	银行间交易商协会

资料来源：上海证券交易所、深圳证券交易所、银行间交易商协会。

我们从资产类型、产品属性、交易结构、交易主体等方面进行了对比和分析。

资产类型

天房、魔方、自如等主要依靠租金收入作为本息偿付来源的产品是轻资产的证券化产品，新派、保利类 REITs 与招商蛇口商业房地产抵押贷款支持证券等产品则属于更依靠底层资产（租赁住房）的重资产。一方面，魔方、自如等轻资产运营企业，不拥有物业产权，其产品是以租金收益权或应收账款作为基础资产的证券化产品，与企业的运营模式具有较高的匹配度，能够在一定程度上加快企业资金的周转效率、降低企业融资成本。但是，对于保利、招商蛇口等重资产企业而言，由于依靠收益权的融资规模相对初始投资较小，此类证券化工具在提升投资回报率、优化企业财务结构等方面的作用有限，而 REITs 产品和商业房地产抵押贷款支持证券基于物业资产信用，可发行规模较大的证券化产品。特别是以不动产产权为基础的 REITs 产品，在合理交易结构设计的前提下，还可以达到优化企业财务结构的目标，更大的发行规模和财务结构优化目标与此类重资产企业的经营模式更契合。由于 REITs 是整个租赁住房证券化产品链条的“源头”，加上中国住房租赁市场的巨大存量资产，REITs 模式将在中国租赁住房证券化产品中占据更为核心的地位。

产品属性

上述各产品虽然整体上仍然偏融资属性，但其权益属性在逐步加强。天房、魔方与自如三单产品的基础资产均为信托贷款或委托贷款债权，因此产品拥有非常明确的债权证券化属性。与之相比，新派和保利类 REITs 产品拥有底层资产（租赁住房）的完整产权，并以资产未来的运营和处置收益作为投资者的收益来源，因此已经具备权益类产品的基础。随着未来中国租赁住房资产价格更加合理，运营收益不断提升，以及次级份额市场流动性不断改善，REITs 产品的权益属性将不断加强，并逐步接近国际标准化 REITs。

产品结构

租赁住房类 REITs 产品现以“专项计划 + 私募基金 + 项目公司”模式持有底层资产（租赁住房）产权，未来可以根据公募 REITs 的产品架构实施最终搭建。类 REITs 以契约型私募基金为基础资产，底层资产均是租赁住房物业，如果公募基金持有其全部资产支持证券份额，则为标准化权益型 REITs 的产品架构；魔方和自如租金收益权资产支持证券的基础资产是信托计划收益权，底层资产分别是信托贷款和小额贷款，若在资产支持证券上加上公募基金结构，则是一个公募债权型 REITs。

交易主体

魔方、自如两单资产支持证券的原始权益人为长租公寓的运营商，新派代表房地产私募基金投资者，保利、招商置地则代表中国众多房地产开发企业。交易主体范围不断扩大，代表性逐步增强，我们期待市场上有更多的租赁住房持有人通过证券化搭建更加完整的商业运作模式。

在分析上述案例的基础上，我们认为中国目前发行的多单租赁住房资产证券化产品，是推出公募 REITs 的有益探索，为公募 REITs 市场的开发和建设积累了经验，营造了市场环境，培育和吸引了更广泛的投资者群体。除上述比较外，具体还表现在以下几点：

第一，标准化公募 REITs 根据设计要求，通常持有物业产权，并由主体信用向资产信用转变。租赁住房类 REITs 产品的底层资产均为有产权的物业，并以物业未来产生的现金流作为产品结构设计的基础。其中，新派类 REIT 尤其反映了资产的信用，产品结构设计基本没有主体的增信措施，而主要依靠租赁住房自身的资产价值和现金流收入偿付投资者的本金及预期收益。

第二，管理架构逐步完善，资产管理体系不断加强。类 REITs 在基础资产层面均形成了体系化的资产管理架构，私募基金管理人充当重要角色，且由管理人聘请专业的运营机构为租赁住房资产提供专业服务，如新派项目的“青年乐”、保利项目的“保利商管”和“保利安平”。体系化资管架构的搭建、各层级专业角色的安排、底层资产（租赁住房）运营机构的培育，为标准化公募 REITs 的管理架构和业务结构设计做了铺垫。

第三，投资者范围在不断扩大。除传统银行投资者投资产品优先级外，部分产品，如新派类 REIT 次级也向外部独立投资者进行销售，使原始权益人实现了真正的退出。

中国住房租赁市场发展空间巨大，公募 REITs 作为长期持有型专业载体，不仅是住房租赁市场的重要供应主体，可助力住房租赁企业持续健康发展，落实租售并举战略，还可以增加资本市场投资品种，优化行业资本结构，提升行业运营水平和服务质量等，意义重大。通过分析多家租赁住房资产证券化产品的特点，我们认为，市场在资产证券化方面的实践，是对推出公募 REITs 的有益探索，为公募 REITs 的推出积累了经验，创造了市场环境，培育了投资者，起到了很好的示范作用。基于以上分析，针对租赁住房公募 REITs 的推出，我们认为政策、监管和市场建设方面的重点工作包括：

- 国家应增大对住房租赁领域的土地供应，通过“自持比例限制”降低土地供应价格。但应预留“允许自持土地及住房进行证券化运作”的出口。

- 研究和推出针对租赁住房 REITs 的专项税收支持政策，依据税收中性原则，解决双重征税、重组税负过重等问题，进而促进住房租赁市场健康发展。
- 加强专业品牌运营机构的培育工作，支持市场化运营机构数量和运营水平的稳步提升。
- 对于运营水平达到市场要求的资产（特别是公租房类资产），可以尝试进行公募 REITs 试点，从土地性质、产权、估值、租约、产品架构、资产管理、投资者信息披露等方面进行论证并取得相关主管部门的支持，为下一阶段中国住房租赁市场的快速发展提前做好配套金融工具的支持准备工作。
- 加强投资者教育，营造良好的舆论环境，充分宣传 REITs 对建立住房租赁市场长效机制的积极作用。

租赁住房 REITs 是 REITs 产品的一大类别，是以发行收益凭证的方式募集投资者资金，由专业投资机构进行租赁住房资产的投资、经营、管理，并将投资收益按比例分配给投资者的一种金融产品。

租赁住房 REITs 使能够产生稳定运营收入的租赁住房资产上市，能够有效盘活租赁住房持有企业的存量资产，促进住房开发思维、开发模式的转变，对住宅行业实现健康、有序、平稳发展具有重要意义。

总体来看，目前中国推出租赁住房 REITs 的条件已基本成熟，可针对重点区域重点企业的适当资产推出租赁住房 REITs 试点，逐步积累经验。从长远发展看，当前还存在一些影响租赁住房 REITs 发展的情况，如普通住宅性质用地的租赁住房资本化率较低，租赁住房运营企业运营水平尚待提高，租赁住房资产重组税负相对较重，部分成本较低的划拨用地、集体用地是否可作为 REITs 的基础资产尚需政策明确等，均需积极推动解决，以促进中国租赁住房 REITs 的长期健康发展。

第十八章
商业物业 REITs

商业地产是指用于商业行为的地产，包括用作零售物业、酒店等的商业营业用房、写字楼以及其他商业服务经营场所。商业地产是商业和房地产的复合产物，其价值构成包括地产物业本身的价值，以及商业空间和消费空间。和其他类型的地产投资一样，商业地产的价值受到地价、房价等不动产开发指标的影响，对于经济政治环境、国家宏观调控政策的变化敏感度高，但不同的是，商业地产还对社会消费水平、零售行业发展水平等零售行业因素有很高的依存度。

中国传统的商业地产以百货商店、超市、写字楼和酒店等业态为主。随着城市的快速发展，零售商业的竞争格局日趋激烈和多元，大量运营理念或外观较为老旧的商业物业需要更新升级，将原有商业元素与现代新型主题、社交和运营手段等结合以重塑价值。近几年来，在消费升级的大潮下，不少零售和购物中心转变为集购物、科技、生活、文化等活动为一体的大型综合体，满足消费者多种生活需求，带来全新的感官体验。在新零售时代，大数据、AI、物联网等新技术、新形式提升了商业地产的创造力。写字楼业态中也出现了创业园区、共享空间等新型运营模式，让很多旧有物业重新焕发了生机。在这样的背景下，民宿、酒店式公寓等酒店业态也逐步发展，这些运营商盘活存量物业，对现有的酒店物业进行升级改造，通过大数据分析精准定位，提高酒店入驻率。

随着中国经济的飞速发展，国内商业地产的开发投资始终保持高位增长，在2010年商业地产发展最快时增速一度达到34.15%。其后，随着中国宏观经济增速逐步回落和稳健货币政策的推行，商业地产投资增速逐步回落。2015年以来，在经济下行压力增大、楼市库存高企、去杠杆防风险的背景下，不动产企业融资难度增大，商业地产的开发投资增速大幅减缓，中国商业地产逐步迈入存量时代，有效盘活存量资产成为行业发展面临的重要课题。成熟阶段的商业地产有持续稳定的经营性现金流，与REITs的本质相符，通过证券化，以未来持续稳定的现金流融资，能够匹配商业地产开发较高的资金需求，让重资产的商业地产变“轻”，以达到盘活存量的目的。

全球商业物业REITs市场的重要资产类型

商业物业资产是全球REITs市场中最重要的资产类型之一。商业物业REITs主要分为3种类型：以购物中心和零售商铺为基础资产的零售REITs，以写字楼为基础资产的写字楼REITs，以酒店和酒店式公寓为基础资产的酒店REITs。此外，有相当一部分的多元化REITs产品以各种类型的商业物业为主要的基础资产。商业地产的盈利模式围绕商业、地产和金融属性，商业物业REITs的估值除了要考量资产本身是否具备良好的变现价值，也还要考虑物业是否有可持续的现金流。商业地产单笔规模较大，变现所需周期较长。商业地产所覆盖的标的，如零售商店、购物中心等，具有获取经营性现金流的能力。一般而言，商业物业的盈利分为两部分，一部分是底层收益，取决于物业固定租金收益，另一部分则是商业运营阶段所产生的商户零售额按提成计量。因此，从经营性现金流的角度来看，商业物业对运营商的要求较高，物业的管理水平会直接影响租金、出租率和零售额。

对于商业物业来说，相对于经营性物业贷款、商业房地产抵押贷款支持证券等融资方式，发行REITs有三个优势：一是，REITs帮助原物业持有人盘活存量资产，快速回笼资金。REITs对于原物业持有人来说是一条资金退出渠道，对于原物业持有人有融资和回血的功效，盘活原物业持有人的不动产，加速原物业持有人的资产与资金运营效率。二是，REITs 可降低原物业持有人的负债率，改善其财务报表。商业物业由于初始投资规模大，原物业持有人往往依靠较多的贷款来支撑其商业物业的开发建设，杠杆率较高，通过发行 REITs，可以实现该资产出表，降低原物业持有人的资产负债率，同时增加现金流，改善其资产负债表。三是，REITs 可以帮助原物业持有人实现轻重资产分离，使原物业持有人由重资产运营模式向轻资产运营模式转变，如由购物中心的持有人转变为购物中心的运营者，以轻资产撬动重资产的运营收益。

境外 REITs 业态非常丰富，但其中的商业物业 REITs 仍然占据着主要地位。截至 2019 年 6 月，富时/欧洲公共房地产协会/全美房地产投资信托协会的全球发达地区不动产成分股中，共收录 169 只商业物业 REITs，其中零售 REITs 64 只，市值为 2 965.25 亿美元，工业与办公类 88 只，市值为 3 894.47 亿美元，酒店类 17 只，市值为 561.61 亿美元，商业物业类总市值为 7 421.33 亿美元，占成分股数量的 50.6%。商业物业 REITs 的投资收益率较为稳健，过去 5 年，根据富时/欧洲公共房地产协会/全美房地产投资信托协会全球发达地区不动产行业总回报指数，零售和购物中心 REITs 和写字楼 REITs 的平均收益率分别为 1.2% 和 5.0%，相较于其他类型的 REITs，收益率略低。但是商业物业 REITs 的波动率低于同类产品，零售和购物中心 REITs 与写字楼 REITs 的 5 年平均波动率为 13.4% 和 12.2%。

美国是商业地产发展的领跑者，早期的购物中心探索和实践主要集中在美国。从成熟市场的经验看，REITs 和资产证券化的推出加速了商业地产市场的发展。美国拥有成熟的 REITs 市场，REITs 的类型十分多样。截至 2018 年年底，美国 REITs 市场中，零售和购物中心 REITs 占总市值的 13%，写字楼 REITs 占 11%，酒店 REITs 占 6%，商业物业 REITs 合计占美国 REITs 总市值的 30%。日本、新加坡、澳大利亚和欧洲商业物业 REITs 的市值占比均超过该市场 REITs 总市值的 1/3，其市值占比分别为 41%、33%、42% 和 33%，其基础资产以零售和购物中心为主，写字楼和酒店为辅。中国香港的商业物业 REITs 的市值占比高达 80%，其中零售和购物中心 REITs 占比达 62%。此外，众多多元化 REITs 产品的基础资产中，商业物业也是重要的组成部分。

目前，全球规模最大的商业物业 REITs 为美国西蒙地产集团（Simon Property Group）所有。截至 2019 年 6 月，西蒙地产集团的总市值为 463.88 亿美元，集团旗下运营和管理地区性购物中心、奥特莱斯名品折扣店、大都会区购物中心以及社区生活中心等零售业态，主要收入来源为租金、租户补偿及管理费用。REITs 的上市对西蒙地产集团的发展有着重要作用，在上市之前，西蒙地产集团主要侧重于购物中心的开发。在上市之后，西蒙地产集团的业务快速扩张至全国，发展重心也逐步由购物中心的开发转移到并购、持有、优化和整合等过程，经营收入以每年 17% 的速度持续增长。

商业物业也是中国类 REITs 基础资产中最为重要的组成部分，截至 2019 年 6 月，中国已发行的类 REITs 中，商业物业类 REITs 共计 37 单，其中，购物中心和零售商铺类 REITs 共计 22 单、写字楼类 REITs 12 单、酒店类 REITs 2 单、商业综合体类 REITs 1 单，发行规模分别占 48.98%、22.42%、8.80%、1.84%。

商业物业可持续发展与 REITs 市场

商业地产是稳定中国不动产行业及消费市场的重要力量，在拉动投资增长、促进消费升级等方面起到重要作用。经过多年的扩张，中国目前已经积累了大量的商业物业。十几年前，优质写字楼和零售物业只集中在一线城市；如今，中国几乎所有的二、三线城市都建成了现代化的购物中心和高品质的写字楼。然而，消费需求升级、新兴产业兴起乃至网络零售的深入人心逐渐塑造了新的商业地产时代，向商业地产的市场参与者提出了全新的挑战，无论主动还是被动，他们都面临着更高的管理水平和更快的响应速度的要求。目前，中国商业物业的发展面临以下问题：

第一，商业物业供需不平衡，投资趋向保守和谨慎。在需求侧，消费降速导致商业物业需求下调，特别是零售物业，利润空间不断收缩；在供给侧，商业物业已呈现供给过剩的趋势，人均商业物业面积接近饱和，引发空置率的提升。供需无法匹配是目前中国商业物业发展的一大“拦路虎”。

从需求侧来看，人均消费水平的增速对于零售业的发展起到至关重要的作用。近年来，由于中国整体消费水平增速放缓，以零售物业为主的商业物业需求也随之降低，特别是在没有商业和产业支撑的三、四线城市，更容易出现产品类型与市场需求不匹配的问题，在供大于求的情况下出现空置。此外，相对于其他的物业类型，商业物业更注重投资选址、项目策划、物业管理、物业服务等软性竞争力。目前中国大部分商业物业开发商尚未意识到提高服务意识和物业质量可以提高不动产的溢价能力，忽略了这个部分对于商业物业开发的重要性。

从供给侧来看，伴随着住宅市场的宏观调控，中国商业物业自2009年起呈井喷式增长，商业服务用地供应面积快速上升，大量传统房地产企业转型开发商业地产，商业地产投资增速持续超过住宅投资增速，导致以购物中心、城市综合体和写字楼为主的商业地产供应量激增，供应量的快速增长导致部分地区出现阶段性供大于求、竞争加剧的情况，商业地产不得不面临高库存、同质化运营等困境。从目前商业物业的总量来看，中国重点城市的人均购物中心商业面积已达到0.6平方米，仅略低于纽约市人均0.74平方米的水平。对比中国重点城市和纽约的消费水平和能力可以发现，中国的商业物业整体面临结构性过剩问题。

近两年，中国商业地产去库存取得了阶段性成效，商业地产开发投资与新开工规模有逐年下降的趋势，商业地产开发投资额占房地产开发投资额的比例由2017年的21.2%下降至2018年的17.4%。商业地产新开工面积占房地产新开工面积的12.5%，延续2016年以来的下降趋势，全国大部分省市的商业地产新开工面积降幅在20%以上，其中北京受调控政策影响，商业营业用房新开工面积同比下降66.0%，在代表省市中降幅最大。从商业地产的细分类别来看，商业零售物业的占比下降幅度明显高于写字楼。在新开工逐步放缓的情况下，全国商业营业用房的供求关系逐渐缓和，但未来，仍需进一步努力以平衡商业地产的供需关系。

第二，业态原始简单，线上电商带来冲击。近年来，随着中国电子商务几何级数的增长，商业物业受到挑战和冲击。目前，中国零售物业的业态仍较为简单，较成熟的有百货商店、超市、家居建材商店等，超级市场、便利店等业态也随着人们的需求迅速发展，但电子商务模式更加多样地满足了消费者的消费需求。在成本方面，互联网电子商务模式具有非常强的优势，避免了零售物业、购物中心等前期投资高，现金流要求大，后期需要优质管理等资金和经营难题。与线下业态相比，电子商务十分灵活，不受地理位置的限制，场地成本低，尤其是在价格敏感和零售业态相对不发达的二、三线城市，具有更大的成本优势。电子商务能均衡地向各个区域渗透，随着中国互联网的普及，电子商务可以轻松触及偏远、经济欠发达地区，但商业物业由于采取店铺零售型投资，极大被地理因素限制。

第三，中国商业物业投资存在流动性低的问题。尽管中国商业地产大宗交易在近10年来快速增长，由2008年的500亿元增长至2018年的近3 000亿元，年均复合增长率达20%，但总体来看，大宗物业交易额仅占可投资商业地产交易额的1%，活跃度远低于美国、英国、澳大利亚、新加坡等国家。造成中国商业地产流动性偏低的原因多种多样，其中最重要的就是中国商业地产一直以散售为主，而散售与大宗物业交易在一定程度上具有相互替代关系。2016年，全国商业物业销售总额达1.6万亿元，接近大宗物业投资额的9倍，这一现象在广州、深圳、杭州等地更为明显。此外，目前中国商业地产的证券化规模仍处于极低的水平，总规模仅为美国市场的1%，证券化作为向商业地产注入长期资金的重要方式，对于解决散售模式、化解中国商业物业流动性低的局面具有重要意义。

第四，中国商业物业存在融资难的问题。目前，中国商业物业融资以银行贷款和非标融资为主，主要依赖以银行为核心的金融机构，形成了严重依赖资产抵押的债权融资模式，直接股权融资的比重很小。商业物业庞大的资产存量，以及极为有限的融资渠道，使如何通过金融创新优化资本结构、降低资金成本，成为不动产市场亟待解决的问题。目前，资产支持证券是商业地产适逢其时的市场化金融工具，前景广阔。与传统融资模式依赖资产抵押或主体增信不同，REITs 通过持续性经营管理提升租金收益，挖掘物业价值，借助资本市场给投资者带来长期稳定的回报。从地产行业的发展来看，REITs 不仅是一种融资工具，实质上也是一种新的商业模式，优化资源配置，加速优胜劣汰，通过长期、持续的物业增值实现优质商业物业的品牌价值输出，不仅能帮助商业地产开发商实现轻资产转型，还能使商业地产运营商借助资本打造核心竞争力，引发行业新变局。

目前中国商业地产步入存量时代，城市化进程加速了商业地产的繁荣，不断扩大的城市版图意味着更多的居住区和商业区，在以往传统的土地驱动模式中，开发商依靠快速拿地和高速周转实现规模和利润的扩张，然后再以住宅和商铺销售反哺商业地产。但随着城市化进程的减缓，长期积累的存量用地和商业物业无法匹配企业和居民日益增长的使用需求，运营效率低下，供给侧收紧成为常态。有研究数据显示，二、三线城市商业物业的消化周期在 50 个月以上，一些城市甚至更高，超过 100 个月。相对于住宅地产，商业地产去库存的形势和挑战更严峻。如果单纯以销售作为去库存的方式，那么随着商业物业存量的不断增加，去库存的压力将只增不减。而将商业物业作为底层资产发行 REITs 产品可以有效地解决地产行业去库存的痛点问题。

对于地产行业，尤其是投入高、投资回报周期长、高风险的商业地产行业，金融化退出将在行业下行周期为行业参与者提供重要的资本运作选项。对于商业地产，目前常见的退出机制包括银行融资、出售整体物业、出售部分股权或金融化退出。银行融资是指物业持有人将资产作为抵押向银行申请融资贷款，用物业运营、出租后获取的租金收益还清贷款。这种方式的优点在于开发商保留了物业的产权，但对物业运营商、现金流极具考验，经营风险大，而且融资难度会随着经济周期波动，不确定性高。出售整体物业对于开发商本身难度很高，不动产本身流动性低，商业物业项目规模大，有能力收购整体物业的买家并不多。出售部分股权对于不动产企业来说是目前较好的一种退出方式，可以在较短时间内快速融资，也可以依据企业需要出售不同份额的股权，保留对物业的绝对控制权。但这种方式的缺点在于产权复杂，难以实现后期的统一管理。金融化退出则是一种广受欢迎的退出机制，推出商业物业 REITs 等不动产金融产品可以充分享受资本市场的增值收益，将流动性低、份额大的固定资产转变为可流通的证券化产品，降低了变现难度，REITs 还可以享受税收优惠。尤其是在房地产金融杠杆普遍过高的背景下，商业资产的证券化更具现实意义，可以有效盘活商业物业的存量资产。

对于中国金融市场而言，发展商业物业公募 REITs 丰富了金融市场的大类资产，通过证券化将商业地产分成小份额的不动产基金，投资者可以通过投资 REITs 产品获得商业物业的投资机会。REITs 产品本身拥有高分红比例，与其他类型的金融资产、其他地区的 REITs 等的相关性低，为投资者进行资产配置增加了选项。发行商业物业公募 REITs 也为境外投资者提供投资中国优质商业物业的机会，同时也是中国商业地产走向国际化、规范化的重要标志。

中国商业物业 REITs 市场展望

中国商业地产已进入存量时代，虽然有巨大存量需要消化，但市场蕴含的潜能和巨大的消费力并未完全释放，其庞大的发展空间和亿万级的商业价值是很多行业无法比拟的。在美国等成熟的金融市场，REITs 和资产支持证券等直接融资获得的资金是商业地产企业最主要的资金来源，而银行抵押贷款等间接融资获得的资金则是辅助的资金来源。目前，美国上市交易的 REITs 公司的总股权市值已突破 1 万亿美元，持有2万亿美元的资产，其中有30%为商业物业，资产支持证券的发行人也持有1万多亿美元的资产；相对而言，商业地产抵押贷款的规模仅为3 000多万美元。在同等条件下，通过REITs进行直接融资，融资成本通常低于通过银行及非银行金融机构进行的间接融资。REITs融资引入长期社会资本，极大地提升了不动产企业的融资期限，为企业的运营和发展提供了有力的支撑。

相对于境外的金融创新，中国REITs、房地产私募基金虽然刚刚起步，但直接金融在未来将成为商业地产的重要融资方式。随着政策、税收制度与环境的改变，以及越来越多的专业投资机构的参与，中国商业地产的资本运作水平将显著提高，最终形成通过商业地产开发和收购不断扩大资产规模，通过专业的资产管理、持有经营提升物业价值，通过房地产私募基金、REITs等进行资本运作的良性循环，真正打通“投融管退”的闭环。随着中国房地产市场与金融行业的迅速发展，房地产资产证券化的规模在不断扩大，底层资产涉及的业态更加丰富。近两年，中国已经有许多机构开始尝试资产管理业务，产业链各方获得金融资本的护航，纷纷成立商业地产基金。其中，既有商业管理公司利用自身管理品牌优势发起，也有开发商旨在借助资本盘活自身存量物业而发起。无论是哪种方式，通过REITs或重资产基金来持有物业资产，经由资产管理机构进行轻资产运营，提升估值后证券化退出，将是中国步入商业地产成熟阶段的重要路径。

根据国家统计局关于商业营业用房和写字楼的投资数据，在过去几年中，中国商业用地由于供给规模过大，消费水平有限，许多城市面临较大的商业物业库存压力。2016年后，中国的商业营业用房和写字楼的投资绝对量略有下滑，2018年商业物业投资额占比约为14.6%。2018年全国开业的购物中心超过530个，2019年全国开业的购物中心有522个，新一线城市成为热门开发地区。中国GDP仍处于6%以上的增长水平，城镇化率仍处于上升阶段，随着居民消费水平的增长与消费结构的升级，中国的零售业态面临着消费升级带来的新零售业态的蓬勃发展，商业物业也面临着资产组合调整和运营水平的专业化提升，随着商业地产结构的优化，中国商业物业的投资额也将趋于稳定。

目前，中国商业地产的证券化规模仅相当于美国的1%，商业地产行业的进一步发展将在很大程度上依赖 REITs 市场的建设和发展。根据 REITs 占 GDP 和股票总市值的比例推测，中国境内 REITs 市场规模为5万亿~12万亿元。作为不动产市场和 REITs 市场中的重要分类，中国未来商业物业的存量占比也将向其他发达国家看齐，预计约为25%~30%，商业物业 REITs 市场规模能达到1万亿~3.6万亿元。中国商业地产增速放缓，逐步走向存量时代，随着人口红利的不断弱化，未来商业物业发展的关注点需要从量转向质，而商业物业 REITs 的推广和发行也面临着诸多困难。

第一，目前中国优质商业物业资产不足，无法满足市场资产配置的基本需求。针对中国目前商业物业业态单一的情况，不动产商应推动多元化消费场景的打造，并根据消费人群给出相应定位，避免市场同质化程度过高。随着科技的发展和技术的进步，中国零售业应将目光放得更长远，不能只局限于传统的零售模式，应适当引入新科技如VR零售等来实现实体商业店铺运营的科技化，拉动店铺流量和销量的增长。对于商业物业的管理，适当引入大数据和人工智能，提升后台数据分析、商场人流预测、客户画像、营销方式等，从而提升商业物业质量。对于电子商务带来的冲击，商业地产应顺应潮流，积极推动线上和线下融合，以移动端零售带动线下零售的增长，结合两者的优势，打通全渠道新零售模式。2016年，国务院办公厅印发《关于进一步扩大旅游文化体育健康养老教育培训等领域消费的意见》，商业地产也应更注重布局这五大幸福产业，积极扩大新兴消费，稳定传统消费，挖掘潜在消费。未来，抓住市场结构性机会，将现有的过剩物业改良，注入优质管理和品牌运营管理将成为中国商业地产的发展方向。

第二，商业物业持有人与投资者对资产价值的认知维度不一致。经历中国房地产市场尤其是住宅地产市场蓬勃发展的数十年，部分资产持有人往往将商业物业与住宅地产同等看待，希望参照住宅地产的定价逻辑、定价方式对商业物业进行定价，对外出售资产时通常强调地段、设计、用材、装修质量等硬件因素，并希望参照同区域已成交的较高定价的项目定价。而中国商业物业投资者和住宅地产投资者不同，住宅地产投资者主要看中高去化，通过高周转迅速实现资金回流和收益兑现，而商业物业主要将未来运营收入的稳定增长作为回款来源，其投资回报周期较长，商业运营水平直接影响运营净收入，进而影响商业物业投资者的收益。运营水平相对较差的商业物业通过收益法进行的估值定价往往无法达到商业物业持有人通过市场法估值的心理预期，所以由于运营水平无法满足 REITs 投资者对收益率的要求或原商业物业持有人认为 REITs 定价过低不愿对外出让权益，大量商业物业并不符合设立 REITs 的条件。随着商业地产市场参与者的日趋成熟，各类商业地产持有人及投资者均开始着眼于商业物业运营管理水平的提升，希望通过运营管理水平的提升提高资产价值。具体而言，商业物业管理人应对其进行全面提升的专业管理，业务范围包括物业管理、租户及租约管理、财务管理、资产评估、融资及保险安排。这对商业物业管理人或资产持有人的综合管理能力是全方位的考验，要求管理人在项目筛选、投后管理、退出结算等各个方面必须具备主动管理的实力，能够为商业物业创造源源不断的价值。

第三，中国商业物业收益率偏低，税收制度问题仍待解决。中国商业地产成本高，无论是置办物业成本还是后期运营成本都偏高，导致商业物业的租金回报率偏低。目前，中国大部分的商业物业无法达到 REITs 产品要求的收益率，尤其是在没有税收优惠的情况下，要达到 REITs 产品要求的收益率，是难上加难。按照资产筛选的传统逻辑，核心城市核心区域的核心物业是投资风险最小、安全系数最高的投资标的，但其定价往往不能满足 REITs 产品对投资收益率的要求。而其他类型的物业往往会引起投资者的各类疑虑，在新零售的影响下，非核心城市或非核心区域的物业可能因为线上线下渠道的融合而改变物业的客群覆盖范围，增加其获客量，进而提升其运营收入，与 REITs 产品对收益的要求逐步匹配，此类物业也将成为 REITs 合适的投资标的。REITs 的税收优惠政策是 REITs 在境外市场成功的关键因素之一，美国等国家的 REITs 都是税收驱动型金融产品。目前中国并没有出台相关的税收优惠政策，就 REITs 标的而言，商业物业经营管理的税种和税率是一大劣势。在当今中国的税法框架下，商业物业的持有、经营和转让都面临较重的税负，使 REITs 产品的收益率无法达到投资者的要求。在中国目前推出的一些类 REITs 产品中，部分产品通过享受政府特殊税收待遇达到税收优惠。在中信启航 REIT 项目中，地方政府在中信金石基金收购北京、深圳中信证券大厦项目公司的股权时给予了特殊税收优惠。这个优惠的根据是《财政部　国家税务总局关于企业重组业务企业所得税处理若干问题的通知》，中信金石基金符合文件中特种重组的条件，享受了免税重组。对于没有满足特种重组条件的公司，企业难以从税务系统中获得税收减免的优惠。

本章所述的商业物业 REITs 包括 3 类，分别是购物类 REITs、写字楼类 REITs 以及酒店类 REITs，这 3 类产品在境外成熟市场由于其资产所处行业的差异通常被分别归类。但由于境内 REITs 市场尚处于发展初期，这 3 类产品均具有现金流相对稳定、市场大宗交易相对活跃、与商业商务活动关系密切等特征，因此将其归于商业物业 REITs。

商业物业 REITs 的发展将引导商业物业持有人从重开发向重运营转变，将引导资产持有人、投资者以不同于住宅地产的方式对商业物业定价，进而保障商业物业市场的稳健发展。随着中国 REITs 市场的持续发展，更多商业物业持有人将拥有更明确的资产退出渠道，进而有更大动力按照 REITs 的定价逻辑运营管理资产。这有助于实现 REITs 与商业地产行业的良好互动、共促共赢。

第十九章
物流 REITs

“物流”一词于20世纪初起源于美国，最早被应用于军事领域，指军备物资的运输、补给、管理等活动。随着商品经济的发展，物流逐渐应用于商品流通领域，指物品从供应地到接收地的实体流动过程。随着技术的进步和社会的发展，物流的概念进一步延伸，美国供应链管理专业协会（CSCMP）对物流的最新定义为：通过规划、执行和控制等环节，在起始地和目的地之间对包括服务和信息在内的商品进行有效且高效的存储和运输，以满足客户的需求。根据实际需要，在物流中，需要将运输、储存、装卸、包装、流通加工、配送、信息处理等进行有机的结合。物流业是支撑国家经济发展的基础性产业，对于促进资源分配、提升居民福利具有重要作用。2018年中国社会物流总额①为283.1万亿元，是GDP的3.14倍。

从产业链看，物流行业可以分为物流基础设施、物流运输两大环节。物流基础设施环节包括道路基础设施的建设管理、仓储基础设施的建设管理以及物流设备制造。按照运输方式划分，物流运输环节可以分为公路运输、铁路运输、水路运输、航空运输和管道运输等，物流基础设施为物流运输提供空间、设备，而物流运输则在物流基础设

---

① 社会物流总额，是指第一次进入国内需求领域，产生从供应地向接收地实体流动的物品的价值总额。

施的基础上实现货物点对点的流动。

物流地产属于仓储基础设施，是现代化物流设施的不动产载体，属于工业地产范畴，按照业态可以细分为物流仓库、配送中心和分拨中心等，对于物流基本功能的实现起着至关重要的作用。物流地产的开发和运营模式于20世纪80年代首次在美国市场提出并实践，根据物流企业的客户需要，在合适的地点投资和建设企业发展所需要的现代物流设施，其基本环节和链条包括融资拿地、建设开发、招商运营等。对于物流地产商来说，收入主要由租金收入、服务收入、不动产增值三个部分构成。租金收入是物流地产商最主要的收入来源，经营者将园区现代化物流仓储设施、配套物流交通设备、配套写字楼等租赁给第三方物流企业、电商企业、各行业的生产型企业等。服务收入是仅次于租金收入的收入来源，根据经营模式的不同，部分物流地产商同时作为专业的物流产业园运营商，为租赁企业提供信息培训、配套装卸、简单加工、代理保管、库存质押融资等增值服务，收取一定的管理费用。物流地产商还能通过土地与物业交割，或资本市场的上市交易享受物业的增值收益。

物流地产的运营模式和收入特性使其天然契合REITs的制度安排，满足REITs投资者的收益率要求，是物流REITs重要的基础资产之一。与传统不动产相比，物流地产属于典型的持有型物业，其收入主要来自租金收入，注重通过持续的管理服务获得经营性收益及其他增值收益，能够产生持续、稳定的现金流，匹配REITs投资者的要求。与其他持有型商业物业相比，物流地产REITs通常具有较高的投资回报率，以满足客户需求为驱动的物流地产，与制造商、零售商、物流商的业务高度绑定，通常具有较高的客户黏性，易于跟随客户业务进行区域网络化扩张，较其他商业地产有着更强的扩张能力。对于REITs投资者而言，物流REITs为投资者提供了新的底层资产类别，与商业零售、写字楼等资产收益率的相关性较小，有助于投资者分散投资风险，提升投资组合价值。

物流 REITs 的境内外实践

物流地产是重要的不动产类别，以物流地产为基础资产的物流REITs是全球REITs市场的重要组成部分。截至2019年6月，富时/欧洲公共房地产协会/全美房地产投资信托协会的全球不动产指数成分股中，共收录43只工业、物流或仓储REITs，占全部成分股数量的9.03%，物流或仓储成分股的总市值达到2 289亿美元，占指数总市值的13.0%。与其他种类的REITs相比，全球物流REITs具有可观的收益率和风险调整收益率。过去5年，根据富时/欧洲公共房地产协会/全美房地产投资信托协会的全球发达地区不动产行业总回报指数，物流REITs和仓储REITs的平均收益率高达14.9%和12.6%，风险调整收益率分别达到1.1倍和0.8倍，与住宅和公寓类REITs的水平相当，远超其他REITs类别。若将时间拉长至10年，物流REITs和仓储REITs的风险调整收益率为1.0和1.2倍，超过其余全部REITs类别。

美国、澳大利亚、英国是全球物流REITs总市值排名前三的地区。2019年6月，美国物流REITs市场总市值达到1 276亿美元，占美国公募REITs市场总市值的13.9%，超过全球物流REITs市场总份额的50%，其中工业物流巨头普洛斯市值高达505亿美元，经营并管理超过360个物流园区，物业总面积超过6 000万平方米；而经营2 429个存储设施的仓储业巨头公共存储信托（Public Storage）市值达到416亿美元，自助仓企业迷你共享仓库（Extra Space Storage）的市值同样超过100亿美元。在非美国市场中，澳大利亚嘉民集团（Goodman Group）、英国Segro集团的REITs总市值均超过100亿美元。

尽管中国境内尚未形成标准化的公募REITs市场，但在类REITs市场中，已经不乏关于物流地产的资产证券化尝试，物流地产受到越来越广泛的关注和认可，取得了多项突破。

2016年8月4日，中信华夏苏宁云享资产支持专项计划（简称苏宁云享类REIT）在深圳证券交易所正式挂牌，成为中国境内市场第一只物流仓储类REITs产品。该产品发行规模为18.47亿元，其中优先级发行规模为12亿元，发行利率4.0%；次级发行规模为6.47亿元，为投资型产品，不设预期收益率。产品的底层资产为苏宁云商持有的位于6个核心一、二线城市及国家高新区的优质物流仓储资产，具体为广州物流中心物业、成都物流中心物业、南昌物流中心物业、无锡物流中心物业、青岛物流中心物业及包头物流中心物业。该产品的成功发行，突破了中国类REITs产品集中于商业物业的现状，超过1/3的次级展示了物流地产的投资价值，打破了中国市场投资者对于类REITs产品偏固定收益属性的印象，受到了投资者的广泛认可。

2018年12月11日，由华泰证券（上海）资产管理公司担任计划管理人的华泰佳越－顺丰产业园一期资产支持专项计划成功设立，专项计划已取得深圳证券交易所出具的无异议函。该产品是中国境内首单类永续物流地产储架类REITs，储架规模50亿元，首期发行规模18.46亿元。底层资产为顺丰旗下上海青浦产业园和无锡电商产业园，由招商银行股份有限公司担任托管机构，深圳市丰泰电商产业园资产管理有限公司担任原始权益人。上海青浦产业园地处虹桥机场物流产业集群区，是各大物流公司全国总部的聚集地；无锡电商产业园地处无锡硕放机场物流产业集群区，以“空港物流城”品牌为核心，产业聚集度非常高。此次发行以上述两处产业园资产的剩余土地使用年限为发行期限，最长可延展运作44年；并设计了完善的税务筹划机制和延展运作机制，实现了资产的表外运营，投资者可在产品存续期间持续获得物业运营和物业资产增值带来的收益。

2019年1月11日，中国境内首单可扩募物流仓储REITs产品菜鸟中联－中信证券－中国智能骨干网仓储资产支持专项计划由上海证券交易所审议通过。该专项计划以菜鸟持有的部分优质高标物流仓储基础设施为底层资产，获批规模50亿元，首期发行规模10.7亿元，其中优先级资产支持证券发行规模6.7亿元，无须主体担保。该专项计划在产品结构中创新性地引入扩募机制，是中国境内首单可扩募的REITs产品，可以实现同一REITs下新资产的持续注入。这是中国境内 REITs 向成熟公募 REITs 迈出的一大步，也是菜鸟在 REITs 领域的率先尝试，有助于中国物流仓储的资产证券化探索。

物流行业的挑战与 REITs 市场

中国物流地产起步于 21 世纪初期，过去 10 多年间，随着中国经济的飞速发展，社会消费市场更加繁荣，物流需求不断增加，为中国物流地产行业的发展提供了良好的机遇。2008—2017 年，中国仓储业累计投资额超过 4 万亿元。中国物流与采购联合会、中国物流学会的《第五次全国物流园区（基地）调查报告（2018）》显示，截至 2017 年年底，全国占地面积在 10 万平方米以上的物流园区超过 1 600 家，其中有超过 1 100 家投入运营；仲量联行的数据显示，仅 2017 年一年，就有超过 250 亿美元的资本流入中国物流地产市场。物流地产的建设和物流基础设施的不断完善为降低物流成本、适应快速增长的物流需求、促进全国性物流网络的互联互通提供了坚实的基础。然而，随着中国经济增速的逐步放缓以及互联网红利的逐渐消失，在深化供给侧结构性改革、推动经济高质量发展的背景下，物流地产行业的发展将面临全新的问题和挑战。

第一，高质量物流仓储设施严重不足，传统仓储设施老旧情况严重。尽管从总量看，中国总仓储面积已超过 10 万亿平方米，人均仓储面积已接近德国等欧洲发达国家水平，但现有的绝大多数物流仓储设施建于 20 世纪 90 年代之前，难以满足现代企业的需求，而高端物流仓储的供应显著不足。中国商务部流通业发展司、中国仓储与配送协会联合编制的《中国仓储行业发展报告（2018）》显示，截至 2017 年，全国营业性通用仓库面积达到 10.4 亿平方米，其中平房仓库 6.0 亿平方米，平房仓库占比达到 58%，立体仓库占比仅有 26.4%。根据戴德梁行的统计，截至 2018 年年底，中国内地优质物流仓储（高标仓）存量仅为 5 100 万平方米，不足全国营业性通用仓库面积的 5%，而世邦魏理仕的研究指出，美国高质量仓储设施占总仓储设施的比重超过20%。普洛斯认为，每平方米的现代物流仓储面积能支持7万元左右的电商交易额，由中国2018年逾9万亿元电商网购交易额可以测算出，优质物流仓储需求超过1.3万平方米，存在近8 000万平方米的高质量物流仓储设施缺口。与非优质物流仓储设施相比，优质物流仓储设施能够极大地提升单位面积的存货量，大幅缩短货物检索时间，降低物流设施的平均使用成本。高质量物流仓储设施的匮乏与日益增长的物流需求之间的矛盾使中国物流费用率处于较高水平，限制了物流业的发展和运行效率。2018年，中国社会物流总费用达到13.3万亿元，为GDP的15%，远高于美国、英国等发达国家7%~9%的物流费用率水平。

第二，土地供应紧缺，物流地产商面临资金难题。目前，中国物流地产企业最大的痛点在于拿地和资金问题。物流地产用地属于工业建设用地，土地供应方式主要包括一级市场直接供给和二级市场收购两种途径。一方面，受限于城市用地规划，全国建设用地中工矿仓储用地占比持续减少，这一特点在大型城市更加突出。2017年，全国工矿仓储用地供应量仅有12.3亿平方米，至2018年年底，工矿仓储用地平均价格高达840元/平方米，其中北京、上海、广州、深圳等一线城市的地价超过2 999元/平方米。另一方面，相对于其他工业用地的使用方式，物流行业对当地税收和就业的贡献率较小，因此地方政府在土地出让和土地租赁过程中将土地出让给物流地产商的意愿较弱，导致物流地产商只能主要通过二级市场并购与旧改获取土地资源，行业整合式发展需求激增，多数企业面临拿地难、拿地贵的困境。与传统仓储设施相比，现代化的物流仓储园区通常位于交通枢纽地区，占地面积更大，平均建设成本达到3 000元/平方米，需要大量的资本金用于前期拿地与开发建设，而平均年租金仅有300元/平方米，资本金回收周期长达10年，甚至长于传统的商业物业。中国物流与采购联合会、中国物流学会的《第五次全国物流园区（基地）调查报告(2018)》的调查结果显示，36.4%的物流园区存在资金周转困难的问题。

第三，行业竞争加剧，管理水平良莠不齐。在过去10多年中，越来越多的资本涌入中国物流地产行业，在行业规模快速提升的同时，经营和管理能力缺失问题日益凸显。一方面，过去10多年间中国土地和不动产价格快速上涨，提升了物流园区建设的投机属性，部分物流地产开发商仅关注物流园区的土地增值属性，志在日后以更高的价格出让物流园区土地的资产增值部分，而忽视不动产资产的运营能力和对应的租金收入。随着土地价格增速放缓，中国物流地产业务逐渐回归本源，以租金收入和服务收入作为主要利润来源，对商业地产开发商的运营和管理提出了更高的要求。另一方面，在核心城市与核心地区，物流地产同质化严重，极大地加剧了竞争程度，除少数外资企业具有较为成熟的经营和盈利模式外，大多数本土物流地产商在服务能力和持续盈利能力方面存在短板，多数物流地产企业依旧在苦苦探索盈利之道。提升经营管理能力是进入高端物流领域、避免资产同质化竞争的重要措施，包括提供更为细分和专业化的仓储服务，满足制造业行业客户的个性化物流需求，为电商及冷链等企业提供高端物流服务等。长远来看，作为服务于商业客户的不动产细分领域，物流地产的后续运营管理能力比开发能力更重要，只有良好的运营水平才能保障仓储设施的空租率，提升物流地产商的整体收益。

大力建设和发展中国公募物流REITs市场，能为中国物流地产企业提供全新的企业战略和资本运作方式，对于改善中国物流地产的结构失衡问题，提升中国物流业的运营效率和现代化水平具有重要意义。

物流REITs为物流地产企业提供了便利的退出渠道和新的融资方式。物流地产的开发和运营需要较大规模的前期投资，依靠租金收入回笼资金往往需要超过10年的时间。成熟的物流地产具有稳定的现金流，利用成熟的公募REITs市场，物流地产开发企业可以在物业成熟稳定后即向上市REITs出售底层物业，实现资金的快速回笼，大幅缩短投资回报周期，进一步利用收益开发新的项目，实现资本的循环利用。从参与模式来看，中国目前物流地产市场的参与者可以分为两类：一类是专注于物流园区及相关设施组合开发和运营的企业，如普洛斯、嘉民、万科物流、宝湾等；另一类是以完善企业供应链或物流运输体系为主要目的的电商或物流企业，如菜鸟网络、京东物流、顺丰等。

对于第一类专注于物流资产开发的不动产企业，物流 REITs 为其经营模式提供了轻资产选项，从而加快不动产企业资金的周转速度，解决由于长期持有物流物业所产生的资金沉淀对企业发展的限制。不同于其他资产，物流地产具备网络效应，在多个关键物流节点具有优质仓储资产的运营商，能够形成显著的规模效应和竞争优势，REITs 可以加快资金的闭环流动，较快地扩张资产规模与地域范围，优化物流资产网络。例如，普洛斯作为全球最成功的物流地产服务和运营商之一，成功借助 REITs 实现轻重资产分离，帮助企业快速扩张，形成服务于 4 000 余家客户的高效物流网络。为了打通物业与自己的闭环，普洛斯在物业开发部门、物业管理部门以外专门设立了 REITs 基金部门。在闭环运作模式下，首先由开发部门在重要区位持有土地储备，以“标准化 + 定制”模式，逐步完成项目开发。在项目开发完成后，将项目移交给物业管理部门，进行下一步的招租和服务完善，使物业达到租金回报率超过 7%、出租率超过 90% 的稳定运营状态。在物业运营成熟后，基金管理部门将物业置入旗下 REITs，普洛斯仅持有 REITs 20%~30% 的份额，回笼的资金由开发部门进行新项目的开发。在资产置入 REITs 之后，通常仍由物业管理部门负责物流项目的日常运营和管理，并收取服务费用；基金管理部门则负责提供资产收购与剥离、资本管理和收益分配等服务，收取基金管理费和业绩提成。

对于第二类有自建物流资产需求的非不动产企业，如第三方物流、电子商务平台等企业，物流 REITs 极大地减轻了自持物流资产所带来的财务负担，改善了其资产负债表。将物流资产通过公募 REITs 产品进行证券化后，相关物流企业仍可以通过回租等方式继续使用仓储中心等物流地产，在获得相关资产使用权的同时，通过向 REITs 出售产权，可以迅速收回初期资本投入，改善企业现金流，利得部分能够增厚企业利润，促进企业主营业务的发展。

物流 REITs 的引入，还有助于提升中国物流地产质量，提升物流行业的经营和管理能力。在REITs模式下，以市场定价为“锚”的定价机制有助于激励物流地产开发商开发高质量物流地产，优化资产选址，从而改变中国高质量物流地产匮乏的结构性问题。无论是采取内部管理模式，还是采取外部管理模式，公募REITs以市场化运作，市场为物流资产提供定价的“锚”，只有足额的派息收益率才能赢得市场的青睐，以收益分派为核心的物流REITs激励管理人提升物流资产的运营和管理水平，满足市场的多样化和专业化需求，有助于培育一批专业化的物流资产服务和管理人，进一步激发中国物流行业的活力，提升中国物流行业运行效率。

中国物流REITs市场展望

中国境内物流REITs市场具有广阔的发展空间，可以按照“自上而下”和“自下而上”两种方法对未来中国境内公募物流REITs的市场规模进行测算。利用“自上而下”法进行估算时，首先估算中国境内公募REITs潜在的市值规模，进而估算物流板块的规模；利用“自下而上”法进行估算时，根据目前存量优质物流地产的面积和合理的证券化比率，估算潜在的公募物流REITs市场规模。两种方法各有优劣，前一种方法从宏观视角着手，考虑到随着物流地产市场和金融市场的发展，物流REITs市场的潜在规模会有所增长，但该方法的估算结果与目前的现实情况存在差距；后一种方法与实际情况更接近，但未考虑到物流地产本身的增长潜力，目前中国人均高端物流仓储面积较小，而电商、制造等行业板块对物流仓储的需求旺盛。因此，“自下而上”法更有利于估算短期内物流REITs市场能达到的规模，而“自上而下”法可用于估算长期内物流REITs市场的潜在规模。

在第一种方法中，参考世界主要国家公募REITs市场规模占GDP的中位比例（7%左右），预计中国境内公募REITs的市值规模为6万亿元左右。目前全球REITs市场，物流和仓储REITs市值占REITs总市值的13%，美国市场的占比更是高达14%，若以同样比例来估算，则中国公募物流 REITs 的市值规模将在 8 000 亿元左右，具有广阔的市场前景。考虑到中国金融市场的发展程度略低于美国，参考公募 REITs 市场规模占股票市值的比例，可以预计中国境内公募 REITs 市场的规模约为 4 万亿元，对应物流 REITs 市场的规模约为 5 000 亿元。也就是说，根据“自上而下”法，预计中国境内物流 REITs 市场规模长期可达到 5 000～8 000 亿元。

在第二种方法中，假设 REITs 仅以优质物流资产作为底层资产，按照戴德梁行中国物流地产市场报告，截至 2019 年 6 月，中国境内存量优质物流地产资产约 5 400 万平方米，平均租金为 35 元/（平方米·月），若对应租金的资本化率为 6.5%～7%，则估算对应存量优质物流地产资产的总估值为 3 000 亿元左右，若假设其中 40%～60% 的资产能在短期内利用公募 REITs 进行证券化，则对应的公募物流 REITs 市场规模为 1 200 亿～1 800 亿元。综上，短期内公募物流 REITs 市场规模可达 1 200 亿～1 800 亿元，长期来看，该市场规模可达 5 000～8 000 亿元。

物流是中国经济运行中的重要环节，公募物流 REITs 对于解决中国物流行业质量不足的结构问题，提升物流效率和物流现代化水平具有重要意义，应尽快推出相关 REITs 规则，给予税收优惠政策，大力发展公募物流 REITs 市场。考虑到物流资产与传统 REITs 底层资产的差异，在物流 REITs 规则制定过程中，还应当注意以下问题：

第一，地方政府的行政审批。物流仓储资产用地为工业用地，相关土地出让时，原物业持有人和当地政府通常有相关约定，如资产自持不可转让以及其他类型的限制性安排，甚至包括强制性税收或就业要求等，部分项目需要得到政府批准。在物流公募 REITs 规则制定中应充分考虑相关因素，协调地方政府与物流地产商之间的关系和利益。

第二，提升管理人的管理水平。物流 REITs 的发展水平，在于物流资产管理人的经验和管理水平，物流地产运营专业人才的队伍建设工作不可或缺，目前中国相关领域的专业机构和人才相对稀缺，需要着力加强培育建设工作。此外，基金管理人、审计师、律师、券商分析师等各市场参与者都应提升与物流 REITs 有关的专业化水平，以更好地推动物流 REITs 市场的发展。

第三，完善投资者教育。物流地产相对于传统商业地产，距离公众投资者的视线较远，要促使投资者充分理解物流 REITs 的风险和投资逻辑需要进行充分的教育。与其他 REITs 资产相比，物流资产的客户黏性极大，未来处置性较差，市场参与方相对较少，仓储节点的选择通常和企业布局密切相关，导致物流 REITs 后续资产处置的难度高于一般的核心城市商业物业，这些特征都需要投资者有更深刻的研究和认识。

物流行业在现代经济中起着重要的连接作用，而物流地产则是其中的重要节点，合理的节点布局将节省社会物流成本，促进社会生产效率的提高。物流地产的建设、开发、运营及退出将是所有物流行业企业关注的重点，而 REITs 作为持有型不动产退出的良好渠道将解决物流地产商的退出问题。

物流地产多为城市周边区域的工业用地，土地获取价格相对较低，其租金水平相对稳定，并且其增速与经济增长水平基本匹配，合理的定价及稳定的收益来源恰恰符合 REITs 对底层资产稳定收益的诉求。

我们相信，随着公募 REITs 制度的完善，将有更多的物流企业将其持有的优质物流资产作为基础资产对接资本市场，在完善其“投融管退”产业链的同时，为公募 REITs 市场添砖加瓦。

附录

案例

案例 1

中信启航 REIT——私募 REITs 市场破冰

中信启航专项资产管理计划（后简称中信启航 REIT）是中国境内第一只私募 REITs 产品，该产品创造性地应用“私募基金 + 专项计划”双特殊目的载体结构实现存量资产证券化，该结构被市场广泛接受，进而推动了类 REITs 市场的发展，也为公募基金 + 资产支持证券模式的公募 REITs 奠定基础。

背景

自 2007 年以来，国家金融监管部门不断推出鼓励 REITs 试点的政策。2007 年，中国人民银行、中国证监会、中国银监会分别成立 REITs 专题研究小组，开始启动中国 REITs 市场的建设工作。2008 年 12 月，国务院首次明确提出开展 REITs 试点，拓宽房地产企业的融资渠道。2009 年 3 月，央行联合中国银监会、中国证监会等部门成立 REITs 试点管理协调小组，中国境内 REITs 市场建设进入实质推进阶段。2012 年，银行间市场发行了境内第一单 REITs 概念的资产支持票据。2013 年 11 月，根据住建部和有关部门的要求，北京、上海、广州和深圳四个城市先行开展 REITs 发行和交易试点工作。

随着中国经济的飞速增长，一、二线城市已培育出一批较成熟的商业物业资产。这些物业资产普遍位于城市的核心商业区，租约、租金价格和空置率都长期保持在较为稳定的水平，租售比也超过了低风险资产，具备了发行 REITs 产品的基本条件。中信证券业务规模的拓展需要补充资本金，在资本市场再融资收紧的背景下，通过 REITs 盘活存量资产的意愿明显增强。2014 年 1 月 16 日，中国证监会批复《关于核准中信证券股份有限公司设立中信启航专项资产管理计划的批复》，同意中信证券设立中信启航 REIT，正式开启了私募 REITs 市场的破冰之旅。

产品

中信启航 REIT 于 2014 年 5 月 21 日在深圳证券交易所综合协议交易平台挂牌交易，是中国境内发行的第一单交易所类 REITs 产品，原始权益人为中信证券，底层物业资产为中信证券位于北京和深圳的两栋自有写字楼物业——北京中信证券大厦和深圳中信证券大厦。

北京中信证券大厦位于北京三、四环之间，地处燕莎商圈核心位置。物业所处的燕莎商圈属于国贸 CBD（中央商务区）商圈的北部延伸，商业配套设施非常丰富，2012 年，燕莎商圈写字楼的平均空置率为 2.5% 左右。北京中信证券大厦的建筑面积约 7 万平方米，出租率为 100%，承租人主要为中信证券及其相关公司，承租面积占比 99.4%，租金贡献占比 99.5%。深圳中信证券大厦位于深圳市福田区的 CBD 核心位置，2013 年三季度，福田区甲级写字楼的空置率为 5.6% 左右。深圳中信证券大厦的建筑面积超过 3 万平方米，出租率为 100%，承租人主要为三家中信系企业——中信证券、中信银行和中信期货，承租面积占比与租金贡献占比均在 93.8% 左右。

中信启航 REIT 的发行规模为 52.1 亿元，对应偿付优先顺序，发行结构包括优先级和次级，二者均可通过深圳证券交易所综合协议交易平台转让。其中，优先级规模为 36.5 亿元，占比达 70.1%，评级为 AAA，预期期限不超过 5 年，优先级份额存续期间获得基础收益，退出时获得资本增值的 10%（浮动收益部分）；次级规模为 15.6 亿元，占比为 29.9%，预期期限不超过 5 年，次级份额存续期间获得满足优先级基础收益后的剩余收益，退出时获得资本增值的 90%（浮动收益部分）。中信启航 REIT 设立了一只私募基金，来持有两个物业对应的项目公司的股权，再以专项资产管理计划认购该基金份额。中信启航REIT产品要素见表例1.1，交易结构如图例1.1所示。

表例1.1 中信启航REIT产品要素

产品名称	中信启航专项资产管理计划	
规模	52.1亿元	
分级	计划按70.1%∶29.9%的比例划分优先级和次级。优先级份额存续期间获得基础收益，退出时获得资本增值的10%（浮动收益部分）；次级份额存续期间获得满足优先级基础收益后的剩余收益，退出时获得资本增值的90%（浮动收益部分）	
规模/比例	优先级	次级
	36.5亿元（70.1%）	15.6亿元（29.9%）
产品期限	预期3年，不超过5年（产品有权提前结束）	预期4年，不超过5年（产品有权提前结束）
投资者基础收益	7%/年	日常收入满足优先级基础收益后的剩余收益
投资者综合收益率（含资产增值预期）	7.5%～9.8%	12%～42%
基础收益分配时点	每年最后一个工作日分配，分配金额为完整年度的基础收益（首年分配金额为产品设立日到12月31日的应计利息）	
评级	优先级为AAA级	无评级

该产品主要有两个特点。第一个特点是具有双特殊目的载体结构。中信启航REIT采用的是私募基金+资产管理计划双特殊目的载体结构，为保留国际市场REITs的主要特征，充分利用了中国制度框架下基金和资产管理计划各自的特点，推动类REITs在中国境内的落地。需要考虑的主要因素有两个。一是将物业资产剥离至项目公司后，通过私募基金受让项目公司股权，私募基金从而间接持有两栋写字楼物业的产权，在办理产权过户、股权变更登记方面较为便利，私募基金份额与其持有的项目公司股权均可转让，这考虑了私募基金对项目公司持股与转股的便利性。二是中信启航专项资产管理计划的受益凭证在深圳证券交易所挂牌，可以实现在交易所的流通转让，迈出了由

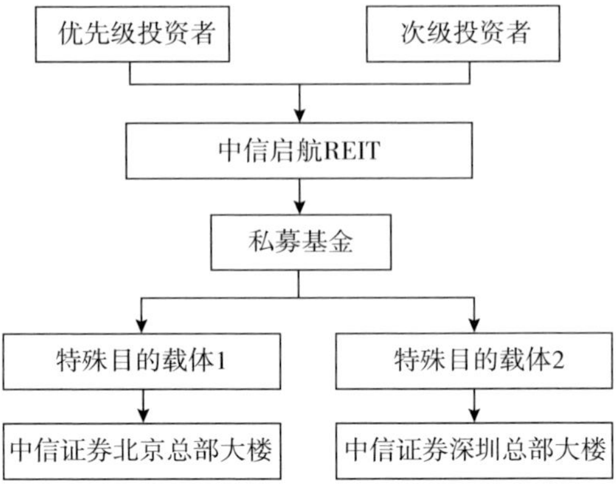

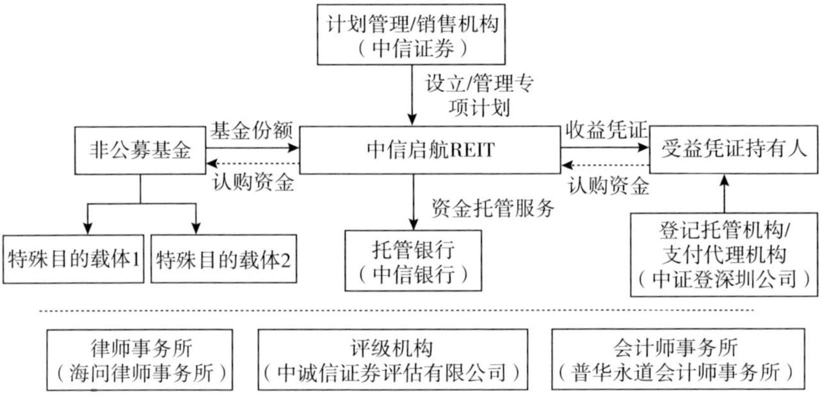

图例 1.1　中信启航 REIT 交易结构

非标产品向标准化产品转变的一步。相比之下，在非标产品中，私募基金二级转让主要依托私募基金二手份额交易平台，如北京金融资产交易所、上海股权交易中心等，属于交易所场外交易，市场规范化、信息公开化程度相对较低，有一定的局限性，这利用了专项资产管理计划相对于私募基金份额在挂牌转让方面的优势。

第二个特点是次级证券的市场化出售。中国境内常见的资产支持证券次级份额多被原始权益人全额认购，一方面起到增信作用，另一方面则是保持对物业资产的控制权，确保满足优先级份额预期收益后的剩余收益不会旁落他人。而在中信启航 REIT 中，原始权益人中信证券只认购了 10% 的次级份额，其余 90% 由社会投资者认购，这符合国际上 REITs 市场的运行逻辑，充分体现了该产品的权益属性。

点评

中信启航 REIT 作为中国 REITs 的“开山之作”，具有重要的历史意义。自此，中国以不动产为基础的融资方式，从抵押融资、收益权质押融资等向股权出售发展。由于房地产政策、金融监管政策、税收制度等原因，中国长期缺乏不动产投资金融产品，仅有信托及少量投资于海外不动产的 QDII 产品。中信启航 REIT 是投资优质物业的收益稳定、风险可控的金融产品，通过内部分层设计满足次级投资者的高收益需求，同时为优先级增信，优先级的外部评级达 AAA。产品为不同风险偏好的投资者投资优质物业提供了难得的市场机会。另外，通过发行中信启航 REIT，中信证券实现净利润 20 余亿元，起到了补充资本金的重要作用。在当年的金融环境下，REITs 为金融机构盘活存量不动产，扩充融资渠道，补充资本金提供了新的选择。

中信启航 REIT 在深圳证券交易所综合协议交易平台挂牌交易，虽然与公募上市 REITs 的流动性无法相比，但是中国境内首只次级份额可交易的专项资产管理计划。该产品的优先级、次级份额皆可根据《深圳证券交易所资产管理计划份额转让业务指引》在深圳证券交易所综合协议交易平台进行交易，提高了产品的流动性，便于投资者灵活掌握进入和退出时机，迎合了不同投资偏好的投资者。以中信启航 REIT 为代表的类 REITs 的实质是以专项资产管理计划为载体的资产证券化，我们称之为资产支持证券模式。

案例2

勒泰 REIT——不依赖主体信用的商业类产品

中联前海开源－勒泰一号资产支持专项计划（后简称勒泰 REIT）是中国境内首单不依赖主体信用的非一线城市商业物业 REITs 产品。该案例为拥有二三线城市商业物业的企业获得资本市场支持提供了可行路径。

背景

2014 年，中信启航专项资产管理计划获准发行，在此之后，虽然全市场陆续发行了 20 余只产品，但主要依靠发行人主体增信或以债权资产为基础资产。从发行主体来看，基本为大中型国企或者全国性商业运营商；从物业的城市分布来看，大部分位于北京、上海、深圳、广州等一线城市的核心商业区。

受中国当前的税收政策和法律环境限制，在设计交易结构时，为提高评级、降低发行利率，通常会引入高评级的集团公司做担保，当基础物业资产无法产生持续经营性现金流时，担保方有义务继续还款；或者由某一评级较高的主体出具流动性支持或享有优先收购权利，从而保障优先级投资者的本息偿付。勒泰 REIT 除了传统的由发行人认购次级以结构化方式进行内部增信外，集团公司并未对优先级进行担保增信，其作为首单不依赖主体信用评级产品的成功发行，表明市场的投资逻辑发生了改变，开始向真正的“资产”证券化转变，即通过评估资产本身的现金流来判断投资价值。

产品

该项目的底层资产是石家庄勒泰中心，位于石家庄市城市主轴线交汇处的核心区域，是石家庄首条地铁上盖项目。勒泰中心于2012年12月底开业，总建筑面积62万平方米，入池建筑面积38万平方米，出租率常年保持在95%以上。自开业以来，客流量不断增加，2017年的客流量达近3 000万人次，重要节假日的客流量同比增长20%。石家庄勒泰中心成为石家庄商业物业的新地标。

从业态组合上看，石家庄勒泰中心通过每一个业态不同梯次的搭配，通过面向不同家庭成员的体验业态的高效组合，实现不同人群的全覆盖，提升服务品质。整体体验业态超过50%，成为市民家庭消费首选的“一站式城市生活中心”。除此之外，石家庄勒泰中心独特的原创IP活动“全城盛宴”、“温德麦尔艺术节”等已成为石家庄美食娱乐休闲的先锋阵地，体现了年轻客群潮流生活的理念。

该产品的原始权益人勒泰商业地产集团，此前主要深耕河北地区的商业项目，包括石家庄勒泰中心、唐山勒泰中心和唐山远洋城MALL等。勒泰集团拥有近20年的商业开发及运营经验，先后创建了“保龙仓”和“勒泰”品牌，运营商业零售面积超300万平方米，在该专项计划发行之前尚未在境内公开市场融资，主要以传统银行信贷融资为主。通过这次公开市场直接融资，勒泰集团不仅获得了资金支持，还大幅提高了品牌在国内外的知名度。

2017年8月30日，勒泰REIT在深圳证券交易所挂牌交易，产品发行规模为35亿元，其中优先A1类证券10亿元，占比为28.57%；优先A2类证券21亿元，占比为60%；次级4亿元，占比为11.43%。中诚信证券评估有限公司给予优先A1类证券AAA级评级，给予优先A2类证券AA+级评级。该产品吸引了商业银行、证券公司、公募基金等主流机构投资者和投资担保公司、私募基金公司等另类投资机构的青睐和广泛参与，认购倍数超过1.3倍，最终的发行成本为优先A1类证券5.7%，优先A2类证券6.9%，发行效果明显优于近期发行的同类产品。勒泰 REIT 产品要素见表例 2.1。泰勒 REIT 交易结构如图例 2.1 所示。

表例 2.1 勒泰 REIT 产品要素

	优先 A1 类证券	优先 A2 类证券	次级
规模	10 亿元	21 亿元	4 亿元
期限	3 年，可提前结束，管理人有权在第 3 年或第 4 年年末选择延期 1 年		
产品发售对象	合格机构投资者	合格机构投资者	原始权益人
投资回报	固定收益，簿记确定	固定收益，簿记确定	剩余期间收益和退出时的全部浮动收益
产品评级	AAA	AA +	—
付息频率	按年分配		
期间利息来源	勒泰商业中心日常净营运收入		
还本方式	期末一次性还本		

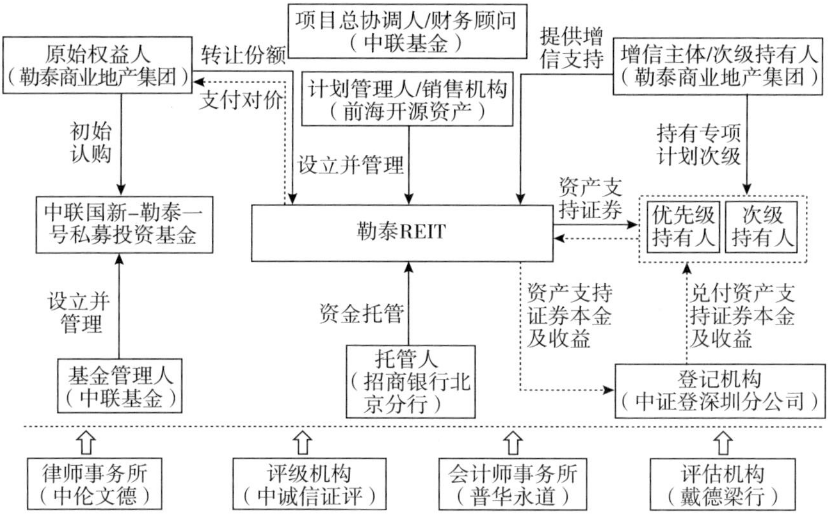

图例 2.1 勒泰 REIT 交易结构

该产品的主要设计特点如下：第一，通过结构化分层和估值保障提高产品的安全性。该产品发行时，评估机构给出的标的资产的评估价值约为 51.88 亿元，优先级 57.63% 的估值折价给予优先级本金良好的保障。第二，采取严格的控制手段，对标的资产的经营进行季度考核、季度补足，并且每季度将项目公司净营运收入提至基金层面以保障产品安全。同时，原始权益人承诺为经营业绩目标提供差额补足，并承诺为优先级本息全额提供差额补足。第三，该项目由原商管机构勒泰商业进行资产管理，为进一步保障运营的全过程管控，聘请特殊商业管理顾问协助基金管理人在项目运营期间对项目运营进行有效监管，保障项目运营稳定并不断提升。第四，基金管理人代表私募基金作为物业持有人履行资产管理职能和财务监管职能，全流程把控项目公司印章、证照和银行账户，保障运营期间合规运营以及资金往来有据可依。

点评

随着中国人均收入的增加，中国消费端明显出现了一些新变化，例如，消费主体的年轻化，消费需求的不断下沉等，相应地，很多省会城市、经济发达的二、三线城市也涌现出一批优质的零售物业，通过提供新锐人性化的设计、科学的管理、丰富的内容以及浸入式的体验，成为地标性建筑，并成为年轻人消费的首选场所，获得理想的顾客黏性。由于这些城市面积小，与邻近市区县距离近，这些零售物业可以覆盖整个城市甚至辖属县市，从而引入充沛的人流，实现良好的经营收入。同时，这些城市的项目投资建设成本低，因此项目实际回报率和增长率往往不逊于一线城市。

勒泰 REIT 为非一线城市优质商业地产的证券化提供了示范，并对资产证券化市场的理性、健康发展起到了积极的引导作用。该案例实现了从主体无评级到产品 AAA 评级的转变，产品无主体增信，完全基于资产信用，打破了市场对强主体信用的依赖。在传统融资架构内，产品评级高度依赖资产主体即企业表内的信贷偿付能力，但 REITs 等资产证券化工具从逻辑上强调资产信用，勒泰 REIT 以稳定、可预期的现金流作为支撑，降低对泰勒集团的信用依赖，首次实现了产品与主体信用的剥离，在无主体增信的前提下获得资产的 AAA 评级，打破了市场的强主体信用依赖模式，推动投资逻辑向真正的“资产”证券化靠拢。

案例3
保利租赁住房 REIT——首单储架发行的租赁住房类产品

中联前海开源－保利地产租赁住房一号资产支持专项计划（后简称保利租赁住房 REIT）是中国境内首单央企租赁住房 REITs 产品，也是首单储架发行的 REITs 产品。

背景

2016 年 6 月 3 日，国务院办公厅印发《关于加快培育和发展住房租赁市场的若干意见》，明确提出支持符合条件的住房租赁企业发行债券、不动产证券化产品。稳步推进房地产投资信托基金（REITs）试点。2016 年 10 月 10 日，国务院发布《关于积极稳妥降低企业杠杆率的意见》，明确提出支持房地产企业通过发展房地产投资信托基金向轻资产经营模式转型。2017 年 1 月 11 日，中共中央办公厅、国务院办公厅印发《关于创新政府配置资源方式的指导意见》，明确提出创新经营性国有资产配置方式，建立健全国有资本形态转换机制，以提高国有资本流动性为目标，积极推动经营性国有资产证券化。

2017 年 7 月 18 日，中国证监会、住建部等 9 个部门联合印发《关于在人口净流入的大中城市加快发展住房租赁市场的通知》，广州、深圳、南京等 12 个城市成为首批试点。该通知支持相关国有企业转型为住房租赁企业，以充分发挥国有企业在稳定租金和租期、盘活存量住房用于租赁、增加租赁住房有效供给等方面的引领和带动作用；支持发行公司信用类债券及资产支持证券，形成一批可复制、可推广的试点，向全国进行推广。

十九大报告提出，坚持“房子是用来住的、不是用来炒”的定位，加快建立多主体供给、多渠道保障、租购并举的住房制度，让全体人民住有所居。报告从供应体系、保障体系、租赁市场三个方面对住房制度进行了完整的表述，使“让全体人民住有所居”的目标有了更加明确的方向和实现路径。由于与直接售房相比，住房租赁存在着投资回报周期长、企业盈利压力大等问题，降低企业租赁住房的持有成本是发展住房租赁市场的重中之重。房地产企业想要走轻资产运营租赁住房之路，REITs是不可多得的重要途径之一。

产品

2017年10月23日，保利租赁住房REIT在上海证券交易所审议通过，开启了中国租赁住房资产证券化的大幕。保利租赁住房REIT由中国保利集团有限公司（简称保利集团）控股公司保利房地产（集团）股份有限公司（简称保利地产）作为原始权益人。

保利地产成立于1992年，是国务院国资委管理的大型中央企业保利集团控股的大型国有房地产上市公司，也是保利集团房地产业务的主要运作平台，具有国家一级房地产开发资质。保利地产于2002年开始实施全国化战略，连续实现跨越式发展。保利地产已经形成以房地产开发为主营业务，覆盖建筑设计、工程施工监理、物业管理、销售代理以及商业会展、酒店经营、养老地产、长租公寓、房地产基金等房地产上下游产业的综合开发企业，是国内经营业态最完善、开发体系最丰富的超大型房地产企业之一。

保利地产积极响应国家政策的号召，发挥央企带头作用，努力落实和响应中央关于“三去一降一补”等相关政策，努力促进住房回归居住属性，率先进入租赁住房运营领域，成立了专业运营公司保利公寓管理有限公司。根据市场需求与分布，保利公寓分为长租公寓与短租公寓，集中式公寓与分散式公寓，如武汉正堂山外山集中式长租公寓，改造后定位为面向大学生人才的租赁住房。目前，产品线有“保利N+公寓”和“保利小n公寓”，前者提供青年社区、服务公寓、城市公寓及度假公寓四种产品，后者将城村非标物业、企业园区闲置物业等改造为标准化公寓。目前，保利公寓在全国已有10余个在营项目，在北京、广州、武汉、南京等20多个城市储备并管理房源1万余间。公司的战略目标是，到2020年，公寓管理规模达30万间，成为以运营为核心的租住服务资产管理公司和国内领先的租赁住房投资运营商。

保利租赁住房REIT首期入池资产包括北京西山林语、西安金香槟、长沙麓谷林语、重庆林语溪、大连西山林语、广州天悦、沈阳溪湖林语、天津大都会等11处物业资产，共涉及10个城市。其中，物业资产所处的8个城市为人口净流入城市，3个城市为住建部会同国家发展改革委等九部门联合印发的《关于在人口净流入的大中城市加快发展住房租赁市场的通知》中所列示的试点城市，2个项目物业位于中国一线城市，9个项目物业位于中国二线城市，全部物业所处地区均为中国经济较发达的城市。11处公寓物业资产未来能够产生的现金流主要来自租金收入。

保利租赁住房REIT获批储架额度为50亿元，其中第一期产品的发行规模为17.17亿元。产品期限预期为3+3+3+3+3+3年（可提前结束）。保利租赁住房REIT产品要素见表例3.1。保利租赁住房REIT的交易结构如图例3.1。

表例3.1　保利租赁住房REIT产品要素

产品要素	具体内容
产品名称	中联前海开源－保利地产租赁住房一号资产支持专项计划
原始权益人	保利房地产（集团）股份有限公司
基础资产	原始权益人依据基金合同享有的基金份额所有权和其他附属权益及衍生收益
产品总规模	上海证券交易所批复储架额度50亿元，其中第一期产品的发行规模为17.17亿元
挂牌场所	上海证券交易所

续表

产品要素	具体内容	
底层资产	北京大都汇、西安金香槟、长沙麓谷林语、重庆林语溪、大连西山林语、广州天悦养老公寓、沈阳溪湖林语等 11 处物业资产	
产品分层（产品规模）	优先级资产支持证券	次级资产支持证券
	90%（154 530 万元）	10 %（17 170 万元）
信用等级	AAA_{sf}	—
产品期限	预期为 3 +3 +3 +3 +3 +3 年（可提前结束）	预期为 3 +3 +3 +3 +3 +3 年（可提前结束）
利率类型/付息频率	固定利率/按年付息	不设预期收益/按年支付剩余收益
还本方式	期末一次性还本	
退出安排	1. 发行公募 REITs。 2. 保利地产行使优先收购权收购底层资产（包括项目公司股权及债权或物业）。 3. 市场化处置物业资产或项目公司股权。 4. 保利集团及指定主体收购优先级份额	

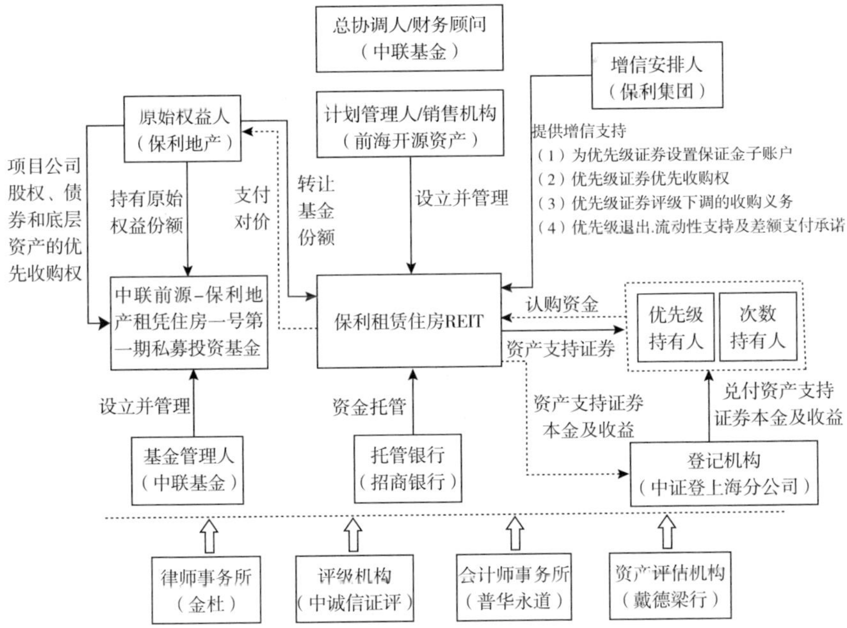

图例 3.1　保利租赁住房 REIT 交易结构

该产品的设计特点如下：第一，保利租赁住房 REIT 是双特殊目的载体结构。专项计划的原始权益人为保利地产，保利地产同时是资产优先收购权人和资产服务机构。专项计划于设立日起取得私募基金份额，成为基金份额持有人，享有投资收益，履行实缴出资义务。资金全部实缴到位后，私募基金取得项目公司股权、债权并向项目公司增资或发放委托贷款。保证增信人为保利集团，私募基金管理人为北京中联国新投资基金管理公司。

第二，保利租赁住房 REIT 的创新之一是设置了储架发行机制。保利租赁住房 REIT 的发行总额度不超过 50 亿元，于无异议函出具之日起 24 个月内完成发行。管理人有权在不高于目标募集规模的前提下，自行决定专项计划项下各期产品的发行与否、存续期限和募集规模。保利租赁住房 REIT 的储架发行机制，在当前的资产证券化制度框架内创设出“可以长大”的 REITs，间接实现了公募 REITs 的扩募功能，对中国境内 REITs 的发展产生了积极而深远的影响。在此之后，中国境内推出的租赁住房 REITs，甚至商业等其他类型物业的 REITs 产品，纷纷采用了储架发行机制。

第三，底层资产的产权获取置于产品设立之后。由于 REITs 是一个资产过户型产品，原始权益人在发行产品之前，需投入大量时间和成本用于资产重组。资产重组涉及政府主管机关、工商、税务、房管等多部门的审批、办理流程，历时较长。与此同时，不同于成熟的商业物业资产，住房租赁市场是一个新兴市场，租赁住房的运营仍处于较为初级的阶段，多数物业仍在开发、装修或改造中，而租赁住房的消费者市场已存在许久，需求旺盛。也就是说，一旦租赁住房物业资产开业运营，短时间内就可以达到较高的出租率。房地产企业持有经营租赁住房面临的一大难题是，开发资金尚未回笼，却需要继续投入大量资金用于装修运营。考虑到租赁住房行业的这一普遍问题，为促进租赁住房行业健康、有序的发展和壮大，保利租赁住房 REIT 给予物业资产原持有人自产品设立起 18 个月的资产重组期，在产品设立时通过相关协议锁定 REITs 产品关于物业资产的产权与关于项目公司的股权，保障投资者权益。

点评

保利租赁住房 REITs 是对中央“房住不炒”理念的积极响应，也是对国务院办公厅《关于加快培育和发展住房租赁市场的若干意见》和住建部《关于在人口净流入的大中城市加快发展住房租赁市场的通知》的贯彻落实。该产品对于解决房地产企业租赁住房业务投资回报周期过长的“后顾之忧”，通过资本市场实现轻资产运营模式提供了现实样本，对下一阶段中国租赁住房市场的快速发展产生良好的示范效应。

用好创新性金融产品以助力住房租赁市场建设，符合国家宏观政策，有利于缓解当前中国住房体系下的供需矛盾。保利租赁住房 REITs 产品的成功落地，验证了“开发—运营—发行—退出”这一商业闭环模式在住房租赁市场的可行性，有利于解决开发租赁住房的房地产企业投资回报周期过长的隐忧，并为市场提供了租赁住房地产轻资产运营的样本，有效鼓舞了房地产企业加大租赁住房投资，推动住房回归最根本的、最迫切的居住属性。

案例4

菜鸟仓储 REIT——首单可扩募物流类产品

菜鸟中联－中信证券－中国智能骨干网仓储资产支持专项计划（后简称菜鸟仓储 REIT）是中国境内首单可扩募 REITs 产品、首单新零售基础设施 REITs 产品。

背景

2016 年，中国在线批发与零售平台阿里巴巴提出了“新零售”的概念，旨在在大数据技术蓬勃发展的背景下，为市场提供以智能物流系统为基础设施的新零售业态。其中，打造更高效、优质与具有品牌体验的物流服务，是这一理念的基石。2018 年，中国在线零售额达 9.01 万亿元，快速累积的销售额反映的是消费者思维，要求零售行业的智能化快速更迭。为满足这一客观规律的变化，现代物流企业需要凭借数据化的物流信息整合能力、立体式智能化的仓储条件以及标准化的品控管理成为引领行业发展的新航标。

菜鸟网络是阿里巴巴数字经济体的物流网络平台，推出“全国 24 小时、全球 72 小时必达”的快速、高效运输概念。2013 年，阿里巴巴开始建设国家智能物流骨干网（后简称菜鸟骨干网），构造“枢纽＋通道＋网络”系统，建造分布式仓储物流基础设施。截至目前，菜鸟集团已经形成“全国七大区域枢纽 ＋ 数百个区域仓、城市仓 ＋ 城市配送网络 ＋ 末端驿站”的布局，七大区域包括华北、华东、华南、华中、西南、西北、东北。在每个区域的城市之间，又形成了大节点带动小节点的行业示范效应，各类枢纽分别承担了仓储、转运、进口保税、出口集货等不同的物流功能。

产品

2019 年 3 月 20 日，菜鸟仓储 REIT 成功发行，此专项计划入池底层资产为位于重庆两江新区的中国智能骨干网重庆两江保税仓库及非保税仓库共 3 处物业，定位为为集团内部及外部客户提供个性化服务。紧邻绕城高速，距离重庆江北机场货运区 5 千米左右，陆水空交通十分便利，是菜鸟集团西南地区的核心物流枢纽之一。3 处基础资产的出租率均为 100%，目前产权均归属于菜鸟集团下属企业重庆传云物联网技术有限公司。

菜鸟网络表示，此专项计划发行所募资金将主要用于推进菜鸟骨干网的建设，包括对技术创新研发的持续投入，提升数字化物流要素效率；建设和完善智能化、绿色环保的高标准物流设施；拓展城乡末端设施分布；搭建新型全球供应链和包裹网络，帮助中小企业更便捷地参与全球化贸易等。

专项计划以菜鸟集团旗下的优质高标物流仓储为底层资产，获批规模为 50 亿元，首期发行规模为 10.7 亿元，其中优先级资产支持证券的发行规模为 6.7 亿元，发行利率为 4.45%，中诚信证评给予 AAA_{sf}评级。该专项计划以菜鸟网络子公司上海菜鸟管理咨询有限公司（简称上海菜鸟）为原始权益人，由中联基金担任总协调人、财务顾问及基金管理人，中信证券担任计划管理人和销售机构。

以资产支持专项计划的形式在上海证券交易所发行类 REITs 产品是菜鸟集团在 REITs 领域的率先尝试。通过持有私募基金及项目公司股权及债权间接持有重庆两江保税 1 期、非保税 1 期、非保税 2 期 3 处物流仓储资产，产品架构设计在各个层级均为公募对接预留了较为灵活的安排。此外，专项计划在产品结构中创新性地引入扩募机制，是中国境内首单可扩募的 REITs 产品，可以实现同一 REITs 下新资产的持续注入，是类 REITs 向标准化 REITs 迈进的一大步。菜鸟仓储 REIT 的产品要素见表例 4.1。菜鸟仓储 REIT 的交易结构如图例 4.1 所示。

表例 4.1　菜鸟仓储 REIT 的产品要素

产品要素	具体内容
原始权益人	上海菜鸟管理咨询有限公司
物业运营方	浙江菜鸟供应链管理有限公司
产品规模	10.7 亿元；优先级 6.7 亿元，次级 4 亿元
产品期限	3+2 年；根据公募 REITs 的推出要求，可提前结束专项计划
产品评级	优先级 AAA_{sf}，次级无评级

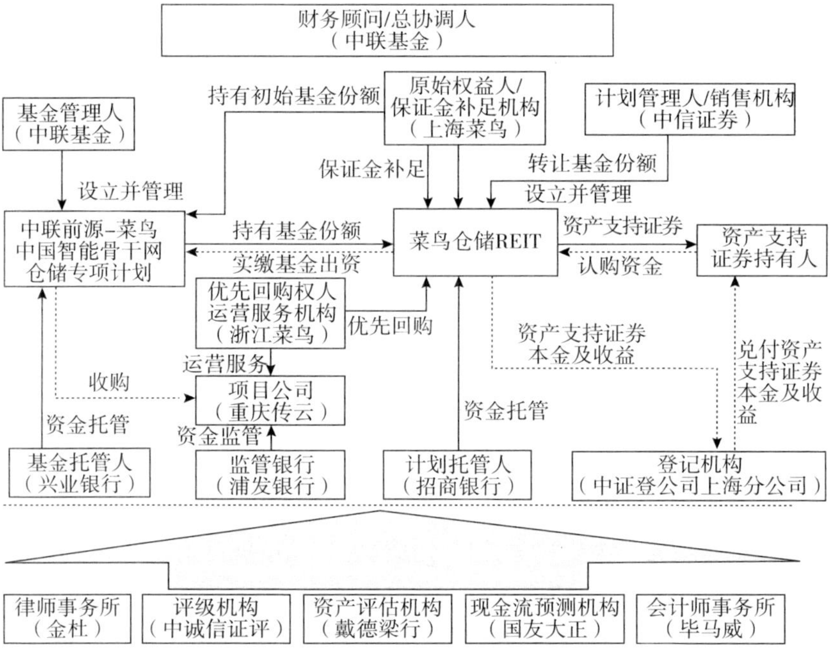

图例 4.1　菜鸟仓储 REIT 的交易结构

点评

菜鸟仓储 REIT 的意义在于，再次实现中国境内类 REITs 产品设计的突破，更加接近标准化 REITs 的产品特征。菜鸟仓储 REIT 在产品结构中引入扩募机制，实现同一产品分步注入资产、逐步扩大规模，为企业盘活存量资产、对接资本市场搭建高效运作的载体与持续性通道，节约大量操作程序和时间成本。引入扩募机制进一步夯实了标准化 REITs 的推行基础，是中国境内 REITs 市场逐步向成熟 REITs 市场迈进的重要尝试。

案例5

沪杭甬徽杭高速 REIT——首单传统基础设施类产品

中联基金－浙商资管－沪杭甬徽杭高速资产支持专项计划（后简称沪杭甬徽杭高速 REIT）是中国境内首单以高速公路为底层资产的基础设施类 REITs 产品。

背景

高速公路的发展对中国现代化建设具有重要意义。自 1988 年上海—嘉定高速公路修通以来，中国高速路网的建设日臻完善，截至 2018 年年末，全国公路总里程为 484.65 万千米，高速公路达 14.26 万千米，里程规模居世界第一。经过 20 多年的高速建设，中国高速路沉淀了大量优质资产，但也面临维护、翻修、再建设的巨额资金缺口，鉴于此，其中一部分成熟的收费公路资产可作为 REITs 的潜在标的，通过创新金融手段进行盘活。

沪杭甬公司是浙江省交通投资集团的核心成员企业之一，1997 年 5 月在香港联交所挂牌上市，是浙江省委省政府为开辟浙江交通与国际资本市场接轨的融资渠道，加快全省高速公路网建设而设立的公司，是浙江省第一家也是目前唯一一家在境外上市的省属国有企业。经过 20 余年的经营与发展，沪杭甬公司控股经营高速公路总里程约 802 千米，包括沪杭甬高速、上三高速、甬金高速金华段、杭徽高速、徽杭高速、申嘉湖杭高速、舟山跨海大桥；受托管理高速公路总里程约

448千米，包括申苏浙皖高速、钱江通道南接线、义东高速、宁波甬台温高速、台州甬台温高速、台金高速、乐清湾大桥；以及持有甬金高速绍兴段（约73千米）50%的股权，上述高速公路均是浙江省乃至全国高速公路网中的重要干线。

为开拓高速公路等交通基础设施投融资渠道，在浙江省交通投资集团的批复下，沪杭甬公司联合中联基金与浙商资管发行了以沪杭甬公司旗下安徽省内徽杭高速公路（安徽段）为底层资产的沪杭甬徽杭高速REIT。该产品的成功发行，有助于沪杭甬公司进一步拓展交通基础设施的投资运营规模，同时也搭建了基础设施资产证券标准化的结构，为未来其他基础设施资产确立了复制模板，为基础设施领域创新融资途径树立了行业标杆。

产品

2019年9月24日，沪杭甬徽杭高速REIT成功发行，专项计划入池资产为沪杭甬公司旗下的徽杭高速公路（安徽段）。徽杭高速公路起自黄山市屯溪，终点位于浙皖两省交界昱岭关，与浙江省杭徽高速公路相接，全长81.623千米，2004年10月18日正式建成通车。全线按高速公路标准建设，四车道、全封闭、全立交，沿线设有屯溪枢纽、屯溪、屯溪南、歙县、呈村降枢纽、三阳6处互通立交和1处省界主线收费站，项目经营期为30年，2034年9月30日到期。

徽杭高速公路是国家高速公路网G56杭瑞高速的一段，也是安徽省高速公路网中“横八”杭州至武汉公路的重要组成部分，不仅是连接黄山和杭州两大著名旅游城市的陆上交通要道，也是连接安徽、江西、浙江三省的主干线之一。徽杭高速公路有5个收费站，分别为屯溪、屯溪南、歙县、三阳和黄山。从2008年到2018年的数据来看，出入口交通量持续增长。

为发行专项计划，沪杭甬公司委托专业的车流量预测机构，针对徽杭高速公路（安徽段）进行独立的交通量及通行费收入预测，通过深入调查徽杭高速公路影响区的社会经济和交通发展现状及未来发展趋势，根据社会经济发展规划、旅游发展规划、产业布局发展规划、土地利用规划、城市总体规划和各交通专项规划等相关资料以及该高速公路历年运营实际数据，运用专业的交通分析软件，计算出徽杭高速公路（安徽段）特征年断面交通量，最后采用内插法得到未来各年份交通量。在此基础上，根据安徽省高速公路收费标准，科学分析了均车单价的变化趋势，构建均车单价演化模型，得到未来年均车单价，以此为依据，计算徽杭高速公路（安徽段）未来年的通行费收入。

沪杭甬公司将其通过黄山长江徽杭高速公路有限责任公司（简称徽杭公司）持有的徽杭高速公路（安徽段）进行资产证券化操作；由沪杭甬公司认购中联基金设立的私募股权投资基金（私募基金），收购徽杭公司股权；计划管理人浙商资管发行资产支持专项计划（专项计划）收购私募基金份额，专项计划份额由市场机构投资者与沪杭甬公司认购。沪杭甬徽杭高速 REIT 的产品要素见表例 5. 1。沪杭甬徽杭高速 REIT 的交易结构如图例 5. 1 所示。

表例 5. 1　沪杭甬徽杭高速 REIT 的产品要素

产品要素	具体内容	
目标资产	徽杭高速公路（安徽段）	
产品类型	资产支持专项计划	
目标资产估值	20. 11 亿元	
产品规模	20. 13 亿元	
产品分级	优先级	次级
资金来源	由市场机构投资者认购	沪杭甬公司认购
产品期限	3 +3 +3 +3 +3 年	3 +3 +3 +3 +3 年
收益类型	固定收益	优先级分配后剩余收益
预期收益	3. 70%（根据簿记结果确定）	无预期收益率
产品规模	9. 00 亿元	11. 13 亿元
产品比例	44. 71%	55. 29%
产品评级	AAA_{sf}	无评级
本息偿付顺序	等额本息	到期一次还本
增信方式	1. 结构化分层。进行结构化分层安排，其中优先级评级为 AAA_{sf}，由市场机构投资者认购，次级全部由原始权益人持有。	

续表

产品要素	具体内容
增信方式	2. 风险隔离。私募基金持有项目公司100%的股权，实现标的资产过户，与原始权益人完全隔离，进一步增强产品安全性。 3. 差额补足承诺。对专项计划费用、优先级证券的本息兑付提供差额补。 4. 流动性支持。每三年，优先级投资者开放退出时，对无法市场化退出的优先级投资者提供流动性支持。 5. 优先回购权及回购义务。每三年，沪杭甬公司拥有对产品及资产的优先回购权，同时在专项计划正常到期、提前进入处置期的情况下，承担对标的资产或优先级证券的收购义务，保障优先级投资者的退出。 6. 收费权质押。目标资产收费权抵押至私募基金管理人（代私募基金）
退出方式	1. 公募REITs退出。 2. 沪杭甬公司回购。 3. 市场化处置

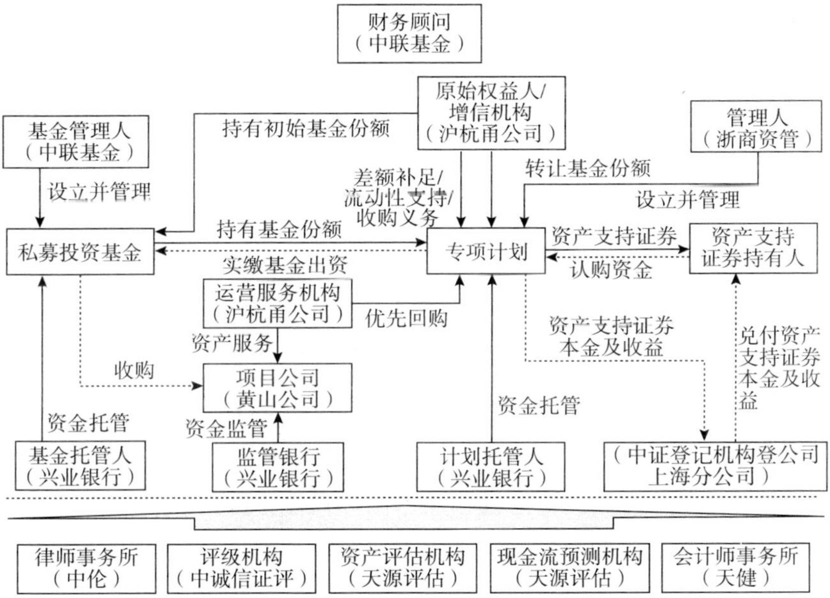

图例5.1 沪杭甬徽杭高速REIT的交易结构

高速公路收费权和房地产产权存在差异，房地产产权价值并不会随着房地产年限逐年下降，而高速公路收费权由于经营期限限制，可能存在价值逐年降低的特性，因此本项目的还本付息方式不同于一般房地产项目的期间付息、到期一次还本方式，而是根据底层资产的特点采用了更为匹配的等额本息方式。按照有限期限内现金流折现的收益法评估逻辑，随着时间的推移，底层资产在产品存续期间的价值预计是下行的，特别是针对高速公路这类资产的收费经营期限在中国一般是25～30年，相比房地产期限较短，存续期间资产价值下行影响更大，所以产品优先级每年会还本。同时根据测算，从资产每年计提折旧后的净值对优先级本金的资产质押率来看，在整个产品存续期间，覆盖倍数较高，且波动情况合理，折旧计提与等额本息的摊销节奏相匹配。

点评

在充分借鉴海外成熟REITs市场先进经验的基础上，中国境内类REITs行业不断实现基础资产业态以及产品发行模式的突破创新。从资金需求与商业模式看，以高速公路为代表的基础设施领域属于重资产行业，前期建设投入大，投资周期长；从收入端看，基础设施的自然垄断性以及行政定价的特点，使运营期间经营性现金流稳定且能保持平稳增长的趋势，极端经济环境对收入的影响相对较小，资产现金流具有天然的防御性；从可预测性看，经营情况非常透明且收费标准相对固定统一，使运营现金流的可预测性增强。以上行业特性使REITs或类似产品在海外基础设施领域得到广泛应用。在此背景下，中国境内首单基础设施类REITs产品于2019年成功落地，正式打开了低成本市场化资金参与以高速公路为代表的基础设施领域建设投资的通道。未来，以运营成熟的高速公路资产为代表的基础设施REITs或将成为中国资本市场极具创新性和重要影响力的市场板块，在推动资本市场脱虚向实、盘活企业存量、深入推进“三去一降一补”以及供给侧结构性改革中发挥重要作用。

在传统投融资模式下，中国的基础设施存在投资效益不一、融资渠道狭窄、资本退出困难等问题。REITs作为资产证券化的模式之一，具备释放存量价值、促进再投资等优势，与包括高速公路在内的基础设施领域的资金需求及收入表现非常匹配，可以成为吸引社会资本参与基础设施建设、更新与升级的重要手段。沪杭甬徽杭高速 REIT 的成功发行，是基础设施领域首次尝试存量带动增量的可持续发展模式，即在保障存量资产高标准运营的前提下，回收的资金可继续用于新的基础设施项目的投资，成功验证了 REITs 作为与基础设施特性高度匹配的创新性金融工具，具有盘活存量资产、降低企业和政府杠杆率、提升资本使用效率、促进金融市场发展等作用，能够有效改变基础设施领域现有投融资模式，对中国基础设施领域的长效发展机制的确立具有重要标杆意义。

案例6

鹏华前海万科 REIT——REITs 公募发行的探索

鹏华前海万科 REIT 封闭式混合型发起式证券投资基金（后简称鹏华前海万科 REIT）是中国境内首单以公募基金为载体实现不动产资产收益权证券化的产品。

背景

2014 年，为推进深圳前海地区 REITs 试点，在中国证监会、深圳市金融办、深圳市证监局的指导下，前海开发投资控股有限公司（后简称前海控股）与万科企业股份有限公司（后简称万科股份）及鹏华基金管理有限责任公司启动全国第一只公募不动产投资信托基金的发行工作，投资标的为前海区内万科企业公馆项目的租金收益权，称为鹏华前海万科 REIT。

在此之前，2013 年 10 月，深圳市万科前海公馆建设管理有限公司（后简称万科项目公司）代表万科股份履行与前海控股的 BOT 协议。作为前海管理局的全资子公司，前海控股负责前海合作区内土地一级开发、基础设施建设和重大项目投资等。根据《深圳市前海深港现代服务业合作区土地租赁合同书》及《深圳市前海深港现代服务业合作区土地租赁补充合同书》，前海控股获得前海合作区荔湾片区第十一开发单元的用地租赁使用权，面积约 9.32 万平方米，用于前海企业公馆项目的开发和建设。万科项目公司是万科股份为履行前述 BOT 协议成立的运作实体，于2013年9月成立，是万科股份的全资子公司。万科项目公司与前海企业公馆项目签订所有业务合同、协议书，执行相关经济事项，并获得前海企业公馆项目的收益权。此外，前海投控同意将前海企业公馆项目2021年9月8日至2023年7月24日的运营权及收益权确定性转让给万科项目公司。根据上述安排，万科项目公司合法享有2015年1月1日至2023年7月24日项目100%的收益权。

产品

2015年7月，鹏华前海万科REIT成功发行。该基金的规模为30亿元，其中前海金控作为基石投资者认购3亿元。基金在10年期内为封闭式基金，此后转为上市开放式基金（LOF）。在投资标的方面，基金除投资前海企业公馆项目公司股权（占募集资金总额的42%左右）外，还可以投资固定收益类、权益类资产。项目公司的股权对应的是BOT项目特许经营权的收益权。在利润分配方面，基金每年分配一次利润，将不低于90%的可分配利润分配给投资者。该产品投资收益的来源主要有两个方面：通过获得目标公司利润分配及股权回购款的方式，获得2015年1月1日至2023年7月24日目标公司调整后的营业收入；投资其他金融工具产生的收益。鹏华前海万科REIT的产品要素见表例6.1。鹏华前海万科REIT的交易结构如图例6.1所示。

表例6.1　鹏华前海万科REIT的产品要素

产品要素	具体名称
基金形式	契约型、混合型证券投资基金
基金运作方式	本基金合同生效后10年内（含10年）为基金封闭运作期，本基金在此期间封闭运作并在深圳证券交易所上市交易。基金封闭运作期满，转为上市开放式基金。
基金规模	30亿元
上市时间	2015年9月30日
交易场所	深圳证券交易所

续表

产品要素	具体名称
募集对象	符合法律法规规定的可投资于证券投资基金的个人投资者、机构投资者、合格境外机构投资者以及法律法规或中国证监会允许购买证券投资基金的其他投资者。
基金管理人	鹏华基金管理有限公司
基金托管人	上海浦东发展银行股份有限公司
基金期限	无期限。封闭期为 10 年
基金费率	管理费率（每年）：0.65% 托管费率（每年）：0.10% 投资顾问费率（每年）：0.20%
基金退出	该基金通过向深圳万科及其指定的关联方溢价转让股权的方式实现逐步退出。该基金应分别在 2015 年 12 月 31 日前、2018 年 12 月 31 日前、2021 年 12 月 31 日前和 2023 年 10 月 31 日前向深圳万科或深圳万科指定的关联方转让 14%、18%、17.5% 和 0.5% 的目标公司的股权，直至本基金股权全部退出。
收益分配	1. 本基金收益分配采取现金分红方式。 2. 在满足分红条件的前提下，本基金收益每年至少分配一次。 3. 每年基金收益的分红比例不低于基金年度可供分配利润的 90%。 4. 本基金每份基金份额享有同等分配权。 5. 基金合同生效不满 3 个月可不进行收益分配。 6. 基金收益分配后基金份额净值不能低于面值，即基金收益分配基准日的基金份额净值减去每单位基金份额收益分配金额后不能低于面值，基金收益分配基准日即期末可供分配利润计算截止日

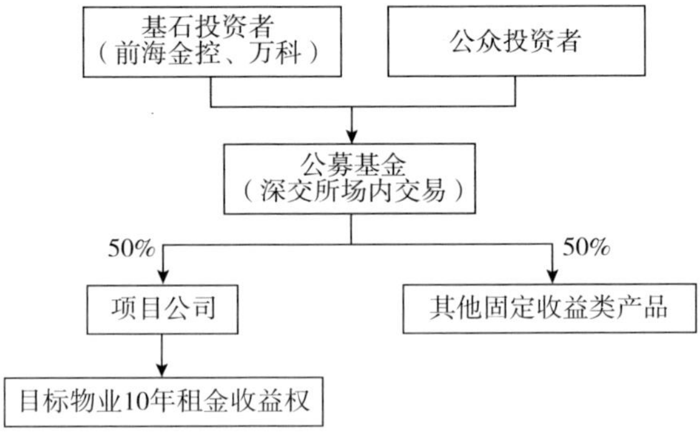

图例 6.1　鹏华前海万科 REIT 的交易结构

前海企业公馆项目是商业用写字楼。前海企业公馆项目坐落于深圳市前海合作区荔湾片区第十一开发单元的用地，包含约33栋企业办公物业、1个大型公共建筑，6个小型公共建筑，总建筑面积约为65 200平方米，总投资约77 329万元。前海企业公馆项目分为特区馆区和企业公馆区。特区馆区包含一座约12 000平方米的特区馆，企业公馆区包含36栋建面积为200～1 600平方米的企业公馆、一座约3 300平方米的商务中心、约3 000平方米的商业配套以及约6 000平方米的半地下停车场。

截至2015年3月，前海企业公馆项目已签约或确认入住意向的面积比例已达100%。已签署租赁合同及租赁预定合同书的企业共49家，租赁面积为41 926.36平方米，三年期、五年期、约七年期的租约占比分别为11.3%、42%、46.7%。已签约企业包括汇丰银行、民生银行、中国联通、广发证券等大型企业和单位，资质优良，覆盖银行、保险、现代物流、信息科技、文化产业、专业服务等多个产业领域。

点评

鹏华前海万科REIT首次使用公募基金作为发行载体，是类REITs产品在流动性上实现的重大突破，为中国境内公募REITs模式的选择提供了可行思路。按照现行规则，公募证券投资基金只能投资于标准化证券产品，并且存在“双十限制”。鹏华前海万科REIT作为封闭式基金，将不超过50%的基金资产投向非上市公司的股权，在资产类别上获得了监管部门的批准，具有重要的试点意义。同时，在基金募集过程中引入前海金控作为基石投资者和投资顾问，体现PPP的创新模式，即前海管理局推出土地资源，万科控股作为项目建设与运营管理人，鹏华前海万科REIT作为公众持有平台，使公众投资者能够分享不动产资产的运营收益。

鹏华前海万科REIT为了在现有的法律框架下实现公募，不动产资产并不是鹏华前海万科REIT的主导基础资产，其投资于不动产资产的比例不超过基金资产的50%，其他则投资于固定收益类证券和股票，以至于产品的主要收益并不是来源于不动产资产。另外，鹏华前海万科 REIT 持有的不动产资产并不是商业物业的产权，而是一个有固定期限（10 年）的 BOT 项目收益权。该资产的投资收益只是商业物业的租金收益，不包括物业增值部分。因此，鹏华前海万科 REITs 体现了 REITs 的金融属性，未完全体现 REITs 的不动产属性。BOT 项目有固定期限，鹏华前海万科 REITs 本质上是一个债权性质的产品，而不是权益类产品。

案例 7

越秀 REIT——中国境内首只在境外上市的 REITs

越秀房地产投资信托基金（后简称越秀 REIT）于 2005 年 12 月 21 日在香港上市，是境外首只投资于中国境内物业的上市 REITs。

背景

改革开放初期，广州市政府在香港设立越秀企业（集团）有限公司，作为联通境内外的商贸平台。1992 年 12 月，越秀集团旗下以房地产开发为核心业务的越秀地产有限公司（上市时，公司名称为越秀投资有限公司）在香港上市。越秀地产上市后，一直存在财务窘迫问题，为此，2001 年 9 月，在原国家计委批准下，越秀集团收购了同为广州市政府持有的广州城建集团 95% 的股权。随后对旗下子公司进行了重组。重组后，越秀集团子公司广州城建集团 BVI（英属维尔京群岛注册的 BVI 公司）通过子公司 Acon BVI 持有广州城建集团 95% 的权益。位于广州市的财富广场、城建大厦、维多利广场以及白马广场成为广州城建集团及广州城建集团 BVI 旗下公司的优质资产。

2002 年 12 月，越秀集团将广州城建集团 BVI 公司 100% 的权益转让给越秀地产，以优化重组结构，获得境外资产的青睐。至此，越秀地产间接持有广州城建集团 95% 的股权及白马大厦 100% 的股权，广州城建集团其余 5% 的股权仍由广州城建集团持有。2004 年至 2005 年

10月，越秀地产通过广州城建集团BVI在境外设立了4家全资BVI公司，即柏达BVI、金峰BVI、福达BVI及京澳BVI，分别受让了白马大厦、财富广场、城建大厦与维多利广场。

2005年之前，根据《房地产投资信托基金守则》的规定，在香港上市的REITs只能投资香港物业，因此在2005年以前，香港只有一家投资香港本地社区商业的REITs领汇（现更名为领展）REIT上市。2005年该守则得到修订，允许在香港上市的房地产基金投资世界各地的房地产。越秀集团根据2005年修订后的规则，将原拟定在新加坡上市的安排调整为在香港上市。2005年12月21日，越秀REIT在香港联交所成功上市，成为首只以中国境内房地产物业为基础资产的REITs。

产品

经过企业重组、资产重组等一系列操作，越秀投资成立基金资产管理人——越秀REIT资产管理有限公司，同时越秀投资选择汇丰机构信托服务（亚洲）有限公司作为越秀REIT的受托人，由汇丰机构信托服务公司在香港设立全资子公司越秀REIT（控股）有限公司。最终，越秀REIT在各机构的共同努力下顺利完成发行。越秀REIT发行时的交易结构如图例7.1所示。

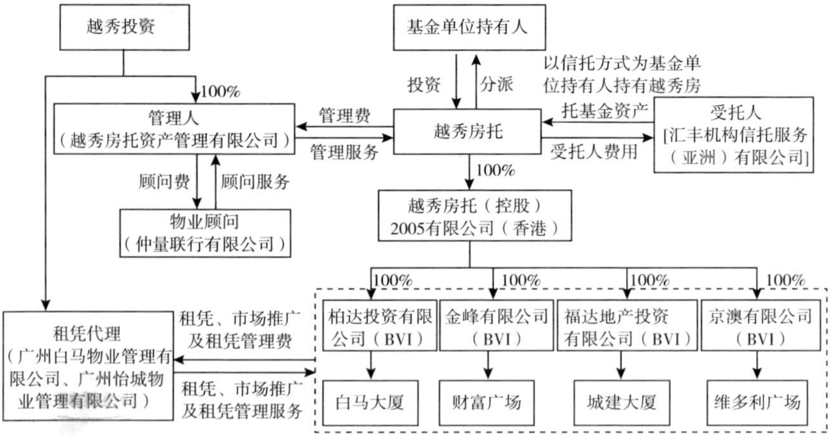

图例7.1　越秀REIT发行时的交易结构

上市基金单位10亿个，向公众募集资金17.9亿港元，公开发售获得495倍的超额认购，国际配售也超额73倍，最终以上限定价，每基金单位3.075港元。越秀REIT发行时的产品要素见表例7.1。其中，联席全球协调人为香港上海汇丰银行有限公司、花旗环球金融亚洲有限公司、星展银行有限公司，主要负责对接全球投资者，承担产品的发行销售工作。星展银行作为财务顾问还负责越秀REIT的产品设计、交易所发行等工作的统筹协调。管理人为越秀REIT资产管理有限公司，负责基金的投资及融资策略、资产增值、收购及发售政策，以及旗下物业的整体管理。受托人为汇丰机构信托服务（亚洲）有限公司，是香港上海汇丰银行有限公司的全资附属公司，受托对房托资金进行管理，保证资金的安全。租赁代理为广州白马物业管理有限公司及广州怡城物业管理有限公司，负责向越秀REIT提供租赁、市场推广及租赁管理服务。物业顾问为仲量联行有限公司，可应管理人要求，为管理人筛选、评估、买卖物业提供指导，为管理人员工提供资产管理及物业管理相关事项的培训等。

表例7.1　越秀REIT发行时的产品要素

产品要素	具体内容		
产品名称	越秀房地产投资信托基金		
发起人	广州市越秀区城市建设开发集团有限公司		
联席全球协调人	香港上海汇丰银行有限公司、花旗环球金融亚洲有限公司、星展银行有限公司		
上市代理人	香港上海汇丰银行有限公司		
财务顾问	星展银行有限公司		
受托人	汇丰机构信托服务（亚洲）有限公司		
管理人	越秀REIT资产管理有限公司		
物业顾问	仲量联行有限公司		
租赁代理机构	广州白马物业管理有限公司、广州怡城物业管理有限公司		
上市时间	2005年12月21日		
发行价格	3.075港元/基金单位		
募资总额	17.9亿港元		
发行对象	越秀投资	越秀集团	公众投资者
发行基金份额	313 280 495	8 073 585	678 645 920
基金份额占比	31.3%	0.8%	67.9%

上市之初，越秀 REIT 的目标资产为位于广州市区核心地段的白马大厦、财富广场、城建大厦和维多利广场 4 处物业。随着优质资产的持续注入，越秀 REIT 的资产组合中新增广州地标且为全球十大高楼之一的广州国际金融中心、上海越秀大厦、位于武汉的越秀财富中心和位于杭州的维多利广场 4 处高品质物业，截至 2019 年 6 月 30 日，越秀 REIT 旗下 8 处物业资产的总建筑面积达 96.95 万平方米，可租面积为 63.29 万平方米，平均出租率达到 90.5%，物业总估值 347.92 亿元。物业类型包括服装专业市场、甲级写字楼、多功能商务写字楼、零售商业、酒店、服务式公寓等。自上市以来，越秀 REIT 的基本经营情况和年度重大事项见表例 7.2。越秀 REIT 各资产近况见表例 7.3。

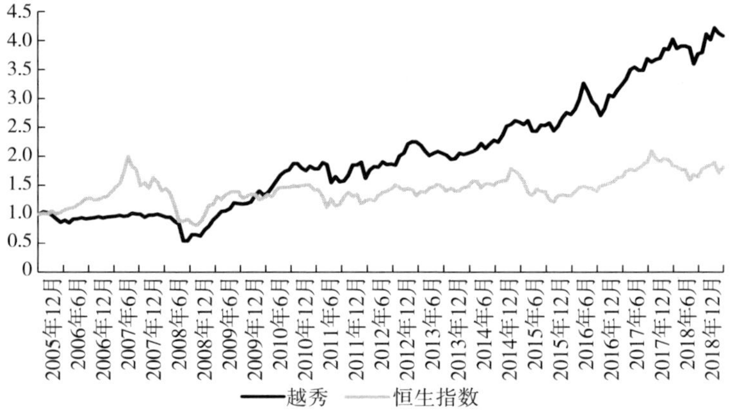

图例 7.2　越秀 REIT 累计收益率与恒生指数累计收益率

资料来源：彭博。

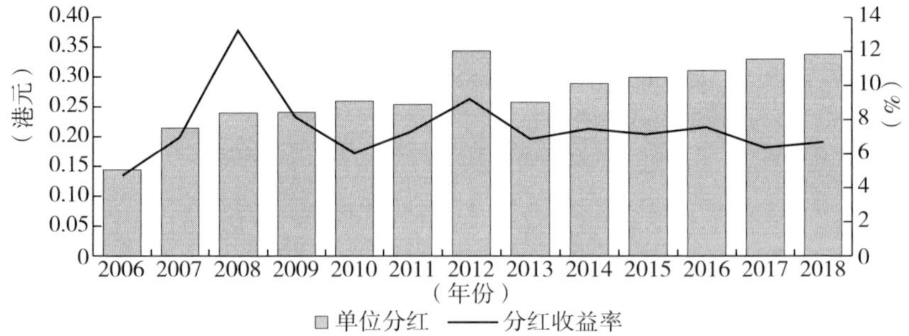

图例 7.3　越秀 REIT 单位分红与分红收益率

资料来源：彭博。

表例 7.2　越秀房托的基本经营情况和年度重大事项

年份（年）	营业收入（亿元）	物业数量（个）	物业建筑面积（万平方米）	物业估值（亿元）	基金可分配总额（亿元）	重大事件
2006	3.7	4	16.1	42.6	2.1	
2007	3.8	4	16.1	44.0	2.1	
2008	4.4	5	22.4	50.4	2.3	2008 年 6 月，越秀房托管理人完成向母公司越秀投资收购越秀新都会，令物业组合面积增加 38.5%。2008 年 7 月，越秀房托通过公开拍卖购入财富 1 701（财富广场东塔 17 楼单位），扩大了物业组合规模
2009	4.7	5	22.4	50.8	2.2	
2010	4.8	5	22.4	54.3	2.2	
2011	5.2	5	22.4	64.7	2.3	
2012	7.1	6	68.1	223.3	4.0	越秀房托完成对广州国际金融中心的收购，本次交易是越秀房托自 2005 年上市以来最具影响力的事件，使基金资产实现里程碑式的重大跨越。交易后，基金的资产规模迅速扩大，资产总额从年初的约 74 亿元达到年末的约 249 亿元，增长 237.3%，在亚洲房托基金中位居前列。交易丰富了基金的物业组合和经营类别，增加了酒店、服务式公寓等新元素，降低了原物业组合中批发市场的比重，收入来源更加多元。交易后，基金单位总数从 10.7 亿个增加到 27.4 亿个
2013	13.7	6	68.1	227.5	6.0	
2014	15.7	6	68.1	235.7	6.6	
2015	17.1	7	74.3	275.7	7.0	以 26.27 亿元收购上海浦东竹园 CBD 核心地段的优质物业宏嘉大厦（上海越秀大厦），这是越秀房托自 2005 年上市以来，首度在广州市以外的区域实现资产收购

续表

年份（年）	营业收入（亿元）	物业数量（个）	物业建筑面积（万平方米）	物业估值（亿元）	基金可分配总额（亿元）	重大事件
2016	18.4	7	74.3	286.6	8.3	
2017	18.5	8	99.1	322.5	8.3	将越秀地产开发的武汉越秀财富中心注入越秀房托。越秀地产宣布出让武汉物业67%的股权给越秀房托，转让项目股权贷款的代价协定为22.81亿元。物业具体包括武汉越秀财富中心、星汇维港购物中心及1 000多个停车位，总估值为35.87亿元，协定收购金额22.81亿元，较按比例计24.03亿元（67%）折让约5.1%。项目办公用途的建筑面积为12.94万平方米、零售用途建筑面积为4.36万平方米
2018	20.3	8	97.0	339.7	8.5	
2019 H1	10.00	8	97.0	347.9	4.2	

资料来源：越秀房托年报。

表例7.3　越秀房托各资产近况

物业名称	类型	位置	建成年份（年）	建筑面积（平方米）	可出租面积（平方米）	物业出租率（%）	租金［元/（平方米·月）］	2018年营业收入（百万元）	2019.6.30估值（亿元）
白马大厦	批发商场	广州越秀区	1990	50 199.3	50 128.9	100.0	632.2	189.9	51.62
财富广场	甲级写字楼	广州天河区	2003	41 355.2	41 355.2	99.6	155.2	37.8	12.20

续表

物业名称	类型	位置	建成年份（年）	建筑面积（平方米）	可出租面积（平方米）	物业出租率（%）	租金［元/（平方米·月）］	2018年营业收入（百万元）	2019.6.30估值（亿元）
城建大厦	甲级写字楼	广州天河区	1997	42 397.4	42 397.4	95.9	139.1	33.4	9.88
维多利广场	零售商场	广州天河区	2003	27 698.1	27 262.3	99.4	242.9	35.0	9.59
广州国际金融中心	商业综合体	广州天河区	2010	457 356.8	230 266.9	95.3	218.3	545.3	188.91
其中：	甲级写字楼			267 804.4	183 539.6	94.6	235.4	—	—
	零售商场			46 989.2	46 727.3	98.0	153.5	—	—
	酒店			91 460.9	—	—	—	—	—
	服务式公寓			51 102.3	—	—	—	—	—
越秀大厦	综合商务楼	上海浦东新区	2010	62 139.4	46 026.3	95.0	272.5	69.9	32.09
武汉物业	商业综合体	武汉硚口区		248 194.2	172 993.3	74.3	83.2	55.1	37.55
其中：	甲级写字楼		2016	139 937.1	129 446.7	65.8	98.3	—	—
	零售商场		2015	45 471.4	43 546.6	99.6	53.6	—	—
	商用停车位		2015—2016	47 182.9	—	—	—	—	—
	住宅停车位		2014—2016	15 602.8	—	—	—	—	—
杭州维多利中心	甲级写字楼	杭州江干区	2017	40 148.4	22 484.8	96.7	113.7	—	6.08
合计	—	—	—	969 488.8	632 915.1	90.5	215.4	1 002.8	347.92

资料来源：越秀房托年报。

越秀 REIT 累计收益率与恒生指数累计收益率如图例 7. 2 所示。越秀 REIT 单位分红与分红收益率如图例 7. 3 所示。自 2005 年 12 月上市至 2019 年 6 月，越秀 REIT 的总收益率达 306%，平均年复合收益率为 11%，市场表现显著优于恒生指数。分阶段来看，受 2007—2008 年美国次贷危机影响，市场避险情绪较浓，REITs 资产普遍呈大幅下跌趋势，越秀 REIT 在此期间的表现弱于恒生指数。2009 年后，全球股票市场开始复苏，伴随着越秀 REIT 优质资产的持续注入，价格表现持续优于恒生指数。2006—2018 年，越秀 REIT 的年均单位分红为 0. 27 港元，年均分红收益率为 7. 53%，呈现出良好的分红特性。

点评

越秀 REIT 作为中国境内第一只在香港成功发行的 REITs，具备里程碑式的标志意义。越秀集团在发行 REITs 过程中积累的一系列实践经验，对中国境内 REITs 市场的发展具有宝贵的参考价值。

一方面，越秀 REIT 委托专业管理人进行物业资产的运营管理，获取租金收入和其他资产运营收入，将扣除相关税费、运营成本和物业运营管理费后的净现金流的 90% 以上分配给投资者，上市 15 年来，年均分红收益率超过 6%；另一方面，越秀 REIT 积极寻找优质物业资产并购交易机会，持续提升物业资产组合的品质和运营管理能力。越秀 REIT 通过与越秀地产相互配合，形成了独特的“开发 + 运营 + 金融”商业模式，越秀地产负责土地储备、地产开发与运营，其后将已证券化的项目注入越秀 REIT。这样，越秀地产可以借助资本市场加速商业项目的开发与资金流转，既可以尽快回笼资金，又可以继续以 REITs 持有人身份享受商业地产增值的红利，从而免去重资产的资金积压。

案例 8

领展 REIT——香港首只公募 REITs

领展房地产投资信托基金（后简称领展 REIT），之前的名称为领汇房地产投资信托基金，于 2005 年 11 月 25 日在香港上市，是香港首只房地产投资信托基金。

背景

领展 REIT 的成立源自香港房屋委员会（简称房委会）出售资产，缓解资金压力的商业动机。香港房委会成立于 1973 年，主要职责是为低收入市民提供租金廉价的公屋，以及售价较低的居屋，同时提供相应的商场、街市和停车场等设施，以方便市民生活。香港房委会致力于促进香港住房保障体系的完善，保障安定，缩小贫富差距，取得了相当不错的成绩。但由于“香港公屋计划”需要耗费大量的政府开支，随着时间的推移，财政压力不断增加。此后，再加上亚洲金融风暴和“非典”疫情的影响，特区政府决定停建和停售公屋，香港房委会资金难以回笼。而对于商场、停车场等设施，香港房委会作为政府部门难以采取灵活的商业手段对其进行管理和运营，从而进一步导致香港房委会内部年年亏损，赤字巨大。为了缓解这一巨大的财政压力，香港房委会决定分拆出售部分商业性质的零售和停车场资产，成立香港首个房地产投资信托基金——领展 REIT。

领展 REIT 在这样的背景下成立，该背景赋予领展 REIT 两大任务：一是，香港房委会赤字巨大，通过将旗下物业打包出售，成立领展 REIT 来缓解自身的财政压力；二是，香港房委会的低效运营导致这些资产购物环境差、租金低廉、经营不善，领展 REIT 需要对这些物业进行私有化经营，使其自负盈亏，改善经营状况，为民众提供更好的购物环境，同时使既有资产升值。上市前，香港房委会拥有 180 余个位于香港的商场和停车场项目，拥有香港最大份额的零售设施。此后，香港房委会将此类物业打包交由领展 REIT 统一管理，并于 2005 年 11 月 25 日在香港联交所挂牌上市，成为香港第一家房地产投资信托基金。

产品

领展 REIT 采用契约型 REITs 结构，发起人为香港房委会。截至 2019 年 9 月 30 日，领展 REIT 的投资组合包括 131 个物业，分布在中国香港以及内地的 5 个城市，组合估值 2 180 亿港元，市值 1 786 亿港元。领展 REIT 是香港市场最大的 REIT，其市值规模占 H-REITs 市场总规模的 56%。

领展 REIT 成立之初，香港房委会成立了专门的控股公司 HoldCo（下设子公司 FinanceCo 和 PropCo），通过收购协议将基础物业资产剥离到 PropCo，使其仅拥有准备进行证券化的物业资产。根据收购协议，HoldCo 将于领展 REIT 上市之日收购 PropCo 的全部股份，PropCo 成为 HoldCo 的全资子公司。PropCo 向香港房委会购买有关物业，支付基金发行所募集的资金作为对价。

领展 REIT 的载体是特殊目的信托。香港房委会下属的领展资产管理有限公司与汇丰机构信托服务（亚洲）有限公司签订信托协议，以香港房委会准备证券化的 180 个零售物业和停车场设施为基础资产成立领展 REIT，汇丰机构信托服务（亚洲）有限公司为受托人。领展 REIT 上市募集到资金后，向香港房委会收购 HoldCo 及领展资产管理有限公司的全部股份。领展 REIT 行使超额配售权后，香港房委会不再持有领展 REIT 的基金份额。

汇丰机构信托服务（亚洲）有限公司作为受托人，在领展 REIT 完成上述收购后，根据信托协议代表基金单位持有人全面负责保管领展 REIT 的基础资产，实际收益权归领展 REIT 单位持有人。经过上述操作，领展 REIT 实现了两层风险隔离：一是破产隔离，发起人向领展 REIT 真实转让底层资产的所有权，实现了原始权益人与资产的隔离；二是风险隔离，受托人接受托管资产后，再委托领展资产管理有限公司专职管理，使该资产与受托人的其他资产隔离开，实现受托人与管理人在房托经营管理上的相互独立。

此外，领展 REIT 还引入了策略伙伴新加坡嘉德置地有限公司（即现在的凯德集团）。管理人领展资产管理有限公司委聘策略伙伴在有需要时向其提供管理顾问服务，就基金及组合管理、资产及物业管理、企业管理、内部控制程序、资本结构管理、会计及财务等各个方面给予管理人相应的指导和建议，为期 5 年。同时，为了保证凯德集团利益与领展 REIT 利益的一致性，凯德集团认购了 1.8 亿美元的基金份额，占基金发行总额的 4.25%。

领展 REIT 发行的是权益类 REITs，投资者认购领展 REIT 后通过受托人和管理人拥有领展 REIT 资产的实际所有权，获得领展 REIT 所包含物业的真实产权以取得经营收入，收入的主要来源为房产租金和停车场收费。领展 REIT 设立时的产品结构如图例 8.1 所示。

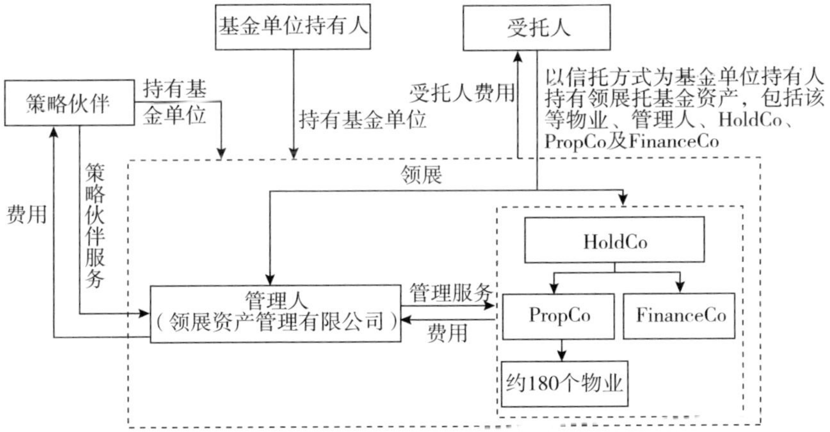

图例 8.1　领展 REIT 设立时的交易结构

资料来源：领展 REIT 招股说明书。

香港房委会置入领展 REIT 的物业组合，包括 149 个综合零售物业设施及停车场、2 个独立零售物业设施及 29 个独立停车场，物业总面积 96 万平方米。目前，领展 REIT 的物业组合遍及香港、北京、上海、深圳和广州，物业组合估值 2 180 亿港元，包括香港 126 个共计约 74. 3 万平方米的零售物业，以及内地 5 个共计约 46. 5 万平方米的零售与写字楼物业。此外，还对 78 个项目进行了资产提升，资产收购金额达 420 亿港元。在香港零售地产以及 REITs 市场中占据重要地位。如图例 8. 2 所示，当前领展 REIT 资产组合涉及零售、写字楼和停车场，并扩大了在内地的资产持有份额。

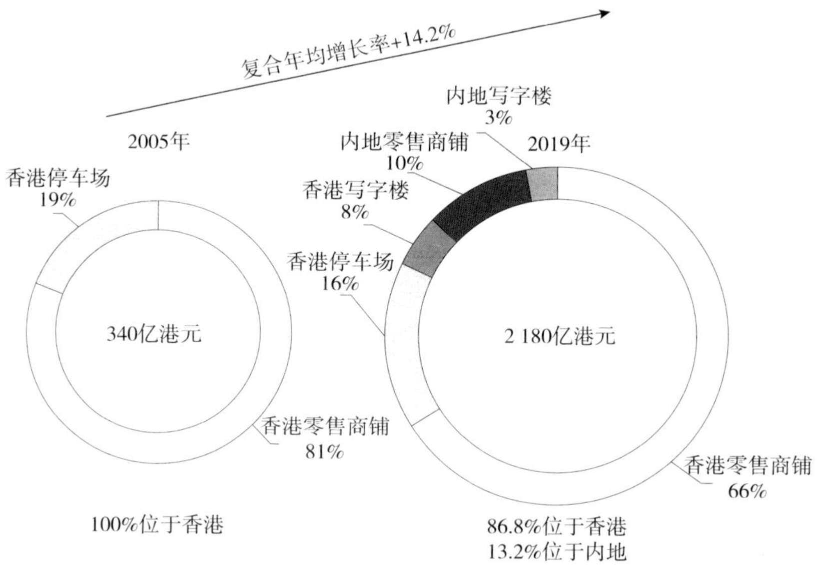

图例 8. 2　领展 REIT 2005 年及 2019 年的物业组合（按资产估值）

领展 REIT 在经营层面主要包括资产管理、资产提升和资产收购出售三大业务。领展 REIT 的资产管理主要围绕两大策略展开：租赁策略和物业管理策略。租赁策略是领展 REIT 优质资产管理中的重要一环，通过提升购物环境、提高服务质量来满足顾客需求，以达到维持强劲的续租租金调整率，改善租用率，提升行业组合的目的。物业管理策略旨在通过改善物业管理服务，提高商场管理水平，持续进行硬件升级等措施，达到控制成本，节省能源，提升业务毛利的目的。资产提升主要包括两部分内容：一是活化商场，如改善购物环境，改善交通/人流等；二是对商场进行重新定位，引入多样化选择，调整行业组合以迎合市场需求。

资产收购与出售的目的是优化物业组合，增添具有收入及资本增长潜力的优质资产。例如，2014 年，领展 REIT 第一次出售商业物业，以 29.56 亿港元的价格出售兴田商场、葵兴商场等 9 处物业；2015 年 4 月和 2015 年 8 月，领展 REIT 分别完成收购北京欧美汇购物中心和上海企业天地 1 号及 2 号；2015 年 12 月，领展 REIT 出售 5 处物业，此后，又分别于 2016 年 3 月 31 日和 2016 年 4 月 11 日再次出售 9 处物业，通过出售非核心资产，持续精简物业组合；2017 年 4 月 9 日，领展 REIT 以 40.65 亿元全面收购广州荔湾区西城都荟广场；2018 年 11 月，领展 REIT 以 25.6 亿元购入位于北京的京通罗斯福广场；2019 年 2 月，领展 REIT 以 66 亿元收购深圳福田核心商区新怡景商业中心。

领展 REIT 一直秉承稳健的经营理念，平均财务杠杆率为 16% 左右。领展 REIT 的总收入平稳增长，领展 REIT 2018/2019 财年的总收入为 100.37 亿港元，其中租金收入占 95% 以上。如图例 8.3 所示，从 2010/2011 财年到 2018/2019 财年，领展 REIT 的租金收入增长了 90.3%。租金收入的增长来源于经常性租金收入的温和上涨以及不断创新高的租金调整率。2010—2019 年，领展 REIT 的物业净利润（NPI）从 36 亿多港元增加到近 77 亿港元，增加了 2 倍多，年均净利润率保持在 72% 以上，反映了良好的经营绩效。

领展 REIT 累计收益与恒生指数累计收益如图例 8.4 所示。领展 REIT 单位分红与分红收益率如图例 8.5 所示。自 2005 年 12 月上市至 2019 年 6 月，领展 REIT 的收益率达 1 102%，平均年复合收益率为 20.2%，市场表现显著优于恒生指数。2006—2018 年，领展 REIT 的单位分红稳定增长，2006 年的单位分红为 0.55 港元，2018 年为 2.58 港元，平均增长率为 14%。在此期间，领展 REIT 的年均分红收益率为 4.09%。领展 REIT 在分红和股价增值上都有优异的表现。

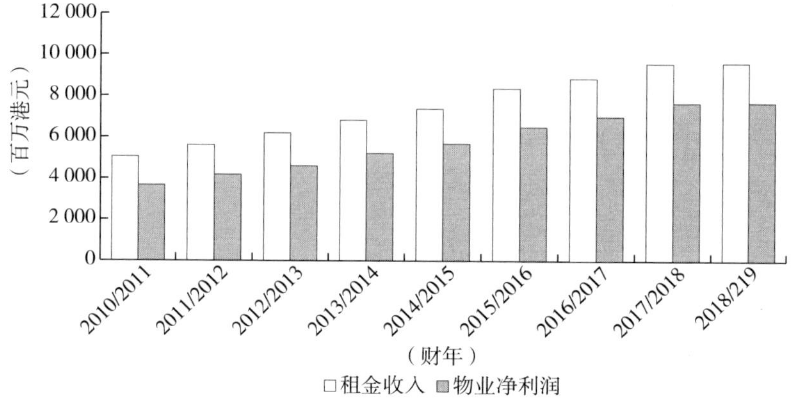

图例 8.3　领展 REIT 租金收入与物业净利润

资料来源：彭博。

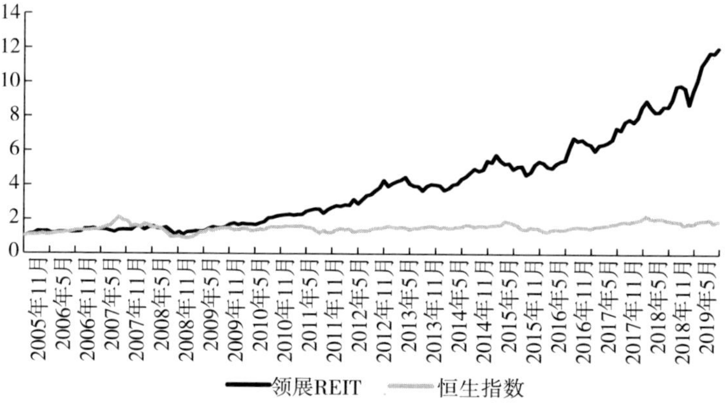

图例 8.4　领展 REIT 累计收益与恒生指数累计收益

资料来源：彭博。

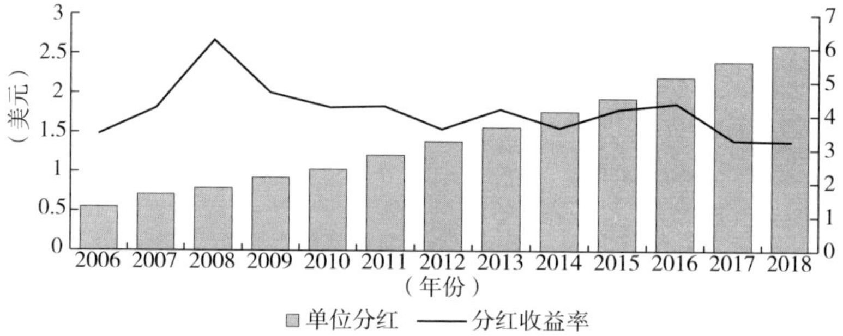

图例 8.5　领展 REIT 单位分红与分红收益率

资料来源：彭博。

点评

领展 REIT 凭借其稳健的经营树立了行业标杆，成为香港最具代表性的 REITs。领展 REIT 完全由个人和机构投资者持有，公众持股量达 100%，在股权分散的情况下，展现了良好的公司治理。领展 REIT 的价值增值得益于旗下持续、稳定、高收益的物业组合。2014 年之前，领展 REIT 的物业主要为香港房委会公屋和居屋的配套，包括超市、熟食档、街市等，为低收入群体提供生活消费产品和服务，经年累月后，存在物业高龄服役、老旧损坏、环境差等问题。领展 REIT 对这些物业进行翻修、重建，强化管理，并进行适当的出售与收购，进而改善内外环境，大大提高物业的布局与流通性，从而满足更多顾客的需求，增加客流量。近年来，由于香港市场的饱和，香港物业资产分布在几个家族企业，难以收购，另外，政策允许领展 REIT 投资内地市场，领展 REIT 选择出售一些效益不好的物业以获取可持续现金流，同时收购一些内地优质物业，进行管理，提升收益。优质物业既能为企业带来稳定的经营收入，又能为企业的运营管理提供新的灵感，进一步提升企业的资产管理能力，从而创造出更高的价值。

案例 9

砂之船 REIT——亚洲首家奥特莱斯 REITs

砂之船房地产投资信托基金（后简称砂之船 REIT）于 2018 年 3 月 28 日在新加坡交易所主板上市，是亚洲首只基础资产在中国境内的奥特莱斯 REITs。

背景

奥特莱斯（Outlet）首创于美国，是工厂尾货的直销点，随着业务的扩大，逐渐成长为大型购物中心，主要销售过季、断码或下架的名牌乃至奢侈品牌商品。其以低价与名品的结合见长，该业态对中等收入群体具有较高的依赖性。近 20 年来，中国中等收入群体的数量与收入下限出现快速增长，奥特莱斯这种零售模式因此具备了一定的发展基础。具体来看，奥特莱斯在中国还受以下几个方面影响。

一是，消费升级趋势下对名品的需求扩大，有利于奥特莱斯的发展。从需求端看，居民消费结构的变化主要受收入水平、消费支出偏好和价格水平 3 类要素的影响。随着居民收入水平的提高以及财富总量的累积，消费支出的配比以及不同商品和服务的支出比例发生了变化，对消费品的需求逐渐从满足基本的生存需要转换到享受型消费，表现为对高品质、品牌化以及创意类商品与服务的追求。奥特莱斯的增长动力还来自自身的供给量，与发达国家比，中国名品折扣的供应数量不足。美国奥特莱斯商场的密度为每百人 2.4 平方米，而中国仅有 0.4 平方米。随着中国中产阶层可支配收入的增加，中国奥特莱斯有望在2030年超过美国成为全球第一，达到总销售额6 400亿元。①

二是，电商平台蓬勃发展，奥特莱斯模式受到一定挑战。按零售平台的空间位置划分，中国大型零售平台可以分为3类：位于市中心的商场、超市大卖场或商业综合体，位于市郊的奥特莱斯，以及搭建在网络空间的在线购物平台。这3类平台最显著的区别在于，因空间位置与产品服务的不同导致优劣势不同。例如，超市大卖场通常位于人流密集、交通便利的城市中心，商品品类丰富，可以满足大多数人的日常吃穿住行需求，但缺点是同类产品的价格相对较高，且以大众品牌为主。在线购物平台以网络为媒介，打破了交易的时空限制，降低了一系列交易成本，可以触达数以亿计的买卖双方，对消费者来说极其便利、快捷，但由于不能面对面交易，存在产品质量与售后无法保障的隐忧。奥特莱斯以奢侈品和高端品牌为主，并且实行常年低价折扣策略，对于对品牌品质有需求且追求较高性价比的消费者来说，是更合适的消费场所，但缺点是，奥特莱斯通常建在城郊，交通不方便，且产品的品类有限。鉴于越来越多的奢侈品牌开启了在线平台，或与国内知名电商平台展开合作，奥特莱斯的取胜优势将聚焦在舒适的购物体验上，线下商场可以为消费者提供真实的产品触感、试用和解说，并可立即提货，增强线下购物的满足感。

产品

砂之船REIT的基础资产为奥特莱斯形态的零售商场，当前组合内的4家奥特莱斯物业分别位于重庆、璧山、合肥和昆明，2018年年底的估值为78.1亿元，较上市时增长6%。2019年前三季度的租金收入为8 984万新元，物业净利润为2 719万新元，股息率为6.53%。负债率在32.85%左右，单位净值为0.85新元。

砂之船REIT的发起人是砂之船开曼控股有限公司（Sasseur Cayman Holding Limited）。受托人是新加坡星展信托有限公司。星展信托有限公

① 该观点来自砂之船招募说明书。

司以信托形式持有砂之船 REIT 资产，主要职责包括维护基金持有人的权益，行使受托人的权力，并保障 REIT 组合中基础资产的收益。基金管理人是砂之船资产管理有限公司（Sasseur Asset Management Pte Ltd.）。该公司是发起人的间接全资子公司。基金管理人受受托人星展信托委托，负责管理砂之船 REIT 的资产与负债，向受托人制定、建议投融资战略，其决策最终决定基金持有人的收益。当前砂之船 REIT 的前五大基金持有人如图例 9.1 所示，最大持有人为砂之船开曼控股（Sasseur Cayman Holding Ltd.），截至2019 年3 月11 日，其持有砂之船 REIT 56.95% 的份额。其余为公众投资者持有，所持份额与第一股东相差较大，第二大持有人为 Meritz Fire & Marine 保险，持有 4.37% 的份额。

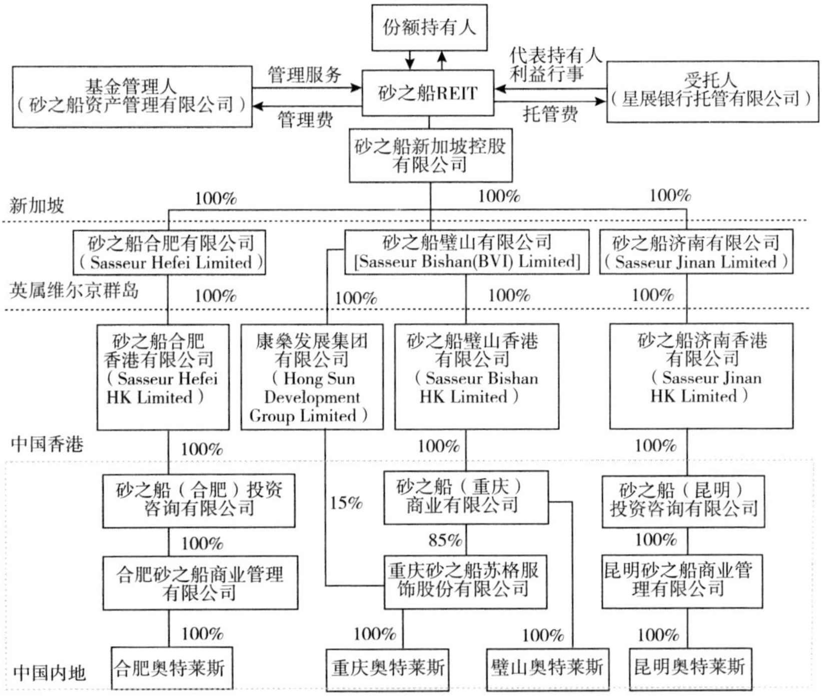

图例 9.1　砂之船 REIT 上市时的交易结构

由于砂之船 REIT 的基础资产位于中国境内，上市地点在新加坡，为满足不同借贷机构的权益要求，降低融资成本以及基于税收优化的考量，砂之船 REIT 分别在新加坡、英属维尔京群岛、中国香港和中国内地 4 个地域设立了 4 级特殊目的载体。砂之船 REIT 在新加坡成立了一个全资子公司砂之船新加坡控股有限公司（Sasseur Singapore Holdings Pte. Ltd.），收购了英属维尔京群岛三家项目公司的全部股份，这三家项目公司又全资控制着香港 4 家中间控股公司，由香港控股公司中的 3 家全资持有中国内地的 3 家外商独资公司——砂之船（昆明）投资咨询有限公司、砂之船（合肥）投资咨询有限公司以及砂之船（重庆）商业有限公司。合肥与昆明的外商独资公司下又各设立 1 家全资持有的项目公司合肥砂之船商业管理有限公司与昆明砂之船商业管理有限公司，再分别持有合肥与昆明砂之船奥特莱斯商场。璧山奥特莱斯商场则由中国内地外商独资企业砂之船（重庆）商业有限公司直接持有，后者与另一家香港中间控股公司康燊发展集团有限公司各出资 85% 和 15% 组成重庆砂之船苏格服饰股份有限公司，最终持有重庆奥特莱斯商场。

在砂之船 REIT 的结构中还存在委托经理（Entrusted Manager）的角色，由发起人的全资子公司砂之船（上海）控股有限公司担任。委托经理根据发起人与受托人、基金经理签订的主委托管理协议（Master Entrusted Management Agreement，简写为 MEMA），委托经理代表中国物业管理公司对物业进行直接管理，包括物业运营中涉及的租赁、营销、开发、维修等服务。最重要的是，根据委托管理协议，砂之船（上海）控股提供管理服务，收取租金收入，并支出与物业运营有关的费用。

根据主委托管理协议，4 家奥特莱斯商场的商户与砂之船 REIT 直接签署租赁协议，租金由砂之船 REIT 收取，统一放在 REIT 账户。这一安排保障了分派资金的安全性，受到新加坡交易所的认可，成为与新加坡交易所签署该协议的第一个 REITs。砂之船奥特莱斯的平均租期为 1.3 年左右，远低于正常零售商场的租期，租期过短客观上存在资金错配和短缺的风险，收入的稳定性差。为解决这一问题，砂之船 REIT 的收入包括两部分，一是固定收入，每年提高 3%，为砂之船

REIT 的收益提供最基础的保障；二是浮动收入，与每个租户的销售额挂钩，使砂之船 REIT 投资者享受销售增长的超额收益。这一设定有助于提高物业的销售额。砂之船 REIT 基础资产的组合概览见表例 9.1。

表例 9.1　砂之船 REIT 基础资产的组合概览

	重庆砂之船	璧山砂之船	合肥砂之船	昆明砂之船	总计/平均
建筑面积（平方米）	73 373.4	68 791.4	141.181.7	88 256.8	371 603.3
可出租面积（平方米）	50 885	45 308	144 583	70 067	312 844
出租率（%）	100	91.9	95	94.8	95.4
入住租户数（家）	435	212	336	251	1 234
停车位数量（个）	500	400	1 566	2 000	4 466
开业时间	2008 年 9 月	2014 年 10 月	2016 年	2016 年	—
估值（百万元，2018 年 12 月 31 日）	2 901	790	2 624	1 495	7 810
2019 年一至三季度销售额（百万元，同比变动）	1 669（+8.9%）	332.3（32.7%）	802.5（28.8%）	674.3（44.4%）	3451.1（+20.9%）

注：本表除特殊标注外，数据均截至 2019 年 9 月 30 日。

砂之船 REIT 的资产组合是位于中国内地的 4 个奥特莱斯商场，分别在合肥、重庆、璧山和昆明。上市时的估值约为 73.4 亿元，建筑面积近 37.2 万平方米，可出租面积共计约 30.46 万平方米，上市时的平均出租率为 95.1%。截至 2019 年 9 月 30 日，砂之船 REIT 的平均出租率为 95.4%，入住租户数量为 1 234 家，2018 年年底的估值增长到 78 亿元。

国际上常见的奥特莱斯通常为一层的步行街形式，这一设计的初衷是，奥特莱斯的定位在品牌折扣，最早甚至就是一家工厂店，工厂店旁边就是该品牌的仓库，因此消费者来此的目的就是快速购物，然后快速离开，停留时间短，通常这些奥特莱斯除了服饰门店外，不再提供其他类型的服务。为更好地提供全面的购物娱乐体验，砂之船REIT 的奥特莱斯的运营模式为“1 + N”超级奥特莱斯模式，其中“1”代表奥特莱斯购物核心业务，如各类服装品牌折扣店，“N”反映由购物中心运营的每个奥特莱斯购物中心提供的各种生活方式选择，如娱乐和文化活动、食品和饮料、运动与健康、儿童保育中心、体育馆、生态活动（如农场）和家具店等。通过“N”多样化场景，打造具有社交属性的新型线下生态圈，将奥特莱斯从纯粹的零售场所转化为具有购物和生活方式的目的地，从而吸引更多顾客。这也是砂之船奥特莱斯与线上线下同行竞争的重要内在化差异点。通过这一设计，砂之船奥特莱斯不仅保留了传统奥特莱斯的品牌和低价优势，还带入了体验式消费，有效延长了消费者的停留时间，提高了消费的愉悦感，增强了消费黏性。从砂之船 REIT 的年报来看，多元化的服务受到消费者的认可。

为顺应消费喜好的变化和趋势，砂之船奥特莱斯建立了自己的时尚零售品牌数据库，约 1 770 个。数据库分为 3 类。一是砂之船奥特莱斯现有的品牌数，约 670 个品牌；二是达成战略合作伙伴协议的品牌，约 103 个，若砂之船 REIT 运营的奥特莱斯商场符合其开店标准，则该品牌可以在此设店，这类品牌多为国际大牌；三是在砂之船奥特莱斯备选名单上的 997 个品牌，用于卖场空位的替换。砂之船集团每半年会根据市场情况更新品牌数据库，并及时替换业绩不达标的品牌，这也是保证短租期模式下租金收入稳定、充足的重要途径，过去 29 年，砂之船奥特莱斯的年复合增长率实现了 40% 的增长。

当前，砂之船 REIT 将目标指向中国的二线城市，这些城市具备较快的消费增长力，以及名牌商品的缺口。除此以外，二线城市的土地价格便宜，竞争度低，是良好的开发地区。砂之船 REIT 已计划在扬州、兰州等地开设新的店面，并可以优先承购发起人在贵阳、西安等地开设的砂之船奥特莱斯。

砂之船 REIT 的总收入几乎全部来自租金收入（见图例 9.2）。

2018 年后三季度的租金收入总计 444.7 亿元，2019 年前三季度的租金收入总计 455.1 亿，较前三季度小幅上升。每个季度的租金收入稳定，其中，浮动收入部分占总收入的 1/3 左右。图例 9.3 是砂之船 REIT 与新加坡市场具有代表性的大类资产之间派息收益率的比较，从中可以看出，自上市以来，砂之船 REIT 表现出良好的分红特性。

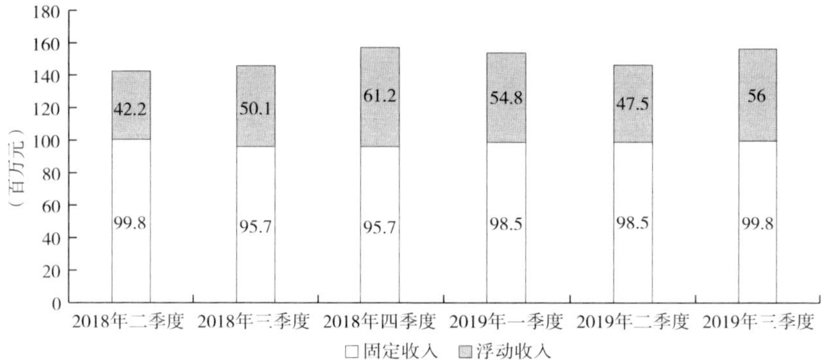

图例 9.2　砂之船 REIT 的租金收入

资料来源：砂之船 REIT 2019 年三季度报告。

注：2019 年三季度委托管理协议（EMA）租金收入包括合肥奥特莱斯店附加商铺的固定收入。

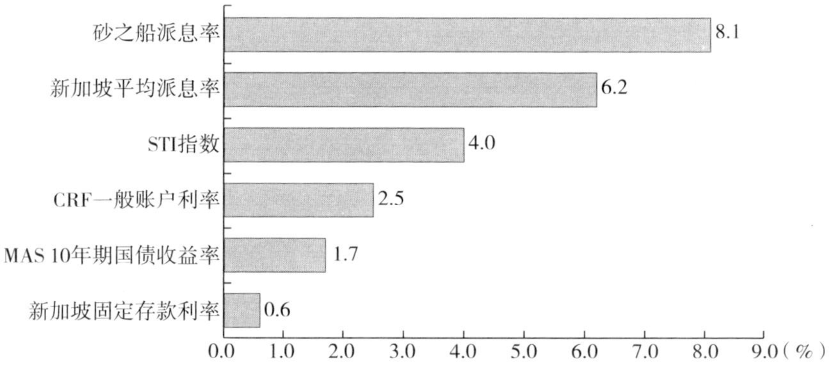

图例 9.3　砂之船 REIT 与新加坡市场具有代表性的大类资产之间派息收益率的比较

资料来源：砂之船 2019 年三季度报告，截至 2019 年 10 月 31 日。

注：新加坡平均派息率指新加坡 44 只 REITs 和房托 12 个月的平均派息率；STI 指数为 12 个月的富时新加坡海峡时报股票平均指数；CPF 指的是新加坡中央公积金（Central Provident Fund）；MAS 指的是新加坡金融监管局（Monetary Authority of Singapore）。

点评

中国境内的商业物业开发已经从追求增量规模转向消化存量的整体调整期。近年来，中国境内经营良好的商业物业，纷纷利用商业房地产抵押贷款支持证券、抵押贷款支持票据（CMBN）等资产证券化工具或类 REITs 工具，打破融资渠道有限的局面，通过金融创新盘活存量，优化资本结构，降低资金成本，实现投资回报价值的提升。砂之船 REIT 在新加坡交易所上市，有利于砂之船集团盘活固定资产，实现轻资产转型，促进公司资本的高效循环利用，同时引入国际先进的资产管理经验，提升企业的管理运营水平。砂之船 REIT 是中国境内奥特莱斯商业资产在国际资本市场按照国际标准发行的第一只 REITs 产品，具有深远的项目示范效应及行业参考价值。

案例 10

凯德商用中国信托——新加坡最大的中国零售 REITs

凯德商用中国信托是新加坡首只，也是最大的投资于中国购物中心的房地产投资信托基金，其资产组合包括 11 家营收型购物中心。凯德商用中国信托于 2006 年 12 月 8 日在新加坡交易所上市，设立目标是长期投资位于中国内地、香港和澳门的多元零售商业资产组合。

背景

受 1997 年亚洲金融危机影响，1998 年下半年新加坡经济及房地产行业进入萧条期。以写字楼为例，1993—1996 年，平均每年新增写字楼需求 23.2 万平方米，1997 年降到 17.7 万 ~ 19.5 万平方米。租金和售价因此出现不同程度的下跌，优质楼盘的租金下跌 3% ~9%，低档楼盘的跌幅更大。为帮助企业渡过难关，新加坡政府采取了一系列旨在降低商业成本的临时性政策。例如，给商业和产业地产 40% 的房产税返还，土地开发可以享受最多 5 年的房产税豁免等。

REITs 制度的推进也是在这一时期。1997 年亚洲金融危机凸显了房地产开发和投资的风险。1998 年，新加坡政府起草了第一套监管房地产投资信托市场的指导方针。1999 年，金融管理局发布了第一版《新加坡房地产基金指引》，规定房地产信托基金可以以公司法人或信托的形式成立并上市，并按照公司制或信托的一般税法原则纳税，可以享受税收优惠。但这一优惠的模糊性仍是房地产开发商参与 REITs

的阻碍。2001 年，新加坡国内税务局（Inland Revenue Authority of Singapore，简写为 IRAS）制定了透明的税收规则，规定 REITs 只要遵守 90% 的分红比例要求，就可以只面向投资者征税，对 REITs 免征所得税，从而避免重复征税的问题。

2002 年，在新加坡金融管理局的主导下，凯德集团成功发行了新加坡第一只房地产信托基金——凯德商用新加坡信托。2004 年，凯德集团与领展房地产投资信托基金（前称为领汇房地产投资信托基金）签订协议，为后者提供5 年的专业咨询服务，随后领展 REIT 成为中国境内首只在中国香港上市的 REITs。2007 年，为实现集团在中国境内的持续发展，凯德集团发行了新加坡第一只完全以中国境内商业地产为基础资产的 REIT——凯德商用中国信托。此后，为拓展全球业务，凯德集团又通过主动发行以及收购兼并，陆续持有了 8 只 REITs 与商业信托。

产品

凯德集团为凯德商用中国信托的发起人。受托人为汇丰银行国际信托服务（新加坡）有限公司［HSBC Institutional Trust Services（Singapore）Limited］，代表出资人实际持有凯德商用中国信托的所有资产，包括所有物业控股项目公司的股份，相应地获得委托费用。基金管理人凯德商用中国信托管理有限公司（Capital Retail China Trust Management Limited）负责凯德商用中国信托的管理，包括投融资、收购和处置资产的决策，收取管理费。项目公司为巴巴多斯、中国香港和新加坡的凯德子公司，通过为中国的项目公司注入资金，间接持有物业资产，获得股利和利息收入。此外，物业管理人——中外合资企业凯德华联商业管理咨询（深圳）有限公司、外商独资企业凯德商用房产管理咨询（上海）有限公司，负责这些物业营销计划的制订、实际租赁的谈判与首付款等所有运营管理，并从项目公司获得管理报酬。图例 10. 1 是凯德中国商用信托的交易结构。

凯德商用中国信托的基金管理人和物业管理人都是凯德集团的子公司。因此，凯德集团通过持有 REITs 获得商业物业部分权益，享有

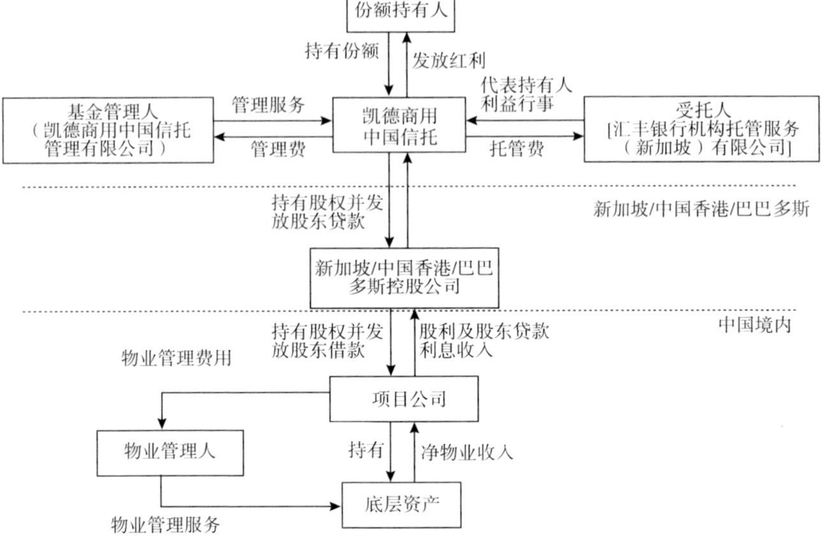

图例 10.1　凯德商用中国信托的交易结构

租金和升值收益，与此同时，还可以通过提供基金管理服务和物业管理服务收取费用。通过 REITs 平台，凯德集团可以不断将成熟商业项目注入凯德商用中国信托，减少商业项目中的资金沉淀，充分提高资金使用效率。此外，上述结构具有“两级特殊目的载体 + 跨境”的特点，即在中国境内设立中外合资或外商独资公司，在中国境外巴巴多斯、新加坡和中国香港设立项目公司，由中国境外项目公司控制境内公司股权，凯德商用中国信托则通过收购项目公司股权实现上市，此双层结构虽然复杂，且税务负担相对较重，但被证明是一条可行的境外上市之路。

凯德商用中国信托是第一只在新加坡上市并专注于中国境内零售物业的不动产投资信托基金，2006 年在新加坡交易所上市，最初的资产组合由位于内蒙古、郑州、北京、上海和安徽的 7 个商场组成，目前已扩展到 13 个购物中心，位于北京、上海、广州、郑州、哈尔滨、成都、武汉、内蒙古和长沙等 9 个一、二线城市的繁华地带，可出租面积总计 86.2 万平方米。凯德商用中国信托的定位为当地的一站式家庭购物、餐饮和娱乐场所。截至 2019 年 6 月 30 日，凯德商用中国信托的资产总规模为31亿新元，相比上市时的规模增长了4倍，总市值超过185亿元，2018年的平均出租率为96.7%，吸引超过9 100万的客流量。凯德商用中国信托物业组合的基本信息见表例10.1。

在物业管理上，凯德商用中国信托注重商场空间的综合高效利用，通常会重新规划出租空间，增大可出租面积，将更多闲置或辅助性区域转为可经营出租的空间，从而提高租金收入，显著提升物业的资产价值。此外，凯德物业还通过翻新商场或店铺，维持并增强对租户以及购物者的吸引力。

依托总部凯德集团，凯德商用中国信托优先获得凯德集团旗下众多基金的不动产物业的购买权。一般的运作过程是：通过发起私募基金，获得房地产开发阶段的资金，支持项目的孵化和改造等，待项目成熟后置入凯德商用中国信托，然后获得公募资金的支持。这样，凯德商用中国信托就成为前期私募投资的一个退出通道，形成了一条完整的投资和退出闭环链条。在这一过程完成后，凯德集团不仅可以从资产的溢价中获得丰厚回报，更重要的是，双重资金通道还有助于减少项目沉淀资金，实现资本的高流动性，有效缓解重资产运营模式下的现金压力和融资压力。以凯德商用中国信托及两只配套私募基金为例，2006年凯德商用中国信托上市时，同时设立了募资额约39.42亿元的凯德商用中国发展基金（CRCDF）和募资额约27.9亿元的凯德商用中国收入基金（CRCIF）。凯德商用中国发展基金和凯德商用中国收入基金，为凯德商用中国信托的储备基金，前者向凯德商用中国信托输送相对成熟的项目，后者主要孵化早期项目，孵化完成后再出售给凯德商用中国信托，完成退出。例如，2006年5月，凯德商用中国收入基金出资13.2亿元购入西直门购物中心一期，又投资约1.5亿元进行重整改建，并于2007年9月投入使用。2006年10月，凯德商用中国信托发布公告，称将斥资3.36亿新元（约合人民币17亿元）收购该物业，净资产溢价15.65%。2019年3月，凯德集团将位于哈尔滨和长沙的3个项目售予凯德商用中国信托，从而使凯德商用中国信托物业组合具有长期发展潜力。

表例 10.1　凯德商用中国信托物业组合的基本信息

		市值（百万元）	出租率（%）	人流辐射（万人）	可出租面积（平方米）	租户数量（家）	并购时间（年）	到期时间（年）
广州	凯德乐峰广场	3 400	98.40	80	83 591	179	2018	2045
北京	凯德 Mall · 西直门	3 293	99.90	100	83.075	271	2008	2044/2054
	凯德 Mall · 望京	2 543	99.40	75	68 010	251	2006	2043/2053
	凯德 Mall · 大峡谷	2 095	97.55	80	69 967	165	2013	2044/2054
	凯德 Mall · 双井	590	100	—	49 463	107	2006	2042
上海	凯德七宝广场	470	95.30	40	72 729	174	2006	2043
成都	凯德广场新南	1 555	99.50	70	53 619	245	2016	2047
呼和浩特	凯德 Mall · 赛罕	460	100	70	41 938	200	2006	2041
郑州	凯德广场二七	645	100	—	92 356	—	2006	2042
武汉	凯德新民众乐园	515	70.30	50	37 472	105	2011	2044/2045
哈尔滨	凯德广场学府	1 745	99.80	75	104 294	419	2019	2045
	凯德广场埃德蒙顿	469	98.60	40	43 394	189	2019	2042
长沙	凯德广场雨花亭	746	98.10	70	62 080	221	2019	2044

资料来源：凯德集团官网。

为保持REITs资产包内物业的运营活力，凯德集团通过“边买边卖”的方式置换旗下资产。自2001年开始，凯德集团陆续剥离了几百项资产，其中不乏像来福士（Raffles Holdings）这样的优质资产。同时凯德集团提出“五大核心城市群”建设方针，大量退出中国的三、四线城市，在北京、上海、广州、成都、武汉加大投入。例如，2018年年初，其以83.65亿元出售中国20家购物中心100%的股权及相应负债，退出安阳、茂名、德阳等14个单一项目布局的非核心城市，2018年11月，拍下广州市黄埔区广州科学城核心区的商业商务用地。时隔一天，又以127.9亿元收购上海虹口星港国际中心项目，预计项目投资总额约200亿元，计划打造为上海第三座来福士。

图例10.2显示了凯德商用中国信托近20年的租金收入与物业净利润。2007—2014年，凯德商用中国信托的租金收入与物业净利润稳步增长，2014年之后租金收入平稳，物业净利润有所下降。2018年凯德商用中国信托的租金收入为2.07亿新元，物业净利润为1.1亿新元。2007—2018年，总体来看，凯德商用中国信托的物业净利润增幅较大，年均增长率为11%。

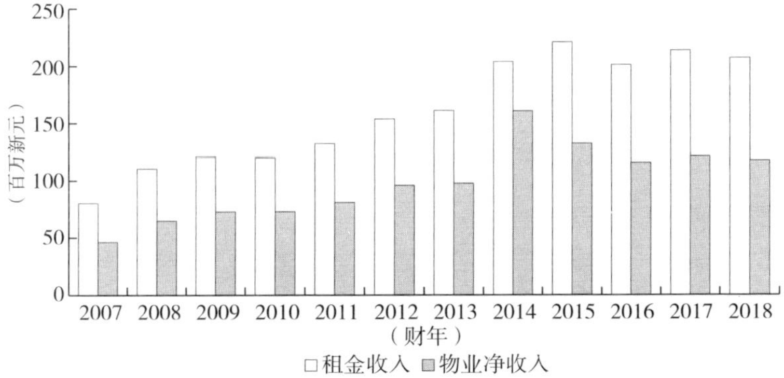

图例10.2　凯德商用中国信托的租金收入与物业净利润

凯德商用中国信托累计收益率与新加坡海峡时报指数累计收益率如图例10.3所示。凯德商用中国信托的单位分红与年分红收益率如图例10.4所示。由于2008年年初新加坡海峡时报指数有一次计算方法的调整，为保持可比性，我们从 2008 年 1 月开始展示市场情况。自 2008 年 1 月至 2019 年 6 月，凯德商用中国信托的收益率达 119%，平均年复合收益率为 7.8%，市场表现显著优于新加坡海峡时报指数。2007—2018 年，凯德商用中国信托的年度单位分红呈现一定波动，平均单位分红 0.077 新元。在此期间，凯德商用中国信托的年均分红收益率为 5.94%，凯德商用中国信托在分红中也有不错的表现。

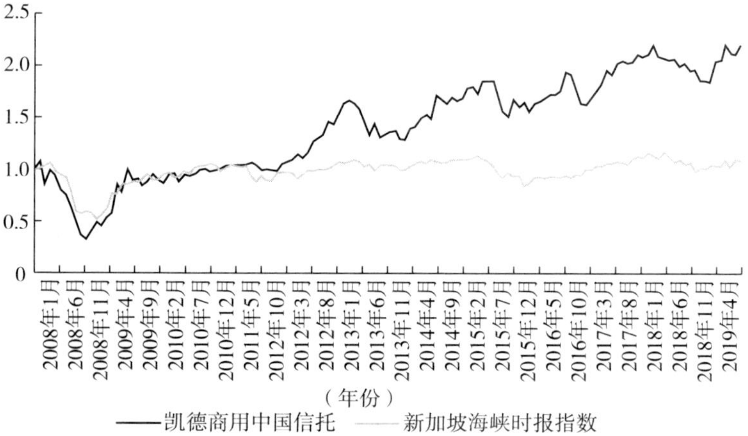

图例 10.3　凯德商用中国信托累计收益率与新加坡海峡时报指数累计收益率

资料来源：彭博。

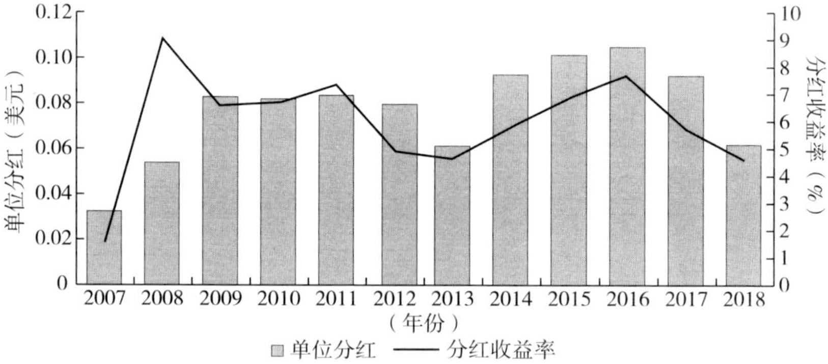

图例 10.4　凯德商用中国信托的单位分红与分红收益率

资料来源：彭博。

点评

新加坡凯德集团是亚洲房地产企业资产运营“由重转轻”的典范，其转型源自2002年首只REITs的成功发行，凯德跳出单一维度的房地产开发商角色，通过“PE基金+REITs”双轮驱动，实现商用地产项目投资、开发和管理的良性运转。此外，凯德集团的典型模式还体现在自2001年起采取的“聚焦核心”战略，以实现开发业务的高回报与投资业务的稳定收益之间的平衡[①]，特别体现在布局中国、新加坡、澳大利亚等重点国家，聚焦综合体、商业项目，投资核心城市的潜力项目。凯德集团通过“聚焦核心”战略，以及“PE基金+REITs”的资本战略，降低运营成本，提升利润空间，最终在竞争激烈的商业地产行业中长期领跑。

① 2001年凯德财报声明，https：//investor. capitaland. com/misc/ar2001. pdf.

案例 11

美国电塔公司——全球基础设施 REITs 的标杆

美国电塔公司是当前全球最大的 REITs，市值超过 1 000 亿美元。该公司在 2011 年转型为基础设施 REITs，主要持有和运营的资产是通信铁塔，其资产遍布美国、印度、巴西、墨西哥等 16 个国家。

背景

2017 年，美国国家税务局将基础设施纳入 REITs 的可投资范围，基础设施 REITs 开启了在美国的发展之路。美国国家税务局认可的 REITs 可投资资产需要符合两个条件：其一，资产必须在本质上属于永久性构造物，各个组成部分之间无论在物理上还是在功能上都是相互依存、不可分割的；其二，资产只能是被动的运输或储存产品，并不涉及相关产品的生产或加工过程。截至目前，美国国家税务局认可的基础设施 REITs 可投资铁路、输变电装置、固定储气罐、天然气存储与输送线，以及微波收发系统等。

从全球经验来看，通信铁塔等电信基础设施的资源共享是行业的发展趋势。这类基础设施的投资、建设与运营属于资本密集型行业，持有资产需要庞大的资金支持。美国电信运营商早期自行建设和运营通信铁塔，但通信铁塔具有资金投入大、不可迁移、使用周期长等特点，租赁的费用远远低于自建自持，自 2008 年电信运营商斯普林特公司（Sprint Corp.）出售铁塔之后，2012—2014 年，T-Mobile、美国电话电报公司（AT&T）以及威瑞森电信（Verizon）等巨头公司对其使用的铁塔相继采取了售后回租模式，这些公司将其拥有的铁塔卖给专职铁塔公司，获取大额资金，再付给铁塔公司租赁费用于承租铁塔，实现“不拥塔，只租塔”的轻资产运营模式。此后，美国电信运营商大范围开展了此种操作，最终完成美国境内的全面“去铁塔化”。

美国电塔公司创立于1995年，总部位于美国马萨诸塞州波士顿，拥有、经营并开发无线通信和广播塔，为无线通信行业（包括个人通信服务、传呼以及移动电话）提供多租户塔上的天线站点租赁服务。2005年，美国电塔公司与Spectra Site通信合并后，成为北美最大的铁塔公司之一，目前其通信站点运营规模仅次于中国铁塔。2011年美国电塔公司对外宣布转型为REITs，于同年6月向美国证券交易委员会提交了美国电塔公司的招股说明书，以实施该公司向REITs转型的计划，并在次年成功转型，开始向股东支付定期股息。

产品

美国电塔公司是公司型REITs，是具有独立法人资格的经济实体，通过发行股票来募资，上市流通的REITs份额即为公司股票。在组织形式上，这类公司型REITs与股份有限公司相似，资产为股东所有，通常采取内部管理模式，由REITs的内部管理团队进行资产管理。在REITs结构下可以设立多个经营性有限合伙企业用于收购资产，在经营、份额划分等方面相互独立，互不干扰。

随着全球无线通信应用的发展，市场上对通信铁塔的需求激增，为美国电塔公司的发展提供了广阔的前景。美国电塔公司的业务主要包括三个方面：一是租赁塔架和屋顶天线系统上的空间给无线运营商及广播公司；二是提供室内通信所需要的分布式天线系统；三是提供站点获取、结构分析以及设备支持等与塔基站相关的服务。美国电塔公司的业务不仅包括通信铁塔的选址、建设、出租，还积极开拓网络发展及其他服务内容，包括Wi-Fi覆盖、网络优化、分布式天线系统、备用电源系统、项目管理咨询、融资和在线存储服务等，目前已形成一条集咨询、设计、建设和融资等于一体的完整产业链。

美国电塔公司持有的资产为铁塔和所在土地的经营权。铁塔上通常可容纳4～5个租户的通信装置，一些站址还配备了发电机，为租户提供备用电源。租户则负责建设、维护基站设备，并拥有相关设备的所有权和运营权。此外，站址所在的土地所有权部分为美国电塔公司所有，其余则通过租赁获得。目前，在美国电塔公司的站址土地中，超过72%具有长期经营权，即为美国电塔公司所拥有，或具有20年以上的租赁合约。

美国电塔公司的收入主要来自铁塔站的租赁费，通过签署长期合同确保租金收入的稳定性。合同一般包括一个5～10年的初始协议（多为10年），以及相应的续签方案，通常不可撤销。此外，合同还会规定租赁费的年增长率，美国本土的年增长率为3%，其他国家则与当地通胀率保持一致。2009—2018年美国电塔不可撤销的租赁合同收入的年复合增长率为14.9%，美国电塔公司通过这种方式保证稳定且透明的可持续收入。美国电塔公司采取“三净租赁”收入模式，在租金里既包括租赁铁塔的租金，也包括各类税金、保险和维护费用，这种模式的优点在于有效增强了REITs对于经济波动风险的抵御能力，适合前期投资规模巨大、使用周期长、投资回报周期长的基础设施类资产。

美国电塔公司的成本主要分为投资的资本支出与运营成本。资本支出包括购入土地、新建通信网站、购买发电机组、扩容铁塔、并购资产、开拓市场等。运营成本则涵盖了土地租用费、照明系统与燃料费、固定资产税、管理费与保险费以及站点维护费等，以实现现有铁塔的正常使用。

美国电塔公司在转型为REITs之后，开启了国际化征程。2011年在南非和加纳收购并建造了近3 230座通信站，在巴西、智利、哥伦比亚、印度、墨西哥等地收购并建造了6 770座通信站，2013年收购全球电塔合作伙伴（Global Tower Partner），获得在哥斯达黎加和巴拿马的运营权，2016 年通过收购阿根廷多个城市的电信资产，将业务扩展到阿根廷，2018 年通过与创想公司（Idea Cellular）等印度分公司交易，在印度增加了近 2 万个通信站。截至 2019 年 3 月 31 日，美国电塔公司在 16 个国家拥有 17 万个通信站点（其中美国有 4.07 万个站点，印度有 7.55 万个站点，巴西有 1.90 万个站点，墨西哥有 0.93 万个站点，秘鲁、智利、哥伦比亚共有 0.73 万个站点），以及大约 1 700 个分布式天线系统网络，主要用于室内（商场、赌场和竞技场）通信。美国电塔公司将美国、尼日利亚、哥斯达黎加、墨西哥、德国以及法国的大部分铁塔业务以及室内分布式天线系统网络业务和服务业务加入了 REITs。

美国电塔公司总收入中，租金占比达到 97% 以上，是收入的主要来源。图例 11.1 是美国电塔公司的租金收入与物业净利润。2018 年美国电塔公司的租金收入达 73 亿美元，2002—2018 年，美国电塔公司的租金收入平稳增长，年均增长率为 18%。2018 年，美国电塔公司的物业净利润为 44.5 亿美元，2002—2018 年，物业净利润的年均增长率为 19%。历史业绩表明，美国电塔公司的盈利能力具有可持续性，现金流充沛。美国电塔公司主要通过债务融资进行通信站址的建设和收购，公司的资产负债率保持在 70% 以上，2018 年为 75.4%。

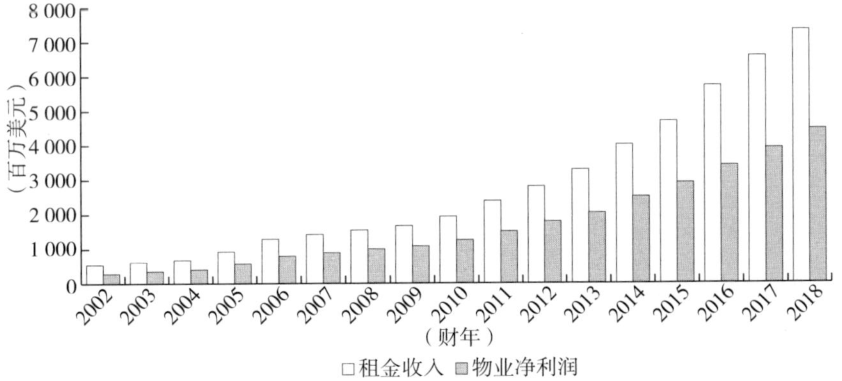

图例 11.1 美国电塔公司的租金收入与物业净利润

资料来源：彭博。

美国电塔公司累计收益率与标准普尔500累计收益率如图例11.2所示。美国电塔公司年度单位分红与分红收益率如图例11.3所示。2011年1月至2019年6月，美国电塔公司总收益率达355%，平均年复合收益率为19%，市场表现显著优于标准普尔500指数。自2011年以来，美国电塔公司每基金单位分派增速平稳，2018年单位分红为3.15美元，2011—2018年年均增长率超过23%。在此期间，美国电塔公司的年均分红收益率为1.67%，美国电塔公司给予投资者的回报主要体现在股价的增值上。

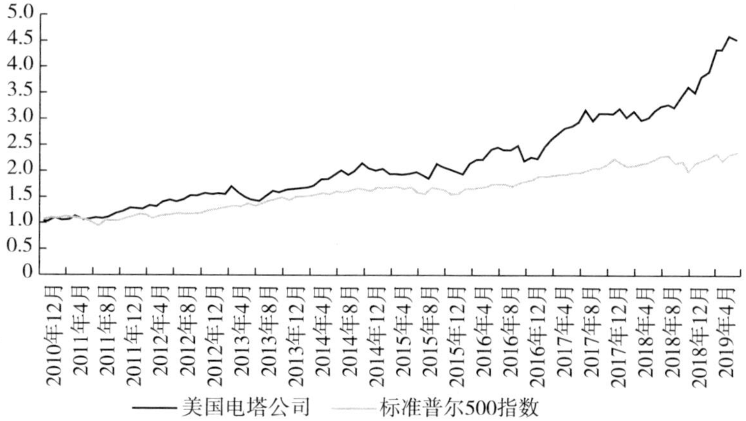

图例11.2　美国电塔公司累计收益率与标准普尔500指数累计收益率

资料来源：彭博。

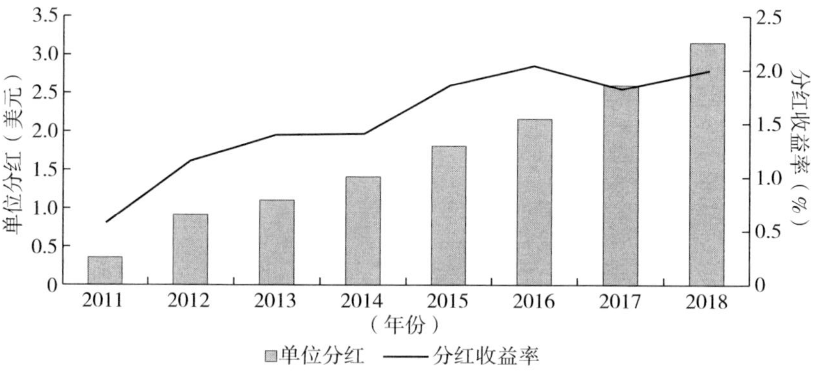

图例11.3　美国电塔公司年度单位分红与分红收益率

资料来源：彭博。

点评

美国电塔公司是重资产的持有平台，大规模、长期限的低成本融资是其商业模式可持续的必要条件。美国电塔公司转型为REITs后，为符合REITs规定的标准，公司始终保持着极高的股利支付率。由于REITs分红的抵税效应，公司自2012年以来的连续经营收入有效税率始终大幅低于联邦法定税率。美国电塔公司高比例分红、高流动性的优质特性，吸引了大量机构投资者。美国电塔公司的股权非常分散，最大持股比例不超过15%，股东多为全球知名的机构投资者，例如，先锋（Vanguard）、贝莱德（BlackRock）、威灵顿（Wellington）、富达（Fidelity）等。投资者对基础设施REITs的投资偏好使美国电塔公司能够以较低的融资成本募集资金，用于站址收购、新站建设，以及国际化扩张。

案例 12

IndiGrid——印度基础设施 REITs

印度电网基础设施投资信托基金（IndiGrid InvIT，后简称 IndiGrid）是印度基础设施 REITs 市场中已上市的三只产品之一。IndiGrid 采用契约型 REITs 模式，于 2016 年年底上市，基础资产是超高压架空输电线路与变电站等电力传输设备。

背景

印度是全球第三大电力生产国和第四大消费国，为满足不断增长的用电需求，印度电力基础设施市场的投资与建设增长十分强劲。根据印度电力部的数据，截至 2018 年年底，印度全国发电总装机容量为 344GW。据国际能源机构预测，印度电力消费或在未来十年翻倍，上千亿美元的电力投资才能满足印度居民的基本用电需求。

莫迪政府竞选中曾经做出“2024 年前向基础设施领域投资 100 万亿卢比”的承诺。由于国家财政实力有限，上任之初，激发私营部门的投资动力成为莫迪政府基建计划的优选政策目标。为鼓励私营部门参与印度的基础设施投资建设，印度证券交易委员会（SEBI）在 2014 年 9 月发布了两条守则——《房地产投资信托守则》和《基础设施投资信托守则》，允许开展房地产投资信托基金（REITs）及基础设施投资信托基金（InvITs）业务，旨在推动住房、零售、写字楼、基建等不动产领域的证券化，盘活存量以获得建设资金。截至 2018 年 8 月 31 日，尚无 REITs 项目落地，有三个 InvITs 项目成功发行上市，IndiGrid

便是其中之一。

产品

IndiGrid由印度领先的私营输电公司斯特里特电网风险投资有限公司（Sterlite Power Grid Ventures Limited，简称斯特里特电网风投）发起，旨在投资经营性输电资产。截至2019年9月30日，IndiGrid市值达349亿卢比，2019财年单位分红为6卢比，资产负债率降至50%以下。IndiGrid采用契约型REITs模式，以信托为法律载体，其交易结构如图例12.1所示。IndiGrid的投资管理人为印度斯特里特投资管理有限公司（Sterlite Investment Managers Limted），是发起人的全资子公司，负责IndiGrid的经营管理和重大决策，包括分红政策、资产重组等。受托人为Asix Trustee。IndiGrid下设立6个项目公司，分别是Bhopal Dhule传输公司（BDTCL）、Jabalpur传输有限公司（JTCL）、Purulia and Kharagpur传输公司（PKTCL）、Maheshwaram传输有限公司（MTCL）、Patran传输公司（PTCL）、RTCL。目前IndiGrid总股本为2.84亿股，发起人为最大股东，持股20.72%，其余由机构投资者和公众投资者持有。

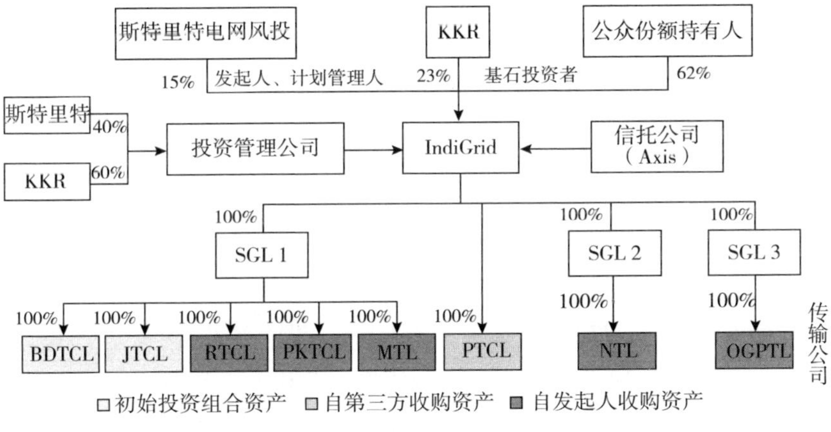

图例12.1 IndiGrid的交易结构

根据《印度证券交易委员会（基础设施投资信托）条例》，发起人的净资产或净有形资产不应低于10亿卢比，在基础设施建设或相应基金管理方面有5年以上经验。发起人若为开发商，还应满足不少于2个项目的开发经历。还规定累计项目规模不少于50亿卢比，发行规模不少于25亿卢比，此外，InvITs应将总额的80%以上投向已建成并产生收益的基础设施项目。在结构上，InvITs可以直接投资各项目，也可以通过项目公司投资，但InvITs持有的项目公司股权不应少于50%。资产净值的杠杆率上限为49%，项目公司层面或InvITs层面需将90%的收益分配给投资者。最后，发行人在InvITs上市3年内不能退出，投资者有权要求更换基金或项目管理人、托管人或要求退市。

IndiGrid的初始基础资产是横跨印度4个邦的2个电力传输项目的资产，包括8条总长1 936千米的超高压架空输电线路和2座容量为6 000兆伏安（MVA）的变电站，资产评估值为374亿卢比。其初始基础资产均有自商业运营起始日起为期35年的传输服务协议，剩余经营年限约33年，到期后IndiGrid有续期权。另外，根据与发起人的优先购买权协议，IndiGrid还有8个邦际电力传输项目的优先购买权。IndiGrid上市后，采取了积极的并购扩张策略，除了向发起人收购3处资产外，还于2018年9月完成了一项对第三方的资产收购。收购后，该信托基金的资产规模达到542亿卢比，比上市初期增长了45%。目前，IndiGrid管理着一个由8个输电资产组成的投资组合，其总网络由18条输电线路组成，跨越印度11个州，总长超过4 900千米。IndiGrid的收购资金主要以债务方式筹集，如发行债券，收购后信托基金的净负债率达到47%，比上市初期增加了25个百分点。

自设立基础设施REITs以来，IndiGrid主营业务收入保持持续增长。2019财年，IndiGrid的主营业务收入为66.4亿卢比，约合6.5亿元。IndiGrid的平均物业净利润率为60%，2018年年底的分红收益率为13.9%。图例12.2是IndiGrid累计收益率和孟买SENSEX指数累计收益率的比较。上市以来，IndiGrid的表现弱于孟买SENSEX指数。

点评

当前，印度的REITs和InvITs设计机制在全球是较为独特的，尚

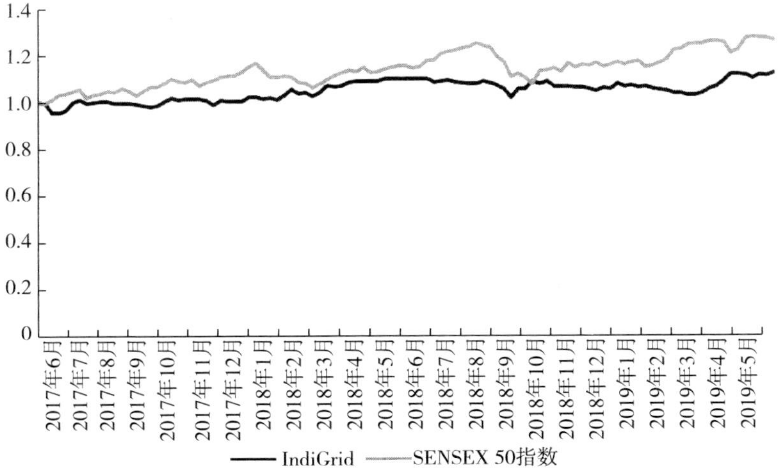

图例 12.2 IndiGrid 累计收益率和孟买 SENSEX 指数累计收益率的比较

资料来源：彭博。

无其他国家推出同时推动房地产和基础设施资产证券化机制。REITs 和 InvITs 将有助于房地产和基础设施的融资、开发和管理，从而促进经济增长和生产力的提升。IndiGrid 为印度首只电力公募 InvITs，初始资产为 STL 公司旗下两个电网资产，期限设定为 35 年，共发行约 2.25 亿股。STL 公司于 2000 年成立，是印度领先的电力输送公司，截至 2017 年年底，共拥有 21 个（印度 12 个）电网基础设施项目，在私人电力运输领域占有近 30% 的市场份额。通过发行 InvITs，两家原始权益人公司的债务状况均得到明显改善，资产负债率有效降低，公司评级获得提升，从而增强了再融资能力。

后记

“光华思想力”REITs 课题笔记

2017—2019 年，由北京大学光华管理学院的学者、研究人员以及国内外政策和实务界专家等组成的北大光华 REITs 课题组，在“光华思想力”平台的支持下，相继推出了《中国 REITs 白皮书》系列研究报告，全面深入地论述了中国 REITs 市场建设的意义、制度设计与实现路径等重要问题，受到广泛、高度的认可。受此鼓舞，本书作者进一步夯实研究基础，拓展研究视野，搭建了完整的逻辑框架，探究以中国 REITs 市场建设为核心的不动产投融资体制改革问题，最终呈现给读者这本凝结了大量心血的著作。

回望著书历程，距离北大光华 REITs 课题组成员首次提出“中国 REITs 市场发展与建设”这一重大命题，已过五载。2015 年盛夏，在北大光华金融系教员的一次日常研讨中，中国蓬勃发展的资产证券化实践成为一个主要议题，在场的几位学者分享了他们的观察与分析。刘俏教授提到，刚刚推出的鹏华前海万科 REIT 是中国境内首个公募 REITs 产品，是一次重要突破。与会学者深以为然，决定一同前往深圳进行实地调研。在深圳前海的所见所闻激发了调研者的研究兴趣。自此，光华管理学院的学者们开始与业内人士进行频繁交流，搜集大量一手资料，并以严谨的学术态度对相关问题进行深入思考。这是北大光华 REITs 课题组的缘起。

2017 年春节过后，北大光华的“光华思想力”平台问世，旨在应用国际通行的研究工具和方法，围绕中国经济和商业实践，做具有国际水准的中国学问，为中国的经济改革提供研究基础。2017 年 3 月至 4 月，刘俏教授、张峥教授与中联基金的周芊、何亮宇及其团队多次就 REITs 主题进行深度交流，成果丰硕。2017 年 5 月，刘俏教授、张峥教授到访中国证监会，与时任公司债券监管部主任蔡建春博士等专家讨论公募 REITs 试点，并就联合推动 REITs 学术与政策研究达成共识，决定组建 REITs 课题组。

2017 年 5 月，北大光华 REITs 课题组正式成立，以中国 REITs 市场创新为研究主题，致力于为中国金融改革提供研究基础与政策支撑。由于前期积累深厚，研究储备充足，一个半月后，课题组就推出了第一篇报告《中国公募 REITs 发展白皮书》。此后，课题组以平均每两个月一篇的速度发布研究报告，迄今已成稿 11 篇，对 REITs 制度、市场运行，特别是中国 REITs 市场建设的现状、问题与创新路径进行了全面论述。报告最先通过北大光华的新媒体平台发布，受到广大读者的好评，其后上百家传统媒体与新媒体竞相转发，产生了巨大的影响力。

有感于市场对 REITs 研究成果的强烈反应，课题组讨论后认为，有必要打造一个 REITs 研究与交流平台，以便系统、深入、持续地推进相关领域的研究。2018 年 4 月，北大光华中国 REITs 研究中心成立。2018 年 6 月，中国 REITs 论坛成立大会暨论坛首届年会在光华管理学院隆重召开。2019 年 6 月，中国 REITs 论坛 2019 年年会召开，两次年会均取得成功。中国、美国、新加坡、日本等国的不动产与金融领域政策界人士、经济学家、商业领袖齐聚论坛现场，围绕中国 REITs 碰撞思想，探讨了推动公募 REITs 市场发展的现实意义、市场展望，以及实现公募 REITs 落地的具体建议。

借助这两个平台，课题组开展了一系列的交流、调研、访问等活动，为研究积累数据资料，为研究成果的打磨与提升汲取养分，同时也极大增进了 REITs 行业中各界人士的相互了解与互动。2018 年至今，课题组与香港证券交易所、新加坡证券交易所、东京证券交易所、世界银行、全美房地产投资信托协会、澳大利亚不动产委员会、亚太房地产协会（APREA）等机构定期交换信息与研究成果，建立了深度合作关系。2018 年 8 月，全国政协委员肖钢一行到北大光华调研，就中国 REITs 制度的推出路径等问题与课题组进行了深入的交流。2018 年 11 月，课题组举办闭门研讨会，中国证监会的蔡建春博士，北大光华管理学院的刘俏教授、张峥教授，中联基金的周芊等 40 余位专家学者针对 REITs 与国民经济周期的关系、REITs 对经济发展的作用、REITs 深层运作机制等问题进行热烈讨论。2019 年 3 月和 4 月，课题组参与了国家发展改革委投资司和中国证监会债券部组织的基础设施 REITs 联合调研小组，在京津冀、长江三角洲区域、粤港澳、海南等地区进行了大量调研。2019 年下半年，课题组在国务院参事、北大光华管理学院特聘教授徐宪平教授的组织和带领下，先后赴湖南、上海调研，了解当地投融资现状以及基础设施建设情况。

中国 REITs 市场基础设施建设的第一性问题是形成房地产市场、基础设施投融资市场定价的锚，发挥市场的价格发现功能，引导资源有效配置。这是课题组的一个核心观点。2019 年 5 月，课题组、中联基金和戴德梁行共同设立指数开发项目，着力开发基于不动产市场和不动产金融市场的系列指数，为中国 REITs 市场提供科学合理的基准指数和估值框架。第一篇指数报告——《中国 REITs 指数之商业不动产资本化率调查研究》于 2019 年 6 月底发布，得到市场的高度认可。

缺乏专业人才是中国 REITs 市场发展面临的一个重要挑战。在课题组的提议与策划下，2018 年 11 月，北大光华管理学院推出“中国 REITs 先锋项目”，通过课堂讲习、实地考察、对话交流、全球课堂等多种方式，全方位、多维度深度解析 REITs，迄今已培养 80 多位以推动中国 REITs 市场健康发展为己任的专业人士。课题组与项目学员一起考察越秀、勒泰、新建元、沪杭甬、砂之船等企业，深度调研新加坡、日本等成熟 REITs 市场，并以此为基础研究了多个 REITs 案例。

因学术而思想，因思想而光华。通过研究创造知识，推动中国 REITs 市场发展，推动中国金融改革，是北大光华 REITs 课题组的使命。2019 年岁末，盘点课题组 3 年的研究成果，有 11 篇研究报告、多篇政策简报、6 个国内外经典案例，以及《中国 REITs 市场建设》的书稿。作为第一期“光华思想力”项目，课题组提交了一份合格的答卷。

中国公募 REITs 市场呼之欲出，吹响了新一轮研究的号角！

参考文献

[1] 贝恩公司，招商银行.2019 中国私人财富报告[R].2019.

[2] 郭草敏，何雨晨.全球 REITs 发展与现状[J].银行家，2017（01）：73 –76.

[3] 刘运宏，赵磊.REITs 运行模式研究：国际经验与制度选择[J].首都师范大学学报（社会科学版），2010（05）：45 –50.

[4] 麦肯锡全球研究院.债务与去杠杆化[R].2015.

[5] 瑞信财富研究院.2018 全球财富报告[R].2018.

[6] 世邦魏理仕.2017 年二季度中国商业地产投资市场回顾与展望[R].2017.

[7] 兴业证券研究所.房屋租赁系列报告一：美日历史，中国未来！[R].2017.

[8] 中国房地产业协会，戴德梁行.2018 年亚洲房地产投资信托基金研究报告[R].2018

[9] 中国光大银行，波士顿咨询公司.中国资产管理市场 2015[R].2016.

[10] 仲量联行.全球房地产市场透明度指数[R].2016.

[11] Ambrose B, Linneman P. REIT organizational structure and operating characteristics [J]. Journal of Real Estate Research, 2001, 21 (3): 141 –162.

[12] Amihud Y. Illiquidity and stock returns: cross-section and time-series

effects[J]. Journal of financial markets, 2002, 5 (1): 31 -56.

[13] Anari A. House Prices and Inflation [J]. Real Estate Economics, 2010, 30 (1): 67 -84.

[14] Barkham R, Ward C. Investor sentiment and noise traders: Discount to net asset value in listed property companies in the UK[J]. Journal of Real Estate Research, 1999, 18 (2): 291 -312.

[15] Biasin M, Giacomini E, Grazia Quaranta A. Public REITs´ governance and regulatory structure: effects on NAV discount: Evidence from the Italian market [J]. Journal of European Real Estate Research, 2010, 3 (3): 161 -181.

[16] Blau B M, Whitby R J. Speculative Trading in REITs[J]. Journal of Financial Research, 2014, 37 (1): 55 -74.

[17] Brauers M, Thomas M, Zietz J. Are there rational bubbles in REITs? New evidence from a complex systems approach [J]. The Journal of Real Estate Finance and Economics, 2014, 49 (2): 165 -184.

[18] Brinson G P , Singer B D , Beebower G L . Determinants of Portfolio Performance II: An Update [J]. Financial Analysts Journal, 1991, 47 (3): 40 -48.

[19] Brounen D, de Koning S. 50 years of real estate investment trusts: an international examination of the rise and performance of REITs [J]. Journal of Real Estate Literature, 2013, 20 (2): 197 -223.

[20] Brounen D, Ling D C, Prado M P. Short Sales and Fundamental Value: Explaining the REIT Premium to NAV[J]. Real Estate Economics, 2013, 41 (3): 481 - 516.

[21] Cannon S E, Cole R A. Changes in REIT Liquidity 1988—2007: Evidence from Daily Data[J]. Journal of Real Estate Finance & Economics, 2011, 43 (1 -2): 258 -280.

[22] Cannon S, Vogt S. REITs and their management: an analysis of organizational structure, performance and management compensation

[J]. Journal of Real Estate Research, 1995, 10 (3): 297 -317.

[23] Capozza D R, Seguin P J. Debt, agency, and management contracts in REITs: the external advisor puzzle[J]. The Journal of Real Estate Finance and Economics, 2000, 20 (2): 91 -116.

[24] Clayton J, MacKinnon G. Departures from NAV in REIT pricing: The private real estate cycle, the value of liquidity and investor sentiment[J]. Real Estate Research Institute, Working Paper, 2002.

[25] Clayton J, MacKinnon G. The time-varying nature of the link between REIT, real estate and financial asset returns[J]. Journal of Real Estate Portfolio Management, 2001, 7 (1): 43 -54.

[26] Doeswijk R, Lam T, Swinkels L. The global multi-asset market portfolio, 1959—2012[J]. Financial Analysts Journal, 2014, 70 (2): 26 -41.

[27] Durrett A O. The Real Estate Investment Trust: A New Medium for Investors[J]. Wm. & Mary L. Rev. , 1961, 3: 140.

[28] Editors. 2018 Institutional Real Estate Allocations Monitor, survey highlights[R]. Cornell Real Estate Review, 2019, 17: 50 -55.

[29] European Public Real Estate Association. Global REIT Survey 2019 [R]. 2019.

[30] Fama E F, Schwert G W. Asset returns and inflation[J]. Journal of financial economics, 1977, 5 (2): 115 -146.

[31] Fang H, Lee Y H. Are the global REIT markets efficient by a new approach? [J]. Panoeconomicus, 2013, 60 (6): 743 -757.

[32] Geltner D, Kluger B. REIT-Based Pure-Play Portfolios: The Case of Property Types[J]. Real Estate Economics, 1998, 26 (4): 581 -612.

[33] Giliberto M. Equity REITS and portfolio diversification[J]. Journal of Real Estate Research, 1990, 5: 259 -64.

[34] Glaeser E, Huang W, Ma Y, et al. A real estate boom with Chinese characteristics [J]. Journal of Economic Perspectives, 2017, 31

(1): 93 - 116.

[35] Graff R. Economic analysis suggests that REIT investment characteristics are not as advertised[J]. Journal of Real Estate Portfolio Management, 2001, 7 (2): 99 - 124.

[36] Hall J T. REITS: The First Decade[J]. Mequon, Wiscon-sin, 1974.

[37] Henry S, Adam F and Rajiv S. Internal vs. external management structure[R]. EY Global Real Estate, 2017.

[38] Hoesli M, Oikarinen E. Are REITs real estate? Evidence from international sector level data[J]. Journal of International Money and Finance, 2012, 31 (7): 1823 - 1850.

[39] Ibbotson R G , Kaplan P D . Does Asset Allocation Policy Explain 40, 90, or 100 Percent of Performance? [J]. Financial Analysts Journal, 2000, 56 (1): 26 - 33.

[40] Jirasakuldech B, Campbell R D, Knight J R. Are there rational speculative bubbles in REITs? [J]. The Journal of Real Estate Finance and Economics, 2006, 32 (2): 105 - 127.

[41] Jirasakuldech B, Knight J R. Efficiency in the Market of REITs: Further Evidence. [J]. Journal of Real Estate Portfolio Management, 2005, 11 (2).

[42] Jones S A, Moret L M, Storey J M. The Massachusetts Business Trust and Registered Investment Companies[J]. Del. J. Corp. L., 1988, 13: 421.

[43] Joseph O, Graeme N, Tien-Foo S. The growth of REIT markets in Asia [J]. Journal of Real Estate Literature, 2006, 14 (2): 203 - 222.

[44] Kim J, Lee S Y. A Study of Real Estate Trust in Korea[C] //Pacific Rim Real Estate Society Conference. 2000.

[45] Kiplinger Magazine. 1962. "Real Estate Investment Trusts." Changing Times. January: 27 - 30.

[46] Lee N J, Sing T F, Tran D H. REIT Share Price and NAV Devia-

tions: Noise or Sentiment? [J]. International Real Estate Review, 2013, 16 (1): 28 -47.

[47] Li J, Mooradian R, Yang S. The information content of the NCREIF index[J]. Journal of Real Estate Research, 2009, 31 (1): 93 -116.

[48] Lou X, Shu T. Price Impact or Trading Volume: Why Is the Amihud (2002) Measure Priced? [J]. The Review of Financial Studies, 2017, 30 (12): 4481 -4520.

[49] Louargand M A. The Global REIT Revolution[J]. REAL ESTATE ISSUES-AMERICAN SOCIETY OF REAL ESTATE COUNSELORS, 2007, 32 (1): 1.

[50] Morri G, Baccarin A. European REITs NAV discount: do investors believe in property appraisal? [J]. Journal of Property Investment & Finance, 2016, 34 (4): 347 -374.

[51] Morri G, Benedetto P. Leverage and NAV discount: evidence from Italian real estate investment funds[J]. Journal of European Real Estate Research, 2009, 2 (1): 33 -55.

[52] National Association of Real Estate Investment Trusts (NAREIT). Historical REIT Industry Market Capitalization: 1972—2017 [OL]. 2018, available at: http: //www. reit. com/DataAndResearch/US REIT-Industry-MarketCap. aspx, accessed August 8, 2018.

[53] National Association of Real Estate Investment Trusts (NAREIT). Valuing REITs in 2017: Stock Price Premium/Discount to Net Asset Value. 2017, available at: https: //www. reit. com/news/blog/market-commentary/valuing-reits-2017-stock-price-premium-discount-net-asset-value, accessed August 8, 2019.

[54] Nneji O, Brooks C, Ward C. Commercial real estate and equity market bubbles: Are they contagious to REITs? [J]. Urban Studies, 2013, 50 (12): 2496 -2516.

[55] Oikarinen E, Hoesli M, Serrano C. The long - run dynamics between

direct and securitized real estate[J]. Journal of Real Estate Research, 2011, 33 (1): 73-103.

[56] Pagliari Jr J L, Scherer K A, Monopoli R T. Public versus private real estate equities: a more refined, long-term comparison[J]. Real Estate Economics, 2005, 33 (1): 147-187.

[57] Patel K, Pereira R A M G, Zavodov K V. Mean-reversion in REITs discount to NAV & risk premium[J]. The Journal of Real Estate Finance and Economics, 2009, 39 (3): 229.

[58] Pattitoni P, Petracci B, Spisni M. NAV discount in REITs: the role of expert assessors[J]. Applied Economics Letters, 2013, 20 (2): 194-198.

[59] Pavlov A D, Wachter S M. REITs and Underlying Real Estate Markets: Is There a Link? [J]. U of Penn, Inst for Law & Econ Research Paper, 2011 (11-20).

[60] Payne J E, Waters G A. Have equity REITs experienced periodically collapsing bubbles? [J]. The Journal of Real Estate Finance and Economics, 2007, 34 (2): 207-224.

[61] Payne J E, Waters G A. REIT Markets: Periodically collapsing negative bubbles? [J]. Applied Financial Economics Letters, 2005, 1 (2): 65-69.

[62] Pellerin S, Sabol S, Walter J. mREITs and their risks[J]. 2013.

[63] Piketty T, Saez E, Zucman G. Distributional national accounts: methods and estimates for the United States[J]. The Quarterly Journal of Economics, 2017, 133 (2): 553-609.

[64] Piketty T, Yang L, Zucman G. Capital accumulation, private property and rising inequality in China, 1978—2015[R]. National Bureau of Economic Research, 2017.

[65] PricewaterhouseCoopers (PwC). India's New Real Estate and Infrastructure trusts: The Way Forward[R]. 2018.

[66] S&P Global Rating. Credit trends: Demystifying China's Domestic Debt Market[R]. 2019.

[67] Serrano C, Hoesli M. Forecasting EREIT returns[J]. Journal of Real Estate Portfolio Management, 2007, 13 (4): 293-310.

[68] Shleifer A, Thaler R H. Investor Sentiment and the Closed-End Fund Puzzle[J]. Journal of Finance, 1991, 46 (1): 75-109.

[69] Tsatsaronis K, Zhu H. What drives housing price dynamics: cross-country evidence[J]. BIS Quarterly Review, March, 2004.

[70] Tufano P. Securities innovations: a historical and functional perspective [J]. Journal of Applied Corporate Finance, 1995, 7 (4): 90-104.

[71] Valachi D J. REITs: A historical perspective[J]. Appraisal Journal, 1977, 45: 440-445.

[72] Xie Z, Chen S W. Are there periodically collapsing bubbles in the REIT markets? New evidence from the US[J]. Research in International Business & Finance, 2015, 33: 17-31.